高校土木工程专业规划教材

工程经济与项目管理

张彦春　主　编
刘仁阳　副主编

中国建筑工业出版社

图书在版编目（CIP）数据

工程经济与项目管理/张彦春主编. —北京：中国建筑工业出版社，2018.2（2023.2重印）
高校土木工程专业规划教材
ISBN 978-7-112-21759-5

Ⅰ.①工…　Ⅱ.①张…　Ⅲ.①工程经济学-高等学校-教材②工程项目管理-高等学校-教材　Ⅳ.①F062.4②F284

中国版本图书馆CIP数据核字（2018）第007989号

　　本书以工程项目为研究对象，基于建设单位视角，涵盖工程项目建设全过程，对工程经济评价及工程项目管理的基本理论和方法进行了系统、全面的介绍，并辅以案例分析，有助于读者从事工程经济评价和工程项目管理的教学和工作实践。

　　全书共分为十一章，包括：总论，现金流量与资金的时间价值，工程项目经济评价基本要素，财务评价报表编制，工程项目经济评价指标与方法，工程项目策划与决策，工程项目招投标与合同管理，工程项目投资控制，工程项目质量管理，工程项目进度管理，工程项目职业健康安全与环境管理。

　　本书可作为高等院校土建类专业、工程管理专业"工程经济与管理"、"工程经济学"和"工程项目管理"等课程的教学用书，还可作为研究生、工程技术人员、工程管理人员和经济管理人员的参考书。

　　为更好地支持相应课程的教学，我们向采用本书作为教材的教师提供教学课件，有需要者可与出版社联系，邮箱：jckj@cabp.com.cn，电话：（010）58337285，建工书院 https://edu.cabplink.com(PC端)。

＊　　　＊　　　＊

责任编辑：赵晓菲　朱晓瑜　牟琳琳
责任校对：党　蕾

高校土木工程专业规划教材
工程经济与项目管理
张彦春　主　编

刘仁阳　副主编

＊

中国建筑工业出版社出版、发行（北京海淀三里河路9号）
各地新华书店、建筑书店经销
霸州市顺浩图文科技发展有限公司制版
北京建筑工业印刷厂印刷

＊

开本：787×1092毫米　1/16　印张：22½　字数：546千字
2018年4月第一版　　2023年2月第四次印刷
定价：50.00元（赠教师课件）
ISBN 978-7-112-21759-5
(31598)

版权所有　翻印必究
如有印装质量问题，可寄本社退换
（邮政编码100037）

前　　言

一个工程项目，从前期决策、投资建设到运营，工程经济和工程项目管理活动贯穿始终，卓有成效的工程项目管理与工程经济活动息息相关。工程经济是技术知识与经济知识在工程项目上的具体运用，而最大限度地节约工程活动消耗的经济资源，又是工程项目管理的目标之一。工程经济学与工程项目管理两个学科之间密不可分。

本书以工程项目为研究对象，将工程经济学体系与工程项目管理体系按照工程项目全生命周期时序有机整合起来，采用理论与实践相结合的方法，系统地介绍了现代工程经济分析及工程项目管理的理论、方法和实践，本书的内容对于高等院校土木类专业、工程管理专业"工程经济与管理"、"工程经济学"和"工程项目管理"等课程教学以及从事工程经济与项目管理工作等相关专业人士具有较高的学习和参考价值。

本书在框架设计、内容安排等方面具有以下亮点：

（1）系统性与全面性。本书体系设计合理，将工程经济学和项目管理两部分内容有机整合，对工程项目管理实践中所需的知识进行了全面介绍，并注意与相关课程的衔接。

工程经济部分系统阐述了工程经济的基本原理，现金流量的概念，资金时间价值的基本公式和资金等值计算方法，项目总投资构成及估算，项目成本费用、营业收入估算以及税金及附加、利润的计算。在此基础上，系统介绍了财务报表的编制，并从应用的角度全面阐述了财务评价指标、方案比选方法、不确定性分析、国民经济评价等内容，并运用案例对财务报表编制、财务评价进行分析解读。工程经济学部分内容安排以财务评价为导向，涵盖了工程经济学的基本知识和核心内容，通过此部分内容的学习，读者可以掌握工程经济学基本理论和方法，并能进行财务评价。

工程项目管理部分以工程项目建设程序为主线，系统并深入浅出地介绍了工程项目前期策划与决策、工程招投标和合同管理的主要工作、程序、方法，系统归纳和总结了工程项目各阶段投资控制的重点和方法；介绍了工程项目质量管理体系及各阶段质量管理目标、工作内容和措施；介绍了工程项目进度管理的基本概念、进度计划的编制和优化、进度检查与调整和进度控制措施；介绍了工程项目职业健康安全与环境管理体系的建立及运行，详细阐述了职业健康安全、生产安全以及环境保护的具体内容和措施。

（2）时代性与发展性。随着我国建设领域改革步伐加快，相关规章制度不断更新、完善，本书力求紧跟我国建设领域发展和改革的新动向，突出时代性和发展性。基于"中国高铁/铁路走出去"发展战略、"一带一路"倡议的时代背景以及"智慧工程"、"绿色建筑"等概念介绍了工程项目管理发展趋势；注重内容更新，参照国家现行最新法律法规、制度和行业规范、标准、合同示范文本等编写教材内容；与时代和当前工程实践接轨，如招投标与合同管理一章着重介绍了电子招标的相关内容。

（3）可读性与实用性。本书语言简洁明了，复杂概念清晰易懂，重点、难点内容都有例题辅以理解。工程经济学部分，易学易用，丰富的案例还原了财务评价报表的编制及分析评价过程，有助于读者解决实际工程经济评价问题。工程项目管理部分紧密联系工程管理实践，不仅介绍了成熟的工程项目管理理论知识，还结合了新的理论发展和实践变化，注意增加工程管理工作中所需要的实务知识，并运用大量示例和图表帮助读者理解和应用。全书除第一章外，每章都配有案例分析，以帮助读者理解所学理论知识。

本书由中南大学张彦春副教授主编，中铁五局集团有限责任公司刘仁阳高级工程师为副主编，编写分工如下：第一章由张彦春、陈东、潘懂文编写，第二章、第六章由刘仁阳、刘凯、宇德明编写，第三章、第四章、第八章由张彦春、古江林编写，第五章、第九章由刘仁阳、潘懂文编写，第七章由张彦春、易默然、陈辉华编写，第十章由马红宇、易默然、王青娥编写，第十一章由周满、肖雅芝、苏小龙编写。全书由张彦春统稿。

在本书的编写过程中，参考了国内外众多学者的著作、资料，在此谨向他们表示衷心的感谢！同时感谢中南大学精品教材项目的资助！

由于作者的学术水平与实践经验有限，本书不妥之处在所难免，敬请广大读者不吝指正，我们将在以后的修订工作中，不断充实完善。

目　　录

第一章　总　　论

卓有成效的工程项目管理与工程经济活动息息相关，工程项目各阶段都会涉及工程经济活动，最大限度地节约工程经济活动消耗的经济资源，又是工程项目管理的目标之一。本章通过介绍工程项目、工程项目管理等基本概念和阐述工程经济学在工程项目管理中的应用，为全书后面章节做整体性铺垫，为读者更好理解工程经济学与工程项目管理以及两个学科之间的紧密联系提供框架性思路。

第一节　工程项目的含义、特点及全寿命周期

工程项目即建设项目，以建筑物、构筑物等工程产品为目标产出物。由于工程产品与一般制造业的产品有很大区别，故工程项目有其独特的特点，且在全寿命周期内需遵循严格复杂的建设程序。

一、工程项目的含义

（一）项目的定义

随着人类有组织活动的分化，产生了两种较为典型的有组织的活动：一种是连续不断、周而复始的"作业（Operations）"活动，常见于制造业生产活动；另一种是具有特定目标、临时性的"项目（Projects）"活动，如某新产品开发、一个工厂建设等。"项目"的概念已经存在于社会经济和文化生活中的方方面面。而关于项目的定义，国内外许多标准化组织和学者都尝试着对项目进行抽象性概括和描述。比较具有代表性的定义有：

1. 国际标准《质量管理——项目管理质量指南》ISO 10006 将项目定义为："由一组有起止时间的、相互协调的受控活动所组成的特定过程，该过程要达到符合规定要求的目标，包括时间、成本和资源的约束条件"。此定义认为项目是"特定过程"，是将输入转化为输出的一组为了达到最终目标而提供项目产品的活动。

2. 美国项目管理学会（PMI）在其项目管理知识体系指南（PMBOK）中将项目定义为："是一种旨在创造某项独特产品、服务或成果所做的临时性努力。"

3. 德国国家标准 DIN69901 定义项目为，"项目是指在总体上符合如下条件的具有唯一性的任务：

（1）有预定的目标；

（2）具有时间、财务、人力和其他限制条件；

（3）具有专门的组织。"

4. 中国（双法）项目管理研究委员会在《中国项目管理知识体系（C-PMBOK）》一书中提出，项目可以广义地定义为"为实现特定目标的一次性任务，即项目驱动于目标，本质上是任务"。

通过综合理解目前关于项目定义的各种描述，可得出项目具有如下特性：

（1）独特性

独特性也称唯一性，由于项目存在目标、环境、条件、组织及过程等方面的特殊性，每一个项目都有其独特性。即使两个项目提供的成果相似，但两者所在地点、内外部环境、自然和社会条件都不相同，因此项目总是独一无二的，项目独特性体现的是项目与项目间无法等同与替代的特性。例如，每条公路由于自己独特的地理位置、社会及经济条件，在建设投资、图纸设计、施工方案等方面都体现出独特性。

（2）目标性

项目实施需要以目标为导向加以控制，项目的目标表现为其创造的独特产品或提供的独特服务，具体包括产品或服务应具有的性能、使用功能、应达到的技术标准等成果性目标。一般情况下，项目目标并不是单一的，而是多目标均衡的结果，比如在满足技术目标基础上也要考虑经济性，使项目实现技术经济目标。

（3）临时性

任何项目都有其确定的时间起点和终点，只存在于某一时间段内。项目管理组织形式和管理手段都具有临时性特点，这也是项目型组织机构与企业组织机构差别产生的根源所在。

（4）约束性

约束性是指项目在一定程度上受到客观环境条件和资源的约束。客观环境条件约束包括自然环境条件和社会法律环境条件的约束；资源约束包括人力资源、物力资源、时间资源、技术资源、信息资源的约束。

（5）不确定性

项目是一次性任务，是经历不同阶段而完成的。通常前一阶段的结果是后一阶段继续进行的依据和条件。不同阶段的条件、要求、任务和成果是变化的，存在诸多不确定因素，故对于项目管理应该根据项目情景不断动态调整，并密切关注敏感性因素，做好风险控制。

（6）系统性

项目是一系列活动的有机结合，是一项系统性活动，涉及阶段广、参与主体多、受多目标约束等。在项目开展过程中，应当具有统领全局的管理观念，使得阶段管理目标服从整体管理目标，局部利益服从整体利益，把项目管理作为一项系统工程。

（二）工程项目

工程项目也称建设项目，其定义为"在一定约束条件下，以形成固定资产为目标的一次性活动，并且在一个总体设计或初步设计范围内，由一个或多个互有内在联系的单项工程组成，实行统一经济核算与管理。"其内涵如下：

1. 工程项目是一种既有投资行为又有建设行为的项目，其目标是形成固定资产。工程项目是将投资转化为固定资产的经济活动，是行为系统。

2. "一次性活动"表示工程项目是一次性任务。

3. 一个工程项目范围的认定是以是否具有一个总体设计或初步设计为标准。凡属于一个总体设计或初步设计的项目，不论主体工程还是相应附属配套工程，不论是由一个还是由几个单位施工，不论是同期建设还是分期建设，都看作一个工程项目。

4. 工程项目有自己特定的组织机构，一般由一个或几个组织联合完成。

二、工程项目特点

工程项目作为最常见、最重要的项目类型，除了具有一般项目的基本特点外，还具有以下几方面特点：

1. 工程项目有特定任务与目标

工程项目特定任务是形成可交付的工程成果，如一定规模住宅小区或一定长度和等级的铁路等具有一定功能、可用一定实物工程量、质量、技术标准等指标表达的工程产品，整个项目的实施与管理都是围绕着它进行的。另一方面，ISO 10006 规定项目目标应描述需达到的要求，能用时间、成本、产品特性来尽可能定量描述与表示。工程项目受多方面条件制约，如合理的工期时限，要在一定的人力、财力和物力投入下完成建设任务，并且要达到预期使用功能与产品标准的要求。这些约束条件形成了项目管理的主要目标，即进度目标、费用目标和质量目标。

2. 一次性

工程项目的一次性包含建设地点固定性及产品唯一性。工程项目包括一定的建筑工程和安装工程，其建设成果和建设过程固定于某一地点，必须受到项目所在地的资源、气候、地质等条件制约，受当地政府法律及社会文化的干预和影响。而产品唯一性是由建设成果和建设过程的固定性、设计单一性、施工单件性和管理组织的一次性所决定的，与一般商品的批量生产过程有显著差异。如两栋住宅即使采用同样型号标准图纸进行建设，由于建设时间、地点、建设条件及施工队伍等的不同也存在差异。

工程项目的一次性决定了对任何工程项目都有一个独立的管理过程，其计划和控制过程都是一次性的，因此其组织机构是独特的、临时的，这使得工程项目的组织和组织行为与企业组织存在显著差异。

3. 整体性

一个工程项目通常包括多个单项工程，单项工程又包括多个单位工程，单位工程又可以分为基础工程、主体工程、装修工程等分部工程。如此一来，各项工程只有形成一个完整的系统，才能实现项目的整体功能，任何一个子项目出现问题都可能影响整个项目。另一方面，工程项目建设整体上有一定顺序，项目全过程可以划分为多个阶段，不同阶段有不同的工作内容，有不同的可交付成果，不同的参与人员。各阶段的工作都对整个项目能否完成具有重要影响，并且前一阶段工作的完成会影响后面阶段的工作，某一阶段性的失误极可能带来系统性的溃败，故项目实施过程中一定要考虑工程项目整体性并注意防范系统性风险。

4. 复杂性

现代工程项目复杂性主要体现在：一是工程项目规模大、投资大、范围广；二是对工艺、设备的要求不断提高；三是工程项目涉及的单位多，各种关系协调工作量大；四是项目的资本组合方式、承发包模式、管理模式越来越丰富，合作趋于国际化，合同形式和合同条件复杂化；五是社会政治经济环境对工程项目影响越来越大，特别是对一些跨地区、跨行业的大型工程项目；六是工程项目要经历项目构思、决策、设计、施工、验收及试运转、投入运营等过程，时间跨度大，增加了管理和协调难度。

三、工程项目全寿命周期阶段划分

工程项目全寿命周期是指工程项目从构思、决策、设计、建造、使用，直到项目报废所经历的全部时间，通常划分为 3 个阶段，即项目决策阶段、项目实施阶段和项目使用阶段。在整个项目全寿命周期中，项目决策阶段的管理通常称为开发管理（Development Management），从项目构思到完成审批立项为止；项目实施阶段的管理在传统概念中称为项目管理（Project Management），从设计准备到项目开始启用为止；项目使用阶段的管理称为设施管理（Facility Management），即运营管理，从项目开始启用到项目报废为止。工程项目全寿命周期阶段划分如图 1-1 所示。

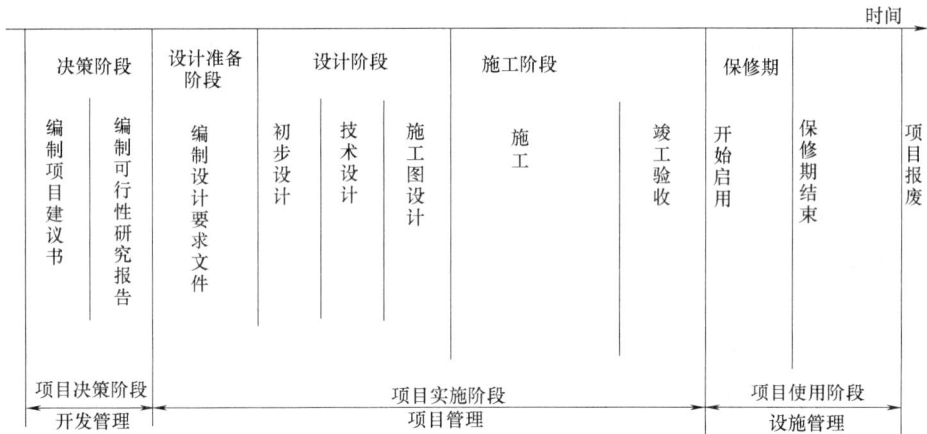

图 1-1　工程项目全寿命周期

1. 项目决策阶段

工程项目决策阶段的主要工作是编制项目建议书与可行性研究报告，主要任务是确定项目建设的任务、投资目标、质量目标及工期目标等。项目建议书阶段进行投资机会分析，完成投资决策前对拟建项目的构思。可行性研究阶段是在项目建议书基础上，对拟建项目的建设必要性、技术可行性和方案经济性等方面进行深入调查与分析，作为投资决策的重要依据。

2. 项目实施阶段

工程项目实施阶段主要任务是设计并完成项目建设，实现项目的各项管理目标，具体可细分为设计准备阶段、设计阶段、施工阶段。其中设计准备阶段的主要工作是编制设计任务书；设计阶段需要完成初步设计、技术设计和施工图设计等工作；施工阶段主要工作是按照设计图纸和技术规范，在项目所在地进行工程实体建设。在施工阶段还要进行启用前准备，主要工作是进行竣工验收和试运行，全面考核工程项目建设成果，检验设计方案和工程产品质量。

3. 项目使用阶段

工程项目使用阶段，主要工作是对工程交付成果进行管理，确保项目正常运行或运营，使项目能够保值甚至增值。其中，保修期主要工作是维修工程因建设问题所产生的缺陷，了解用户意见和工程质量。需要指出的是，虽然保修期已进入项目使用阶段，但是有些项目实施的合同尚未终止，而合同管理是项目管理重要环节，所以项目管理尚未终止，会延伸到项目使用阶段。

<h1 style="text-align:center">第二节　工程项目管理概述</h1>

由于工程项目具有特定任务与目标以及一次性、整体性、复杂性等特点，要在一定约束条件下实现项目目标，必须对项目进行整体的计划、组织、执行、协调与控制，也即需要对工程项目进行管理。

一、工程项目管理含义

美国项目管理学会（PMI）对广义的项目管理的定义是：项目管理是一种将知识、技能、工具和技术投入到项目活动中去的综合应用过程，目的是满足或超越项目所有者对项目的需求和期望。定义强调，项目管理必须满足需求和期望不同的项目所有者在项目质量、进度、成本和风险等方面提出的要求。

英国皇家特许建造学会（CIOB）对工程项目管理的定义是：工程项目管理可以被定义为贯穿于项目开始至完成的一系列计划、协调和控制工作，其目的是为了在功能与财务方面都能满足客户需求。客户对项目的需求表现为：项目能够在确定的成本和要求的质量标准下及时完成。

我国对工程项目管理的定义是：工程项目管理是从项目开始至项目完成，通过项目计划和项目控制，使项目的费用目标、进度目标和质量目标尽可能好地实现的过程。

根据上述工程项目管理的定义，应注意从以下几个方面去理解：

1. 项目管理全过程的核心是计划与控制，项目管理基本过程包含项目启动、计划、执行、控制和收尾；

2. 项目全寿命周期管理包含范围管理、时间管理、费用管理、质量管理、人力资源管理、信息管理、风险管理、采购管理及综合管理九大领域，重点是进度、费用及质量三大目标的实现。

二、工程项目管理模式

项目管理模式对项目能否顺利实现预期目标具有直接和重要影响。工程项目管理模式即工程项目实施的组织方式，是指在项目实施中进行组织策划，用科学的组织结构和高效的组织效应来实现项目目标的方式。

从业主对工程项目实施中具体管理、设计、施工等任务的委托方式划分，工程项目管理模式主要有平行承发包模式、工程总承包模式和管理承包模式三种：业主将项目的设计、施工工作分别委托给不同的设计单位和施工单位，就是平行承发包模式；业主把设计、施工、采购、试运行中一项或几项工作委托给一家承包单位，就是工程总承包模式；业主把项目管理工作委托给专门的项目管理机构，就是管理承包模式。在国际上比较常见的项目管理模式有工程总承包和管理承包，国内传统项目管理模式是平行承发包模式，工程总承包模式近年来的应用也日趋广泛。

（一）平行承发包模式

平行承发包模式是指业主根据工程项目的特点、进展情况、控制目标的要求等因素，将项目建设任务按一定原则分解，将设计任务委托给一家或多家设计承包商，将施工任务委托给一家或多家施工承包商，各承包商分别与业主签订合同，对业主负责，各承包商之间是平行关系。本书就是基于传统的平行承发包模式来展开的。平行承发包模式的合同结构如图1-2所示。

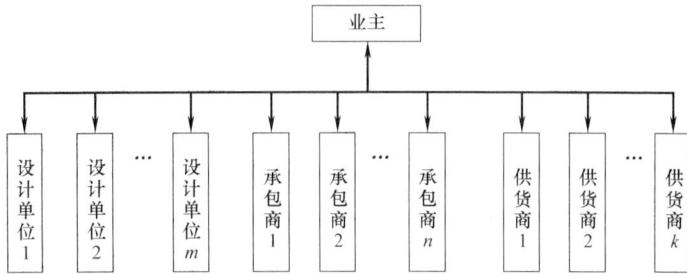

图 1-2 平行承发包模式的合同结构图

平行承发包模式的特点如下：

1. 业主必须有很强的项目管理能力，负责对所有承包商的管理，项目的计划和设计必须周全、准确、细致，项目控制严格，因此在项目前期需要比较充裕的时间。

2. 业主必须负责各承包商之间的协调，确定他们的工作范围和责任界限，对各承包商之间互相干扰造成的问题承担责任。

3. 业主可以分阶段招标，通过协调和组织管理加强对项目的干预。同时各承包商的工作范围容易确定，责任界限比较清楚。但是合同数量多，合同管理复杂。

4. 设计和施工分离，设计缺乏对施工的指导和咨询，施工过程中设计变更和修改较多，容易导致投资增加。

5. 设计和施工任务经过分解分别发包，设计阶段和施工阶段有可能形成搭接关系，从而缩短工程项目的建设周期。

（二）工程总承包模式

工程总承包模式是从事工程总承包的单位受业主委托，按照合同约定对工程项目的勘察、设计、施工、采购等实行全过程或若干阶段的承包，是业主把工程项目的设计任务和施工任务进行综合委托的模式。经业主同意，总承包单位可以根据实际需要将一部分任务分包给其他符合资质的分包单位。根据总承包范围不同，工程总承包可分为施工总承包模式、设计施工总承包（DB）模式、设计-采购-施工总承包（EPC）模式以及考虑融资的PPP模式等常见形式。

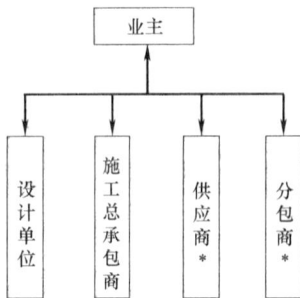

图 1-3 施工总承包模式的合同结构图
（注：图中 * 为业主自行采购和分包的部分）

1. 施工总承包模式

施工总承包模式是业主将全部施工任务发包给一个施工单位或施工单位联合体，施工总承包单位主要依靠自己的力量完成施工任务，经业主同意，可根据需要将部分施工任务分包给符合资质的分包单位施工。一般要等到施工图设计全部完成后，才能进行施工总承包的招标。施工总承包模式合同结构如图1-3所示。

施工总承包模式的特点：

（1）业主可以自由选择咨询设计人员，对项目的设计程序和质量进行控制，可以自由选择监理人员对项目实施过程进行监督。

（2）由于项目要在施工图设计全部完成后才能进行施工总承包的招标，建设周期势必较长，限制了其在建设周期紧迫的工程项目上的应用。

（3）业主只需要进行一次施工招标，与一家施工单位签约，施工招标及合同管理的工作量大大减少。

（4）施工承包商无法参与设计工作，设计的"可施工性"差。设计频繁变更会导致建筑师/工程师与承包商之间产生矛盾，使业主利益受损。

（5）工程项目质量的高低很大程度取决于施工总承包单位的管理水平和技术水平，业主对施工总承包商单位的依赖较大。

2. 设计施工总承包模式

设计施工总承包（Design-Building，DB）模式是指业主按照总承包合同将全部或部分设计任务以及全部施工任务一起发包给一家总承包商，总承包商按照工程合同承揽工程项目的设计和施工任务，对项目质量、安全、造价、工期等负全责。

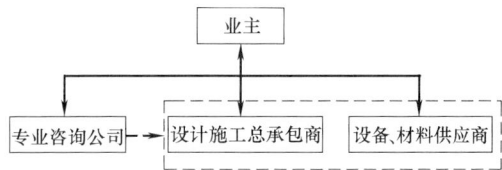

图 1-4　设计施工总承包合同结构图

业主承担全部或部分建筑材料和设备的采购。咨询师受业主委托协助业主对项目进行管理。DB 模式适用于系统设备简单、工程有较多变更需求的项目。设计施工总承包合同结构如图 1-4 所示。

设计施工总承包（DB）模式的特点：

（1）合同关系简单，业主的组织协调工作量少。

（2）有利于业主的投资控制、进度控制和合同管理。

（3）由于有此能力的承包商相对较少，业主选择承包商的范围较小。

（4）由于承包风险大，合同价相对也较高。

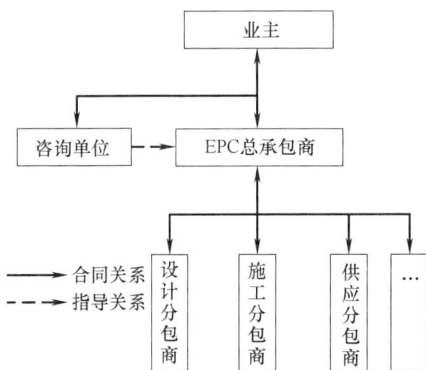

图 1-5　EPC 模式合同结构图

（5）设计时可充分考虑施工，有利于减少设计变更，提高工程项目质量。但是由于设计和施工是委托给一家承包商，业主较难进行质量控制。

3. 设计-采购-施工总承包模式

设计-采购-施工总承包（Engineering-Procurement-Construction，EPC）模式是指由一个承包商承担工程项目的全部工作，包括设计、采购、各专业的施工以及项目管理工作，甚至包括项目前期策划、方案选择和可行性研究等。总承包商向业主承担全部工程责任，总承包商可以将工程范围内的部分工程分包出去。业主常常需要委托一家咨询单位代表业主承担项目的宏观管理工作，如审查总承包商的设计，审批工程实施方案和计划、发布指令、验收工程等。EPC模式适用于技术含量高、大型复杂的生产型成套项目，如石油化工、水利电工、冶金、交通和施工难度大的智能建筑等。EPC 模式合同结构如图 1-5 所示。

EPC 模式的特点：

（1）通过全包可以减少业主面对的承包商的数量，给业主在管理和协调方面带来了很大方便。业主事务性管理工作较少，仅需要一次招标。在工程建设中，业主提出工程的总体要求，对项目进行宏观控制和成果验收，一般不干涉承包商工程实施和项目管理工作。

（2）使承包商能将整个项目的实施和管理形成一个统一的系统，避免多头领导，方便协调和控制，减少大量重复性管理工作，降低管理费用；使得信息沟通方便、快捷、不失真；有利于施工现场管理，减少中间管理、交接环节和手续，大大缩短了工期。

（3）项目责任体系完备，无论设计、施工、供应之间发生什么问题，业主不承担任何责任，由总承包商负责。

（4）业主仅提出总体要求，最大限度调动总承包商对项目设计、施工技术优化和控制的积极性，整体效益高。

（5）对承包商的要求很高，对业主来说，承包商的资信风险很大，必须加强对承包商的宏观管理，选择资信好、实力强、能适应全方位工作的承包商。

目前这种承包方式在国际上很受欢迎，中国也在逐步推广 EPC 模式。据统计，国际上大型承包商所承接的工程项目大多采用 EPC 模式。

4. PPP 模式

PPP 是 Public-Private-Partnership 的英文缩写，直译为"公私合作伙伴关系"，在中国被译作"政府与社会资本合作"。《财政部关于推广运用政府和社会资本合作模式有关问题的通知》（财金〔2014〕76 号）中指出，政府和社会资本合作模式是在基础设施及公共服务领域建立的一种长期合作关系。通常模式是由社会资本承担设计、建设、运营、维护基础设施的大部分工作，并通过"使用者付费"及必要的"政府付费"获得合理投资回报；政府部门负责基础设施及公共服务价格和质量监管，以保证公共利益最大化。在PPP 模式中，社会资本方承担了项目融资、全部或大部分前期工作、设计、施工、运营等项目全寿命周期大部分工作，也可以归结为特殊形式的工程总承包模式。

PPP 模式既有利于解决政府财政负担，又能激发社会资本的活力、促进投资主体多元化、发挥市场在资源配置中的决定性作用。PPP 模式是工程总承包的新形式，与传统工程承包模式相比，增加了项目前期融资阶段总包单位之间的竞争，也由单纯的建设与管理能力竞争，延展到项目资金管理与运作竞争。PPP 模式主要适用于政府负有提供责任又适宜市场化运作的公共服务、基础设施类项目，如供水、发电、污水处理等项目。PPP模式合同结构如图 1-6 所示。

PPP 模式的特点：

（1）伙伴关系。PPP 模式的首要特征就是政府与社会资本之间形成的伙伴关系，二者以特许权协议为基础进行全程合作，合作始于项目的确认和可行性研究阶段，并贯穿于项目建设与运营全过程，社会资本方对项目整个建设与运营周期负责。政府和社会资本方之所以能形成伙伴关系，在于二者的共同目标，即以最少的资源实现最多最好的公共产品或服务的供给。社会资本方基于此目标追求自身最大利益，政府则以此目标实现公众福利最大化。良好的伙伴关系需要双方有自主和高度的参与意识以及有效的沟通。为了保证这种伙伴关系的长久与发展，需要伙伴之间相互为对方考虑问题，认真履约。

（2）利益共享。大多数 PPP 项目的公益性质决定项目不能以利润最大化为目的。对

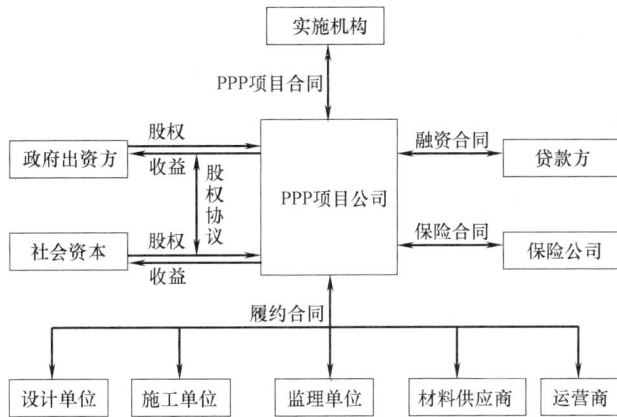

图 1-6　PPP 模式合同结构图

于社会资本方而言，PPP 模式中的利益共享除了共享 PPP 项目的社会成果，还包括长期稳定的投资回报。利益共享是形成可持续的 PPP 伙伴关系的重要基础。值得注意的是，政府既是社会资本方的合作者也是监督者，事先设定好合理的盈利空间十分重要。因此，项目策划设计时既要满足社会资本方盈利需求从而吸引其投资，又不能让社会资本方从中牟取暴利。

（3）风险共担。PPP 模式具有合理分担风险的特征，这是其区别于传统政府采购模式的显著标志。PPP 模式下，特定风险通常分配给最善于管理这种风险的一方，即双方尽可能大限度地承担自己具有控制力的风险。原则上，项目设计、建造、财务和运营维护等商业风险由社会资本方承担，法律、政策和最低需求等风险由政府承担，不可抗力等风险由政府和社会资本方合理共担。

（4）提高效率。PPP 模式下，政府的政策支持能力与社会资本方充足的资金、先进的技术和良好的管理得以有机结合，可以有效解决政府部门缺少资金、缺乏效率的问题，社会资本方可以获取长期稳定的合理回报，并且降低政府和社会资本方单独投资的风险，提高项目运作效率，使公众能够以合理甚至更低的成本享用更好的公共产品或服务，实现政府、社会资本和公众三方共赢的目标，而且对促进我国投融资体制改革具有重要意义。

除以上几种常见的工程总承包形式，还有设计采购总承包（EP）、采购施工总承包（PC）等形式，设计采购总承包（EP）是指承包商对工程设计和采购进行承包，施工则由其他承包商负责的一种工程总承包形式；采购施工总承包（PC）是指承包商对工程采购和施工进行承包，设计则由其他承包商负责的一种工程总承包形式。这两种形式合同结构和 EPC 模式类似，只是各自总承包的范围不同。

（三）管理承包

管理承包主要有施工总承包管理模式（MC），CM 模式，设计、采购与施工管理承包模式（EPCm），项目管理承包模式（PMC）和代建制管理模式。其中，MC 模式、CM 模式在合同结构、项目开展顺序、管理承包商的服务范围方面没有明显区别，但两者工程实体的建筑安装总造价确定方式不同；MC、EPCm、PMC 三种模式在管理承包商的服务范围方面有明显区别；PMC 和代建制都是工程项目建设全过程管理，但是两者在投资主体和合同结构上有很大区别。

1. 施工总承包管理模式

施工总承包管理模式（Managing-Contractor，MC），是指业主与某个具有丰富施工管理经验的单位或联合体或者合作体签订施工总承包管理协议，负责整个工程项目的施工组织与管理。一般情况下，施工总承包管理单位不参与具体工程的施工，工程施工由业主进行发包。但也不排除施工总承包管理单位想承担部分工程的施工，可以参加部分工程投标，通过竞争取得任务。因此，施工总承包管理模式的合同结构有两种形式：业主与设计单位、施工总承包管理单位、分包单位直接签订合同；业主与设计单位、施工总承包管理单位以及自行采购和分包部分的分包单位签订合同，施工总承包管理单位与分包单位签订合同。两种合同结构形式分别如图 1-7 和图 1-8 所示。

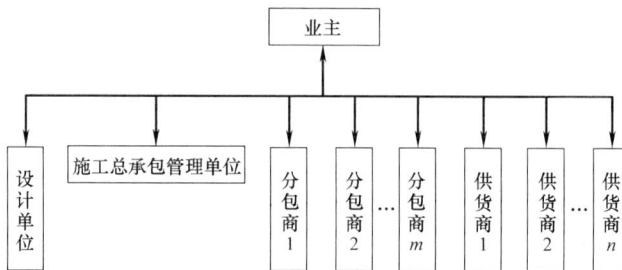

图 1-7 施工总承包管理模式下的合同结构 1

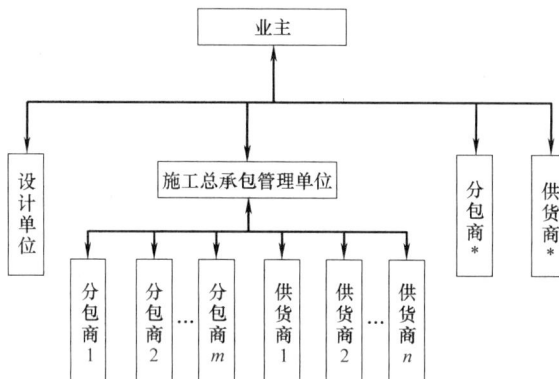

图 1-8 施工总承包管理模式下的合同结构 2

（注：图中 * 为业主自行采购和分包的部分）

施工总承包管理模式的特点：

（1）在进行施工总承包管理单位招标时，只确定施工总承包管理费，没有合同总造价。

（2）施工总承包管理单位的招标不依赖于施工图设计，可以提前。分包合同的招标也得到提前，可缩短建设周期。

（3）施工总承包管理单位负责对所有分包人的管理及组织协调，减轻了业主的管理工作。

（4）第 1 种合同结构下，业主的招标及合同管理工作量大，所有分包合同的招标、谈判、签约工作由业主负责，业主风险可能较大；第 2 种合同结构下，业主的合同管理工作较小，承担的风险较小，施工总承包管理费用较大。

2. CM 模式

CM 是 Construction Management 的缩写。CM 模式是指业主委托 CM 单位，以一个承包商的身份，采取有条件的"边设计、边施工"，即"快速路径法（Fast Track)"的生产组织方式，进行施工管理，指挥施工活动，在一定程度上影响设计活动的工程项目管理模式。CM 模式适用于设计变更可能性较大、时间因素比较重要、总范围和规模不确定或无法准确定价的项目。CM 模式下，业主与 CM 单位的合同通常采取"成本＋酬金（Cost Plus Fee)"方式。CM 模式有两种基本类型：代理型 CM（CM/Agency）和非代理型 CM（CM/Non-Agency）。

代理型 CM 模式下，CM 单位仅代表业主进行施工管理，不与分包商、供货商签合同，由业主直接与分包商签订合同。代理型 CM 模式合同结构与施工总承包管理的第 1 种合同结构相似，如图 1-9 所示；非代理型 CM 模式下，CM 单位直接与分包商、供货商签合同。这是非代理型 CM 模式与代理型 CM 模式最大的区别。非代理型 CM 模式合同结构与施工总承包管理的第 2 种合同结构相似，如图 1-10 所示。

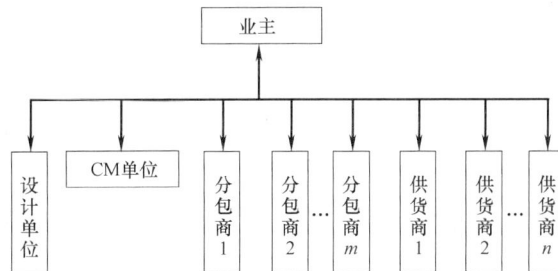

图 1-9　代理型 CM（CM/Agency）模式合同结构图

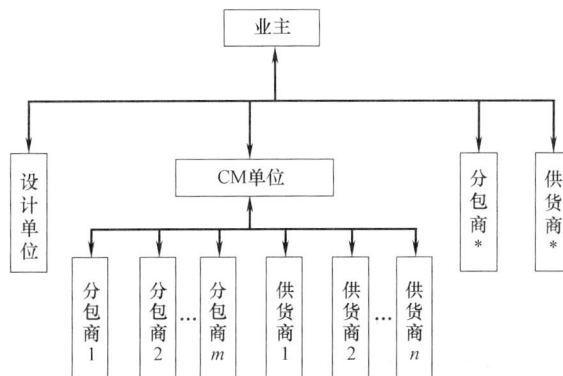

图 1-10　非代理型 CM（CM/Non-Agency）模式合同结构图
（注：图中 * 为业主自行采购和分包的部分）

CM 模式的特点：

（1）CM单位的早期介入，使设计人员在设计阶段可以获得有关施工成本、施工工艺、施工方法等方面的建议，实现设计与施工的协调，有利于设计优化，减少设计变更。

（2）"采用快速路径法"，即设计一部分，招标一部分，施工一部分，实现有条件的"边设计、边施工"，实现设计与施工搭接，缩短了工期。

（3）非代理CM模式下，分包商直接与CM单位签约，减少了业主合同管理的工作量；代理CM模式下，分包商直接与业主签约，加大了业主的风险，但业主无需支付CM利润。

（4）CM模式在合同结构、开展阶段方面和MC管理模式类似，但是在工程实体的建筑安装总造价方面，两者有不同：MC模式签约时只确定施工总承包管理费，工程实体的建筑安装总造价要等每一份分包合同签订后才能确定，因此给业主早期投资控制带来一定风险；非代理型CM模式下，CM单位向业主保证将来的建筑安装工程费用总和不超过某一规定数额，这个最大数额在合同中称为保证最大工程费用（Guaranteed Maximum Price，GMP），超过GMP的费用应由CM单位支付，投资风险转由CM单位承担，有利于业主的投资控制。

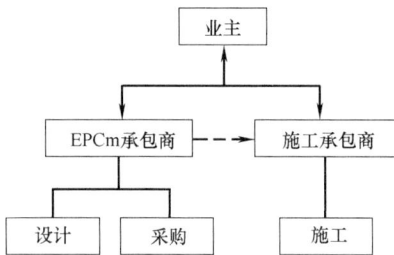

图 1-11 EPCm 模式合同结构图

3. 设计、采购与施工管理承包模式

设计、采购与施工管理承包（Engineering-Procurement-Construction management，EPCm）模式是指承包商负责工程项目的设计和采购，并负责施工管理。施工承包商同业主签订合同，但接受设计、采购、施工管理承包商的管理。设计、采购与施工管理承包商对项目进度和质量全面负责。EPCm模式适用于：规模大、结构复杂、技术难度较大的项目；参与方数量多、管理错综复杂、工作范围划分不明的项目；采购工作十分复杂且很重要的项目。EPCm模式的合同结构如图1-11所示。

EPCm模式的特点：

（1）EPCm模式下，业主仍保留了决策的主动权，可以做到根据工程项目实际执行情况、分析相关的项目风险点，选择优化的项目执行方案，规避风险、在最大程度上维护业主权益。

（2）EPCm承包商通过将项目设计、采购和施工管理流程合理有序地交叉，信息链深度交互，确保工程设计的合理性和可施工性，确保各个子项目（或分部分项工程）在保证工程质量的前提下达到工期和造价二者的最优平衡；同时对三个流程进行系统性优化，使项目的局部利益服从整体利益、阶段流程服从整体流程。

（3）EPCm模式下，EPCm承包商可以把适合该项目的供应商推荐给业主，业主有接受或不接受的选择权，这种最终决策权可以保证业主以决策者的身份最大程度上参与到项目的实施过程中，并提高业主对项目的满意程度。

（4）EPCm承包商全程协调管理项目设计、采购、施工等工作，并控制整个项目的质量、造价以及进度等，以保证达到业主对项目的各种要求。

4. 项目管理承包模式

项目管理承包（Project Management Contractor，PMC）模式是指受业主委托对项目进行全面管理的项目管理承包商，在业主确定的PMC的工作范围内，作为业主的延伸机构对项目进行管理，其职责包括：提供低成本和独立的服务、决策、协调以及管理不同专业和技术部门，使项目满足目标的要求，按预定目标制定富有创造性、灵活可行的方案，保证项目成功实施，达到项目寿命期技术和经济指标最优化。PMC模式适用于：投资和规模大、工艺

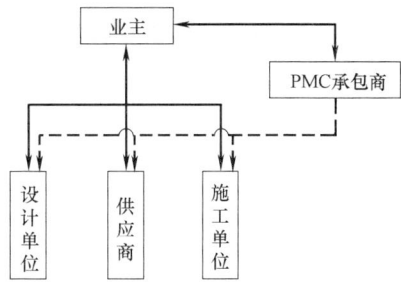

图 1-12　PMC 模式合同结构图

技术复杂的项目；利用银行和金融机构、财团贷款或出口信贷建设的项目；业主方由很多公司组成、内部资源短缺、对工程的工艺技术不熟悉的项目。PMC模式的合同结构如图1-12所示。

项目管理承包模式（PMC）的特点：

（1）PMC不仅注重项目利润最大化和经济价值的增加，同时也十分注重企业文化建设和企业社会形象的维护。

（2）PMC模式更注重事前预防，强调用严格的工序和高质量的工作确保工程质量。

（3）以整体的意识来管理工程，强调各个部门的信息交流和协调，不仅重视结果，也重视过程，不仅考查整个工程的完成情况，也会检查每位职员的工作。

（4）参与工程项目的各方契约关系相对简单，权利义务更加明确，有利于业主对工程的整体把握。

（5）PMC承包商参与项目的各个进程阶段，运用其专业技术知识，通过优化设计施工方案，使整个项目在寿命期内可以达到成本最低，使业主利益最大化。

5. 代建制管理模式

"代建制"是我国对政府投资的非经营性工程建设项目采取的一种管理模式，根据2004年7月国务院出台的《关于投资体制改革的决定》的定义，"代建"是指"通过招标等方式，选择专业化的项目管理单位负责建设实施，严格控制项目投资、质量和工期，竣工验收后移交使用单位"。代建单位在工程建设期内，履行传统项目中业主（建设单位）的职能，可以直接与设计、监理、施工、材料供应等各方签订合同，承担工程建设管理责任，代建制合同结构如图1-13所示。

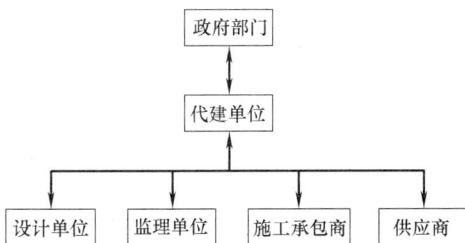

图 1-13　代建制合同结构图

代建制管理模式的特点：

（1）代建制是市场化取代行政化的改革，能有效避免政府投资失控严重、腐败等问题。

（2）项目建设人与项目使用人分离，代建单位对项目进行全过程组织管理，业主不过多干预。

（3）是中国特色的项目管理模式，适合我国市场经济发展的需要，提高了政府投资

项目管理效率。

三、工程项目管理的发展趋势

工程项目管理是一个科学与实践紧密结合的领域。随着现代信息技术、数据技术与建造技术的快速创新、发展、进步，以及建设工程项目日趋大型化、科技含量的不断增大、业主需求的改变以及项目管理技术的迅速发展，工程项目管理在管理理念、管理模式、管理组织、管理方式上正在发生深刻变化，工程项目管理理论、方法与手段也在不断提升与更新。

（一）工程项目管理的集成化趋势

工程项目管理集成化就是利用项目管理的系统方法、模型和工具对工程项目相关资源进行整合，达到工程项目设定的具体目标和投资效益最大化的过程。在项目管理过程中，将项目决策阶段的开发管理、实施阶段的项目管理和使用阶段的设施管理集成为工程项目全寿命管理（Life-cycle Management），即对工程项目从前期策划到项目拆除的全过程进行计划、组织、执行、协调和控制，使项目在预定的建设期和投资限额内建成，达到所要求的工程质量标准；在运营期进行物业的财务管理、空间管理、用户管理和运营维护管理，使项目创造尽可能多的效益，满足投资商、项目经营者和终端用户的需求。

（二）工程项目管理的可持续化趋势

可持续建设指工程项目建设活动中，以最节约能源、最有效利用资源的方式，尽量降低环境负荷，同时为人们提供安全、舒适的工作和生活空间，其目的是达到人、建筑与环境三者平衡和持续发展。可持续建设包括两层含义：一是创造一种符合可持续发展要求的建筑产品——"绿色建筑"或"生态建筑"，即自然资源消耗量少、使用过程能耗低、拆除后大部分材料可以回收利用；二是可持续建设模式，即在"绿色建筑"和"生态建筑"的构思、研究决策、设计、建造、使用和报废的全寿命周期内，实现低自然资源消耗、较高的建筑生产率和集成化协同工作。

（三）工程项目管理的信息化趋势

随着信息技术和网络技术的发展，项目管理软件和基于局域网的工程项目管理已经在项目管理中得以普及，工程项目管理信息化有了新的发展。

"智慧工程"是工程信息化理念在工程领域的行业具现，是一种崭新的工程全寿命周期管理理念。它通过三维设计平台对工程进行精确设计和模拟，并将此数据在虚拟现实环境下与物联网采集到的工程信息进行数据挖掘分析，提供过程趋势预测及专家预案，实现工程可视化智能管理，以提高工程管理信息化水平，改善工程质量。

铁路、高速公路等线型项目所处的地域大多位于山区，利用无人机的低空飞行及数据采集功能，可达到施工复测、场站位置选址、征地拆迁评估、工程进度观测、安全管理、维护养护等目的，逐渐成为线型项目管理中的新工具。

（四）工程项目管理的国际化趋势

知识经济时代的一个重要特点是知识与经济发展的全球化。因为竞争的需要和信息技术的支撑，促使了工程项目管理的国际化发展。主要表现在国际的工程项目合作日益增多，国际化的专业活动日益频繁，工程项目管理专业信息的国际共享等。工程项目管理的国际化发展既创造了学习的机遇，也提出了高水平国际化发展的要求。

在"中国高铁/铁路走出去"发展战略、"一带一路"倡议以及经济全球化的时代背景下，我国的跨国公司和跨国项目越来越多，国内许多项目已通过国际招标、咨询等方式运作，我国企业在海外投资和经营的项目也在不断增加。国内市场国际化，国内外市场全面融合，使得项目管理的全球化正成为趋势和潮流。项目参与各方的国际化，使得项目管理上升到知识经济的高度，成为高知识、高技能的活动。

（五）工程项目管理的专业化趋势

工程项目管理的广泛应用促进了工程项目管理向专业化方向发展，突出表现在项目管理知识体系 PMBOK 的不断发展和完善、学历教育和非学历教育竞相发展、各种项目管理软件开发及研究咨询机构的出现以及其他各种方面。应该说这些专业化的探索与发展，也正是工程项目管理学科逐渐走向成熟的标志。

目前国内外工程项目管理市场竞争日趋激烈，使得企业只有不断提升项目管理能力，才能在市场竞争中取胜。并且随着项目数量与规模不断扩大，使得项目管理的复杂程度不断增加，对工程项目管理者提出了更高要求。项目管理在发展过程中，已经由一门学科转变成了一个职业，在未来的项目管理中，由专业的管理企业承接管理任务将成为一种主流，也是实现工程项目管理专业化的重要步骤。

（六）工程项目管理的精益化趋势

精益化管理的核心内容是要避免不能产生效果和效益的投入发生，发挥规则的约束作用，实现对系统的细化，发挥标准化和数据化手段的优势，提升整个组织管理的运营效率，达到高效性与协同性的目标。精益建造是精益化管理的重点，包括精益设计、精益施工、精益采购等内容。

第三节　工程经济学在项目管理中的应用

工程经济学是工程技术与经济学的交叉学科，是研究工程实践活动经济效果的学科。工程经济学在项目管理中的应用贯穿于项目决策、设计、施工和后评价等各阶段。通过工程经济分析，帮助项目决策者做出科学、合理的决策，以确保项目的整体效益。

一、工程经济学基本原理

（一）资金时间价值原理

资金时间价值，又称货币时间价值，是资金随时间的推移而产生的增值。资金时间价值可以从以下两个方面来理解：

1. 资金时间价值是资金作为生产要素，在技术创新、社会化大生产、资金流通等过程中，随时间的变化而产生的增值。资金增值过程必须与占有市场份额的生产和流通过程相结合，如果没有市场需求，或离开了生产过程和流通领域，资金是不可能实现增值的。资金的增值过程如图 1-14 所示：

在确定产品有市场需求后，首先需要一笔资金（G），购买厂房和设备作为该企业生产资料的固定资产，同时还需要垫支流动资金采购生产所需要的专有技术、原材料、辅助材料、燃料等劳动对象和招聘工人所需支出的工资；然后在生产过程中，资金以物化形式出现（W），劳动者运用生产资料对劳动对象进行加工生产，生产制作新的产品，这里生产出来的新产品（P）比原先投入的资金（G）具有更高的价值（G'）；最后这些新产品（P）必须在生产后的流通领域里出售给用户，才能转化为具有新增价值的资金（G'），使

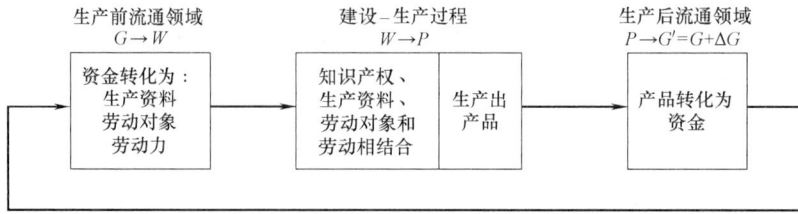

图 1-14 （G—W—G'）资金增值过程示意图

物化的资金（P）转化为货币形式的资金（G'），这时的 $G'=G+\Delta G$，从而使生产过程中劳动者创造的资金增值部分 ΔG 得以实现。这样就完成了"G—W—G'"形式表示的、完整的资金增值过程。

2. 资金的时间价值，是使用稀缺资源——资金的机会成本，是使用货币的利息，是使用土地的租金，是使用技术要素的付费，是企业家才能创造的利润，或者是让渡资金使用权所得的报偿，是放弃近期消费所得的补偿。

（二）机会成本原理

机会成本是指由于资源的有限性，考虑了某种用途，就失去了其他被使用而创造价值的机会。在所有这些其他可能被利用的机会中，把可能获取的最大价值作为项目方案使用这种资源的成本，称之为机会成本。工程项目决策中，应考虑投资于其他项目是否能获得更高的收益。作为决策，采用机会成本是合理的：只有把有可能实现的、最大的效益牺牲作为成本，才能保证决策有现实性，而又不浪费资源。可以从以下三个方面来理解：

1. 机会是可选择的项目

机会成本所指的机会必须是决策者可选择的项目，若不是决策者可选择的项目，便不属于决策者的机会。例如，某从事环保行业的企业，其主营业务是环保类项目，农业行业投资项目则不是这家企业的机会。

2. 机会成本是或有收益

放弃的机会中收益最高的项目才是机会成本，即机会成本是在互斥方案选择中，选择其中一个方案时所放弃的最大收益。例如，某环保企业只能选择甲、乙、丙三个工程项目中一个项目投资，投资甲项目能获得的收益大于投资乙项目能获得的收益，投资乙项目能获得的收益大于投资丙项目能获得的收益。如果该企业选择投资甲项目，则选择甲项目的机会成本仅为投资乙项目能获得的收益；如果选择投资乙或丙项目，则选择乙项目和选择丙项目的机会成本皆为投资甲项目所获得的收益。

3. 机会成本与资源稀缺

在稀缺性的世界中选择一种东西意味着放弃其他东西。一项选择的机会成本，也就是所放弃的物品或劳务的价值。机会成本是指在资源有限条件下，当把一定资源用于某种产品生产时所放弃的用于其他可能得到的最大收益。

（三）对比原理

对于一个工程项目，我们需要在给定方案中进行选择。为了提高工程设计和决策水平，最好形成尽可能多的可供选择方案。不同方案之间很多参数可能都不相同，比如使用寿命、产出效益（功能）、投资和运行费用等，正是这些不同的参数，使得我们不能随机地选择一个方案，而是要进行比较和决策，这就形成了方案之间的比较。

要注意方案之间的可比性。如果两个方案的寿命期不同，我们就失去了总量比较的基础，就要设法通过更新，使寿命期相同，或者采用年度费用作为比较的基础。又如，费用支出总量相同，而分布的时间不同，比较费用总量就没有意义。功能相同的设备，投资大的项目经常性运行费用就比较省，投资小的项目运行费用高。由于投资是近期的支出，运行费用是日后的支出，简单加总的比较是没有意义的。

只有方案产生的结果间有差别，才对方案的比选有意义，因此可集中注意方案结果之间有差异方面的比较。功能完全相同的，可只比较费用；投资相同的，可只比较经常性的运行费用；费用相同的，可只比较功能和效用。

除了这些已有方案之间的对比，有时候还须进行选中方案与"无"项目方案之间的对比，即"有无对比"。有无对比是通过比较有无项目两种情况下项目的投入物和产出物可获量的差异，识别项目的增量费用和效益。通俗来讲，就是"有"这个项目与"没有"这个项目进行比选，度量项目所带来的增量收益，以确定项目是否实施。

二、工程经济学在项目各阶段的应用

工程经济分析是工程经济学原理在工程项目中实现的主要手段，其具有针对性和指向性较强的特点，贯穿于工程项目的各个阶段，是技术知识与经济知识在工程项目上的具体运用。工程经济学在项目决策阶段、设计阶段、施工阶段和后评价阶段都具有重要作用。

（一）项目决策阶段的应用

项目决策阶段的主要目标是对工程项目投资的必要性、可能性、可行性等重大问题，进行科学论证和多方案比较。

这一阶段需要通过对工程项目有关的工程、技术、经济等各方面条件和情况进行调查、研究、分析，运用工程经济学对各种可能的建设技术方案进行经济评价和比选，对项目建成后的经济效益进行预测和评价，以考察项目技术上的先进性和适用性、经济上的合理性，并编制投资估算，最终做出方案选择，为项目决策提供依据。

（二）项目设计阶段的应用

工程设计按工程进程和深度的不同，一般分为初步设计、技术设计和施工图设计三个阶段。

设计阶段是工程项目投资控制的关键阶段，工程经济学在设计阶段的应用主要在于投资控制和设计方案优化。在初步设计阶段，需在投资估算的控制下编制设计总概算，技术设计阶段需编制修正总概算，施工图设计阶段需编制施工图预算。为确保设计阶段投资控制目标的实现，需要利用限额设计、价值工程等工程经济学方法。设计阶段还需要考虑工程项目的功能，运用工程经济学对可行的设计方案进行比选、优化，使工程项目达到功能与造价的协调。

（三）项目施工阶段的应用

施工阶段主要围绕工程实体建设展开一系列生产管理活动，工程经济学在这个阶段的应用表现为对这一时期的生产组织活动过程及结果进行全面系统的评价，做好投资控制，探寻生产组织的改进方法，指明改进项目管理、提高经济效益的方向，以提高项目管理水平和生产组织的效益。

例如，在施工准备阶段通过多方面技术经济比较，选择合理、先进可行的施工方案；

在施工阶段，以施工图预算、施工预算、劳动定额、材料消耗定额和工料机费用开支标准等，对实际发生的成本费用进行对比控制。

（四）项目后评价阶段中的应用

项目后评价阶段包括企业财务效益后评价和国民经济效益后评价。财务效益后评价是以项目投产营运后实际财务成本为基础，按照现行税收制度和价格，测算财务收益率、投资回收期、投资利税率等评价指标，与项目原定目标相比较分析经济效益实现程度，分析其出现差异的原因。国民经济效益后评价是从国家经济全局出发评价项目的效益，包括直接效益和间接效益，采用经济内部收益率、经济净现值等指标进行综合分析。这些都必须运用工程经济学中的评价指标和方法。

三、工程经济分析基本原则与思路

（一）工程经济分析基本原则

工程经济分析是帮助决策者作出正确决策的过程，贯穿于工程项目的全过程。这个过程要遵循一些基本原则，使决策更加科学、合理。

1. 形成尽可能多的备选方案

工程经济分析的最终目的就是决策，形成尽可能多的备选方案是提高决策水平的基础，决策就是在两个或两个以上的备选方案中作出选择。在这些备选方案中有一个特殊的方案，就是维持现状的方案，即"无"方案。最终选定的方案都需要和"无"方案进行比较，以确定方案是否实施。

2. 技术与经济相结合

工程经济学是研究工程技术与经济相互关系的科学，在进行工程经济分析时，既要评价工程项目的技术能力、技术意义，也要评价其经济特性、经济价值，将二者结合起来，寻找符合国家政策、满足发展方向而且能给企业带来发展的项目或方案，使之最大限度地创造效益，促进技术进步及资源、环保等工作的共同发展。

3. 备选方案必须具有可比性

备选方案之间的可比性是进行方案比较的基础。可比性原则是进行工程经济分析时所遵循的重要原则之一。方案比较通常可从满足需求可比、消耗费用可比、价格可比和时间可比四个方面进行。

需求可比是指比较方案应满足相同的需求。消耗费用可比是指比较方案的消耗费用不仅应该考虑方案全部社会劳动消耗，还应该考虑全寿命期社会消耗；不仅考虑建设投资，还要考虑经营成本。价格可比是指比较方案要考虑价格的合理性和时效性。时间可比是指比较方案具有相同的计算期。但是满足可比性并不是要求比较方案在需求、消耗费用、价格或时间方面完全相同。遇到不同时，应采取措施消除这些差异，使之具有可比性。

4. 选择恰当的成本费用数据

在进行工程经济分析时，应合理估计工程项目各阶段可能发生哪些成本、费用，准确预测各项成本、费用大小，降低经济分析误差，为决策者提供有效依据，提高经济评价的准确度，避免决策失误。

5. 增量分析

对备选方案进行比较和选择时，从增量角度进行分析，把两个方案的比较转化为单个方案的评价问题，符合人们对不同事物进行选择的思维逻辑，从而使问题得到简化。

6. 定性分析与定量分析相结合

以定性分析为主的传统决策方法具有主观性，属于经验型决策。而定量分析使决策更加科学化。采用以定量分析方法为主的决策方法并不排斥定性分析，定性分析仍然是必不可少的。由于经济问题十分复杂，有的指标无法用数量表示，所以需要把定量分析与定性分析相结合，同时加强调查研究，提高定性分析的客观性，减少主观成分。

7. 必须对方案进行不确定性分析

工程经济分析具有预见性，即工程项目经济分析涉及对未来可能发生结果的预测和估计，这些结果具有不确定性，在方案评价和方案实施时会有不同。为了避免决策失误，需要在对方案进行经济评价的基础上，模拟方案在未来实施过程中受价格、利率以及成本等各种不确定因素的影响，进行不确定性分析。

（二）工程经济分析思路

工程经济分析的基本思路是：根据具体工程项目特点确定合适的经济评价指标，拟定尽可能多的备选方案，明确方案之间的关系，采用特定的评价指标和评价方法对单方案或多方案进行经济评价，选出满足评价标准的方案，结合不确定性分析，作出决策。其中，经济评价是重点，包括微观财务评价和宏观国民经济评价。

1. 微观财务评价

微观财务评价指从项目或企业的角度对项目进行的经济评价。其基本思路是在现行的国家财税制度和价格体系下，通过计算项目范围内直接发生的效益和费用，编制财务分析报表，考察项目的盈利能力、偿债能力和财务生存能力等财务状况，以此判断工程项目财务可行性。微观财务评价适用于国内投资且不计入外部效果的项目，经营性项目和准经营性项目都会进行财务评价。其评价流程如图1-15所示。

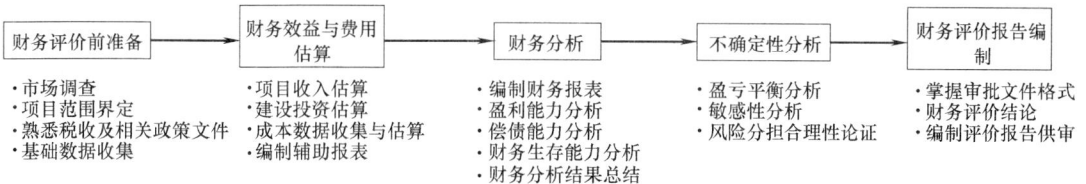

图1-15　微观财务评价流程

2. 宏观国民经济评价

宏观国民经济评价是从宏观的角度，即国家或社会整体角度考察项目的经济合理性，其基本思路是以资源合理配置为原则，从宏观层面识别项目的费用和效益，用影子价格、影子汇率、影子工资和社会折现率等经济参数，分析计算项目对国民经济的净贡献，从而评价项目的经济性。宏观国民经济评价流程如图1-16所示。

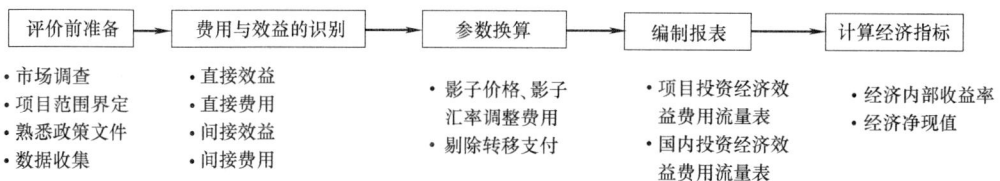

图1-16　宏观经济评价流程

19

习　题

1. 请阐述工程项目的含义及其特点。

2. 请阐述工程项目管理的含义及其特点。

3. 国内外主要的工程项目管理模式有哪些？

4. 查阅工程项目管理发展趋势的相关文献、资料，除了书中所给出的工程项目管理发展趋势，请问还有哪些发展趋势？

5. 试分析工程项目全寿命周期管理的意义。

6. 工程经济学在项目各阶段是如何应用的？

7. 请阐述工程经济分析基本原则中可比性原则的含义。

8. 请阐述工程经济分析的基本思路。

第二章　现金流量与资金的时间价值

现金流量是项目经济系统资金运动过程的体现，而资金在其循环周转过程中会增值，这个增值就是资金的时间价值。由于资金存在时间价值，不同时点上发生的不等金额资金可能具有相等的价值，即资金等值。资金等值应用非常广泛，既可以作为项目投资贷款或还款方式的选择依据，同时也是项目经济评价或决策的理论基础。因此，掌握资金时间价值的基本公式和资金等值计算是进行工程项目经济评价的基础。

第一节　现　金　流　量

一个项目的建设，其投入的资金、花费的成本、得到的收入，都可以看成是以货币形式体现的现金流出或现金流入。现金流入或现金流出构成现金流量过程，是工程项目经济评价的基础。

一、现金流量的概念

任何一项投资活动都离不开资金活动，其中必然要涉及现金流量（Cash Flow）的问题。现金流量是一个综合概念，内容上包括现金流入、现金流出和净现金流量 3 个部分，形式上包括各种类型的现金交易，如货币资金的交易、货物的交易、有价证券的交易等。

为了便于说明现金流量的概念，我们把投资项目看作是一个系统，这个系统有一个寿命周期，即从项目发生第一笔资金开始一直到项目终结报废为止的整个时间。但在不同的项目之间进行比较时，不一定都用项目的寿命周期进行比较，而是选用一个计算期来比较，因此，考察投资项目系统的经济效益时，常常用计算期。每个项目在其计算期中都会有现金交易活动，或者是流入，或者是流出，这种考察在选定计算期内各时点实际发生的现金流入和现金流出就称为现金流量。

具体地讲，现金流入（Cash Inflow，*CI*）是指在项目整个计算期内流入项目系统的资金，如：营业（销售）收入、捐赠收入、补贴收入、期末固定资产回收收入和回收的流动资金等。现金流出（Cash Outflow，*CO*）是指在项目整个计算期内流出项目系统的资金，如企业投入的自有资金、上缴的税金及附加、借款本金和利息的偿还、经营成本等。净现金流量（Net Cash Flow）是指在项目整个计算期内每个时刻的现金流入与现金流出之差。当现金流入大于现金流出时，净现金流量为正，反之为负。

二、现金流入要素

以下为整个项目寿命期内现金流入的潜在来源：

（一）借款

即长期借款和流动资金借款。如果通过借款为项目融资，则借入资金在借入时点为项目的现金流入。这些资金可用于购买新设备或其他投资。

（二）营业收入

工程项目投入使用后，通过生产产品或提供服务，会产生营业收入。营业收入是项目建成投产后收回投资、补偿成本、上缴税金、偿还债务、保证企业再生产正常进行的前提，是重要的现金流入要素。

（三）补贴收入

补贴收入是指企业按规定实际收到的退还的增值税，或按销量或工作量等依据国家规定的补助定额计算并按期给予的定额补贴，以及属于国家财政扶持的领域而给予的其他形式的补贴。

（四）成本节约（或成本降低）

如果实施新项目是为了降低经营成本，则出于资本预算的目的，所节约的金额应视为现金流入。降低成本等同于增加收入，尽管实际销售收入可能保持不变。

（五）回收资产余值

在很多情况下，资产的预估余值非常低，而且发生在很久以后，因此对项目决策不能产生显著影响。此外，有些余值被拆除清理费用抵消。在某些情况下，预估余值很大，在处置资产时应将其净余值视作现金流入。现有资产的净余值即资产售价减去销售、拆除和清理费用，并受纳税损益的影响。

（六）回收流动资金

当项目接近结束时，要售出全部库存，收回应收账款。即在项目结束时，对各项成本进行清算，企业获得与项目开始时流动资金投入等额的现金流入。回收的流动资金不需要缴纳所得税，因为这仅是企业所投资金的回收。

三、现金流出要素

（一）投资

工程项目进行新建、扩建、改建、迁建或恢复都需要投资。工程项目投资，一般是指某项工程从筹建开始到全部竣工投产为止所发生的全部资金投入，建设期间的现金流出主要就是工程项目投资。

（二）经营成本支出

经营成本（Operating Cost）是项目现金流量分析中所使用的特定的概念，指项目生产经营过程中全部经常性的成本费用支出。一般工业项目的经营成本由外购原材料费、外购燃料及动力费、职工薪酬、修理费和其他费用构成。

（三）其他现金流出

除投资、经营成本支出外，其他典型的现金流出有：

1. 偿还本金和利息

当通过借款为项目融资时，需要偿还利息和本金。从权益投资者角度无论是短期借款还是长期借款都视为现金流入，偿还借款（利息和本金）视为现金流出。

2. 各种税收和税收抵免

项目建设和运营会涉及很多税费，一般工程经济分析涉及的税费主要有关税、增值税、消费税、资源税、土地增值税、耕地占用税、城镇土地使用税、企业所得税、城市维护建设税、教育费附加等。不同项目涉及的税费种类和税率可能各不相同，也可能有减免税费优惠。出于财务盈利性目的，任何项目涉及的税费都应视为现金流出，特别是利润产生的所得税。

四、现金流量图表

（一）现金流量图

对于一个经济系统，其现金流量的流向（流入或流出）、数额和发生时点都不尽相同。为直观反映项目在整个计算期内的现金流量情况，正确地进行经济评价，有必要借助现金流量图（Cash Flow Diagram）。所谓现金流量图，是一种反映经济系统资金运动状态的图式，即把经济系统的现金流量绘入一时间坐标图中，表示出各现金流出、流入与相应时间的对应关系，如图 2-1 所示。

现以图 2-1 说明现金流量图的作图方法和规则：

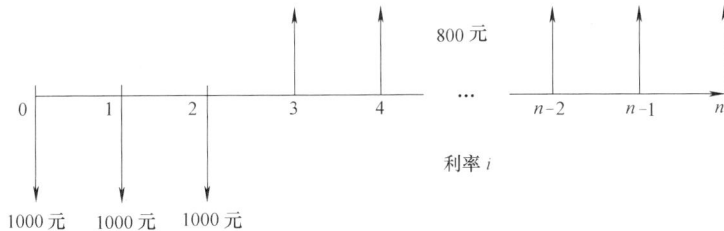

图 2-1　现金流量图

1. 以横轴为时间轴，向右延伸表示时间的延续，轴上每一刻度表示一个计息周期，一般为年、半年、季或月等；零表示时间序列的起点，当期的期末同时也是下一期的期初。

2. 垂直时间坐标的箭线代表不同时点的现金流量，横轴上方的箭线表示现金流入，即表示收入；横轴下方的箭线表示现金流出，即表示费用或损失。

3. 现金流量的方向（流入与流出）是对特定系统而言的。贷款方的流入就是借款方的流出；反之亦然。通常工程项目现金流量的方向是针对资金使用者的系统而言的。

4. 在现金流量图中，箭线长短与现金流量数值大小本应成比例，但由于经济系统中各时点现金流量的数额常常相差悬殊而无法成比例绘出，故在现金流量图绘制中，箭线长短只是示意性地体现各时点现金流量数额的差异，并在各箭线上方（或下方）注明其现金流量的数值即可。

5. 箭线与时间轴的交点即为现金流量发生的时点。

总而言之，要正确绘制现金流量图，必须把握好现金流量的三要素，即现金流量的大小（资金数额）、方向（资金流入或流出）和作用点（资金的发生时点）。

（二）现金流量表

此外，现金流量还可以用表的形式表达，即现金流量表（Cash Flow Table），用现金流量表可以更方便地进行方案的经济分析。

例如，某城市生活垃圾焚烧发电 PPP 项目的项目投资现金流量表前 7 年的数据情况见表 2-1。

从该现金流量表中可以看出，前 7 年中，属于现金流入项的营业收入、补贴及退税收入、回收设备进项税都要汇总到当年的现金流入中，属于现金流出项的建设投资、流动资金、经营成本、税金及附加、调整所得税则都要汇总到当年的现金流出中，当年的净现金流量则是当年的现金流入与现金流出之差。

项目投资现金流量表（单位：万元） 表 2-1

序号	项　　目	建设期(年)		运营期(年)				
		1	2	3	4	5	6	7
1	现金流入			3239	3701	3701	4164	4627
1.1	营业收入			2040	2331	2331	2622	2914
1.2	补贴及退税收入			991	1144	1134	1296	1449
1.3	回收设备进项税			208	226	236	246	264
2	现金流出	8044	18769	1692	1633	1608	1930	2104
2.1	建设投资(不含建设期利息)	8044	18769					
2.2	流动资金			206	14		18	15
2.3	经营成本			1323	1420	1420	1551	1655
2.4	税金及附加			163	199	188	233	269
2.5	调整所得税						128	165
3	净现金流量	−8044	−18769	1547	2068	2093	2234	2523

现金流量表清晰地显示了现金流的时间性、所作的假设和已知的所有数据。大多数情况下，现实情况十分复杂，现金流量图不能反映所有的现金流量金额，因此，在项目财务评价中更经常使用现金流量表。

第二节　资金时间价值的计算

资金时间价值是工程经济分析的主要概念之一。资金时间价值可以通过利息和利率衡量，利息是衡量资金时间价值的绝对尺度，利率是衡量资金时间价值的相对尺度。资金时间价值的计算方法与利息的计算方法相同，即单利法和复利法，它是工程经济分析的有效工具。

一、资金时间价值概念

资金时间价值（Time Value of Money）是指资金在生产和流通过程中随着时间的推移而产生的增值。因此，相同数额的资金在不同的时间点上具有不同的价值，也就是说货币支出和收入的经济效应不仅与货币量的大小有关，而且与发生的时间也有关。同样 100元钱今年到手与明年到手的"价值"是不同的。先到手的资金可以用来投资而产生新的价值。因此，今年的 100 元要比明年的 100 元更值钱。这种资金的时间价值在银行的利息中可以体现出来。比如，如果年利率是 5%，那么今年到手的 100 元存入银行，到明年底就可以到手 105 元，就是说，今年的 100 元等值于明年的 105 元。换一种说法，明年的 100元相当于今年 100/1.05＝95.24 元。

在工程建设领域，一项工程考虑资金时间价值的意义在于以下几点：

1. 一项工程早一天建成投产，就能够早一天创造价值，拖延一天竣工就会耽误一天生产，造成一笔损失。

2. 考虑资金时间价值，可以促使资金使用者加强管理，更充分地利用资金，以促进生产的发展。

3. 在借用贷款的情况下，不计算资金时间价值，就无法还本付息。

从投资者的角度看，资金时间价值受以下因素的影响：

1. 投资额。投资的资金越多，资金时间价值就越大。

2. 利率。一般来讲，在其他条件不变的情况下，利率越高，资金时间价值越大；利率越低，资金时间价值越小。

3. 时间。在其他条件不变的情况下，时间越长，资金时间价值越大。如银行存款年利率为3%，1000元一年的时间价值是30元；两年的时间价值则是60元。

二、资金时间价值度量

资金时间价值可以用利息（Interest）和利率（Interest Rate）来度量。

利息是指占用资金所付出的代价（或放弃使用资金所得的补偿）。如果借款人从银行借入一笔资金，这笔资金就成为本金（Principal）。经过一段时间之后，借款者需要在本金之外再缴纳一笔利息，这一过程可表示为：

$$F_n = P + I_n \tag{2-1}$$

式中　F_n——本利和；

　　　P——本金；

　　　I_n——利息。

下标 n 表示计算利息的周期数。用于表示计算利息的时间单位称为计息周期，如年、半年、季、月、周或天。

利息通常根据利率计算。利率是在一定时期内所付利息额与所借资金额之比，即利息与本金之比，一般以百分数表示。用 i 表示利率，其表达式为：

$$i = \frac{I_1}{P} \times 100\% \tag{2-2}$$

式中　I_1——一个计息周期的利息。

上式表明，利率是单位本金经过一个计息周期后的增值额。

三、单利计息与复利计息

利息的计算方式有单利计息（Simple Interest）和复利计息（Compound Interest）两种。

（一）单利计息

每期均按原始本金计息，这种计息方式称为单利计息。在单利计息的情况下，利息与时间呈线性关系，不论计息周期数为多大，只有本金计息，而利息不再计息，即"利不生利"。单利计息的期末总利息为：

$$I_n = P \cdot n \cdot i \tag{2-3}$$

n 个计息周期后的本利和为：

$$F_n = P(1 + i \cdot n) \tag{2-4}$$

单利计息由于每期所得利息不再产生利息，所以实际上假定利息不再投入资金周转过程，这是不符合资金运动规律的，它没有体现各期利息的时间价值，因而不能完全反映资金时间价值。

在我国，国库券和储蓄存款的利息就是以单利计算的。

（二）复利计息

将本期利息转为下期的本金，下期按本期期末的本利和计息，这种计息方式称为复利计息。在以复利计息的情况下，除本金计息外，利息再计息，即"利生利"。这时，复利计息的期末总利息为：

$$I_n = P(1+i)^n - P \tag{2-5}$$

n 个计息周期后的本利和为：

$$F_n = P(1+i)^n \tag{2-6}$$

在我国，商业银行贷款利息是以复利计算的。

复利计息有间断复利（Intermittent Compounding）和连续复利（Continuous Compounding）之分。如果计息周期为一定的时间区间（如年、季、月），并按复利计息，称为间断复利；如果计息周期无限缩短，则称为连续复利。

【例 2-1】 某拟建项目向建设银行贷款 1000 万元，借款合同规定借期 4 年，年利率为 3%，如果按单利计息，4 年后应还多少？如果按复利计息，4 年后应还多少？

【解】

已知 $P=1000$ 万元，$n=4$ 年，$i=3\%$

按单利计息：

$$F = P(1+i \cdot n) = 1000 \times (1+3\% \times 4) = 1120 \text{ 万元}$$

利息总额为 $I = F - P = 1120 - 1000 = 120$ 万元

按复利计息：

$$F = P(1+i)^n = 1000 \times (1+3\%)^4 = 1125.51 \text{ 万元}$$

利息总额为 $I = F - P = 1125.51 - 1000 = 125.51$ 万元 。

在第 1 年年末，由年初欠款 1000 万元，加上本期利息 30 万元，共计欠款 1030 万元。但到第二年，单利计息的计息基数仍为第一年年初欠款 1000 万元，而复利计息的计息基数则是第二年的年初欠款 1030 万元，由于两者计息基数不同，因此第二年复利利息比单利利息多。以此类推，单利计息每一年的计息基数是第一年的年初欠款 1000 万元，复利计息的计息基数是本年的年初欠款，最终，复利计息方式的利息比单利计息方式的利息要多 $1125.51 - 1120 = 5.51$ 万元，其实质是利息的时间价值。

通过对比可以看出，同一笔借款，在 P，i，n 相同的情况下，用复利计算出的利息数额要比单利计算出的利息数额大。当所借本金越大，利率越高，年数越多时，两者差距就越大。

第三节　资金等值计算公式

由于资金具有时间价值，即使金额相同，因其发生在不同时间点，其价值也不相同；反之，不同时点绝对值不等的资金在时间价值的作用下却可能具有相等的价值。这些不同时期、不同数额但其"价值等效"的资金称为等值（Equivalence），又叫资金等值。例如现在的 100 元与一年以后的 106 元，数量上并不相等，但如果将这笔资金存入银行，年利率为 6%，则两者是等值的。因为现在存入的 100 元，一年后的本金与利息之和为 $100 \times (1+6\%) = 106$ 元。

在工程经济分析中，等值是一个十分重要的概念，它为我们提供了一种计算某一经济活动有效性或者进行方案比较、优选的可能性。利用等值的概念，可以把一个时点发生的资金金额换算成另一时点的等值金额，这一过程叫资金等值计算。

为了考察项目的经济效果，必须对项目寿命期内不同时间发生的全部费用和全部收益进行计算和分析。在考虑资金时间价值的情况下，不同时间发生的收入或支出，其数值不能直接相加或相减，只能通过资金等值计算将它们换算到同一时间点上进行分析。资金等值计算需要用到一系列的公式，现金流的形式不同，资金等值的方式也不一样，这一系列的公式正是分别对应几类不同的现金流，现将这一系列的公式介绍如下。

一、一次支付类型

一次支付又称整付，是指所分析系统的现金流量，无论是流入还是流出，均在一个时点上发生。其典型现金流量图如图 2-2 所示。

如果考虑资金时间价值，若图 2-2 中的现金流入 F 恰恰能补偿现金流出 P，则 F 与 P 就是等值的。

一次支付的等值公式有两个：

（一）一次支付终值公式

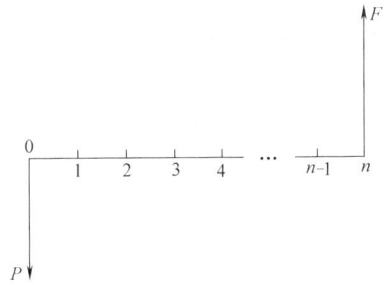

图 2-2 一次支付现金流量

$$F=P(1+i)^n \qquad (2-7)$$

上式与复利计算的本利和公式（2-6）是一样的。但在等值计算中，一般称 P 为现值、F 为终值，公式表示在利率为 i、周期数为 n 的条件下，终值 F 和现值 P 之间的等值关系。式中，$(1+i)^n$ 称为一次支付终值系数，也可用符号 $(F/P, i, n)$ 表示，因此式（2-7）也可写成

$$F=P(F/P, i, n)$$

其中，系数表达式斜线右边字母表示已知的数据与参数，左边表示欲求的等值现金流量。为了计算方便，通常按照不同的利率 i 和计息期 n 计算出 $(1+i)^n$ 的值，并列于复利系数表中（见附录）。在计算 F 时，只要从复利系数表中查出相应的复利系数再乘以本金即为所求。

【例 2-2】 某企业为开发新产品，向银行借款 100 万元，年利率为 10%，按复利计息，借期 5 年，问 5 年后一次归还银行的本利和是多少？

【解】

5 年后归还银行的本利和应与现在的借款金额等值。由式（2-7）可得出：

$$F=P(1+i)^n=100 \times (1+0.1)^5=161.05 \text{ 万元}$$

也可以查复利系数表，当年利率为 10% 时，$n=5$ 的一次支付终值系数为 1.6105。故

$$F=P(F/P, i, n)=100(F/P, 10\%, 5)=161.05 \text{ 万元}$$

（二）一次支付现值公式

这是已知终值 F 求现值 P 的等值公式，是一次支付终值公式的逆运算。由式（2-7）可直接得出：

$$P=F(1+i)^{-n} \qquad (2-8)$$

符号意义同前。系数 $(1+i)^{-n}$ 称为一次支付现值系数，亦可记为 $(P/F, i, n)$，其具体数值可在复利系数表中查得。在工程经济分析中，把将来某一时点的资金金额换算成现在时点的等值金额称为"折现"或"贴现"。将来时点上的资金折现后的资金金额称为"现值"（Present Value），其所使用的利率称为折现率、贴现率或收益率，折现率、贴现

率反映了利率在资金时间价值计算中的作用，而收益率反映了利率的经济含义，故 $(1+i)^{-n}$ 或 $(P/F, i, n)$ 也可称为折现系数或贴现系数，它和一次支付终值系数 $(1+i)^n$ 互为倒数。与现值等价的将来某时点的资金金额称为"终值"或"将来值"（Future Value）。需要说明的是，"现值"并非专指一笔资金"现在"的价值，它是一个相对的概念。一般地说，将 $t+k$ 时点上发生的资金折现到第 t 时点，所得的等值金额就是第 $t+k$ 时点上资金金额的现值。

【例 2-3】 如果银行年利率为 12%，按复利计息，为在 5 年后获得 10000 元款项，现在应存入银行多少钱？

【解】

由式（2-8）可得出

$$P = F(1+i)^{-n} = 10000 \times (1+0.12)^{-5} = 5674.27 \ 元$$

或先查表找出一次支付现值系数，再作计算：

$$P = F(P/F, i, n) = 10000(P/F, 12\%, 5) = 5674.27 \ 元$$

二、等额支付类型

等额支付是多次支付形式中的一种。多次支付是指现金流入和流出在多个时点上发生，而不是集中在某个时点上。现金流数额的大小可以是不等，也可以是相等的。如果在每个计息期末都有现金流入或流出，且数额相等，则称之为等额支付类型或等额支付系列现金流。下面介绍等额支付系列现金流的四个等值计算公式。

（一）等额支付终值公式

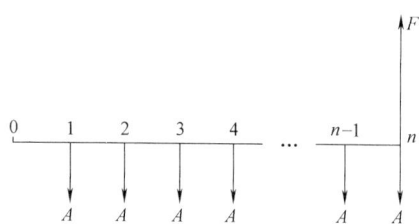

图 2-3　等额支付系列年金与终值关系

如图 2-3 所示，从第 1 年末至 n 年末有一等额的现金流系列，每年的金额均为 A，称为年度等值。如果在考虑资金时间价值的条件下，n 年内系统的总现金流出等于总现金流入，则第 n 年末的现金流入 F 应与等额现金流出系列等值。F 相当于等额年值系列的终值。

若已知每年的等额年值 A，欲求终值 F，根据图 2-3，可把等额系列视为 n 个一次支付的组合，利用一次支付终值公式推导出等额支付终值公式：

$$F = A(1+i)^{n-1} + A(1+i)^{n-2} + \cdots$$
$$+ A(1+i)^2 + A(1+i) + A$$

或者，改变一下形式：

$$F = A + A(1+i) + A(1+i)^2 + \cdots$$
$$+ A(1+i)^{n-2} + A(1+i)^{n-1}$$
$$= A[1 + (1+i) + (1+i)^2 + \cdots$$
$$+ (1+i)^{n-2} + (1+i)^{n-1}]$$

利用等比数列求和公式，得：

$$F = A \frac{(1+i)^n - 1}{i} \tag{2-9}$$

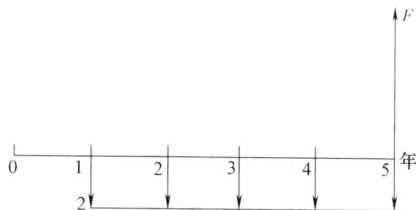

图 2-4　【例 2-4】现金流量图

式（2-9）即为等额支付终值公式。$\dfrac{(1+i)^n-1}{i}$ 称为等额支付终值系数，亦可记为 $(F/A,\ i,\ n)$，其具体数值可在复利系数表中查得。

【例 2-4】 某公司为设立退休基金，每年年末存入银行 2 万元，若存款年利率为 10%，按复利计息，第 5 年年末基金总额为多少？

【解】

根据题意，现金流量图如图 2-4 所示。

由式（2-9）可得出：

$$F = A\frac{(1+i)^n-1}{i} = 2 \times \frac{(1+0.1)^5-1}{0.1} = 12.21 \text{ 万元}$$

（二）等额支付偿债基金公式

等额支付偿债基金公式是等额支付终值公式的逆运算。即已知终值 F，求与之等价的等额年值 A。由式（2-9）可直接得出：

$$A = F\frac{i}{(1+i)^n-1} \tag{2-10}$$

式中 $\dfrac{i}{(1+i)^n-1}$ 称为等额支付偿债基金系数，也可以记为 $(A/F,\ i,\ n)$，其具体数值可在复利系数表中查得。

利用式（2-9）和式（2-10）进行等值计算时，必须注意的是，这两个公式仅适用于图 2-3 所示的现金流量图。如果现金流量图是图 2-5 的形式，在每个计息期初有等额连续现金流，即从第 0 年到第 $n-1$ 年末有一等额的现金流系列，与图 2-3 相比，前后均差一年，因此不能直接套用式（2-9）、式（2-10）求 F 和 A，必须进行一定的变换。对于这种情况求终值 F 时，应将第一笔资金 A 当成一次支付，利用一次支付终值公式求出其终值 $F_1 = A(F/P,i,n)$；然后其余 $(n-1)$ 年的等额现金流利用等额支付终值公式等值到第 $(n-1)$ 年末，求得 $F_2 = A(F/A,i,n-1)$，最终第 n 年年末的终值 $F = F_1 + F_2(1+i)$。

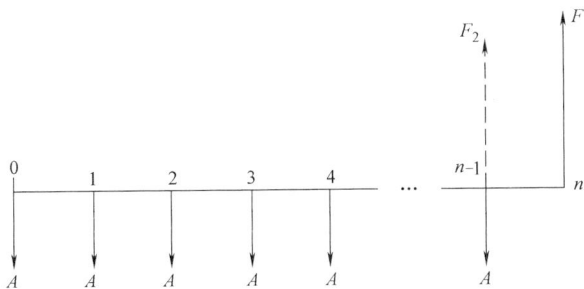

图 2-5 计息期初等额连续现金流与终值关系

【例 2-5】 某厂欲积累一笔福利基金，用于 3 年后建造职工俱乐部，所需投资总额为 200 万元，银行年利率为 12%，问现在开始每年年末至少要存款多少？

【解】

依据题意，现金流量图如图 2-6 所示。

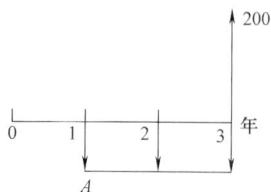

图 2-6 【例 2-5】现金流量图

由式 (2-10) 可得出:

$$A = F \frac{i}{(1+i)^n - 1} = 200 \times \frac{0.12}{(1+0.12)^3 - 1}$$

$$= 59.26 \ 万元$$

【例 2-6】 某学生在大学四年学习期间, 每年年初从银行借款 5000 元用以支付学费, 若按年利率 6% 计复利, 第四年年末一次归还全部本息需要多少钱?

【解】

根据题意, 画出现金流量图如图 2-7 所示。

从图中可以看出, 每年的借款发生在年初, 故本例不能直接套用式 (2-9), 可以先求出第一笔借款的终值 F_1; 然后将其余 3 年的借款利用公式 (2-9) 等值到第 3 年年末, 求得 F_2, 所以第 4 年年末的终值 $F = F_1 + F_2(1+i)$, 具体计算如下:

$$F_1 = 5000 \times (1 + 0.06)^4 = 6312.38 \ 元$$

$$F_2 = 5000 \times \frac{(1 + 0.06)^3 - 1}{0.06} = 15918 \ 元$$

故 $F = F_1 + F_2(1+i) = 6312.38 + 15918 \times (1 + 0.06) = 23185.46 \ 元$

(三) 等额支付现值公式

等额支付现值公式推导时所依据的现金流量图如图 2-8 所示。在考虑资金时间价值的条件下, n 年内系统的总现金流出等于总现金流入, 则第 0 年的现金流出 P 应与从第 1 年到第 n 年的等额现金流入系列等值, P 就相当于等额年值系列的现值。

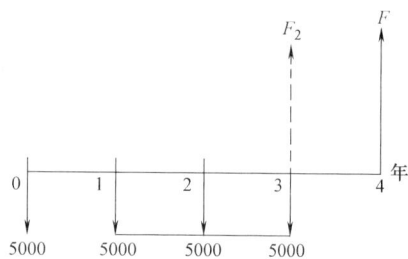

图 2-7 【例 2-6】现金流量图

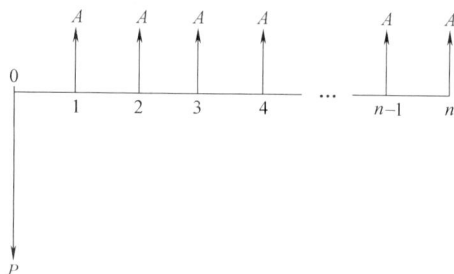

图 2-8 等额支付系列年金与现值关系

将式 (2-9) 两边各乘以 $\frac{1}{(1+i)^n}$, 可得到:

$$P = A \frac{(1+i)^n - 1}{i(1+i)^n} \tag{2-11}$$

上式即为等额支付现值公式。$\frac{(1+i)^n - 1}{i(1+i)^n}$ 称为等额支付现值系数, 也可以记为 $(P/A, i, n)$, 其具体数值可在复利系数表中查得。

【例 2-7】 如果某工程一年建成并投产, 寿命期为 10 年, 每年净收益为 2 万元, 按 10% 的折现率计算, 恰好能够在寿命期内把期初投资全部收回。问该工程期初投入的资金为多少?

【解】

依据题意，现金流量图如图 2-9 所示。

由式（2-11）可得出：

$$P = A \frac{(1+i)^n - 1}{i(1+i)^n} = 2 \times \frac{(1+0.1)^{10} - 1}{0.1 \times (1+0.1)^{10}}$$

$$= 12.29 \text{ 万元}$$

由于

$$\lim_{n \to \infty} \frac{(1+i)^n - 1}{i(1+i)^n} = \frac{1}{i}$$

当周期数 n 足够大时，可近似认为：

$$P = \frac{A}{i}$$

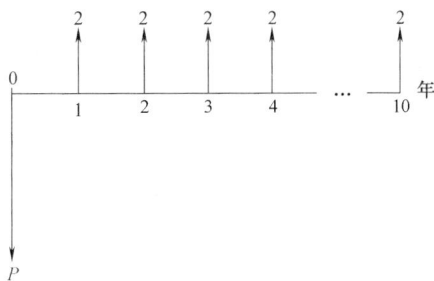

图 2-9 【例 2-7】现金流量图

（四）等额支付资金回收公式

等额支付资金回收公式是等额支付现值公式的逆运算，即已知现值，求与之等价的等额年值 A。由式（2-11）可直接导出：

$$A = P \frac{i(1+i)^n}{(1+i)^n - 1} \tag{2-12}$$

式中 $\frac{i(1+i)^n}{(1+i)^n - 1}$ 称为等额支付资金回收系数，亦可记为 $(A/P, i, n)$，其具体数值可在复利系数表中查得。这是一个重要的系数。对工程项目进行经济分析时，它表示在考虑资金时间价值的条件下，对应于工程项目的初始投资，在项目寿命期内每年至少应该回收的金额。如果对应于初始投资的每年实际回收金额小于这个值，在项目的寿命期内就不可能将全部投资回收。

资金回收系数与偿债基金系数之间存在如下关系：

$$(A/P, i, n) = (A/F, i, n) + i$$

【例 2-8】 一套设备价值 50000 元，希望在 6 年内等额收回全部投资，若折现率为 8%，问每年应该回收多少？

【解】

依据题意，现金流量图如图 2-10 所示。

由式（2-12）可得出：

$$A = P \frac{i(1+i)^n}{(1+i)^n - 1}$$

$$= 50000 \times \frac{0.08 \times (1+0.08)^6}{(1+0.08)^6 - 1}$$

$$= 10815.77 \text{ 元}$$

为了便于理解，将一次支付和等额支付类型 6 个资金等值公式汇总于表 2-2。

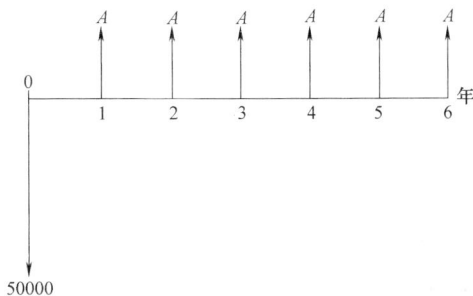

图 2-10 【例 2-8】现金流量图

类别		已知	求解	公式	系数名称及符号	现金流量图
一次支付	终值公式	现值 P	终值 F	$F=P(1+i)^n$	一次支付终值系数 $(F/P,i,n)$	
	现值公式	终值 F	现值 P	$P=F(1+i)^{-n}$	一次支付现值系数 $(P/F,i,n)$	
等额支付	终值公式	年值 A	终值 F	$F=A\dfrac{(1+i)^n-1}{i}$	等额支付终值系数 $(F/A,i,n)$	
	偿债基金公式	终值 F	年值 A	$A=F\dfrac{i}{(1+i)^n-1}$	等额支付偿债基金系数 $(A/F,i,n)$	
	现值公式	年值 A	现值 P	$P=A\dfrac{(1+i)^n-1}{i(1+i)^n}$	等额支付现值系数 $(P/A,i,n)$	
	资金回收公式	现值 P	年值 A	$A=P\dfrac{i(1+i)^n}{(1+i)^n-1}$	等额支付资金回收系数 $(A/P,i,n)$	

三、等差支付系列类型

在许多工程经济问题中，现金流量每年均有一定数量的增加或减少，如房屋随着其使用期的延长，维修费将逐年增加。如果逐年的递增或递减是等额的，则称之为等差支付系列现金流量，其现金流量如图 2-11（a）所示。

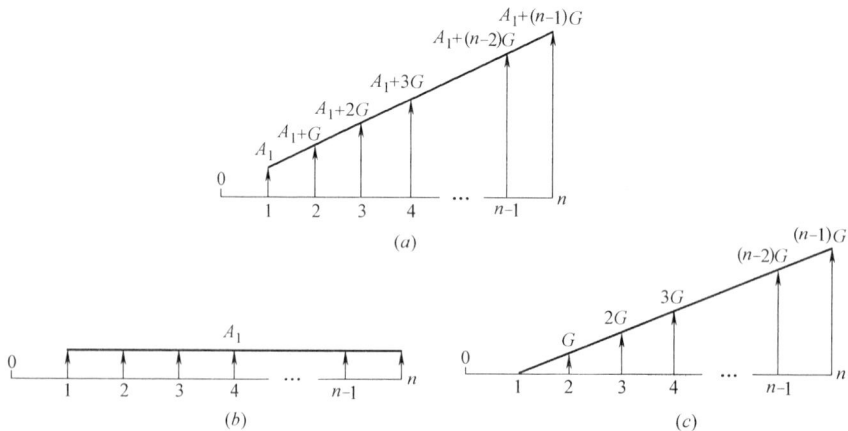

图 2-11 等差递增系列现金流量图

（a）等差递增系列现金流量图；（b）等额支付系列现金流量图；（c）由 G 组成的等差递增支付系列现金流量图

图 2-11（a）为一个等差递增系列现金流量，可简化为两支现金系列。一个是等额支付系列现金流量，如图 2-11（b）所示，年金为 A_1；另一个是由 G 组成的等差递增支付系

列现金流量，如图 2-11 （c） 所示。图 2-11 （b） 支付系列用等额支付系列现金流量有关公式计算，问题的关键是图 2-11 （c） 支付系列如何计算。这就是等差系列现金流量需要解决的。

（一） 等差支付终值公式

图 2-11 （c） 现金流的终值 F 也可以看成是 $(n-1)$ 个等额支付系列现金流的终值之和，这些等额支付系列现金流的年值均为 G，年数分别为 1，2，$\cdots$，$n-1$。即：

$$F = \sum_{j=1}^{n-1} G \cdot \frac{(1+i)^j - 1}{i}$$

$$= G\left[\frac{(1+i)-1}{i} + \frac{(1+i)^2-1}{i} + \cdots + \frac{(1+i)^{n-1}-1}{i}\right]$$

$$= \frac{G}{i}\left[(1+i) + (1+i)^2 + \cdots + (1+i)^{n-1} - (n-1)\right]$$

$$= \frac{G}{i}\left[1 + (1+i) + (1+i)^2 + \cdots + (1+i)^{n-1}\right] - \frac{n \cdot G}{i}$$

$$= \frac{G}{i}\left[\frac{(1+i)^n - 1}{i}\right] - \frac{n \cdot G}{i}$$

故
$$F = G\left[\frac{(1+i)^n - 1}{i^2} - \frac{n}{i}\right] \tag{2-13}$$

式 （2-13） 即为等差支付终值公式，式中 $\frac{(1+i)^n - 1}{i^2} - \frac{n}{i}$ 称为等差支付终值系数，亦可记为 $(F/G, i, n)$，其具体数值可在复利系数表中查得，则原式亦可记为 $F = G(F/G, i, n)$。

（二） 等差支付现值公式

由 P 与 F 的关系得：

$$P = \frac{F}{(1+i)^n} = G\left[\frac{(1+i)^n - 1}{i^2 \ (1+i)^n} - \frac{n}{i \ (1+i)^n}\right]$$

故
$$P = G \frac{(1+i)^n - in - 1}{i^2 \ (1+i)^n} \tag{2-14}$$

式 （2-14） 即为等差支付现值公式，式中 $\frac{(1+i)^n - in - 1}{i^2 \ (1+i)^n}$ 称为等差支付现值系数，亦可记为 $(P/G, i, n)$，其具体数值可在复利系数表中查得，则原式亦可记为 $P = G(P/G, i, n)$。

（三） 等差支付年值公式

由 A 与 F 的关系可得：

$$A = F \cdot \frac{i}{(1+i)^n - 1} = G \frac{(1+i)^n - in - 1}{i^2} \cdot \frac{i}{(1+i)^n - 1}$$

故
$$A = G \frac{(1+i)^n - in - 1}{i[(1+i)^n - 1]} \tag{2-15}$$

式 （2-15） 即为等差支付年值公式，式中 $\frac{(1+i)^n - in - 1}{i[(1+i)^n - 1]}$ 称为等差支付年值系数，亦可记为 $(A/G, i, n)$，其具体数值可在复利系数表中查得，则原式亦可记为 $A = G(A/G, i, n)$。

根据上述公式，即可方便地得出图 2-11 （a） 等差支付系列现金流量的年值为：

$$A = A_1 \pm G \frac{(1+i)^n - in - 1}{i[(1+i)^n - 1]} \tag{2-16}$$

"减号"为等差递减系列现金流量，如图 2-12 所示。

若计算图 2-11 (a) 和图 2-12 原等差系列现金流量的终值 F 和现值 P，则按式（2-17）和式（2-18）：

$$F = A_1(F/A,i,n) \pm G(F/G,i,n) \tag{2-17}$$

$$P = A_1(P/A,i,n) \pm G(P/G,i,n) \tag{2-18}$$

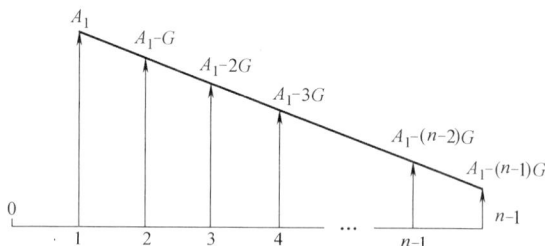

图 2-12 等差递减系列现金流量图

【例 2-9】 假定某人第一年末把 1000 元存入银行，以后 9 年每年递增存款 200 元，年利率为 8%，若这笔存款折算成 10 年末的年末等额支付系列，相当于每年存入多少？

【解】

依据题意，现金流量图如图 2-13 所示。

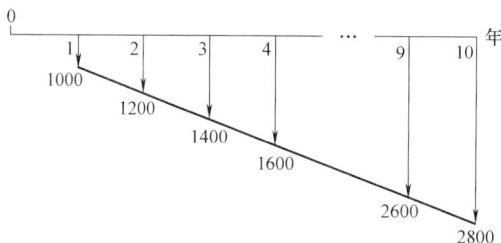

图 2-13 【例 2-9】现金流量图

由式（2-16）得

$$A = A_1 + G \frac{(1+i)^n - in - 1}{i[(1+i)^n - 1]} = 1000 + 200 \times \frac{(1+0.08)^{10} - 0.08 \times 10 - 1}{0.08 \times [(1+0.08)^{10} - 1]}$$

$$= 1000 + 200 \times 3.8713 = 1744.26 \ 元$$

所以这种存法相当于每年存入 1744.26 元。

四、等比支付类型

很多工程经济问题，常常涉及现金流量随时间以固定的比率增加或下降，而不是以常量变化的情况，这种现金流量模式称为等比支付系列现金流量，其现金流量如图 2-14 所示。

等比支付系列现金流量的通用公式为：

$$A_t = A_1(1+h)^{t-1}$$
$$t = 1, 2, \cdots, n \tag{2-19}$$

式中 A_1——定值；

$\quad\quad\ h$——相邻两个周期之间支付变化
$\quad\quad\quad\quad$百分比。

（一）等比支付现值公式

等比支付系列现金流量的现值为：

$$P = \sum_{t=1}^{n} A_1 (1+h)^{t-1} (1+i)^{-t}$$

$$= \frac{A_1}{1+h} \sum_{t=1}^{n} \left(\frac{1+h}{1+i}\right)^t$$

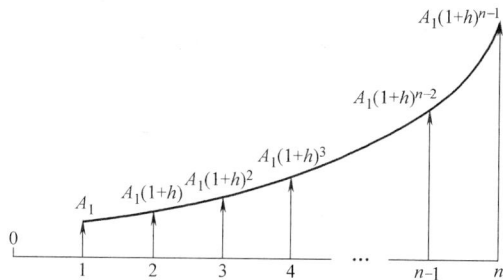

图 2-14　等比支付系列现金流

利用等比数列求和公式可得：

$$P = \begin{cases} \dfrac{nA_1}{1+i} & i = h \\[3mm] A_1 \left[\dfrac{1-(1+h)^n (1+i)^{-n}}{i-h}\right] & i \neq h \end{cases} \quad\quad (2\text{-}20)$$

（二）等比支付终值公式

由 $F = P(1+i)^n$ 得：

$$F = \begin{cases} nA_1(1+h)^{n-1} & i = h \\[3mm] A_1 \dfrac{\left[(1+h)^n - (1+i)^n\right]}{h-i} & i \neq h \end{cases} \quad\quad (2\text{-}21)$$

【例 2-10】　若租用某仓库，目前年租金为 24000 元，各期租金在年末支付，预计租金水平在 10 年内每年上涨 5%。若将该仓库买下来，需一次支付 20 万元，但 10 年后估计仍可以 20 万元的价格售出。按折现率 15% 计算，是租合算，还是买合算？

【解】

若租用该仓库，10 年内全部租金的现值为

$$P_1 = 24000 \times \left[\frac{1-(1+0.05)^{10} \times (1+0.15)^{-10}}{0.15-0.05}\right]$$

$$= 143367 \text{ 元}$$

若购买该仓库，全部费用的现值为：

$$P_2 = 200000 - 200000 \times (1+0.15)^{-10}$$

$$= 150563 \text{ 元}$$

显然租用该仓库费用更少，租合算。

最常用的资金等值计算公式已全部介绍。在应用这些公式时，应注意以下事项：

1. 本期末即下期初。0 点就是第一期初，也叫零期；第一期末即等于第二期初；余类推。

2. P 是在第一计息期开始时（0 期）发生。

3. F 发生在考察期期末，即 n 期末。

4. 各期的等额支付 A，发生在各期期末。

5. 当问题包括 P 与 A 时，系列的第一个 A 与 P 隔一期，即 P 发生在系列第一个 A 的前一期。

6. 当问题包括 A 与 F 时，系列的最后一个 A 与 F 是同时发生的。

7. 等差支付系列中 P 发生在第一个 G 的前两期；A_1 发生在第一个 G 的前一期。

第四节　等值计算的应用

在实际应用中，复利计息期和支付期往往不一致，例如复利计息期为月，而支付期为季度，此时必须区分名义利率与实际利率，通过一定的变换，使计息期与支付期保持一致，再运用资金等值公式进行计算。

一、名义利率与实际利率

在前面的例子中，暗含的假设都是按年支付，每年计算一次利息。然而在我们熟知的金融交易中，一些相关支付并不是按年支付。例如，按月偿还抵押贷款和按季度获得储蓄账户收益。也就是利率周期通常以年为单位，计息周期可以是以年为单位，以季度为单位，或者以月为单位，那么当支付周期与计息周期不一致时，就出现了名义利率（Nominal Interest Rate）与实际利率（Effective Interest Rate）的概念。

（一）名义利率

所谓名义利率 r 是指计息周期利率 i 乘以一个利率周期内的计息周期数 m 所得到的利率，即：

$$r=i\times m \tag{2-22}$$

若月利率为 1%，每月计息一次，那么一年中计息周期数为 12 次，则年名义利率等于 $1\%\times 12=12\%$。很显然，计算名义利率时忽略了前面各期利息再生因素，这与单利的计算相同。通常所说的年利率都是名义利率。

（二）实际利率

实际利率指考虑利率周期内的利息再生因素后所得的利率（又称有效利率）。

根据利率的概念即可推导出实际利率的计算式。

已知名义利率 r，一个利率周期内计息 m 次，则计息周期利率为 $i_c=r/m$，在某个利率周期初有资金 P，根据一次支付终值公式可得到该利率周期的 F，即：

$$F=P\left(1+\frac{r}{m}\right)^m$$

根据利息的定义可得到该利率周期的利息 I 为

$$I=F-P=P\left(1+\frac{r}{m}\right)^m-P=P\left[\left(1+\frac{r}{m}\right)^m-1\right]$$

再根据利率的定义可得到该利率周期的实际利率 i 为

$$i=\frac{I}{P}=\left(1+\frac{r}{m}\right)^m-1 \tag{2-23}$$

设年利率在 4%～12% 区间变化，则按年、半年、季、月、日计息的名义利率和实际利率见表 2-3。

如表 2-3 所示，随着名义年利率的增加，计息频率越大，实际利率与名义利率的差别越大。所以在工程经济分析中，如果各方案的计息期不同，就不能简单地使用名义利率来评价，而必须换算成实际利率进行评价，否则会得出不正确的结论。

	实际利率				
名义利率	按年复利	按半年复利	按季度复利	按月复利	按日复利
4	4.00	4.04	4.06	4.07	4.08
5	5.00	5.06	5.09	5.12	5.13
6	6.00	6.09	6.14	6.17	6.18
7	7.00	7.12	7.19	7.23	7.25
8	8.00	8.16	8.24	8.30	8.33
9	9.00	9.20	9.31	9.38	9.42
10	10.00	10.25	10.38	10.47	10.52
11	11.00	11.30	11.46	11.57	11.62
12	12.00	12.36	12.55	12.68	12.75

【例 2-11】　现需贷款建设某项目，有两个方案：第一个方案年利率为 16%，每年计息一次；第二个方案年利率为 15%，每月计息一次。问应选哪个贷款方案？

【解】

方案一的实际利率 $i_1 = 16\%$

方案二的实际利率 $i_2 = \left(1 + \dfrac{0.15}{12}\right)^{12} - 1 = 16.08\%$

由于 $i_1 < i_2$，选用方案一归还的本利和少于方案二，因此选用方案一贷款。

（三）连续复利

当每期计息时间趋于无限小，则一年内计息次数趋于无限大，即 $m \rightarrow \infty$，此时可视为计息没有时间间隔而成为连续计息，则年实际利率为：

$$i_\infty = \lim_{m \rightarrow \infty}\left[\left(1 + \frac{r}{m}\right)^m - 1\right] = e^r - 1 \tag{2-24}$$

e 是自然对数的底，其值约为 2.71828。

二、计息期等于支付期的等值计算

当复利计息周期和支付周期相等时，无论是按年计息还是按其他的时间周期计息，都可以按计息期利率利用等值计算公式进行计算。

【例 2-12】　老李向老张借款，从现在起 3 年内每半年从老张手上借款 1000 元，双方约定年利率为 8%，每半年计息一次。问：老李 3 年后应归还老张多少钱？

【解】

根据已知条件得，半年计息一次，每年计息 2 次，每半年的利率为 $i = 8\%/2 = 4\%$，3 年内总的计息期数为 $n = 3 \times 2 = 6$ 期。

假设借款现金流均在每半年期末发生，则现金流量如图 2-15 所示。

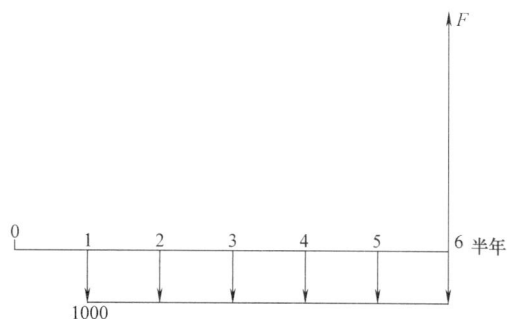

图 2-15　【例 2-12】现金流量图

$$F=A(F/A,i,n)=1000(F/A,4\%,6)=6633 \text{ 元}$$

即老李 3 年后应归还老张 6633 元。

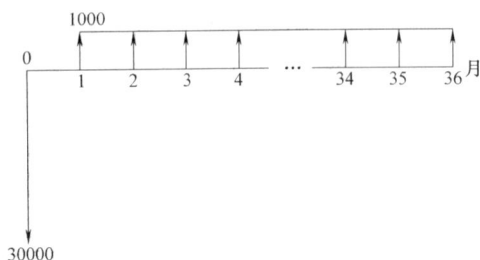

图 2-16 【例 2-13】现金流量图

【例 2-13】 假如老李现在一次性向老张借款 30000 元，双方约定在今后的 3 年内每月等额偿还 1000 元，按月计算利息。问：老李还款的月实际利率、年实际利率和年名义利率各是多少？

【解】

现金流量如图 2-16 所示。

设月实际利率为 $i_月$，可以利用等额支付现值公式来求解：

$$30000=1000\frac{(1+i_月)^{36}-1}{i_月(1+i_月)^{36}}$$

但这是一个高次方程，很难直接求出 $i_月$，可以利用直线内插法。

将上式变形得，$\frac{(1+i_月)^{36}-1}{i_月(1+i_月)^{36}}=30$，令 $R=\frac{(1+i_月)^{36}-1}{i_月(1+i_月)^{36}}$

当 $i_1=2\%$，$R=25.4888$；当 $i_2=1\%$，$R=30.1075$

那么，$R=30$ 时对应的利率为：

$$i_月=2\%-(2\%-1\%)\times\frac{30-25.4888}{30.1075-25.4888}=1.0233\%$$

因此，年名义利率为：$r=1.0233\%\times12=12.2796\%$

年实际利率为：$i=\left(1+\frac{12.2796\%}{12}\right)^{12}-1=12.9948\%$

（注：在已知现金流量 P、F、A 和计息期数 n，要计算未知利率时，就可以用直线内插法，例如求方案的收益率、国民经济增长率。）

三、计息期小于支付期的等值计算

当复利计息期小于支付期时，那么计息比支付频繁，等值计算方法有以下两种：

1. 按支付期实际利率计算；

2. 按计息期利率计算。

【例 2-14】 每个季度末存款 1000 元，年利率 6%，每月计息一次，复利计息，问两年末存款金额为多少？

【解】

根据已知条件得，每月计息一次，年计息次数为 12 次，每个季度存款 1000 元，年支付期数为 4 次，支付期计息期数为 3 次，现金流量如图 2-17 所示。

方法一：按支付期实际利率计算。

每季度的实际利率为 $i=\left(1+\frac{0.06}{12}\right)^3-1=1.5075\%$，2 年内支付期总数为 $n=4\times2=8$ 期，因此第 2 年末的余额为

$$F=1000(F/A,1.5075\%,8)=8435 \text{ 元}$$

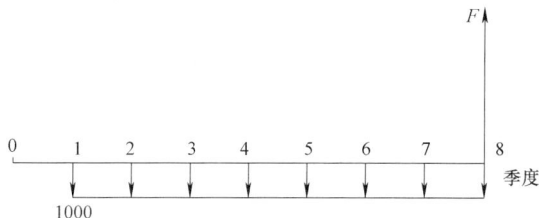

图 2-17 【例 2-14】按月计息季度支付的现金流量图

方法二：按计息期利率计算。

取一个循环周期，使这个周期的季末支付转变成等值的计息期末的等额支付系列，其现金流量图如图 2-18 所示。

$$A = F \frac{i}{(1+i)^n - 1} = 1000 \times \frac{6\%/12}{(1+6\%/12)^3 - 1} = 331.67 \text{ 元}$$

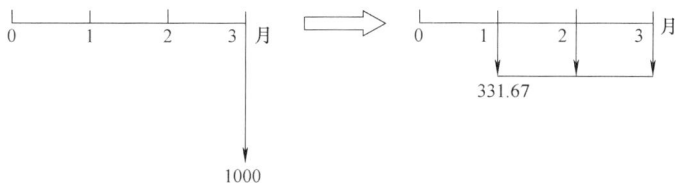

图 2-18 【例 2-14】将季度支付转化为计息期末支付

经过转变后，计息期和支付期相等，可直接利用等额支付终值公式进行计算，因此第 2 年末的余额为：

$$F = A \frac{(1+i)^n - 1}{i} = 331.67 \times \frac{(1+6\%/12)^{24} - 1}{6\%/12} = 8435 \text{ 元}$$

四、计息期大于支付期的等值计算

由于计息周期大于支付周期，也就是支付比计息频繁，计息周期间的收付可以采用下列三种方法进行处理。

1. 不计息。在工程经济分析中，当计息期内收付不计息时，其支出计入期初，其收入计入期末。

2. 单利计息。在计息期内的收付均按单利计息，其计算公式如下：

$$A_t = \sum A'_k \left[1 + \left(\frac{m_k}{N} \right) \times i \right] \tag{2-25}$$

式中　A_t——第 t 计息期末净现金流量；

　　　N——一个计息期内收付周期数；

　　　A'_k——第 t 计息期内第 k 期收付金额；

　　　m_k——第 t 计息期内第 k 期收付金额到第 t 计息期末所包含的收付周期数；

　　　i——计息期利率。

【例 2-15】　付款情况如图 2-19 所示，年利率为 6%，半年计息一次，复利计息，计息期内的收付款利息按单利计算，问年末金额是多少？

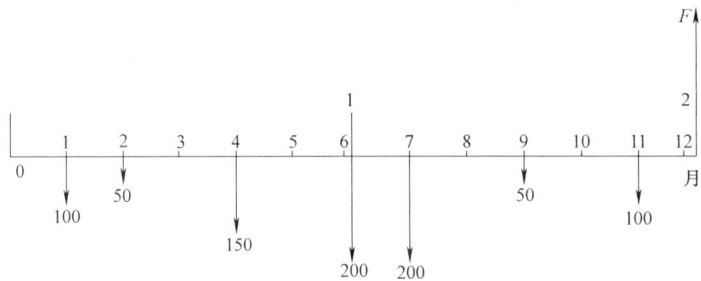

图 2-19 【例 2-15】现金流量图

【解】

年利率 $r=6\%$，半年计息一次，计息期内的收付款利息按单利计算，计息期利率 $i_{半年}=6\%/2=3\%$，由式（2-25）得：

$$A_1 = 100\times[1+(5/6)\times3\%]+50\times[1+(4/6)\times3\%]$$
$$+150\times[1+(2/6)\times3\%]+200=505$$
$$A_2 = 200\times[1+(5/6)\times3\%]+50\times[1+(3/6)\times3\%]+100\times[1+(1/6)\times3\%]$$
$$=356.25$$

因此年末金额 $F=505(F/P,3\%,1)+356.25=876.4$

3. 复利计息。

在计息周期内的收付按复利计算，此时，必须先计算出收付周期利率，收付周期利率的计算正好与已知名义利率去求解实际利率的情况相反，即收付周期利率的计算相当于是已知实际利率去求解名义利率。收付周期利率计算出来后即可按资金等值公式进行计算。

【例 2-16】 某人每月末存款 100 元，期限一年，年利率 6%，每季度计息一次，复利计息，计息期内收付利息按复利计算，问年末他的存款金额有多少？

【解】

根据题意绘制现金流量如图 2-20 所示。

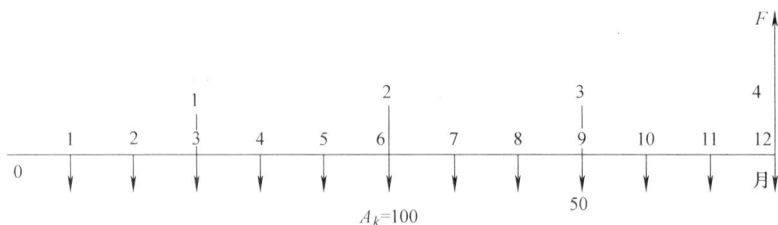

图 2-20 【例 2-16】现金流量图

计息期利率（即实际利率）$i_季=6\%/4=1.5\%$

运用实际利率公式计算收付期利率如下：

$$i_季=(1+r_季/3)^3-1=1.5\%$$

解得 $\qquad\qquad\qquad r_季=1.4926\%$

则每月利率 $i_月=r_季/3=0.4975\%$，每月复利一次，这与季度利率 1.5%，每季度复利一次是相同的。利用等额支付终值公式即可求出年末金额为：

$$F = 100(F/A, 0.4975\%, 12) = 100 \times 12.3339 = 1233.39 \text{ 元}$$

注意：在计息周期内的收付按复利计算时，收付周期利率即月利率不能直接按 6%/12＝0.5% 计算，因为复利计息是季度一次而非每月一次。

第五节　案例分析

购房贷款还款方式

研究生 A 毕业后找到了一份月薪 7000 元的工作，现已工作 1 年，目前月工资 8000 元，他的女朋友 B，大学毕业后找到了一份月薪 4000 元的工作，现已工作两年，目前月工资 5000 元。现在两人生活稳定，决定买一套房子为结婚做准备。他们看中了一套面积 100m² 的现房，每平方米的价格是 10000 元人民币。销售商提供两种付款方式：一次性付款和银行贷款分期付。他们目前无法凑足一次性付款金额，决定采用银行贷款的方式分期偿付。

两人通过对各大银行的住房贷款产品进行了解，最终选择了××银行的个人住房贷款服务。在贷款金额方面，银行规定借款人与售房商签订购房协议，并缴纳 30% 以上的首付款。两人现共有 10 万元的存款，双方的父母可以为他们垫付 20 万元，于是两人决定先付首付 30 万元，向银行贷款 70 万元。

目前个人住房贷款的还款方式应用最普遍的是等额本息还款法和等额本金还款法，假设贷款年利率为 6%，按月计息，20 年还完。通过计算对比两种还款方式如下：

1. 等额本息还款方式

即借款人每月以相等的金额偿还贷款本息，此种还款方式的计算就是按照资金等值计算方式中的等额支付资金回收公式，因此 20 年每月还款额计算如下：

$$A_1 = P \frac{i(1+i)^n}{(1+i)^n - 1} = 700000 \times \frac{6\%/12 \times (1 + 6\%/12)^{240}}{(1 + 6\%/12)^{240} - 1} = 5015.02 \text{ 元}$$

偿还总额（按静态计算）为：5015.02×240＝1203604.8 元

支付利息总额（按静态计算）为：1203604.08－700000＝503604.08 元

2. 等额本金还款方式

即借款人每月等额偿还本金，贷款利息随本金减少逐月递减，总还款额逐月递减，其计算公式如下：

设贷款总额为 P，贷款期数为 n，贷款周期利率为 i，已还至第 $k-1$ 期，则

第 k 期还款额为：$\dfrac{P}{n} + \left(1 - \dfrac{k-1}{n}\right) \times P \times i$。

每月所还本金：$\dfrac{P}{n}$。

第 k 月所还利息：$\left(1 - \dfrac{k-1}{n}\right) \times P \times i$。

根据上面的公式，可以得到如下结果：

每月偿还本金为：$\dfrac{700000}{240} = 2916.67$ 元。

第一个月偿还的利息为：700000×6%/12＝3500 元。

第一个月的还款额为：2916.67＋3500＝6416.67 元。

此后每个月的还款额中偿还的本金保持不变，而对于利息部分，每月偿还利息＝（贷款本金－累计已还本金）×月利率，随着累计已还本金以每月 2916.67 元的速度递增，那么利息以每月 2916.67×6％/12＝14.6 元的速度递减。因此，

支付利息总额（按静态计算）：2916.67×6％/12×（240＋239＋…＋1）＝421750 元

因此，偿还总额为：700000＋421750＝1121750 元

两种方式提供的具体还款情况见表 2-4。

等额本息、等额本金还款方式比较法

表 2-4

还款方式	贷款期(年)	月还款额(元)	还款总额(元)	利息总额(元)
等额本息还款法	20	5015.02	1203604.8	503604.08
等额本金还款法	20	6416.67	1121750	421750

注：等额本息还款法的月还款额各期相等，等额本金还款法的月还款额为首期还款额，此后每期减少 14.6 元。

通过计算和表 2-4 可以看出：在等额本息还款法和等额本金还款法中，银行都是按照借款人实际占用款项额和规定的利率计算应收取的利息。如果不考虑时间因素，将每月还本付息额简单累加，在整个还款期内，等额本息还款法借款人共付利息503604.08 元，而等额本金还款法共付利息 421750 元，两者相比，等额本金还款法少付 81854.08 元。但考虑到资金时间价值因素，以给定的利率将两种还款方式下每月还本付息额贴现到贷款发放日，则两者相等。即从静态看，两种还款方式存在着利息差，但从动态看，两种还款方式完全不存在差异。

图 2-21 是两种还款方式下每次偿还本息数额之和的比较。从图中可以看出，对于等额本息还款法，随着还款次数的增加，贷款者每次偿还的金额不变；对于等额本金还款法，贷款者每次偿还的金额直线下降。

图 2-22 是两种还款方式下每次偿还利息的比较。从图中可以看出，不管是等额本息还款法还是等额本金还款法，随着还款次数的增加，贷款者每次偿还的利息都是逐步减少的。但是，前者是曲线下降，后者是直线下降，且在每次还款的数额中，等额本息还款法所还的利息总是要大于等额本金还款法所还的利息。因此总体来看，等额本息法利息总额大于等额本金法利息总额。

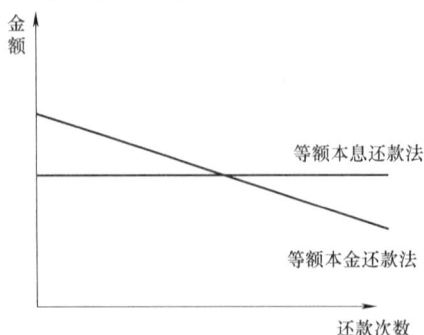

图 2-21 两种还款方式下每次
偿还本息数额之和比较

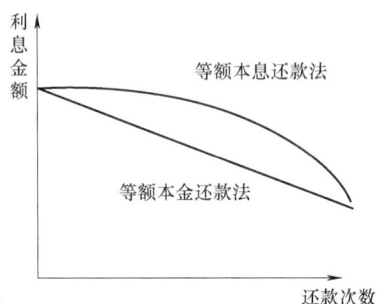

图 2-22 两种还款方式下每
次偿还利息的比较

图 2-23 是两种还款方式下每次偿还本金的比较。从图中可以看出，对于等额本息还款法，随着还款次数的增加，贷款者每次偿还的本金逐渐增加；对于等额本金还款法，贷款者每次偿还的本金保持不变。

采用等额本金还款法看起来要比等额本息还款法合算，原因在于等额本息法前期所还本金少，后期逐步增多，随之导致利息因占用资金而相对增多。但实际上，根据资金的时间价值，两种方式所贷的款和所还的款是等值的，提前把钱还了，就可以少付利息，而少付的钱，正是借款人在前面的付出，具体选择哪种还款方式，关键还是要看该方式是否适合自己的经济情况，是否与自己的收入趋势相匹配。

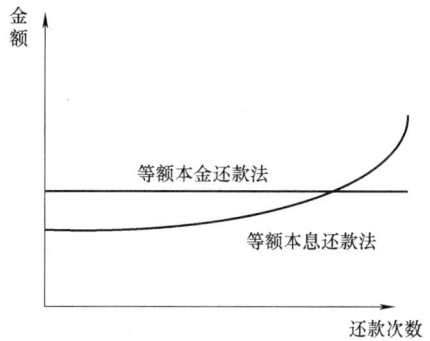

图 2-23 两种还款方式下
每次偿还本金的比较

A、B 两人估算了一下他们的还款能力：在还款期前两年，他们的月收入总计为 13000 元（其中 A：8000 元，B：5000 元），他们的月支出大概为 6000 元（其中 A：3000 元，B：3000 元），此后随着工作年限的增加，他们的收入会有一定的增加，但同时他们抚养小孩、赡养父母的费用支出也会相应增加，因此预期近期他们的还款能力为每月 7000 元左右。两人结合自己的实际情况，考虑到他们在前期有能力多还本金，最终选择了等额本金还款法。

习　　题

1. 什么是现金流量？现金流量有哪些类型？
2. 什么是资金的时间价值？资金的时间价值可以用什么来度量？
3. 单利与复利的区别是什么？试举例说明。
4. 什么是名义利率和实际利率？他们有什么关系？
5. 某城市投资兴建一座桥梁，建设期为 3 年，预计总投资 15000 万元，所有投资从银行贷款，分 3 年等额投入建设（投资均在每年年初投入），桥建好后即可立即投入使用。预计每天过往车辆 2000 辆，每辆车收取过桥费 10 元，一年按 360 天计算。设该桥的寿命期为 50 年，桥梁每年的维修保养费为 10 万元。试绘制其现金流量图。
6. 某人以 8% 单利借出 1500 元，借期为 3 年。到期后以 7% 复利把所得的款额（本金加利息）再借出，借期 10 年。问此人在 13 年年末可获得的本利和为多少？
7. 某人第一个月存入银行 1000 元，从第二个月开始每月增加 100 元，连续存 5 年。存款年利率为 3%，问：此人全部存款的现值、终值及平均每年的存款额是多少？
8. 现有一项目，其现金流量为：第一年末支付 1000 万元，第二年末支付 1500 万元，第三年收益 200 万元，第四年收益 300 万元，第五年收益 400 万元，第六年到第十年每年收益 500 万元。每年收益均发生在年末，设年利率为 12%，求：①现值；②终值。
9. 某公司购买了一台机器，估计能使用 20 年，每 4 年要大修一次（第 20 年无需大修），每次大修费用假定为 1000 元，现在应存入银行多少钱足以支付 20 年寿命期的大修费用支出（按年利率 12%，每年计息一次）？
10. 某人每年年初从银行贷款 40000 元，连续贷款 4 年，5 年后一次性归还本和利。银行约定计算利息的方式有以下几种：①年贷款利率为 6%，每年计息一次；②年贷款利率为 5.8%，每半年计息一次；③年贷款利率为 5.5%，每季度计息一次。试计算这 3 种方式在 5 年后一次性还本付息额，此人应选择哪种贷款方式？

第三章　工程项目经济评价基本要素

一个项目从投资建设到运营，需要投入建设投资和运营成本，同时也会产生运营收入，缴纳销售税金及附加，产生利润。这些要素的分析计算是工程项目财务评价的重要基础，同时也是项目国民经济评价的依据。因此，项目投资、成本费用、收入、销售税金及附加、利润是工程项目经济评价的基本要素。

总投资估算是进行经济评价、制定资金筹措计划、编制初步设计概算的依据，准确、全面地估算建设项目总投资是项目可行性研究乃至整个项目前期决策阶段的重要任务。

第一节　建设项目总投资构成及估算

一、建设项目总投资概念

所谓建设项目总投资，一般指投资主体为获取预期收益，进行选定项目建设所需投入的全部费用。根据《国家发展改革委、建设部关于印发建设项目经济评价方法与参数的通知》（发改投资〔2006〕1325号），按照概算法分析，生产性建设项目总投资包括建设投资、建设期利息及流动资金；而非生产性建设项目总投资不包括流动资金。按照形成资产法分析，建设工程项目总投资包括固定资产投资、无形资产投资、其他资产投资、流动资金投资和预备费。建设工程总投资构成具体如图3-1所示。

二、建设投资

建设投资由工程费用、工程建设其他费用和预备费组成，其中工程费用是建设期内直接用于工程建造、设备购置及其安装的建设投资，可以分为建筑安装工程费和设备及工器具购置费。建设工程总投资构成如图3-1所示。

（一）建筑安装工程费用构成和计算

建筑安装工程费是为完成工程项目建造、生产性设备及配套工程安装所需的费用，由人工费、材料费、施工机具使用费、企业管理费、利润、规费和税金构成。其中人工费、材料费、施工机具使用费、企业管理费和利润包含在分部分项工程费、措施项目费、其他项目费中，如图3-2所示。

1. 人工费

人工费是按工资总额构成规定，支付给从事建筑安装工程施工的生产工人和附属生产单位工人的各项费用。包括计时工资或计件工资、奖金、津贴补贴、加班加点工资、特殊情况下支付的工资等。

人工费的计算如式（3-1）。

$$人工费 = \sum (工日消耗量 \times 日工资单价) \tag{3-1}$$

日工资单价是施工企业平均技术熟练程度的生产工人在每工作日（国家法定工作时间内）按规定从事施工作业应得的日工资总额。

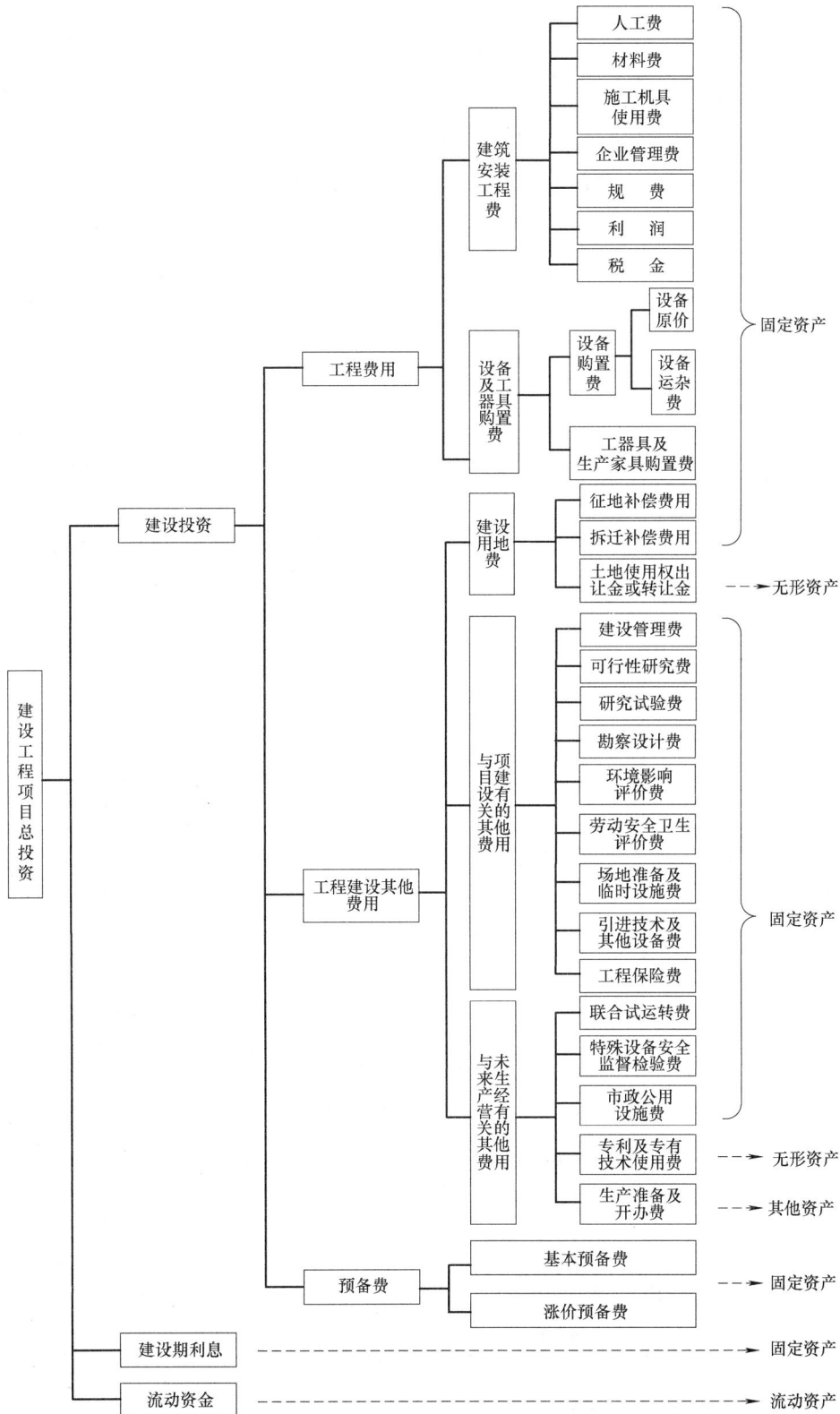

图 3-1 建设项目总投资构成图

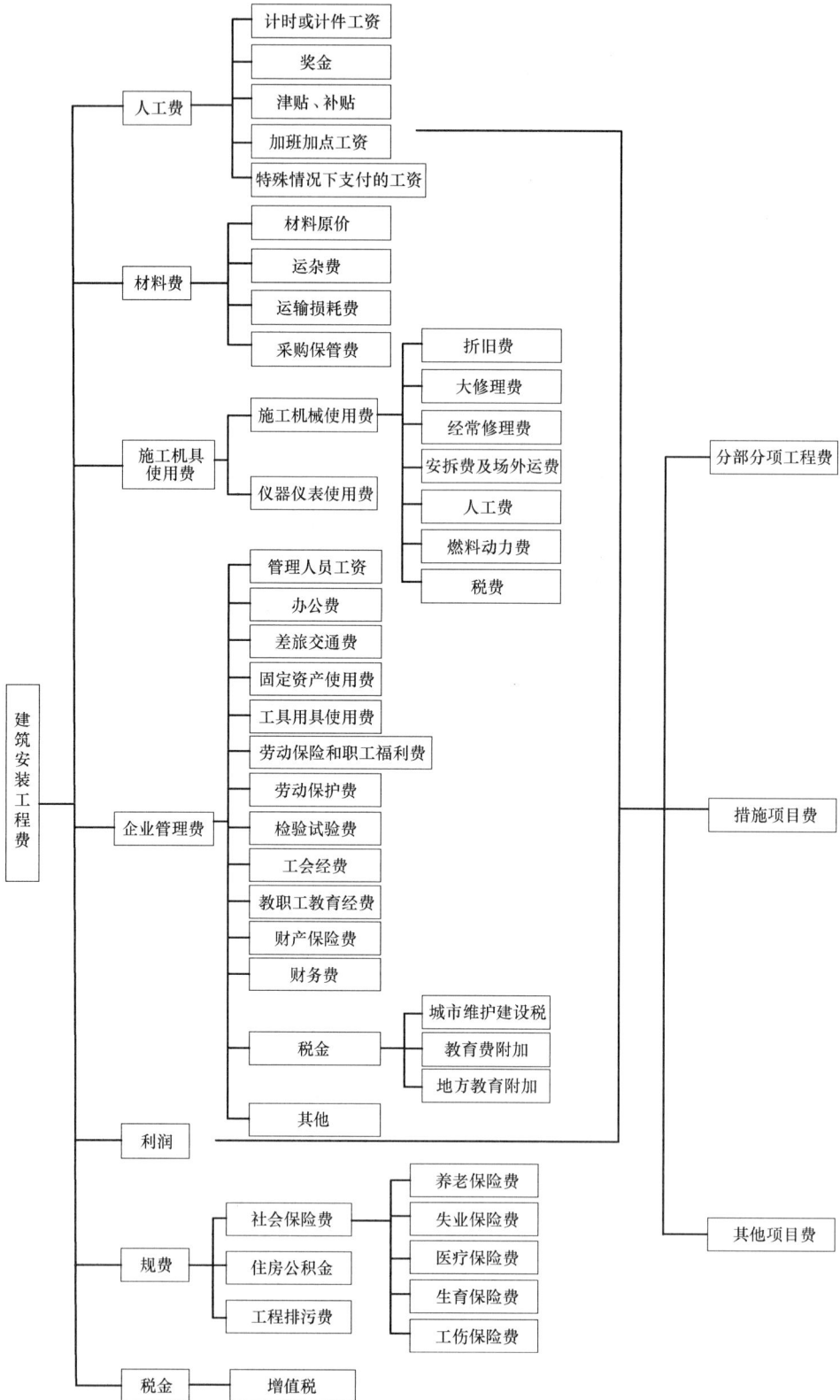

图 3-2　建筑安装工程费构成图（按费用构成要素划分）

2. 材料费

材料费是项目在施工过程中耗费的原材料、辅助材料、构配件、零件、半成品或成品、工程设备的费用以及周转材料等的摊销、租赁费用。

材料费的计算如式（3-2）、式（3-3）。

$$材料费＝\sum(材料消耗量×材料单价) \tag{3-2}$$

$$材料单价＝[(材料原价＋运杂费)÷(1＋运输损耗率)]×[1＋采购保管费率] \tag{3-3}$$

工程设备是构成或计划构成永久工程一部分的机电设备、金属结构设备、仪器装置及其他类似的设备和装置。

工程设备费的计算如式（3-4）、式（3-5）。

$$工程设备费＝\sum(工程设备量×工程设备单价) \tag{3-4}$$

$$工程设备单价＝(设备原价＋运杂费)×(1＋采购保管费率) \tag{3-5}$$

3. 施工机具使用费

施工机具使用费是项目在施工作业时所发生的施工机械、仪器仪表使用费或其租赁费。

（1）施工机械使用费。施工机械使用费是指施工作业所发生的使用费或租赁费，以施工机械台班耗用量乘以施工机械台班单价表示。施工机械台班单价通常由折旧费、检修费、维护费、安拆费及场外运费、人工费、燃料动力费和其他费组成。

单位工程量施工机械使用费的计算公式如式（3-6）。

$$施工机械使用费＝\sum(施工机械台班消耗量×机械台班单价) \tag{3-6}$$

工程造价管理机构在确定计价定额中的施工机械使用费时，应根据住房城乡建设部印发的《建设工程施工机械台班费用编制规则》（建标〔2015〕34号）结合市场调查编制施工机械台班单价。工程项目相关技术人员可以参考其发布的台班单价来编制工程项目建安工程投资。

（2）仪器仪表使用费。仪器仪表使用费是工程施工所需使用的仪器仪表的摊销及维修费用。

仪器仪表使用费的计算如式（3-7）。

$$仪器仪表使用费＝\sum(仪器仪表台班消耗量×仪器仪表台班单价) \tag{3-7}$$

4. 企业管理费

企业管理费是建筑安装企业组织施工生产和经营管理所需的费用。包括管理人员工资、办公费、差旅交通费、固定资产使用费、工具用具使用费、劳动保险和职工福利费、劳动保护费、检验试验费、工会经费、职工教育经费、财产保险费、财务费、税金及其他。

企业管理费费率的计算如式（3-8）、式（3-9）、式（3-10）。

（1）以直接费为计算基础

$$企业管理费费率(\%)＝\frac{生产工人年平均管理费}{年有效施工天数×人工单价}×人工费占直接费比例(\%) \tag{3-8}$$

（2）以人工费和机械费合计为计算基础

$$企业管理费费率(\%)＝\frac{生产工人年平均管理费}{年有效施工天数×(人工单价＋每一工日机械使用费)}×100\%$$

$$\tag{3-9}$$

（3）以人工费为计算基础

$$企业管理费费率(\%)=\frac{生产工人年平均管理费}{年有效施工天数\times人工单价}\times100\% \qquad (3\text{-}10)$$

上述公式适用于企业在编制项目建设投资时自主确定管理费，是工程造价管理机构编制计价定额、确定企业管理费的参考依据。

工程造价管理机构在确定计价定额中企业管理费时，应以定额人工费（或定额人工费＋定额机械费）作为计算基数，其费率根据历年工程造价积累的资料，辅以调查数据确定，列入分部分项工程和措施项目中。

5. 利润

利润是施工企业完成所承包工程获得的盈利。施工企业根据企业自身需求并结合建筑市场实际自主确定，列入报价中。工程造价管理机构在确定计价定额中的利润时，应以定额人工费或（定额人工费＋定额机械费）作为计算基数，其费率根据历年工程造价积累的资料，并结合建筑市场实际确定，以单位（单项）工程测算，利润在税前建筑安装工程费的比重可按不低于5%且不高于7%的费率计算。利润应列入分部分项工程和措施项目中。

6. 规费

规费是按国家法律、法规规定，由省级政府和省级有关权力部门规定施工单位必须缴纳或计取，应计入建筑安装工程造价的费用。包括以下各项：

（1）社会保险费

1）养老保险费：企业按照规定标准为职工缴纳的基本养老保险费。

2）失业保险费：企业按照规定标准为职工缴纳的失业保险费。

3）医疗保险费：企业按照规定标准为职工缴纳的基本医疗保险费。

4）生育保险费：企业按照规定标准为职工缴纳的生育保险费。

5）工伤保险费：企业按照国务院制定的行业费率为职工缴纳的工伤保险费。

（2）住房公积金

住房公积金是企业按规定标准为职工缴纳的住房公积金。

（3）工程排污费

工程排污费是企业按规定缴纳的施工现场工程排污费。

（4）其他应列而未列入的规费，按实际发生计取。

社会保险费和住房公积金应以定额人工费为计算基础，根据工程所在地省、自治区、直辖市或行业建设主管部门规定费率计算，如式（3-11）。

社会保险费和住房公积金＝Σ（工程定额人工费×社会保险费和住房公积金费率）

$$(3\text{-}11)$$

式中，社会保险费和住房公积金费率可以每万元发承包价的生产工人人工费和管理人员工资含量与工程所在地规定的缴纳标准综合分析取定。

工程排污费及其他应列而未列入的规费应按工程所在地环境保护等部门规定的标准缴纳，按实计取列入。

7. 税金

税金是按照国家税法规定的应计入建筑安装工程造价内的增值税额按税前造价乘以增值税税率确定。

当采用一般计税方法时，建筑业增值税税率为11％，计算如式（3-12）。

$$增值税＝税前造价×11％ \tag{3-12}$$

税前造价为人工费、材料费、施工机具使用费、企业管理费、利润和规费之和，各费用项目均以不包含增值税的价格计算。

（二）设备及工器具购置费用构成和计算

设备及工器具购置费由设备购置费和工具、器具及生产家具购置费用构成。在工程建设过程中，设备及工器具购置费与投资相互联系，设备及工器具购置费占建设项目总投资的比例大小，意味着生产技术的进步程度。

1. 设备购置费的构成和计算

设备购置费是建设工程购置或自制的达到固定资产标准的设备的费用。所谓固定资产标准，是使用年限在一年以上，单位价值在国家或各主管部门规定的限额以上。新建项目和改扩建项目的新建车间购置或自制的全部设备、工器具，不论是否达到固定资产标准，均计入设备、工器具购置费中。设备购置费包括设备原价和设备运杂费，如式（3-13）。

$$设备购置费＝设备原价或进口设备抵岸价＋设备运杂费 \tag{3-13}$$

式中，设备原价系指国产标准设备、非标准设备的原价；设备运杂费系指设备原价中未包括的包装和包装材料费、运输费、装卸费、采购费及仓库保管费、供销部门手续费等。如果设备是由设备成套公司供应的，成套公司的服务费也应计入设备运杂费之中。

（1）国产标准设备原价

国产标准设备是按照主管部门颁布的标准图纸和技术要求，由设备生产厂批量生产的，符合国家质量检验标准的设备。国产标准设备原价一般指的是设备制造厂的交货价，即出厂价。如设备由设备成套公司供应，则以订货合同价为设备原价。有的设备有两种出厂价，即带有备件的出厂价和不带有备件的出厂价。在计算设备原价时，一般按带有备件的出厂价计算。

（2）国产非标准设备原价

非标准设备是国家尚无定型标准，各设备生产厂家不能批量生产，只能按一次订货，并根据具体的设备图纸制造的设备。非标准设备原价有多种不同的计算方法，如成本计算估价法、系列设备插入估价法、分部组合估价法、定额估价法等。但无论哪种方法都应该使非标准设备计价的准确度接近实际出厂价，并且计算方法要简便。

（3）进口设备抵岸价构成和计算

进口设备抵岸价是抵达买方边境港口或边境车站，且交完关税以后的价格。进口设备的交货方式可以分为内陆交货类、目的地交货类、装运港交货类。内陆交货类即卖方在出口国内陆的某个地点完成交货任务。目的地交货类即卖方在进口国的港口或内地交货。装运港交货类即卖方在出口国装运港完成交货任务。

进口设备如果采用装运港交货，其抵岸价构成如式（3-14）。

$$进口设备抵岸价(CIF)＝离岸价格(FOB)＋国际运费＋运输保险费＋银行财务费＋$$
$$外贸手续费＋关税＋消费税＋进口环节增值税＋车辆购置税$$

$$\tag{3-14}$$

① 离岸价格（FOB）。即设备货价，分为原币货价和人民币货价，原币货价一律折算为美元表示，人民币货价按原币货价乘以外汇市场美元兑换人民币汇率中间价确定。

② 国际运费。我国进口设备大部分采用海洋运输方式，小部分采用铁路运输方式，个别采用航空运输方式，具体计算方式如下。

$$国际运费＝离岸价×运费率 \tag{3-15}$$

或

$$国际运费＝运量×单位运价 \tag{3-16}$$

③ 运输保险费。对外贸易货物运输保险是由保险人（保险公司）与被保险人（出口人或进口人）订立保险契约，在被保险人交付议定的保险费后，保险人根据保险契约的规定对货物在运输过程中发生的承包责任范围内的损失给予经济上的补偿。计算公式如下。

$$运输保险费＝\frac{离岸价(FOB)＋国际运费}{1－保险费率}×保险费率 \tag{3-17}$$

④ 银行财务费。一般指在国际贸易结算中，中国银行为进出口商提供金融结算服务所收取的费用，可按下式简化计算。

$$银行财务费＝离岸价(FOB)×人民币外汇汇率×银行财务费率 \tag{3-18}$$

银行财务费率一般为 0.4%～0.5%。

⑤ 外贸手续费。是按对外经济贸易部门规定的外贸手续费率计取的费用，外贸手续费率一般取 1.5%。计算公式如式（3-19）。

$$外贸手续费＝抵岸价(CIF)×人民币外汇汇率×外贸手续费率 \tag{3-19}$$

⑥ 关税。关税是由海关对进出国境或关境的货物和物品征收的一种税。计算公式如下。

$$关税＝抵岸价(CIF)×人民币外汇汇率×进口关税税率 \tag{3-20}$$

⑦ 消费税。对部分进口产品（如轿车、摩托车等）征收，计算公式如式（3-21）。

$$消费税＝\frac{抵岸价(CIF)×人民币外汇汇率＋关税}{1－消费税税率}×消费税税率 \tag{3-21}$$

⑧ 进口环节增值税。是对从事进口贸易的单位和个人，在进口商品报关进口后征收的税种。我国增值税征收条例规定，进口应税产品均按组成计税价格和增值税税率直接计算应纳税额。公式如下。

$$进口环节增值税额＝组成计税价格×增值税税率 \tag{3-22}$$

$$组成计税价格＝关税完税价格＋关税＋消费税 \tag{3-23}$$

⑨ 车辆购置税。进口车辆需缴纳进口车辆购置税，计算公式如下。

$$进口车辆购置税＝(关税完税价格＋关税＋消费税)×车辆购置税率 \tag{3-24}$$

（4）设备运杂费构成和计算

1）设备运杂费的构成

设备运杂费通常由下列各项组成。

① 运费和装卸费。国产标准设备由设备制造厂交货地点起至工地仓库（或施工组织设计指定的需要安装设备的堆放地点）止所发生的运费和装卸费。

进口设备则由我国到岸港口、边境车站起至工地仓库（或施工组织设计指定的需要安装设备的堆放地点）止所发生的运费和装卸费。

② 包装费。在设备出厂价格中没有包含的设备包装和包装材料器具费；在设备出厂价或进口设备价格中如已包括了此项费用，则不应重复计算。

③ 供销部门的手续费。按有关部门规定的统一费率计算。

④ 采购与仓库保管费。是采购、运输、验收、保管和收发设备所发生的各种费用，包括设备采购、保管和管理人员工资、工资附加费、办公费、差旅交通费、设备供应部门办公和仓库所占固定资产使用费、工具用具使用费、劳动保护费、检验试验费等。

2）设备运杂费的计算

设备运杂费按设备原价乘以设备运杂费率计算。其计算公式如式（3-25）。

$$设备运杂费＝设备原价×设备运杂费率 \tag{3-25}$$

式中，设备运杂费率按各部门及省、市等的规定计取。

一般来讲，沿海和交通便利的地区，设备运杂费率相对低一些；内陆和交通不很便利的地区就要相对高一些，边远省份则要更高一些。对于非标准设备来讲，应尽量就近委托设备制造厂，以大幅降低设备运杂费。进口设备由于原价较高，国内运距较短，因而运杂费比率应适当降低。

2. 工具、器具及生产家具购置费的构成及计算

工具、器具及生产家具购置费是新建项目或扩建项目初步设计规定的，保证期初正常生产必须购置的不够固定资产标准的设备、仪器、工卡模具、器具、生产家具和备品备件的费用。其一般计算公式如式（3-26）。

$$工器具及生产家具购置费＝设备购置费×定额费率 \tag{3-26}$$

（三）工程建设其他费用构成和计算

工程建设其他费是从工程项目筹建到工程项目竣工验收交付使用为止的整个建设期间，除建筑安装工程费、设备及工器具购置费以外的，为保证工程建设顺利完成和交付使用后能够正常发挥效用而发生的一些费用。

工程建设其他费按其内容大体可分为三类。第一类为建设用地费；第二类是与项目建设有关的其他费用；第三类是与未来企业生产经营有关的其他费用。

1. 建设用地费

建设用地如通过行政划拨方式取得，则须承担征地补偿费用或对原用地单位或个人的拆迁补偿费用；若通过市场机制取得，则不但承担以上费用，还须向土地所有者支付有偿使用费，即土地出让金。

（1）征地补偿费用

征地补偿费用是建设项目通过划拨方式取得土地使用权，依照《中华人民共和国土地管理法》等规定所支付的费用。征地补偿费用主要包括土地补偿费、安置补助费以及地上附着物和青苗补偿费等。

1）土地补偿费是用地单位依法对被征地的农村集体经济组织因其土地被征用造成经济损失而支付的一种经济补偿。征收耕地的土地补偿费，为该耕地被征收前三年平均年产值的6~10倍，具体按当地统计部门审定的基层单位统计年报和经物价部门认可的单价为准。征收其他土地的土地补偿费标准，由省、自治区、直辖市参照征收耕地的土地补偿费的标准规定。

2）安置补助费是用地单位对被征地单位安置因征地所造成的富余劳动力而支付的补偿费用。征收耕地的安置补助费，按照需要安置的农业人口数计算。需要安置的农业人口数，按照被征收的耕地数量除以征地前被征收单位平均每人占有耕地的数量计算。每一个

需要安置的农业人口的安置补助费标准，为该耕地被征收前三年平均年产值的4～6倍。但是，每公顷被征收耕地的安置补助费，最高不得超过被征收前三年平均年产值的15倍。征收其他土地的安置补助费标准，由省、自治区、直辖市参照征收耕地的安置补助费的标准规定。

3）地上附着物补偿费是用地单位对被征用土地上的附着物，如房屋、其他设施，因征地被毁损而向所有人支付的一种补偿费用。青苗补偿费是用地单位对被征用土地上的青苗因征地受到毁损，向种植该青苗的单位和个人支付的一种补偿费用。被征收土地上的附着物和青苗的补偿标准，由省、自治区、直辖市规定。征用城市郊区的菜地时，用地单位应当按照国家有关规定缴纳新菜地开发建设基金。

（2）拆迁补偿费用

在城市规划区内国有土地上实施房屋拆迁，拆迁人应当对被拆迁人给予补偿、安置。

1）拆迁补偿金。拆迁补偿金的方式可以实行货币补偿，也可以实行房屋产权调换。货币补偿的金额，根据被拆迁房屋的区位、用途、建筑面积等因素，以房地产市场评估价格确定。具体办法由省、自治区、直辖市人民政府制定。

2）搬迁、安置补助费。拆迁人应当对被拆迁人或者房屋承租人支付搬迁补助费，搬迁、安置补助费的标准，由省、自治区、直辖市人民政府制定。

（3）出让金、土地转让金

土地使用权出让金是用地单位向国家支付的土地所有权收益，出让金标准一般参考城市基准地价并结合其他因素制定。在有偿出让和转让土地时，政府对地价不作统一规定，但应坚持以下原则，即地价对目前的投资环境不产生大的影响；地价与当地社会经济承受能力相适应；地价要考虑已投入的土地开发费用、土地市场供求关系、土地用途和使用年限等。有偿出让和转让土地使用权，要向土地受让者征收契税；转让土地如有增值，要向转让者征收土地增值税；土地使用者每年应按规定的标准缴纳土地使用费。土地使用权出让或转让，应先由地价评估机构进行价格评估后，再签订土地使用权出让和转让合同。

2. 与项目建设有关的其他费用

与项目建设有关的其他费用包括建设管理费、可行性研究费、研究试验费、勘察设计费、环境影响评价费、劳动安全卫生评价费、场地准备及临时设施费、引进技术和引进设备其他费、工程保险费等。

（1）建设管理费

建设管理费是建设单位从项目筹建开始直至工程竣工验收合格或交付使用为止发生的项目建设管理费用。建设管理费包括建设单位管理费、工程监理费、工程造价咨询费。

1）建设单位管理费是建设单位发生的管理性质的开支。

建设单位管理费按工程费用乘以建设单位管理费费率计算，如式（3-27）。

$$建设单位管理费＝工程费用×建设单位管理费费率 \tag{3-27}$$

建设单位管理费费率按照建设项目的不同性质、不同规模确定。有的建设项目按照建设工期和规定的金额计算建设单位管理费。如采用监理，建设单位部分管理工作量转移至监理单位。监理费应根据委托的监理工作范围和监理深度在监理合同中商定或按当地或所属行业部门有关规定计算；如建设单位采用工程总承包方式，其总包管理费由建设单位与总包单位根据总包工作范围在合同中商定，从建设管理费中支出。

2）工程监理费是建设单位委托工程监理单位实施工程监理所支付的费用。按照国家发展改革委《关于进一步放开建设项目专业服务价格的通知》（发改价格［2015］299号）规定，此项费用实行市场调节价。

3）工程造价咨询费是建设单位委托工程造价咨询单位实施建设项目的全过程、动态的造价管理（包括可行性研究、投资估算、项目经济评价、工程概算、预算、工程结算、工程竣工结算、工程招标标底、投标报价的编制和审核、对工程造价进行监控以及提供有关工程造价信息资料等业务）所支付的费用。工程造价咨询费具体收费标准可以参照《中国建设工程造价管理协会关于规范工程造价咨询服务收费的通知》（中价协［2013］35号）。

（2）可行性研究费

可行性研究费是在建设项目前期工作中，编制和评估项目建议书（或预可行性研究报告）、可行性研究报告所需的费用。此项费用应依据前期研究委托合同计列，实行市场调节价。

（3）研究试验费

研究试验费是为建设项目提供和验证设计参数、数据、资料等所进行的必要的试验费用以及设计文件规定在施工中必须进行试验、验证所需费用。包括自行或委托其他部门研究试验所需人工费、材料费、试验设备及仪器使用费等。这项费用按照设计单位根据工程项目的需要提出的研究试验内容和要求计算。

（4）勘察设计费

勘察设计费是委托勘察设计单位进行工程水文地质勘察、工程设计所发生的各项费用。包括：工程勘察费、初步设计费（基础设计费）、施工图设计费（详细设计费）、设计模型制作费。按照国家发展改革委《关于进一步放开建设项目专业服务价格的通知》（发改价格［2015］299号）规定，此项费用实行市场调节价。

（5）环境影响评价费

环境影响评价费是按照《中华人民共和国环境保护法》、《中华人民共和国环境影响评价法》等规定，为全面、详细评价建设项目对环境可能产生的污染或造成的重大影响所需的费用。包括编制环境影响报告书（含大纲）、环境影响报告表以及对环境影响报告书（含大纲）、环境影响报告表进行评估等所需的费用。此项费用实行市场调节价。

（6）安全预评价及验收费

安全预评价及验收费是指为预测和分析建设项目存在的职业危险、危害因素的种类和危险危害程度，并提出先进、科学、合理可行的安全技术和管理对策所需的费用。包括编制建设项目安全预评价大纲和安全预评价报告书以及为编制上述文件所进行的工程分析和环境现状调查等所需费用。

（7）场地准备及临时设施费

场地准备费是建设项目为达到工程开工条件进行的场地平整和对建设场地余留的有碍于施工建设的设施进行拆除清理的费用。

临时设施费是指建设单位为满足工程建设、生活、办公的需要，用于临时设施建设、维修、租赁、使用所发生或摊销的费用。

场地准备及临时设施费应尽量与永久性工程统一考虑。建设场地的大型土石方工程应进入工程费用中的总图运输费用中。

新建项目的场地准备和临时设施费应根据实际工程量估算，或按建筑安装工程费的一定比例计算，通常比例为1%。改扩建项目一般只计拆除清理费。具体如式（3-28）。

$$场地准备和临时设施费＝工程费用×费率＋拆除清理费 \qquad (3-28)$$

发生拆除清理费时可按新建同类工程造价或主材费、设备费的比例计算。凡可回收材料的拆除工程采用以料抵工方式冲抵拆除清理费。

此项费用不包括已列入建筑安装工程费用中的施工单位临时设施费用。

（8）引进技术和引进设备其他费

引进技术和引进设备其他费是指引进技术和设备发生的但未计入设备购置费中的费用。

1）引进项目图纸资料翻译复制费、备品备件测绘费。可根据引进项目的具体情况计列或按引进货价（FOB）的比例估列；引进项目发生备品备件测绘费时按具体情况估列。

2）出国人员费用。包括买方人员出国设计联络、出国考察、联合设计、监造、培训等所发生的差旅费、生活费等。依据合同或协议规定的出国人次、期限以及相应的费用标准计算。生活费按照财政部、外交部规定的现行标准计算，旅费按中国民航公布的票价计算。

3）来华人员费用。包括卖方来华工程技术人员的现场办公费用、往返现场交通费用、接待费用等。依据引进合同或协议有关条款及来华技术人员派遣计划进行计算。来华人员接待费用可按每人次费用指标计算。引进合同价款中已包括的费用内容不得重复计算。

4）银行担保及承诺费。指引进项目由国内外金融机构出面承担风险和责任担保所发生的费用，以及支付金融机构的承诺费用。应按担保或承诺协议计取。投资估算和概算编制时可以担保金额或承诺金额为基数乘以费率计算。

（9）工程保险费

工程保险费是建设项目在建设期间根据需要对建筑工程、安装工程、机器设备和人身安全进行投保而发生的费用，包括建筑安装工程一切险、引进设备财产保险和人身意外伤害险等。

根据不同的工程类别，分别以其建筑、安装工程费乘以建筑、安装工程保险费率计算。民用建筑（住宅楼、综合性大楼、商场、旅馆、医院、学校）工程保险费率为建筑工程费的2‰～4‰；其他建筑（工业厂房、仓库、道路、码头、水坝、隧道、桥梁、管道等）工程保险费率为建筑工程费的3‰～6‰；安装工程（农业、工业、机械、电子、电器、纺织、矿山、石油、化学及钢铁工业、钢结构桥梁）工程保险费率为建筑工程费的3‰～6‰。

3. 与未来生产经营有关的其他费用

（1）联合试运转费

联合试运转费是新建项目或新增加生产能力的工程项目，在交付生产前按照批准的设计文件所规定的工程质量标准和技术要求，进行整个生产线或装置的负荷联合试运转或局部联动试车所发生的费用净支出（试运转支出大于收入的差额部分费用）。

（2）专利及专有技术使用费

专利及专有技术使用费包括：国外设计及技术资料费，引进有效专利、专有技术使用费和技术保密费；国内有效专利、专有技术使用费；商标权、商誉和特许经营权费等。

在专利及专有技术使用费计算时应注意以下问题：

1）按专利使用许可协议和专有技术使用合同的规定计列。

2）专有技术的界定应以省、部级鉴定批准为依据。

3）项目投资中只计需在建设期支付的专利及专有技术使用费。协议或合同规定在生产期支付的使用费应在生产成本中核算。

4）一次性支付的商标权、商誉及特许经营权费按协议或合同规定计列。协议或合同规定在生产期支付的商标权或特许经营权费应在生产成本中核算。

5）为项目配套的专用设施投资，包括专用铁路线、专用公路、专用通信设施、送变电站、地下管道、专用码头等，如由项目建设单位负责投资但产权不归属本单位的，应作无形资产处理。

（3）生产准备及开办费

生产准备及开办费是为保证正常生产（或营业、使用）而发生的人员培训费、提前进厂费以及投产使用必备的生产办公、生活家具用具及工器具等购置费用。包括：人员培训费及提前进厂费；为保证初期正常生产（或营业、使用）所必需的生产办公、生活家具用具购置费。不包括备品备件费。

生产准备及开办费的计算应注意以下两点：

1）新建项目按设计定员为基数计算，改扩建项目按新增设计定员为基数计算，如式（3-29）。

$$生产准备费＝设计定员×生产准备费指标(元/人) \tag{3-29}$$

2）可采用综合的生产准备费指标进行计算，也可以按费用内容的分类指标计算。

（四）预备费

预备费是指在建设期内因各种不可预见因素的变化而预留的可能增加的费用，包括基本预备费和价差预备费。

1. 基本预备费

基本预备费是在投资估算或工程概算阶段预留的，由于工程实施中不可预见的工程变更及洽商、一般的灾害处理、地下障碍物处理、超规超限运输等可能增加的费用，又称不可预见费。计算公式如式（3-30）。

$$基本预备费＝（工程费用＋工程建设其他费）×基本预备费率 \tag{3-30}$$

基本预备费的取值应执行国家及部门的有关规定。

2. 价差预备费

价差预备费是建设工程在建设期内由于利率、汇率或价格等变化引起投资增加，需要事先预留的费用。价差预备费以建筑安装工程费、设备工器具购置费之和为计算基数。计算公式如式（3-31）。

$$P = \sum_{t=1}^{n} I_t \left[(1+f)^m (1+f)^{0.5} (1+f)^{t-1} - 1 \right] \tag{3-31}$$

式中，P 为价差预备费；I_t 为第 t 年工程费用、工程建设其他费用及基本预备费之和；n 为建设期；f 为年涨指数；m 为建设前期年限（从编制估算到开工建设，单位：年）。

三、建设期利息

建设期利息是项目借款在建设期内发生并计入固定资产的利息。估算建设期利息，需要根据项目进度计划，提出建设投资分年计划，列出各年投资额，并明确其中的外汇和人民币。计算建设期利息时，为了简化计算，通常假定借款均在每年的年中支用，借款当年按半年计息，其余各年份按全年计息。

当建设期采用自有资金按期付息时，采用名义利率按单利计算各年建设期利息，计算公式如式（3-32）。

$$各年应计利息＝（年初借款本金累计＋本年借款/2）×年名义利率 \qquad (3-32)$$

当建设期未能付息时，采用复利方式计算各年建设期利息，计算公式如式（3-33）。

$$各年应计利息＝（年初借款本金累计＋本年借款/2）×年实际利率 \qquad (3-33)$$

对有多种借款资金来源、每笔借款年利率各不相同的项目，既可分别计算每笔借款的利息，也可先计算出各笔借款加权平均年利率，并以加权平均利率计算全部借款利息。对于分期建成投产的项目，后期投产继续发生的借款费用不作为建设期利息计入固定资产原值，而是作为运营期利息计入总成本费用。

四、流动资金

流动资金是生产经营性项目投产后，为进行正常生产运营，用于购买原材料、燃料，支付工资及其他经营费用等所需的周转资金。另外一个很常用也很相近的概念是铺底流动资金，铺底流动资金是生产经营性项目建成后，在试运转阶段用于购买原材料、燃料，支付工资及其他经营费用等所需的周转资金。铺底流动资金一般按照流动资金的30％计算。

流动资金估算一般是按照现有同类企业的状况采用分项详细估算法，个别情况或者小型项目可采用扩大指标法。

（一）分项详细估算法

分项详细估算法是对计算流动资金需要掌握的流动资产和流动负债这两类因素分别进行估算。在可行性研究等前期工作中，为简化计算，仅对流动资产和流动负债的主要构成要素即存货、现金、应收账款、预收账款以及应付账款和预收账款等几项内容分项估算，公式如式（3-34）～式（3-36）。

$$流动资金＝流动资产－流动负债 \qquad (3-34)$$
$$流动资产＝应收账款＋预付账款＋存货＋现金 \qquad (3-35)$$
$$流动负债＝应付账款＋预收账款 \qquad (3-36)$$

流动资金估算首先应确定各分项最低周转天数，计算出周转次数，然后进行分项估算。

1. 周转次数计算

$$周转次数＝360/最低周转天数 \qquad (3-37)$$

各类流动资产和负债的最低周转天数参照同类企业的平均周转天数并结合项目特点确定，通常要考虑储存天数，运输天数等。

2. 流动资产估算

（1）应收账款，是对外销售商品、提供劳务尚未收回的资金，计算公式如式（3-38）。

$$应收账款＝年经营成本/应收账款周转次数 \qquad (3-38)$$

（2）预付账款，是公司为购买各种材料、半成品或服务所预先支付的款项，计算公式如式（3-39）。

$$预付账款 = 外购商品或服务年费用金额/预付账款周转次数 \qquad (3-39)$$

（3）存货，存货是运营企业在日常生产经营过程中持有以备出售，或者仍然在生产过程中产品，或者在生产或提供劳务过程中将消耗的材料或物料等，包括外购原材料、燃料、动力、其他材料、在产品和产成品。计算公式如式（3-40）～式（3-44）。

$$存货 = 外购原材料、燃料、动力 + 其他材料 + 在产品 + 产成品 \qquad (3-40)$$

$$外购原材料、燃料、动力 = 年外购原材料、燃料、动力费/分项周转次数 \qquad (3-41)$$

$$其他材料 = 年其他材料费用/其他材料周转次数 \qquad (3-42)$$

$$在产品 = (年外购原材料、燃料、动力费 + 年工资及福利费$$
$$+ 年修理费 + 年其他制造费用)/在产品周转次数 \qquad (3-43)$$

$$产成品 = (年经营成本 - 年其他营业费用)/产成品周转次数 \qquad (3-44)$$

（4）现金，现金是为维持正常生产运营必须预留的货币资金，计算公式如式（3-45）、式（3-46）。

$$现金 = (年工资及福利费 + 年其他费用)/现金周转次数 \qquad (3-45)$$

$$年其他费用 = 制造费用 + 管理费用 + 营业费用 -$$
$$以上三项费用中所含的工资及福利、折旧、摊销、修理费 \qquad (3-46)$$

3. 流动负债估算

流动负债是指将在一年或超过一年的一个营业周期内偿还的债务。在项目财务评价中，流动负债估算考虑应付账款和预收账款两项。计算公式如式（3-47）、式（3-48）。

$$应付账款 = \frac{外购原材料、燃料动力及其他材料年费用}{应付账款周转次数} \qquad (3-47)$$

$$预收账款 = \frac{预收的营业收入年金额}{预收账款周转次数} \qquad (3-48)$$

流动资金估算过程中需要注意最低周转天数取值的准确性，并且当投入物和产出物采用不含税价格时，估算中应注意将销项税额和进项税额分别包括在相应的年费用金额中。采用分项详细估算法计算流动资金应在经营成本估算之后进行。

（二）扩大指标化算法

1. 按建设投资的一定比例估算。例如，国外化工企业的流动资金，一般是按建设投资的 15%～20% 计算。

2. 按经营成本的一定比例估算。

3. 按年销售收入的一定比例估算。

4. 按单位产量占用流动资金的比例估算。

流动资金一般在投产前开始筹措。在投产第一年开始对生产负荷进行安排，其借款部分按全年计算利息。流动资金利息应计入财务费用。项目计算期末回收全部流动资金。

第二节　工程项目成本费用

工程项目成本费用是工程项目为生产、销售商品或提供劳务等日常活动所发生的直接的或间接经济利益的流出，具体表现为资产的减少或负债的增加。

一般谈到项目成本费用都是项目总成本费用。项目总成本费用从一方面可以分解为经营成本、折旧、摊销、财务费用等；而从另一方面也可以拆分为固定成本和可变成本。

一、工程项目总成本费用构成

总成本费用的构成具有很强的行业特点，在划分和计算时应紧密结合行业特点选择合适的方法。目前，主流的总成本费用的构成方法有生产成本加期间费用法和生产要素法两种方法。

（一）生产成本加期间费用法

总成本费用可以按照生产成本和期间费用分成两部分。其中，生产成本包括直接人工费用、直接材料费用、制造费用和其他直接费用，而期间费用包括管理费用、财务费用和销售费用。如图3-3所示。

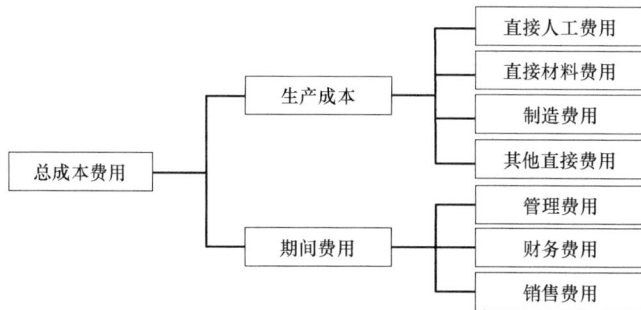

图 3-3　按生产成本和期间费用法划分的总成本费用

1. 生产成本的构成

生产成本是构成产品的实体、计入产品成本的那部分费用，是施工企业为生产销售产品、提供劳务而发生的各种施工生产费用。

（1）直接人工费用

直接人工费用包括企业直接从事产品生产人员的工资、奖金、津贴和补贴。

（2）直接材料费用

直接材料费用包括企业生产经营过程中实际消耗的原材料、辅助材料、设备零配件、外购半成品、燃料、动力、包装物、低值易耗品以及其他直接材料费。

（3）制造费用

制造费用是企业各个生产单位（分厂、车间）为组织和管理生产所发生的各项费用，包括生产单位（分厂、车间）管理人员工资、职工福利费、折旧费、维简费、修理费、低值易耗品摊销费、劳动保护费、水电费、办公费、差旅费、运输费、保险费、租赁费（不含融资租赁费）、设计制图费、试验检验费、环境保护费。

（4）其他直接费用

其他直接费用包括直接从事产品生产人员的职工福利费等。

2. 期间费用的构成

期间费用是项目本期发生的、不能直接或间接归入营业成本，而是直接计入当期损益的各项费用。

（1）管理费用

管理费用是施工企业为管理和组织企业生产经营活动而发生的各项费用。包括公司经费、工会经费、职工教育经费、劳动保险费、待业保险费、董事会费、聘请中介机构费、咨询费、诉讼费、排污费、税金、技术转让费、研究与开发费、无形资产摊销、业务招待费、计提的坏账准备和存货跌价准备、存货盘亏、毁损和报废损失、其他管理费用。

（2）财务费用

财务费用是项目为筹集生产所需资金等而发生的费用，包括应当作为期间费用的利息支出（减利息收入）、汇兑损失（减汇兑收益）以及相关的手续费等。

（3）销售费用

销售费用是项目在销售产品、自制半成品和提供劳务等过程中发生的各项费用以及专设销售机构的各项费用，包括应由项目负担的运输费、装卸费、包装费、保险费、委托代销费、广告费、展览费、销售服务费用、销售部门人员工资、职工福利费、差旅费、办公费、折旧费、修理费、低值易耗品摊销费等。

（二）生产要素法

用生产要素法分解项目总成本费用时，项目总成本费用主要由外购原材料和燃料动力费、人工工资及福利费、折旧费、修理费、维简费、摊销费、财务费用和其他费用构成。

1. 外购原材料和燃料动力费

外购原材料是指项目在一定时期内（一般为一年），各生产车间、产品销售部门和企业行政管理部门为生产销售产品、组织管理企业生产经营活动而耗费的原材料、主要材料、辅助材料、外购半成品、备品备件、包装材料、物料消耗等。外购燃料是指项目建成投产后在一定时期内需消耗的各种燃料，包括煤、油、液化气、天然气等各种固体、液体和气体燃料。外购动力是指项目建成投产后在一定时期内需耗费的各种动力费用，包括电、蒸汽等。

2. 人工工资及福利费

人工工资及福利费主要包括职工工资、奖金、津贴和补贴以及职工福利费。

3. 折旧费

固定资产在使用过程中会受到磨损，其价值损失通常以提取折旧的方式得以补偿。折旧费就是将计入固定资产价值的金额，随着固定资产的使用、损耗，将固定资产的购置价款采用一定的方法在一定期限内逐步转移到生产成本和相关费用中的那一部分费用。计提折旧是建设项目回收固定资产投资的一种手段。

4. 修理费

修理费是为保持固定资产的正常运转和使用，充分发挥使用效能，对其进行必要修理所发生的费用。

5. 维简费

维简费是从成本中提取，常按照生产产品数量（如采矿按每吨原矿产量，林区按每立方米原木产量）提取用于固定资产更新的，专项用于维持简单再生产的技术改造资金。

6. 摊销费

无形资产和其他资产的原始价值要在规定的年限内，按年度或产量转移到产品的成本之中，这一部分被转移的无形资产和其他资产的原始价值，称为摊销费。无形资产是企业能长期使用而没有实物形态的资产，包括专利权、非专利技术、商标权、商誉、著作权和土地使用权等。其他资产是建设投资中除形成固定资产和无形资产以外的部分，主要包括生产准备及开办费等。项目通过计提摊销费，回收无形资产和其他资产的资本支出。

7. 财务费用

项目为筹集所需资金而发生的费用称为财务费用，又称借款费用，包括利息支出、汇兑损失及相关手续费等。多数项目只考虑利息支出，利息支出包括长期借款利息、流动资金借款利息和短期借款利息。长期借款利息是项目对建设期间借款余额应在生产期所支付的利息。流动资金借款利息是项目对向银行等外单位借入的用于正常生产经营周转或临时性资金需要的借款所支付的利息。短期借款利息是项目为维持正常的生产经营或为抵偿某项债务而向银行等外单位借入的、还款期限在一年以下（含一年）的各种借款所支付的利息。

8. 其他费用

其他费用是在制造费用、管理费用、财务费用和销售费用中分别扣除工资及福利费、折旧费、修理费、维简费、摊销费、利息支出后的费用。产品出口退税和减免税项目按规定不能抵扣的进项税额也包括在内。

二、项目总成本费用计算

为便于计算，总成本费用的计算采用生产要素法分别计算各项成本。项目总成本费用主要由外购原材料费、外购燃料动力费、人工工资及福利费、折旧费、修理费、维简费、摊销费、财务费用和其他费用构成。

（一）外购原材料费的估算

外购原材料费是总成本费用的重要组成部分，其计算公式如式（3-49）。

$$外购原材料费 = 全年产量 \times 单位产品原材料成本 \tag{3-49}$$

式中，全年产量可根据设计生产能力和生产负荷加以确定，单位产品原材料费是依据原材料消耗定额及单价确定的。工业项目生产所需要的原材料种类繁多，在进行项目评估时，可根据具体情况，选取耗用量较大的、主要的原材料为估算对象（耗用量小的并入"其他原材料"估算），依据国家有关规定和经验数据估算原材料成本。

（二）外购燃料动力费的估算

外购燃料动力费计算公式如式（3-50）。

$$外购燃料动力费 = 全年产量 \times 单位产品燃料动力成本 \tag{3-50}$$

式中相关数据的确定方法同上。

（三）人工工资及福利费的估算

人工工资及福利费包含在制造成本、管理费用和销售费用之中。为便于计算和进行项目评估，需将人工工资及福利费单独估算。

1. 人工工资的估算

工资的估算可采取以下两种方法：

（1）按项目定员数和人均年工资数计算，公式如式（3-51）、式（3-52）。

$$年工资总额 = 项目定员数 \times 人均年工资数 \tag{3-51}$$

$$人均年工资数 = 人均月工资 \times 12 个月 \tag{3-52}$$

（2）按照不同的工资级别对职工进行划分，分别估算同一级别职工的工资，然后再加以汇总。一般可分为五个级别，即高级管理人员、中级管理人员、一般管理人员、技术工人和一般工人等。若有国外的技术和管理人员，要单独列出。

2. 福利费的估算

职工福利费主要用于职工的医药费、医务经费、职工生活困难补助以及按国家规定开支的其他职工福利支出，不包括职工福利设施的支出。职工福利费可按照职工工资总额的一定比例进行估算，常用取值为14%。

（四）折旧费的估算

根据国家有关规定，计提折旧的固定资产范围包括：项目的房屋、建筑物；在用的机器设备、仪器仪表、运输车辆、工具器具；季节性停用和修理停用的设备；以经营租赁方式租出的固定资产；以融资租赁方式租入的固定资产。

结合我国的项目运营管理水平，可将项目固定资产分为 3 大部分，共计 22 大类，按大类实行分类折旧。我国现行固定资产折旧方法，一般采用平均年限法或工作量法，特殊情况可以采用加速折旧法。

1. 平均年限法

平均年限法也称直线法，即根据固定资产的原值、估计的净残值率和折旧年限计算折旧，公式如式 (3-53)。

$$年折旧额 = \frac{固定资产原值 - 预计净残值}{折旧年限} = \frac{固定资产原值 \times (1 - 预计净残值率)}{折旧年限}$$

(3-53)

（1）固定资产原值包括项目总投资中的建筑安装工程费、设备及工器具购置费、预备费、建设期利息以及工程建设其他费用中的形成固定资产的费用。

（2）预计净残值。预计净残值率可在税法允许的范围内由企业自行确定，或按行业规定。《中华人民共和国企业所得税法实施条例》第五十九条规定，企业应当根据固定资产的性质和使用情况，合理确定固定资产的预计净残值。固定资产的预计净残值一经确定，不得变更。

（3）折旧年限。《中华人民共和国企业所得税法实施条例》第六十条规定，固定资产计算折旧的最低年限如下：

1）房屋、建筑物为 20 年；

2）火车、轮船、机器、机械和其他生产设备为 10 年；

3）与生产、经营业务有关的器具、工具、家具等为 5 年；

4）飞机、火车、轮船以外的运输工具为 4 年；

5）电子设备为 3 年。

【例 3-1】 某企业一台专项设备的原值为 75000 元，预计折旧年限为 5 年，预计净残值 3750 元。按平均年限法计算折旧。

解：

$$该项设备年折旧率 = \frac{1 - 3750/75000}{5} \times 100\% = 19\%$$

其各年折旧额见表 3-1。

固定资产折旧计算表（平均年限法）表 3-1

年次	期初账面净值(元)	年折旧率(%)	年折旧额(元)	累计折旧额(元)	期末账面净值(元)
1	75000	19%	14250	14250	60750
2	60750	19%	14250	28500	46500
3	46500	19%	14250	42750	32250
4	32250	19%	14250	57000	18000
5	18000	19%	14250	71250	3750

2. 工作量法

对于下列专用设备，可采用工作量法计提折旧。

（1）交通运输企业和其他企业专用车队的客货运汽车，按照行驶单位里程计算折旧费，公式如式（3-54）、式（3-55）。

$$单位里程折旧额 = \frac{原值 \times (1-预计净残值率)}{规定的总行驶里程} \qquad (3-54)$$

$$年折旧额 = 单位里程折旧额 \times 年实际行驶里程 \qquad (3-55)$$

（2）大型专用设备，可根据工作小时计算折旧费，公式如式（3-56）、式（3-57）。

$$每小时折旧额 = \frac{原值 \times (1-预计净残值率)}{规定的总工作小时} \qquad (3-56)$$

$$月(年)折旧额 = 每小时折旧额 \times 月(年)实际工作小时 \qquad (3-57)$$

【例 3-2】 某企业一台加工设备原值为 180000 元，预计总工作小时数为 50000 小时，预计其报废时的净残值率为 5%，本月工作 700 小时。试计算该车辆的月折旧额。

解：

$$每小时折旧额 = \frac{180000 \times (1-5\%)}{50000} = 3.42 \text{ 元}$$

$$本月折旧额 = 700 \times 3.42 = 2394 \text{ 元}$$

3. 加速折旧法

加速折旧法又称递减折旧费用法，是在固定资产使用前期提取折旧较多，在后期提得较少，使固定资产价值在使用年限内尽早得到补偿的折旧计算方法。加速折旧法主要有双倍余额递减法和年数总和法。

（1）双倍余额递减法

双倍余额递减法是在不考虑固定资产残值的情况下，以平均年限法确定的折旧率的双倍乘以固定资产在每一会计期间的期初账面净值，从而确定当期应提折旧的方法，公式如式（3-58）～式（3-60）。

$$年折旧率 = \frac{2}{折旧年限} \times 100\% \qquad (3-58)$$

$$年折旧额 = 年初固定资产账面净值 \times 年折旧率 \qquad (3-59)$$

$$年初固定资产账面净值 = 固定资产原值 - 累计折旧 \qquad (3-60)$$

实行双倍余额递减法的固定资产，应当在其固定资产折旧年限到期前两年内，将固定资产净值扣除预计净残值后的净额平均摊销，即最后两年改用直线折旧法计算折旧。

【例 3-3】 沿用例 3-1，按双倍余额递减法计算折旧。

解：

该设备年折旧率＝2/5×100％＝40％

其各年折旧额见表3-2。

固定资产折旧计算表（双倍余额递减法）　　　　　表3-2

年次	期初账面净值（元）	年折旧率（%）	年折旧额（元）	累计折旧额（元）	期末账面净值（元）
1	75000	40％	30000	30000	45000
2	45000	40％	18000	48000	27000
3	27000	40％	10800	58800	16200
4	16200		6225	65025	9975
5	9975		6225	71250	3750

（2）年数总和法

年数总和法是以固定资产原值扣除预计净残值后的余额作为计提折旧的基础，按照逐年递减的折旧率计提折旧的一种方法。采用年数总和法的关键是每年都要确定一个不同的折旧率，公式如式（3-61）、式（3-62）。

$$年折旧率＝\frac{折旧年限－已使用年数}{折旧年限×（折旧年限＋1）÷2}×100\% \tag{3-61}$$

$$年折旧额＝（固定资产原值－预计净残值）×年折旧率 \tag{3-62}$$

【例3-4】　仍沿用例3-1，采用年数总和法计算的各年折旧额见表3-3。

固定资产折旧计算表（年数总和法）　　　　　表3-3

年次	尚可使用年数	（原值－净残值）（元）	年折旧率（%）	年折旧额（元）	累计折旧额（元）	期末账面净值（元）
1	5	71250	(5－0)/(5×6÷2)	23750	23750	51250
2	4	71250	(5－1)/(5×6÷2)	19000	42750	32250
3	3	71250	(5－2)/(5×6÷2)	14250	57000	18000
4	2	71250	(5－3)/(5×6÷2)	9500	66500	8500
5	1	71250	(5－4)/(5×6÷2)	4750	71250	3750

（五）修理费的估算

修理费包含在制造成本、管理费用和销售费用之中。进行项目经济评估时，可以单独计算修理费。修理费包括大修理费用和中小修理费用。

在估算修理费时，一般无法确定修理费具体发生的时间和金额，可按照折旧费的一定比率或固定资产原值（扣除所含建设期利息的一定比率）计算，具体比率可参照同行业的经验数据确定。

（六）维简费的估算

工程项目发生的维简费直接计入成本，其计算方法与折旧费相同。已计提维简费的固定资产不再计提折旧。

（七）摊销费的估算

按照有关规定，无形资产和其他资产从使用之日起，在有效使用期限内平均摊入成本。计算无形资产的摊销关键是确定摊销期限。法律和合同规定了法定有效期或者受益年限的，摊销年限从其规定，否则摊销年限应该注意符合税法的要求。无形资产的摊销一般采用平均年限法，不计残值。

其他资产的摊销可以采用平均年限法，不计残值，摊销年限应符合税法要求。《中华人民共和国企业所得税暂行条例实施细则》第三十四条规定，企业在筹建期发生的开办费，应当从开始生产、经营月份的次月起，在不短于 5 年的期限内分期扣除。

若各种无形资产和其他资产摊销年限相同，可根据全部无形资产的原值和摊销年限计算出各年摊销费。若各种无形资产和其他资产摊销年限不同，则要根据《无形资产和其他资产摊销估算表》计算各项无形资产的摊销费，然后将其相加，即可得到运营期各年的无形资产和其他资产摊销费。

（八）财务费用的估算

在工程项目中，财务费用主要是利息支出，包括长期借款利息、流动资金借款利息和短期借款利息之和。在未与金融机构达成协议之前，长期借款利率可按央行基准利率上浮一定比率，常用上浮比率为 10%～20%。

长期借款利息计算公式如式（3-63）、式（3-64）。

$$每年应计利息 = \left(年初本金累计额 - \frac{本年还本数}{2} \right) \times 长期借款利率 \qquad (3-63)$$

$$最后一年应计利息 = \frac{剩余本金数}{2} \times 长期借款利息 \qquad (3-64)$$

流动资金与短期借款通常都是按期末偿还、期初再借的方式处理，并按一年期利率计息。流动资金借款利息和短期借款利息计算公式如式（3-65）、式（3-66）。

$$流动资金利息 = 流动资金借款额 \times 一年期利率 \qquad (3-65)$$

$$短期借款利息 = 短期借款额 \times 一年期利率 \qquad (3-66)$$

（九）其他费用的估算

在工程项目经济分析中，其他费用可根据总成本费用中的外购原材料费、燃料动力费、人工工资及福利费、折旧费、修理费、维简费及摊销费之和的一定比率进行简便估算；也可将其他费用拆分为其他制造费用、其他管理费用和其他营业费用三项费用详细估算。其他制造费用通常按固定资产原值（扣除所含的建设期利息）的一定比率估算或按人员定额估算。其他管理费用通常按人员定额或按职工薪酬总额的倍数估算。其他营业费用通常按营业收入的一定比率估算。

三、经营成本、固定成本和变动成本

在工程项目成本费用中，除了总成本费用以外，还有经营成本、固定成本和可变成本也是非常重要和常用的概念。

（一）经营成本

在工程项目评估中，经营成本被广泛应用于现金流量的分析中。其涉及产品生产及销售、项目管理过程中的物料、人力和能源的投入费用，能够反映项目生产和管理水平，同类项目的经营成本具有可比性。经营成本是项目总成本费用扣除折旧费、维简费、摊销费和财务费用以后的费用，即：

$$经营成本 = 总成本费用 - 折旧费 - 维简费 - 摊销费 - 财务费用 \qquad (3-67)$$

之所以要从总成本费用中剔除折旧费、维简费、摊销费和财务费用，主要原因如下：

首先，工程经济分析中，现金流量表的现金收支何时发生，就在何时计算，不作分摊。虽然在按年计算总成本费用、利润和所得税时，折旧费、维简费、摊销费看作是总成本费用的组成部分，但是折旧费、维简费、摊销费是以前一次性投资支出的分摊，而非现金流出。如还将其随成本计入现金流出，会造成现金流出的重复计算。

其次，因为全部投资现金流量表以全部投资作为计算基础，不分投资资金来源；而自有资金现金流量表中已将财务费用单列。因此，经营成本中也不包括财务费用。

根据上述理由，将总成本费用中剔除折旧费、维简费、摊销费和财务费用后留存的经营性实际支出定义为经营成本。由此可见，经营成本是从投资方案本身考察的，是在一定期间（通常一年）内由于生产和销售产品及提供劳务而实际发生的现金支出。

（二）固定成本和变动成本

产品成本费用按其与产量变化的关系，一般分为固定成本和变动（可变）成本两类。生产产品的固定成本和变动成本构成生产产品的总成本费用。

1. 固定成本

固定成本在一定时期内不随产量的增减而变化，如车间经费和企业管理费。车间经费包括车间管理人员工资及附加费、办公费、折旧费、修理费、劳动保护费等。企业管理费是为管理和组织企业生产所耗的费用，包括全厂管理部门人员工资及附加费、办公费、折旧费（全厂性设备和厂房）、修理费、运输费、仓库保管费、差旅费等。以上费用均应列为项目的固定开支，因而称为固定费用。

有些费用，如车间管理人员的工资及附加费、修理费等，只有当产量在一定范围内变动的时候，它才是不变的。当产量变化超过一定范围时，它就会有所增减，因此，它是相对固定的费用。

2. 变动（可变）成本

变动成本随着产量的增减而变化。如原材料费、直接人工工资、燃料动力费等。当产量增加时，费用总额也随之增加。

第三节　营业收入、销售税金及附加、利润

营业收入是项目建成投产后回收投资、补偿成本、上缴税金、偿还债务、保证企业再生产正常进行的前提，是估算利润总额、销售税金及附加的基础数据。营业收入扣除总成本费用及销售税金及附加后即为利润总额，反映项目在一定时期内的经营成果，也是计算一些静态评价指标的基础。

一、营业收入

营业收入是项目投产后在一定时期内销售产品（营业或提供劳务）而取得的收入，是现金流量表中现金流入的主体，也是利润表的主要科目。营业收入是财务评价中主要的基础数据，其估算的主要内容包括如下几项。

（一）生产经营期各年生产负荷的估算

项目生产经营期各年生产负荷是计算营业收入的基础。通常可根据市场预测结果，结合项目性质、产出特性和市场的开发程度制定分年运营计划，进而确定各年生产负荷。运营计划或年生产负荷的确定不应是固定的模式，应强调具体项目具体分析。一般开始投产

时负荷较低，以后各年逐步提高，提高幅度取决于市场预测等因素。同时，经济评估人员应配合技术评估人员鉴定各年生产负荷的确定是否有充分依据，是否与产品市场需求量预测相符合，是否考虑了项目的建设进度，以及原材料、燃料、动力供应和工艺技术等因素对生产负荷的制约和影响。

（二）产品销售价格估算

营业收入估算的重点是对产品价格进行估算，并判断选用的产品销售（服务）价格是否合理，价格水平是否反映市场供求状况，判别项目是否高估或低估了产出物的价格。销售项目产品单价通常根据市场竞争及承受能力综合考虑加以确定。

为防止人为夸大或缩小项目效益，属于国家控制价格的物资，要按国家规定的价格政策执行；价格已经放开的产品，应根据市场情况合理选用价格，一般不宜超过同类产品的进口价格（含各种税费）。产品销售价格一般采用出厂价格，参考当前国内市场价格和国际市场价格，通过预测分析而合理选定。出口产品应根据离岸价格扣除国内各种税费计算出厂价格，同时还应考虑与投入物价格选用的同期性，并注意价格中不应含有增值税。

（三）营业收入的估算

估算营业收入时应对市场预测的相关结果以及建设规模、产品或服务方案进行描述与确认。在项目评估中，产品营业收入的估算，一般假设当年生产产品当年全部销售。计算公式如式（3-68）。

$$营业收入 = \sum_{i=1}^{n} Q_i \times P_i \tag{3-68}$$

式中　Q_i——第 i 种产品年产量；

　　　P_i——第 i 种产品销售单价。

当项目产品外销时，还应计算外汇销售收入，并按评估时现行汇率折算成人民币，再计入销售收入总额。

二、销售税金及附加

销售税金是根据商品或劳务的流转额征收的税金，属于流转税的范畴。销售税金包括增值税、消费税、城市维护建设税、资源税等。附加是教育费附加和地方教育费附加，其征收的环节和计费的依据类似于城市维护建设税。

（一）增值税

增值税是对我国境内销售货物、进口货物以及提供加工、修理修配劳务的单位和个人，就其取得货物的销售额、进口货物金额、应税劳务收入额计算税款，并实行税款抵扣制的一种流转税。

在工程经济分析中，增值税可作为价外税不出现在现金流量表中，也可作为价内税出现在现金流量表中。当现金流量表中不包括增值税时，产出物的价格不含有增值税中的销项税，投入物的价格中也不含有增值税中的进项税。

增值税是按增值额计税的，计算公式如式（3-69）。

$$增值税应纳税额＝销项税额－进项税额 \tag{3-69}$$

上式中，销项税额是纳税人销售货物或提供应税劳务，按照销售额和增值税率计算并向购买方收取的增值税额，其计算公式如式（3-70）。

$$销项税额＝销售额×增值税率$$

$$＝\frac{营业收入(含税销售额)}{1＋增值税率}×增值税率 \tag{3-70}$$

进项税额是纳税人购进货物或接受应税劳务所支付或者负担的增值税额，其计算公式如式（3-71）。

$$进项税额＝\frac{外购原材料、燃料及动力费}{1＋增值税率}×增值税率 \tag{3-71}$$

（二）消费税

消费税是国家对项目生产、委托加工和进口的部分应税消费品按差别税率或税额征收的一种税。消费税是在普遍征收增值税的基础上，根据消费政策、产业政策的要求，有选择地对部分消费品征收的一种特殊税种。目前，我国的消费税共设 11 个税目，13 个子目。消费税的税率有从价定率和从量定额两种，除了黄酒、啤酒、汽油、柴油产品采用从量定额计征的方法外，其他消费品均为从价定率计税，税率从 3％～45％不等。

消费税一般以应税消费品的生产者为纳税人，于销售时纳税。应纳税额计算公式如式（3-72）、式（3-73）。

实行从价定率方法计算时：

$$应纳税额＝应税消费品销售额×适用税率$$

$$＝\frac{销售收入(含增值税)}{1＋增值税率}×消费税率＝组成计税价格×消费税率 \tag{3-72}$$

实行从量定额方法计算时：

$$应纳税额＝应税消费品销售数量×单位税额 \tag{3-73}$$

应税消费品的销售额是纳税人销售应税消费品向买方收取的全部价款和价外费用，不包括向买方收取的增值税税款。销售数量是应税消费品数量。

（三）城市维护建设税

城市维护建设税是以纳税人实际缴纳的流转税额为计税依据征收的一种税。城市维护建设税按纳税人所在地区实行差别税率：项目所在地为市区的，税率为 7％；项目所在地为县城、镇的，税率为 5％；项目所在地为乡村的，税率为 1％。

城市维护建设税以纳税人实际缴纳的增值税、消费税为计税依据，并分别与上述 2 种税同时缴纳，其应纳税额计算公式如式（3-74）。

$$应纳城市维护建设税额＝(增值税＋消费税)的实纳税额×适用税率 \tag{3-74}$$

（四）教育费附加

教育费附加是为了加快地方教育事业的发展，扩大地方教育经费的资金来源而开征的一种附加费。根据有关规定，凡缴纳消费税、增值税的单位和个人，都是教育费附加的缴纳人。教育费附加随消费税和增值税同时缴纳。教育费附加的计征依据是各缴纳人实际缴纳的消费税和增值税的税额，征收率为 3％。其计算公式如式（3-75）。

$$应纳教育费附加额＝(消费税＋增值税)的实纳税额×3％ \tag{3-75}$$

（五）地方教育费附加

地方教育费附加是为增加地方教育的资金投入，促进教育事业发展开征的一项政府基金。地方教育费附加征收标准统一为单位和个人实际缴纳的增值税和消费税税额的 2％。其计算公式如式（3-76）。

$$地方教育费附加＝(增值税＋消费税)的实纳税额×2\% \tag{3-76}$$

(六) 资源税

资源税是国家对在我国境内开采应税矿产品或者生产盐的单位和个人征收的一种税。范围包括:

1. 矿产品

包括原油、天然气、煤炭、金属矿产品和其他非金属矿产品。

2. 盐

包括固体盐、液体盐。

资源税的应纳税额,按照应税产品的课税数量和规定的单位税额计算。应纳税额的计算公式如式 (3-77)。

$$应纳税额＝应税产品课税数量×单位税额 \tag{3-77}$$

纳税人开采或者生产应税产品用于销售的,以销售数量为课税数量;纳税人开采或者生产应税产品自用的,以自用数量为课税数量。

三、利润

(一) 利润总额计算

利润总额是项目在一定时期内生产经营活动的最终财务成果,它集中反映了项目生产经营各方面的效益。

现行会计制度规定,利润总额等于营业利润加上投资净收益、补贴收入和营业外收支净额的代数和。其中,营业利润等于主营业务收入减去主营业务成本和主营业务税金及附加,加上其他业务利润,再减去营业费用、管理费用和财务费用后的净额。在对工程项目进行经济分析时,为简化计算,在估算利润总额时,假定不发生其他业务利润,也不考虑投资净收益、补贴收入和营业外收支净额,本期发生的总成本等于主营业务成本、营业费用、管理费用和财务费用之和,并且视项目的主营业务收入为本期的营业收入,主营业务税金及附加为本期的销售税金及附加。则利润总额的估算公式如式 (3-78)。

$$利润总额＝营业收入－销售税金及附加－总成本费用 \tag{3-78}$$

利用公式 (3-78) 计算利润总额时,营业收入及总成本费用中的外购原材料费、外购燃料及动力费均为含税价。当营业收入及总成本费用中的外购原材料费、外购燃料及动力费均使用不含税价时,则销售税金及附加中应扣除增值税。公式如下:

$$利润总额＝营业收入(不含税)－销售税金及附加(扣除增值税)－总成本费用(不含税) \tag{3-79}$$

根据利润总额可计算所得税和净利润,在此基础上可进行净利润的分配。在工程项目的经济分析中,利润总额是计算一些静态评价指标的基础数据。

(二) 所得税计算及净利润的分配

1. 所得税计算

根据税法的规定,企业取得利润后,先向国家缴纳所得税,即凡在我国境内实行独立经营核算的各类企业或者组织,其来源于我国境内、境外的生产、经营所得和其他所得,均应依法缴纳企业所得税。所得税是现金流出项。

企业所得税以应纳税所得额为计税依据。纳税人每一纳税年度的收入总额减去准予扣除项目的余额,为应纳税所得额。

纳税人发生年度亏损的,可用下一纳税年度的所得弥补;下一纳税年度的所得税不足弥补的，可以逐年延续弥补，但是延续弥补期最长不得超过 5 年。

企业所得税的应纳税额计算公式如式（3-80）。

$$所得税应纳税额＝应纳税所得额×25\% \tag{3-80}$$

在工程经济分析中，一般是按照利润总额作为企业所得，乘以 25％税率计算所得税，公式如式（3-81）。

$$所得税应纳税额＝利润总额×25\% \tag{3-81}$$

2. 净利润的分配

净利润是利润总额扣除所得税后的差额，计算公式如式（3-82）。

$$净利润＝利润总额－所得税 \tag{3-82}$$

在工程经济分析中，一般视净利润为可供分配的净利润，可按照下列顺序分配：

（1）提取盈余公积金。一般企业提取的盈余公积金分为两种：一种是法定盈余公积金，在其金额累计达到注册资本的 50％以前，按照可供分配的净利润的 10％提取，达到注册资本的 50％，可以不再提取；另一种是法定公益金，按可供分配的净利润的 5％提取。

（2）向投资者分配利润（应付利润）。企业以前年度未分配利润，可以并入本年度向投资者分配。

（3）未分配利润，即未作分配的净利润。可供分配利润减去盈余公积金和应付利润后的余额，即为未分配利润。

营业收入、总成本费用、销售税金及附加和利润的关系，如图 3-4 所示。

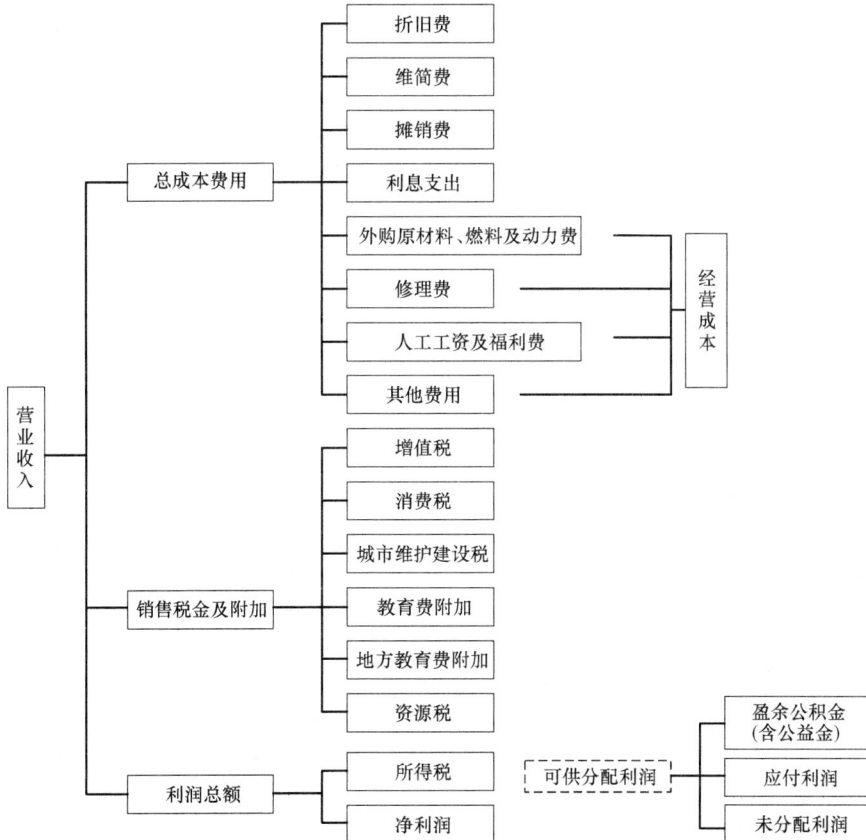

图 3-4　营业收入、总成本费用、销售税金及附加和利润关系图

69

第四节 案 例 分 析

某中部城市污水处理厂项目设计日处理污水 7.5 万 m³。项目计算期为 27 年，其中建设期为 2 年，运营期为 25 年，运营期第一年即达产。

一、投资估算

项目总投资为 48161.64 万元，其中：建设投资 45891.50 万元（其中土地使用权出让金为 6848.76 万元，生产准备及开办费为 73.40 万元，其余全部视为形成固定资产），建设期利息 2189.67 万元，流动资金 80.47 万元。项目资本金 19215.26 万元（用于建设投资为 19134.79 万元，用于流动资金为 80.47 万元），其余为银行借款，建设期内只计息不付息。建设期贷款年利率和长期借款年利率均为 7%。项目总投资估算情况见表 3-4。

项目总投资估算表（单位：万元） 表 3-4

序号	项目 \ 年度	合计	1	2	3
1	总投资	48161.64	30068.49	18012.68	80.47
1.1	建设投资	45891.50	29441.90	16449.60	
1.2	建设期利息	2189.67	626.59	1563.08	
1.3	流动资金	80.47			80.47

项目资金投入情况见表 3-5。

项目资金投入表（单位：万元） 表 3-5

序号	项目 \ 年度		合计	1	2	3
1	建设投资	自有资金	19134.79	11539.30	7595.49	
		银行借款	26756.71	17902.60	8854.11	
2	流动资金	自有资金	80.47			80.47
		银行借款	0.00			0.00

二、总成本费用估算

（一）外购原材料、燃料动力费估算

运营期每年，原材料 A 需 410t，单价为 600 元/t；原材料 B 需 13.15t，单价为 40000元/t；原材料 C 花费 28 万元/年；原材料 D 花费 106.76 万元/年。

每年用电 958.13 万 kW·h，单价为 0.8 元/kW·h。

该项目各年的外购原材料、燃料、动力费估算情况，详见表 3-7。

（二）工资及福利费估算

根据项目规模，项目定员 55 人，运营期每年人均工资及福利费为 5 万元，每年工资及福利费用总计 275 万元。

（三）折旧费估算

折旧费采用直线法计提，本项目固定资产投资总计为 41159.01 万元，固定资产预计

净残值率为 10%，折旧年限 20 年，每年固定资产折旧费为 1852.16 万元。

（四）修理费估算

修理费按年折旧费的 15% 计提，每年修理费为 277.82 万元。

（五）摊销费估算

该项目土地使用权出让金为 6848.76 万元，生产准备及开办费为 73.4 万元，采用平均年限法，按 8 年摊销，第 3～10 年摊销费为 865.27 万元/年。

（六）财务费用估算

建设投资借款在第 3～10 年按等额本金法偿还，即每年偿还本金额相等并支付当年利息。

第 3～10 年每年应还本金＝（2189.67＋26756.71）÷8＝3618.30（万元）

项目建设投资借款还本付息情况见表 3-6。

项目建设投资借款还本付息表（单位：万元）　　　　　表 3-6

项目＼年度	3	4	5	6	7	8	9	10
年初累计借款	28946.38	25328.08	21709.78	18091.49	14473.19	10854.89	7236.59	3618.30
本年应还本金	3618.30	3618.30	3618.30	3618.30	3618.30	3618.30	3618.30	3618.30
本年应还利息	1899.61	1646.33	1393.04	1139.76	886.48	633.20	379.92	126.64

（七）其他费用估算

其他费用按照上述各项费用之和的 3% 计取，详见表 3-7。

（八）总成本费用估算表

项目总成本费用估算表见表 3-7。

总成本费用估算表（单位：万元）　　　　　表 3-7

项目＼年度	3	4	5	6	7	8	9	10
外购原材料、燃料动力费	978.46	978.46	978.46	978.46	978.46	978.46	978.46	978.46
工资及福利费	275.00	275.00	275.00	275.00	275.00	275.00	275.00	275.00
折旧费	1852.16	1852.16	1852.16	1852.16	1852.16	1852.16	1852.16	1852.16
修理费	277.82	277.82	277.82	277.82	277.82	277.82	277.82	277.82
摊销费	865.27	865.27	865.27	865.27	865.27	865.27	865.27	865.27
利息支出	1899.61	1646.33	1393.04	1139.76	886.48	633.20	379.92	126.64
其他费用	184.45	176.85	169.25	161.65	154.06	146.46	138.86	131.26
总成本费用	6332.77	6071.89	5811.01	5550.13	5289.25	5028.37	4767.49	4506.61

三、案例思考

1. 折旧计算除了平均年限法还有什么方法，试用其他方法计算本案例折旧。

2. 经营成本的含义是什么，本案例中历年的经营成本如何计算？

习　题

1. 简述我国建设项目总投资和建筑安装工程费是如何构成的。

2. 简述设备工器具购置费是如何构成的。

3. 什么是项目总成本费用？什么是经营成本？

4. 固定资产折旧的计算方法有哪些？

5. 销售税金及附加包括哪些税种？

6. 某企业固定资产原值为100万元，预计使用年限为10年，采用双倍余额递减法计算净残值率分别为7%和5%时各年的折旧额。

7. 某项目计算期10年，其中建设期2年。项目建设投资1200万元，第1年投入500万元，全部为投资方自有资金；第2年投入700万元，其中500万元为银行借款，借款年利率6%，流动资金为自有资金。借款偿还方式为：第3年不还本付息，以第3年末的本息和为基准，从第4年开始，分4年按等额本金偿还，当年还清当年利息。项目第3年总成本费用为900万元，第4年总成本费用为1500万元，第3、4年折旧费均为100万元，摊销费均为50万元。试计算项目建设期利息，第3年应计利息，第3、4年的经营成本。

第四章　财务评价报表编制

在初步确定建设方案、投资估算和融资方案后，即可进行财务评价报表编制以完成财务评价。编制财务评价报表是财务评价的基础工作，根据财务评价报表可计算项目财务评价指标，以便作出正确的投资决策。

第一节　概　　述

财务评价报表分为辅助报表和基本报表，辅助报表是编制基本报表的基础，而基本报表则是计算财务评价各类指标的依据。

一、财务评价报表作用

财务评价报表提供的财务信息具有重要作用，主要体现在以下几个方面：

1. 财务评价报表全面系统地预测工程项目未来一定时期的财务状况、经营状况和现金流量，进而分析项目的盈利能力、偿债能力、投资收益、发展前景等，方便项目决策人员分析投资效果，作出投资决策。

2. 通过财务评价报表的编制可以确定工程项目所需资金来源，方便投资决策者制定资金规划。

二、财务评价报表类型

在工程项目财务评价中，财务评价报表的编制是复杂且重要的一环。财务评价报表由众多不同类型的评价报表构成，包含众多数据，能够提供多项评价指标。财务评价报表可以按编制阶段进行划分，也可以按内容进行划分。

（一）按编制阶段划分

按财务评价报表的编制阶段划分，财务评价报表可以分为辅助报表和基本报表。一些基础性数据（如成本、收入等）都存储于辅助报表中，这些辅助报表通过某种对应关系生成基本报表，通过基本报表就可以对项目进行财务盈利能力、偿债能力及财务生存能力分析。

1. 辅助报表

辅助报表一般可根据给定的基础数据和计算参数进行编制。辅助报表的编制目的是为了方便基本报表直接从辅助报表获取需要的数据。进行财务评价，需要编制下列辅助报表：

（1）建设投资估算表；

（2）建设期利息估算表；

（3）流动资金估算表；

（4）项目总投资使用计划与资金筹措表；

（5）营业收入、税金及附加和增值税估算表；

（6）总成本费用估算表。

（7）外购原材料费估算表；

（8）外购燃料和动力费估算表；

（9）固定资产折旧费估算表；

（10）无形资产和其他资产摊销费估算表；

（11）工资及福利费估算表。

2. 基本报表

进行财务评价，需要编制下列基本报表：

（1）项目投资现金流量表；

（2）项目资本金现金流量表；

（3）投资各方现金流量表；

（4）利润与利润分配表；

（5）借款还本付息计划表；

（6）资产负债表；

（7）财务计划现金流量表。

（二）按内容划分

按报表内容划分，财务评价报表可以分为三类：

第一类报表反映项目总投资、投资使用与资金筹措计划情况，分别是：建设投资估算表、建设期利息估算表、流动资金估算表、项目总投资使用计划与资金筹措计划表。

第二类报表反映项目生产运营期的产品成本和费用、营业收入、税金及附加和增值税、利润总额及税后利润分配情况，分别是：营业收入、税金及附加和增值税估算表，总成本费用估算表，工资及福利费估算表，外购原材料费估算表，外购燃料和动力费估算表，固定资产折旧费估算表，无形资产及其他资产摊销费估算表，流动资金估算表。

第三类报表反映项目全过程的资金活动和各年资金平衡情况以及债务偿还能力，分别是：项目投资现金流量表、项目资本金现金流量表、投资各方现金流量表、资产负债表、借款还本付息计划表、财务计划现金流量表。

三、财务评价报表之间的关系

辅助报表与基本报表的关系可以从数据流向及计算顺序中得出，如图 4-1 所示。

从图 4-1 中可以看出，财务评价的数据是从辅助报表流向基本报表。在具体计算过程中，应理清计算思路，把握数据的来龙去脉，通过各报表间的数据连接，使计算准确、快捷。有以下几点需要说明：

1. 建设投资估算表是源头表格。表中的建设投资可以根据工程建设内容、技术与设备选择以及施工安装的具体情况，事先估算各投资费用，并按建设工程费、设备购置费、安装工程费、其他费用进行分类，填入建设投资估算表中，得到建设投资估算值。

根据建设投资估算值，就可以按投资使用计划进行建设期逐年的投资安排和相应的资金筹措，并由此计算出建设期利息。同时，从建设投资中归类出的固定资产、无形资产和其他资产的数额，是固定资产折旧费估算表和无形资产及其他资产摊销费估算表编制的依据。

2. 外购原材料费估算表、外购燃料和动力费估算表是另一类源头表格，它为总成本费用及增值税的进项税额估算提供了依据，表中的数据应根据市场价格、生产负荷及物料消耗量、增值税税率等情况估算。

3. 总成本费用估算表、利润与利润分配表以及借款还本付息计划表是形成数据回路

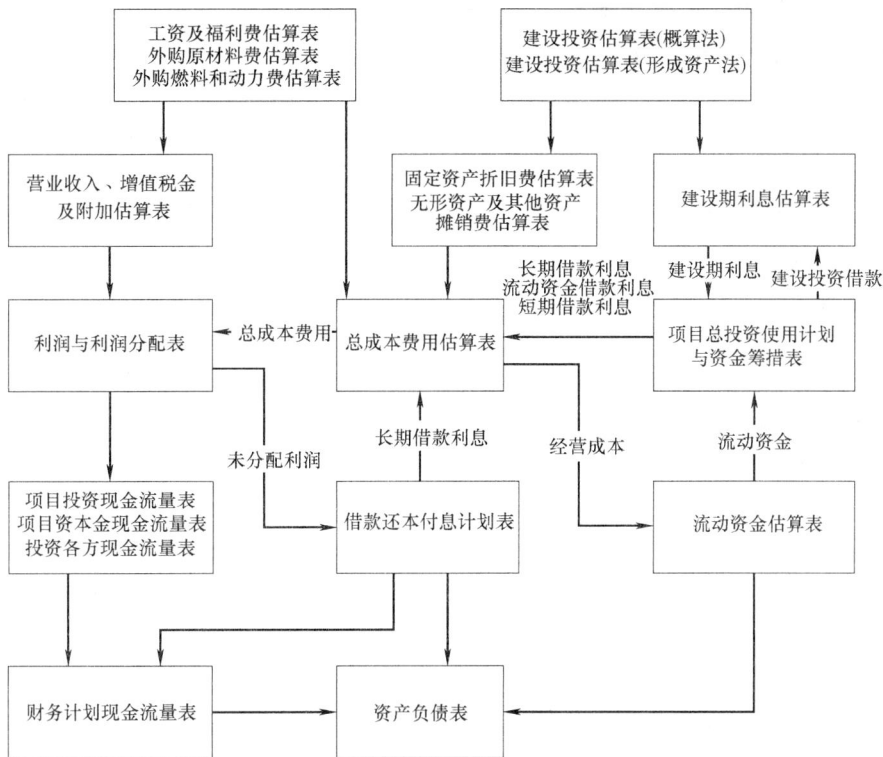

图 4-1　辅助报表与基本报表之间的关系

的三张表。其中，总成本费用估算表中的"利息支出"包括了"长期借款利息支出"、"流动资金借款利息"和"短期借款利息"，它们分别取决于生产运营期每年年初的长期借款余额、流动资金和短期借款的数额；而各年年初长期借款余额的大小又与上年"偿还本金"有关，每年的"偿还本金"数据需要从借款还本付息计划表中获取；在借款还本付息计划表的编制中，每年"偿还本金"的能力取决于利润与利润分配表中的"息税折旧摊销前利润"一项；而"息税折旧摊销前利润"的计算又需要总成本费用估算表中"总成本费用合计"一项做数据支撑。这样，在具体编制报表时，只能逐年地在三张表间循环填写，直到长期借款还清为止。

4. 总成本费用估算表、流动资金估算表、项目投资使用计划与资金筹措表同样也是形成数据回路的三张表。项目投资使用计划与资金筹措表中的各年流动资金必须从流动资金估算表中获取；流动资金估算表中流动资金的计算又需要总成本费用估算表中经营成本数据做支撑；而总成本费用估算表的"利息支出"中"流动资金借款利息支出"的计算又需要项目投资使用计划与资金筹措表提供各年流动资金数据。

第二节　财务评价辅助报表

在财务评价报表编制前，首先要搜集、估计和选定一系列基础数据，包括计算用数据和判别用数据（又称基准参数）。其中计算用数据作为财务评价辅助报表编制所需的基本数据，主要汇集于辅助报表；判别用数据作为财务评价基本评价标准。运用计算用数据编制财务评价辅助报表，是财务评价基本报表编制的基础和前提。基础数据选用和财务评价辅助报表编制的准确与否直接影响到财务评价结果。

一、基础数据

财务评价的准确性取决于基础数据的可靠性。大量的基础数据来自于预测和估计，难免带来不确定性。为了给投资决策者提供可靠的依据，避免主观估计所带来的风险，在基础数据的选取和确定中应尽量稳妥可靠。

财务评价的基础数据按其作用可以分为两类；一类是计算用数据，另一类是判别用数据（又称基准参数）。

（一）计算用数据

计算用数据主要用于计算项目财务费用和效益，可分为初级数据和派生数据两类。在进行财务评价之初，应进行一系列初级数据的搜集工作。初级数据大多是通过调查分析预测确定或相关专业人员提供的，主要包括以下方面的数据：

1. 项目建设规模和产品方案。

2. 项目实施进度：项目建设期、运营期、计算期、达产进度等。

3. 项目总投资及资金筹措（资金来源）方案：建设投资估算、建设投资使用计划与资金筹措、流动资金估算、还本付息方式等。

4. 营业收入：产品售价、税金及附加等。

5. 成本费用：外购原材料费、外购燃料和动力费、工资及福利费、修理费、折旧费、摊销费、其他费用等。

6. 利润及其分配方案和借款还本付息计划等。

7. 其他：财务基准收益率、税率、利率、汇率、法定盈余公积金率，任意盈余公积金率等。

派生数据，是通过初级数据计算派生出来的，例如成本费用，营业收入合计，税金及附加合计等，可供财务分析之用。

（二）判别用数据

判别用数据是指用于判别项目财务效益、比较和筛选项目、判断项目的财务可行性的基准参数，例如行业财务基准收益率、基准投资回收期等。这些基准参数往往需要通过专门分析和测算得到，或者直接采用有关部门或行业的发布值，或者由投资者自行确定。这类基准参数决定着对项目经济效果的判断，是取舍项目的依据。

1. 行业财务基准收益率

《建设项目经济评价方法与参数（第三版）》给出了两个层次的行业财务基准收益率判别参数，分别服务于项目投资财务内部收益率、项目资本金财务内部收益率以及投资各方内部收益率等指标的判别，这些指标从不同角度考察项目的盈利能力，其相应的判别基准参数也有所不同。

（1）项目投资财务内部收益率判别基准

项目投资财务内部收益率的判别基准是项目融资前税前财务基准收益率。评价者可采用行业或专业（总）公司统一发布的基准数据，也可以由评价者自行设定，设定时常考虑行业边际收益率、银行贷款利率、资本金的资金成本等因素。当投资者没有明确要求时，各行业融资前税前财务基准收益率取值可参见表4-1。

序号	行业名称	融资前税前财务基准收益率(%)	序号	行业名称	融资前税前财务基准收益率(%)
01	农业		067	化工新型材料	12
011	种植业	6	068	专用化学品制造(含精细化工)	13
012	畜牧业	7	07	信息产业	
013	渔业	7	071	固定通信	5
014	农副食品加工	8	072	移动通信	10
02	林业		073	邮政通信	3
021	林产加工	11	08	电力	
022	森林工业	12	081	电源工程	
023	林纸林化	12	0811	火力发电	8
024	营造林	8	0812	天然气发电	9
03	建材		0813	核能发电	7
031	水泥制造业	11	0814	风力发电	5
032	玻璃制造业	13	0815	垃圾发电	5
04	石油		0816	其他能源发电(潮汐、地热等)	5
041	陆上油田开采	13	0817	热电站	8
042	陆上气田开采	12	0818	抽水蓄能电站	8
043	国家原油存储设施	8	082	电网工程	
044	长距离输油管道	12	0821	送电工程	7
045	长距离输气管道	12	0822	联网工程	7
05	石化		0823	城网工程	7
051	原油加工及石油制品制造	12	0824	农网工程	6
052	初级形态的塑料及合成树脂制造	13	0825	区内或省内电网工程	7
053	合成纤维单(聚合)体制造	14	09	水利	
054	乙烯联合装置	12	091	水库发电工程	7
055	纤维素纤维原料及纤维制造	14	092	调水、供水工程	4
06	化工		10	铁路	
061	氯碱及氯化物制造	11	101	铁路网既有线改造	6
062	无机化学原料制造	10	102	铁路网新线建设	3
063	有机化学原料及中间体制造	11	11	民航	
064	化肥	9	111	大中型(干线)机场建设	5
065	农药	12	112	小型(支线)机场建设	1
066	橡胶制品制造	12			

（2）项目资本金财务内部收益率判断基准

项目资本金财务内部收益率的判别基准是项目资本金税后财务基准收益率，其确定主要取决于当时的资本收益水平以及项目所有资本金投资者对权益资金收益的综合要求，涉及资金机会成本的概念，以及投资者对风险的态度，当资本金投资者没有明确要求时，各行业资本金税后财务基准收益率取值可参见表 4-2。

（3）投资各方内部收益率判别基准

投资各方内部收益率的判别基准是项目资本金税后财务基准收益率，体现投资各方对投资收益水平的最低期望值，取决于投资者的决策理念、资本实力和对风险的承受能力。当各方资本金投资者没有明确要求时，各行业资本金税后财务基准收益率取值可参见表 4-2。

2. 项目投资回收期的判别基准

投资回收期分为静态投资回收期和动态投资回收期，其判别基准分别是静态基准投资回收期和动态基准投资回收期，其取值可以根据行业水平或投资者的具体要求而定。

序号	行业名称	项目资本金税后财务基准收益率(%)	序号	行业名称	项目资本金税后财务基准收益率(%)
01	农业		067	化工新型材料	13
011	种植业	6	068	专用化学品制造(含精细化工)	15
012	畜牧业	9	07	信息产业	
013	渔业	8	071	固定通信	5
014	农副食品加工	8	072	移动通信	12
02	林业		073	邮政通信	3
021	林产加工	11	08	电力	
022	森林工业	13	081	电源工程	
023	林纸林化	12	0811	火力发电	10
024	营造林	9	0812	天然气发电	12
03	建材		0813	核能发电	9
031	水泥制造业	12	0814	风力发电	8
032	玻璃制造业	14	0815	垃圾发电	8
04	石油		0816	其他能源发电(潮汐、地热等)	8
041	陆上油田开采	15	0817	热电站	10
042	陆上气田开采	15	0818	抽水蓄能电站	10
043	国家原油存储设施	8	082	电网工程	
044	长距离输油管道	13	0821	送电工程	9
045	长距离输气管道	13	0822	联网工程	10
05	石化		0823	城网工程	10
051	原油加工及石油制品制造	13	0824	农网工程	9
052	初级形态的塑料及合成树脂制造	15	0825	区内或省内电网工程	9
053	合成纤维单(聚合)体制造	16	09	水利	
054	乙烯联合装置	15	091	水库发电工程	10
055	纤维素纤维原料及纤维制造	16	092	调水、供水工程	6
06	化工		10	铁路	
061	氯碱及氯化物制造	13	101	铁路网既有线改造	6
062	无机化学原料制造	11	102	铁路网新线建设	3
063	有机化学原料及中间体制造	12	11	民航	
064	化肥	9	111	大中型(干线)机场建设	4
065	农药	14	112	小型(支线)机场建设	——
066	橡胶制品制造	12			

二、辅助报表基本内容

基础数据搜集完成后，需要编制下列辅助报表：

(一) 建设投资估算表 (概算法)

该表反映了项目的建设投资组成和各类工程或费用的内容以及建设投资估算值。在该表中，建设投资由工程费用、工程建设其他费用和预备费三部分费用构成，详见表 4-4。

值得指出的是，在 2016 年 5 月 1 日全面推行"营改增"之后，建设投资中包含的可抵扣固定资产进项税（仅指设备、主要安装材料的进项税额）不再形成项目的固定资产。

(二) 建设投资估算表 (形成资产法)

该表是按照项目建设投资形成的资产类型进行费用的归集，反映了项目建设投资形成的各类资产以及总投资的估算值，见表 4-5。该表与概算法计算的建设投资数额应该一致。

(三) 建设期利息估算表

该表反映了在利用债务融资进行项目建设的情况下建设期各年利息以及建设期利息总额，为融资后分析计算项目的总投资提供数据，见表 4-7。

（四）流动资金估算表

该表反映了流动资产和流动负债各项构成，为生产运营期各年流动资金的估算和资金筹措提供依据，见表4-15。

（五）项目总投资使用计划与资金筹措表

该表用以对各年投资进行规划，并针对各年投资额制定相应的资金筹措方案，以保证项目能按计划实施，见表4-6。

（六）营业收入、税金及附加和增值税估算表

该表反映了项目在生产运营期各年生产产品（或提供服务）的营业收入、税金及附加和应缴纳的增值税额，是衡量项目盈利能力和财务效益的重要依据，见表4-13。

（七）总成本费用估算表（生产要素法）

该表反映了项目在不同生产负荷下生产和销售产品（或提供服务）发生的全部费用，是衡量项目利润水平的重要依据，见表4-14。表中经营成本为流动资金估算和现金流量分析提供了依据；可变成本和固定成本为进行盈亏平衡分析提供依据。

（八）外购原材料费估算表

该表反映了生产运营期各年外购原材料、辅助材料及其他材料年消耗量、费用及进项税额估算情况，见表4-10。

（九）外购燃料和动力费估算表

该表反映了生产运营期各年外购燃料及动力年消耗量、费用及进项税额估算情况，见表4-11。

（十）固定资产折旧费估算表

该表反映了各类固定资产的原值以及在不同的折旧年限下各年的折旧费和净值，见表4-8。

（十一）无形资产及其他资产摊销费估算表

该表反映了无形资产和其他资产的原值以及按摊销年限计算的各年摊销费和净值，见表4-9。

（十二）工资及福利费估算表

该表按各类员工的工资额进行汇集，估算出项目生产运营期各年的工资总额及福利费，见表4-12。

第三节　财务评价基本报表

财务评价辅助报表编制完成后，即可根据辅助报表编制财务评价基本报表，利用各基本报表，可进行项目盈利能力、偿债能力和财务生存能力分析，进而得出项目在财务上是否可行的评价结论。

一、基本报表类型

根据报表计算指标所反映的内容，可以将财务评价基本报表分为三类，分别是：盈利能力分析报表、偿债能力分析报表、财务生存能力分析报表。

（一）盈利能力分析报表

盈利能力分析主要是考察项目投资的盈利水平，直接关系到项目投产后能否生存和发展，是投资决策时考虑的首要因素，是评价项目在财务上可行性程度的标志。

盈利能力分析报表包括项目投资现金流量表、项目资本金现金流量表、投资各方现金流量表和利润与利润分配表。项目投资现金流量表可以反映项目财务内部收益率、投资回收期以及财务净现值。项目资本金现金流量表可以反映项目资本金财务内部收益率和资本金财务净现值。投资各方现金流量表可以反映投资各方的内部收益率、投资回收期。利润与利润分配表能通过表中的总成本、所得税、利润估算等数据计算项目的税后利润、盈余公积金、未分配利润等直接盈利。以上报表能反映整个项目以及项目投资各方的盈利能力，所以把这三个基本报表归类到盈利能力分析报表中。

（二）偿债能力分析报表

偿债能力分析主要考察项目财务状况和按期偿还债务的能力，它直接关系到项目面临的财务风险和项目的财务信用程度。偿债能力可通过偿还项目总投资各类借款所需的时间和一些资金流动性水平的指标来体现。偿债能力分析报表包括资产负债表和借款还本付息计划表。

（三）财务生存能力分析报表

项目财务生存能力体现在两方面：拥有足够的经营净现金流是财务可持续的基本条件，特别是在项目初期；各年累计盈余资金不出现负值是财务生存的必要条件。财务生存能力分析通过财务计划现金流量表体现。

二、基本报表基本内容

财务评价基本报表数量上比辅助报表少，但是涵盖的内容却比辅助报表大。

（一）盈利能力分析报表基本内容

1. 项目投资现金流量表

该表是从融资前的角度，即在不考虑债务融资的情况下，以项目全部投资作为计算基础，计算财务内部收益率和财务净现值及投资回收期等指标，进行项目投资盈利能力分析，考察项目方案设计的合理性和对投资者总体的价值贡献。

根据需要，项目投资现金流量分析可从所得税前和所得税后两个角度进行考察，选择计算相应的指标。一般地，银行和政府管理部门比较关注所得税前的计算指标，而项目投资人（企业）更注重所得税后的计算指标，见表 4-16。

2. 项目资本金现金流量表

该表是从融资后的角度，在拟定的融资方案下，以项目资本金作为计算基础，把国内外借款利息支付和本金偿还作为现金流出，用以计算资本金财务内部收益率、财务净现值等评价指标，考察项目所得税后资本金的盈利能力，从而有助于对融资方案作出最终决策，见表 4-17。

3. 投资各方现金流量表

该表是从投资各方的角度出发，反映其具体的现金流入流出情况，计算投资各方财务内部收益率，为其投资决策和进行合作谈判提供参考依据，见表 4-18。

4. 利润与利润分配表

该表反映了项目计算期内各年的利润总额、企业所得税及企业税后利润的分配情况，用以计算总投资收益率、资本金净利润率等指标，见表 4-19。

（二）偿债能力分析报表基本内容

1. 资产负债表

该表反映了项目计算期内各年末资产、负债和所有者权益的增减变化及对应关系，以考察项目资产、负债、所有者权益的结构是否合理，用以计算资产负债率、流动比率和速动比率等指标，通过这些指标能判断出项目是否具有资金偿还能力，见表4-21。

2. 借款还本付息计划表

该表反映了项目计算期内各年借款还本付息的情况，可用来计算利息备付率、偿债备付率等偿债能力分析指标，见表4-20。该表可与建设期利息估算表合二为一，反映出计算期内各年债务资金的利息数额以及偿还债务资金本息的情况。

（三）财务生存能力分析报表基本内容

项目财务生存能力通过财务计划现金流量表体现。该表反映了项目计算期内各年的投资活动、融资活动和生产运营活动所产生的现金流入、现金流出和净现金流量，考察资金平衡和余缺情况，是表示财务状况进而分析项目财务生存能力和可持续的重要报表，可为编制资产负债表提供依据，见表4-22。

第四节 案例分析

某中部省份 Y 市需新建年产 520 吨日化用品生产厂，其可行性研究已完成市场需求预测、生产规模、工艺技术方案、原材料、燃料及动力供应、建厂条件和厂址方案、公用工程和辅助设施、劳动定员以及项目实施规划诸方面的研究论证。项目财务评价报表编制在此基础上进行（报表中涉及金额除特殊说明外，均以万元为单位）。

一、基础数据

（一）建设规模和产品方案

建设规模为年产 520t 日化用品。具体产品方案为 A 产品 120t/年，B 产品 300t/年，C 产品 100t/年。

（二）项目计算期

该项目建设期 2 年，生产运营期 8 年，计算期共 10 年。其中，运营期第 1 年生产负荷 60%，第 2 年生产负荷 80%，运营期第三年开始达产。

（三）项目总投资及资金筹措

1. 建设投资估算

该项目主要建设内容包括主体工程、辅助工程、公用工程、服务性工程和厂外工程，各部分工程费用分别为 3500 万元、750 万元、370 万元、65 万元、105 万元，其中含可抵扣固定资产进项税额 326 万，具体见表4-3。

各部分工程费用详表　　　　　　　　　　　　　　　　表4-3

工程或费用名称	建筑工程费	设备购置费	安装工程费	其他费用	合计
主体工程	1200	2000	300		3500
辅助工程	400	200	150		750
公用工程	300	20	50		370
服务性工程	50	5	10		65
厂外工程	80	20	5		105

该项目工程建设其他费用为 750 万元，其中，用于建设管理费、可行性研究费、研究试验费、勘察设计费等固定资产其他费用为 400 万元，土地使用权出让金和专利及专有技术使用费为 320 万元，生产准备及开办费为 30 万元。

基本预备费依照项目工程费用和工程建设其他费用之和的10%计取，价差预备费零计取。

2. 建设投资使用计划与资金筹措

项目建设期第1、2年分别安排建设投资的40%和60%。在每年的建设投资中资本金占比30%，其余为借款，长期借款年利率7%。建设投资借款在投产后5年以等额本息的方式偿还。

3. 假设建设投资借款均在每年年中支用，当年建设期利息用资本金支付，建设期内还息利率为5.88%。

4. 流动资金估算与资金筹措

流动资金采用分项详细估算法估算，周转次数分别为：应收账款4次，原辅材料12次，燃料动力12次，在产品36次，产成品8次，现金12次，应付账款4次。

生产运营期内流动资金按达产进度进行投资安排，每年流动资金中资本金占30%，其余为借款，流动资金借款年利率5.88%。流动资金借款本金在计算期末偿还。

（四）产品售价

A产品售价为80000元/t，B产品售价90000元/t，C产品售价160000元/t，产品售价均不含税。

（五）增值税金及附加

项目各产品销项税率为17%，原辅材料进项税税率为17%，燃料动力进项税税率为13%，城市维护建设税税率为7%，教育费附加税率为3%，地方教育费附加税率为2%。

（六）总成本费用估算依据

1. 在满生产负荷状态下：原材料A产品单价为2000元/t（不含税），年消耗量为300t；原材料B产品单价为10000元/t（不含税），年消耗量为450t；辅助材料年费用为200万元（不含税）。

2. 在满生产负荷状态下：年用水量为20000t/年，单价为3.5元/t（不含税）；年用电量为2000000kW·h/年，单价为1元/kW·h（不含税）；年用蒸汽量为2000t/年，单价为100元/t（不含税）。

3. 项目劳动定员50人，其中：工人35人，人均年工资4万元；技术人员10人，人均年工资6万元；管理人员5人，人均年工资12万元；福利费按工资总额14%计取。

4. 修理费按固定资产原值（扣除所含建设期利息）的5%计提。

5. 固定资产折旧采用平均年限法进行计算。新增房屋、建筑物按20年折旧，机器设备按10年折旧，其他固定资产按10年折旧，净残值率均取5%。

6. 无形资产按8年摊销，其他资产按5年摊销，均不计残值。

7. 其他费用中，其他管理费取职工工资及福利费总额的200%，其他制造费取固定资产原值（扣除所含建设期利息）的2%，其他营业费取当年营业收入的5%。

依照项目特点，外购原材料费、外购燃料动力费作为可变成本，其他费用均作为固定成本计算。

（七）其他计算依据

财务基准收益率为10%，企业所得税率为25%，法定盈余公积金取净利润10%，任意盈余公积金取净利润5%。

行业基准投资回收期为6年，投资者期望投资回报率为30%。

二、编制辅助报表

根据基础数据，参照图4-1基本流程，可完成辅助报表编制。

（一）建设投资估算表

参照表 4-3 和相关数据，将相关数据填入建设投资估算表中。其中，

基本预备费＝（工程费用＋工程建设其他费用）×10％
＝（4790＋750）×10％＝554 万元。

项目建设投资为 6094 万元，其中形成固定资产原值 5418 万元，无形资产原值 320 万元，其他资产原值 30 万元，可抵扣固定资产进项税额 326 万元。

建设投资估算表具体编制结果详见表 4-4、表 4-5。

建设投资估算表（概算法） 表 4-4

序号	工程或费用名称	建筑工程费	设备购置费	安装工程费	其他费用	合计
1	工程费用	2030	2245	515		4790
1.1	主体工程	1200	2000	300		3500
1.2	辅助工程	400	200	150		750
1.3	公用工程	300	20	50		370
1.4	服务性工程	50	5	10		65
1.5	厂外工程	80	20	5		105
2	工程建设其他费用				750	750
2.1	固定资产其他费用				400	400
2.2	无形资产费用				320	320
2.3	其他资产				30	30
3	预备费用				554	554
3.1	基本预备费用				554	554
3.2	价差预备费用				0	0
4	建设投资合计	2030	2245	515	1304	6094
	其中:可抵扣固定资产进项税额		326			326

建设投资估算表（形成资产法） 表 4-5

序号	工程或费用名称	建筑工程费	设备购置费	安装工程费	其他费用	合计
1	固定资产费用	2030	2245	515	400	5190
1.1	工程费用	2030	2245	515		4790
1.1.1	主体工程	1200	2000	300		3500
1.1.2	辅助工程	400	200	150		750
1.1.3	公用工程	300	20	50		370
1.1.4	服务性工程	50	5	10		65
1.1.5	厂外工程	80	20	5		105

序号	工程或费用名称	建筑工程费	设备购置费	安装工程费	其他费用	合计
1.2	固定资产其他费用				400	400
2	无形资产费用				320	320
2.1	专有技术				320	320
3	其他资产费用				30	30
3.1	开办费				30	30
4	预备费				554	554
4.1	基本预备费				554	554
4.2	价差预备费					
5	建设投资合计	2030	2245	515	1304	6094
	其中:可抵扣固定资产进项税额		326			326

(二) 项目总投资使用计划与资金筹措表

在确定建设投资额的前提下,可以根据项目拟定的建设进度进行资金投放和资金筹措,完成项目投资使用计划与资金筹措表的部分编制。

其中,项目建设期 2 年,第 1 年投资 40%,建设投资则为 2437.60 万元,其中资本金占比为 30%,金额为 731.28 万元,借款 1706.32 万元;第 2 年投资 60% 为 3656.40 万元,其中资本金 1096.92 万元,借款 2559.48 万元。

项目总投资使用计划与资金筹措表详见表 4-6。

项目总投资使用计划与资金筹措表 表 4-6

序号	项目	合计	1	2	3	4	5
1	总投资	7241.69	2487.77	3831.98	784.19	68.87	68.87
1.1	建设投资	6094.00	2437.60	3656.40			
1.2	建设期利息	225.75	50.17	175.58			
1.3	流动资金	921.94			784.19	68.87	68.87
2	资金筹措	7241.69	2487.77	3831.98	784.19	68.87	68.87
2.1	项目资本金	2330.53	781.45	1272.50	235.26	20.66	20.66
2.1.1	用于建设投资	1828.20	731.28	1096.92			
2.1.2	用于流动资金	276.58			235.26	20.66	20.66
2.1.3	用于建设期利息	225.75	50.17	175.58			
2.2	债务资金	4911.16	1706.32	2559.48	548.93	48.21	48.21
2.2.1	用于建设投资	4265.80	1706.32	2559.48			
2.2.2	用于建设期利息						
2.2.3	用于流动资金	645.36			548.93	48.21	48.21

(三) 建设期利息估算表

利用建设期各年的借款额,就可以根据借款利率计算建设期利息,完成建设期利息估算表的编制。

第 1 年建设期利息＝1706.32×0.5×5.88％＝50.17 万元

第 2 年建设期利息＝（1706.32+2559.48×0.5）×5.88％＝175.58 万元

建设期利息合计为 225.75 万元

将各年建设期利息回填到项目总投资使用计划与资金筹措表中，继续完成项目总投资使用计划与资金筹措表（表 4-6）中前两年的内容填写。

建设期利息估算表具体编制结果详见表 4-7。

建设期利息估算表 表 4-7

序号	项目	合计	建设期					
			1	2	3	4	…	n
1	借款							
1.1	建设期利息	225.75	50.17	175.58				
1.1.1	期初借款余额	1706.32		1706.32				
1.1.2	当期借款	4265.80	1706.32	2559.48				
1.1.3	当期应计利息	225.75	50.17	175.58				
1.1.4	期末借款余额	5972.12	1706.32	4265.80				
1.2	其他融资费用							
1.3	小计(1.1+1.2)	225.75	50.17	175.58				
2	债券							
2.1	建设期利息							
2.1.1	期初债券余额							
2.1.2	当期债券金额							
2.1.3	当期应计利息							
2.1.4	期末债券余额							
2.2	其他融资费用							
2.3	小计(2.1+2.2)							
3	合计(1.3+2.3)	225.75	50.17	175.58				
3.1	建设期利息合计(1.1+2.1)	225.75	50.17	175.58				
3.2	其他融资费用合计(1.2+2.2)							

（四）固定资产折旧费估算表

考虑到折旧费计入总成本费用，继而影响到总成本费用估算表、利润与利润分配表、借款还本付息计划表、资产负债表等一系列表格的编制，因此本案例从融资后的角度来编制固定资产折旧费估算表，以便将建设期利息考虑进折旧费中。

融资前固定资产原值＝工程费用+固定资产其他费用+预备费－可抵扣固定资产进项税＝4790+400+554－326＝5418 万元

融资后固定资产原值＝融资前固定资产原值+建设期利息＝5418+225.75＝5643.75 万元

可见融资后固定资产原值要比融资前原值大，其差额就是建设期利息225.75万元，这种差别应在项目资本金投资现金流量表（从融资后角度分析）的"回收资产余值"中体现出来。

固定资产按平均年限法分类计算折旧，按照给定的基础数据，计算出融资后年折旧额为439.73万元。在项目计算期末（第10年末），回收固定资产余值为2125.90万元（若为融资前分析，则年折旧额为418.285万元，回收固定资产余值为2071.72万元，读者可自行验证）。

固定资产折旧费估算表详见表4-8。

固定资产折旧费估算表　　　　　　　　　　　　　　　　表4-8

序号	项目	合计	计算期							
			3	4	5	6	7	8	9	10
1	房屋、建筑物									
	原值		2030.00							
	当期折旧费		96.43	96.43	96.43	96.43	96.43	96.43	96.43	96.43
	净值		1933.58	1837.15	1740.73	1644.30	1547.88	1451.45	1355.03	1258.60
2	机械设备									
	原值		1919.00							
	当期折旧费		182.31	182.31	182.31	182.31	182.31	182.31	182.31	182.31
	净值		1736.70	1554.39	1372.09	1189.78	1007.48	825.17	642.87	460.56
3	其他									
	原值		1694.75							
	当期折旧费		161.00	161.00	161.00	161.00	161.00	161.00	161.00	161.00
	净值		1533.75	1372.74	1211.74	1050.74	889.74	728.74	567.74	406.74
4	合计									
	原值		5643.75							
	当期折旧费		439.73	439.73	439.73	439.73	439.73	439.73	439.73	439.73
	净值		5204.02	4764.28	4324.55	3884.82	3445.09	3005.36	2565.63	2125.90

（五）无形资产及其他资产摊销费估算表

项目形成无形资产为320万元，按8年摊销，年摊销费为40万元。其他资产为30万元，按5年摊销，年摊销费为6万元，无形资产与其他资产均不计残值。

无形资产及其他资产摊销费估算表详见表4-9。

无形资产和其他资产摊销费估算表　　　　　　　　　　　表4-9

序号	项目	合计	计算期							
			3	4	5	6	7	8	9	10
1	无形资产									
	原值		320							
	当期摊销费		40	40	40	40	40	40	40	40

续表

序号	项目	合计	计算期							
			3	4	5	6	7	8	9	10
	净值		280	240	200	160	120	80	40	0
2	其他资产									
	原值		30							
	当期摊销费		6	6	6	6	6			
	净值		24	18	12	6	0			
3	合计(1+2)									
	原值		350							
	当期摊销费		46	46	46	46	46	40	40	40
	净值		304	258	212	166	120	80	40	0

（六）外购原材料费估算表

根据生产所需要的原辅材料消耗量及单价（不含税），可以计算出不同生产负荷下外购原材料费及进项税额，原材料费估算表详见表4-10。

外购原材料费估算表　　　　　表4-10

序号	项目	合计	计算期							
			3	4	5	6	7	8	9	10
1	外购原材料费									
1.1	原材料A费用		36.00	48.00	60.00	60.00	60.00	60.00	60.00	60.00
	单价(不含税,元/t)		2000	2000	2000	2000	2000	2000	2000	2000
	数量(t)		180.00	240.00	300.00	300.00	300.00	300.00	300.00	300.00
	进项税额		6.12	8.16	10.20	10.20	10.20	10.20	10.20	10.20
1.2	原材料B费用		270.00	360.00	450.00	450.00	450.00	450.00	450.00	450.00
	单价(不含税,元/t)		10000	10000	10000	10000	10000	10000	10000	10000
	数量(t)		270.00	360.00	450.00	450.00	450.00	450.00	450.00	450.00
	进项税额		45.90	61.20	76.50	76.50	76.50	76.50	76.50	76.50
2	辅助材料费用		120.00	160.00	200.00	200.00	200.00	200.00	200.00	200.00
	进项税额		20.40	27.20	34.00	34.00	34.00	34.00	34.00	34.00
3	外购原材料费合计		426.00	568.00	710.00	710.00	710.00	710.00	710.00	710.00
4	外购原材料进项税额合计		72.42	96.56	120.70	120.70	120.70	120.70	120.70	120.70

满生产负荷状态下，年外购原材料费为710万元，年进项税额为120.70万元。

（七）外购燃料和动力费估算表

根据项目生产所需要的燃料和动力消耗量及单价（不含税），可以计算出不同生产负荷下年外购燃料和动力费以及进项税额。

满生产负荷状态下，年外购燃料和动力费227万元，年进项税额为29.51万元。

外购燃料和动力费估算表具体编制结果详见表 4-11。

外购燃料和动力费估算表　　　　　　　　　　　　　　表 4-11

序号	项目	合计	计算期							
			3	4	5	6	7	8	9	10
1	水费		4.20	5.60	7.00	7.00	7.00	7.00	7.00	7.00
	单价(不含税,元/t)		3.50	3.50	3.50	3.50	3.50	3.50	3.50	3.50
	数量(t)		12000	16000	20000	20000	20000	20000	20000	20000
	进项税额		0.55	0.73	0.91	0.91	0.91	0.91	0.91	0.91
2	电费		120.00	160.00	200.00	200.00	200.00	200.00	200.00	200.00
	单价(不含税,元/kW·h)		1.00	1.00	1.00	1.00	1.00	1.00	1.00	1.00
	数量(kW·h)		1200000	1600000	2000000	2000000	2000000	2000000	2000000	2000000
	进项税额		15.60	20.80	26.00	26.00	26.00	26.00	26.00	26.00
3	蒸汽费		12.00	16.00	20.00	20.00	20.00	20.00	20.00	20.00
	单价(不含税,元/t)		100	100	100	100	100	100	100	100
	数量(吨)		1200	1600	2000	2000	2000	2000	2000	2000
	进项税额		1.56	2.08	2.60	2.60	2.60	2.60	2.60	2.60
4	外购燃料及动力费合计		136.20	181.60	227.00	227.00	227.00	227.00	227.00	227.00
5	外购燃料及动力进项税额合计		17.71	23.61	29.51	29.51	29.51	29.51	29.51	29.51

(八) 工资及福利费估算表

按照项目给定的劳动定员及工资标准,可以计算出年工资总额为 260 万元。福利费取工资总额的 14% 为 36.4 万元,年工资及福利费为 296.4 万元。

工资及福利费估算表具体编制结果详见表 4-12。

工资及福利费估算表　　　　　　　　　　　　　　表 4-12

序号	项目	合计	计算期							
			3	4	5	6	7	8	9	10
1	工人									
	人数		35	35	35	35	35	35	35	35
	人均年工资		4	4	4	4	4	4	4	4
	工资额		140	140	140	140	140	140	140	140
2	技术人员									
	人数		10	10	10	10	10	10	10	10
	人均年工资		6	6	6	6	6	6	6	6
	工资额		60	60	60	60	60	60	60	60
3	管理人员									
	人数		5	5	5	5	5	5	5	5

序号	项目	合计	计算期							
			3	4	5	6	7	8	9	10
	人均年工资		12	12	12	12	12	12	12	12
	工资额		60	60	60	60	60	60	60	60
4	工资总额(1+2+3)		260	260	260	260	260	260	260	260
5	福利费		36.4	36.4	36.4	36.4	36.4	36.4	36.4	36.4
6	合计(4+5)		296.4	296.4	296.4	296.4	296.4	296.4	296.4	296.4

(九)营业收入、税金及附加和增值税估算表

按照给定的产品品种及产量、单价(不含税)及增值税率,可以计算出不同生产负荷状态下年营业收入及销项税额;销项税额减去可抵扣的进项税额(包括可抵扣固定资产进项税额)就可以得到每年应纳增值税额,随之计算出每年应缴纳的税金及附加数额,完成了营业收入、税金及附加和增值税估算表的编制。以正常年为例:产品 A 产量 120t,单价 80000 元/t,营业收入 960 万元,销项税额 163.2 万元;产品 B 产量 300t,单价 90000 元/t,营业收入 2700 万元,销项税额 459 万元;产品 C 产量 100t、单价 160000 元/t,营业收入 1600 万元,销项税额 272 万元。

值得注意的是:第 3 年营业收入合计 3156 万元,销项税额合计 536.52 万元;从外购原材料费估算表(表 4-10)和外购燃料和动力费估算表(表 4-11)中"外购原材料进项税额合计"和"外购燃料及动力进项税额合计"两项汇总可知,第 3 年扣减进项税额为 90.13 万元;从建设投资估算表(表 4-4)"可抵扣固定资产进项税额"一项可知,抵扣固定资产进项税额为 326 万元;此时,销项税大于进项税与抵扣固定资产进项税之和,所以第 3 年应纳增值税额为 120.39 万元。而当销项税小于进项税与抵扣固定资产进项税之和时,当年应纳增值税额为零,未抵扣完的固定资产进项税可以留到下期继续抵扣。

城市维护建设税按增值税的 7% 计取,教育费附加按增值税的 3% 计取,地方教育费附加按增值税的 2% 计取。

营业收入、税金及附加和增值税估算表详见表 4-13。

(十)总成本费用估算表

总成本费用估算表的编制分为两步:首先需完成经营成本的编制,以便为流动资金估算提供条件;待流动资金估算完成后,再完成报表剩余内容的编制。

值得注意的是,经营成本在融资前和融资后数额不变,但是否用含税价计算经营成本却有较大差别。除了外购原材料费、外购燃料和动力费外,其他营业费的计算(通常,其他营业费等于营业收入乘以一定比率)也涉及含税与否的问题,这在流动资金估算中要特别引起注意。营改增后,增值税为价外税,日常会计核算要有效控制成本,必须设置相应的增值税核算科目,对收入和成本费用进行价税分离核算,为方便会计核算,本项目采用不含税价计算经营成本。

表中组成经营成本的各项费用以及折旧费、摊销费可由外购原材料费估算表(表 4-10),外购燃料及动力费估算表(表 4-11),工资及福利费估算表(表 4-12),固定资产折旧费估算表(表 4-8),无形资产和其他资产摊销费估算表(表 4-9),营业收入、税金及

表 4-13

营业收入、税金及附加和增值税估算表

序号	项目	合计	计算期									
			1	2	3	4	5	6	7	8	9	10
1	营业收入				3156	4208	5260	5260	5260	5260	5260	5260
1.1	产品 A 营业收入				576	768	960	960	960	960	960	960
	单价(不含税,元/t)				80000	80000	80000	80000	80000	80000	80000	80000
	数量(t)				72	96	120	120	120	120	120	120
	销项税额				97.92	130.56	163.2	163.2	163.2	163.2	163.2	163.2
1.2	产品 B 营业收入				1620	2160	2700	2700	2700	2700	2700	2700
	单价(不含税,元/t)				90000	90000	90000	90000	90000	90000	90000	90000
	数量(t)				180	240	300	300	300	300	300	300
	销项税额				275.4	367.2	459	459	459	459	459	459
1.3	产品 C 营业收入				960	1280	1600	1600	1600	1600	1600	1600
	单价(不含税,元/t)				160000	160000	160000	160000	160000	160000	160000	160000
	数量(t)				60	80	100	100	100	100	100	100
	销项税额				163.2	217.6	272	272	272	272	272	272
2	税金及附加				12.04	59.52	74.40	74.40	74.40	74.40	74.40	74.40
2.1	消费税											
2.2	城市维护建设税				8.43	41.66	52.08	52.08	52.08	52.08	52.08	52.08
2.3	教育费附加				3.61	17.86	22.32	22.32	22.32	22.32	22.32	22.32
2.4	地方教育费附加				2.41	11.90	14.88	14.88	14.88	14.88	14.88	14.88
3	增值税				120.39	595.19	743.99	743.99	743.99	743.99	743.99	743.99
3.1	销项税额				536.52	715.36	894.20	894.20	894.20	894.20	894.20	894.20
3.2	进项税额				90.13	120.17	150.21	150.21	150.21	150.21	150.21	150.21
3.3	抵扣固定资产进项税额				326.00							
3.4	应纳增值税				120.39	595.19	743.99	743.99	743.99	743.99	743.99	743.99

附加和增值税估算表（表4-13）和相关基础数据进行计算得出结果。但是"利息支出"一项需在流动资金估算完成及各年投放资金的筹措方案落实后，才可以结合利润与利润分配表（表4-19）、借款还本付息计划表（表4-20）完成编制。

用不含税价计算时，在满生产负荷状态下，年经营成本为2468.46万元，详见表4-14（用含税价计算时，满负荷状态下年经营成本为2618.67万元，读者可自行演算）。

总成本费用估算表具体编制结果详见表4-14。

总成本费用估算表

表4-14

序号	项　目	合计	计算期							
			3	4	5	6	7	8	9	10
1	外购原材料费		426.00	568.00	710.00	710.00	710.00	710.00	710.00	710.00
2	外购燃料及动力费		136.20	181.60	227.00	227.00	227.00	227.00	227.00	227.00
3	工资及福利费		296.40	296.40	296.40	296.40	296.40	296.40	296.40	296.40
4	修理费		270.90	270.90	270.90	270.90	270.90	270.90	270.90	270.90
5	其他费用		858.96	911.56	964.16	964.16	964.16	964.16	964.16	964.16
5.1	其他管理费		592.80	592.80	592.80	592.80	592.80	592.80	592.80	592.80
5.2	其他制造费		108.36	108.36	108.36	108.36	108.36	108.36	108.36	108.36
5.3	其他营业费		157.80	210.40	263.00	263.00	263.00	263.00	263.00	263.00
6	经营成本（1+2+3+4+5）		1988.46	2228.46	2468.46	2468.46	2468.46	2468.46	2468.46	2468.46
7	折旧费		439.73	439.73	439.73	439.73	439.73	439.73	439.73	439.73
8	摊销费		46.00	46.00	46.00	46.00	46.00	40.00	40.00	40.00
9	利息支出		330.88	281.79	229.07	169.62	106.01	37.95	37.95	37.95
10	总成本费用合计（6+7+8+9）		2805.07	2995.98	3183.26	3123.81	3060.20	2986.14	2986.14	2986.14
	其中：可变成本		562.20	749.60	937.00	937.00	937.00	937.00	937.00	937.00
	固定成本		2242.87	2246.38	2246.26	2186.81	2123.20	2049.14	2049.14	2049.14

（十一）流动资金估算表

通常，流动资金按分项详细估算法以含税价为依据，根据给定的周转次数和计算公式可以很方便地完成报表的编制。

在满生产负荷状态下，各项数据计算如下：

$$应收账款 = \frac{年经营成本（含税）}{应收账款周转次数} = \frac{2618.67}{4} = 654.67 \text{ 万元}$$

$$原材料 = \frac{年外购原材料费（含税）}{原材料周转次数} = \frac{830.70}{12} = 69.23 \text{ 万元}$$

$$燃料和动力 = \frac{年外购燃料和动力费（含税）}{燃料周转次数} = \frac{256.51}{12} = 21.38 \text{ 万元}$$

$$在产品 = \frac{（年外购原材料费（含税）+年外购燃料和动力费（含税））}{在产品周转次数}$$

$$+ \frac{（年工资及福利费+年修理费+年其他制造费用）}{在产品周转次数}$$

$$=\frac{(830.70+256.51)}{36}+\frac{(296.40+270.90+108.36)}{36}=48.97 \text{ 万元}$$

$$\text{产成品}=\frac{(\text{年经营成本(含税)}-\text{年其他营业费用})}{\text{产成品周转次数}}=\frac{(2618.67-263)}{8}=294.46 \text{ 万元}$$

$$\text{现金}=\frac{(\text{年工资及福利费}+\text{其他费用})}{\text{现金周转次数}}=\frac{(296.40+964.16)}{12}=105.05 \text{ 万元}$$

$$\text{应付账款}=\frac{(\text{年外购原材料费(含税)}+\text{年外购燃料和动力费(含税)})}{\text{应付账款周转次数}}$$

$$=\frac{(830.70+256.51)}{4}=271.80 \text{ 万元}$$

本案例项目在满生产负荷状态下，每年需要流动资金 921.94 万元。

在完成流动资金估算后，需将各年流动资金的投入量回填到项目总投资使用计划与资金筹措表中，完成流动资金的使用与资金筹措的编制和项目总投资使用计划与资金筹措表的编制。

流动资金估算表具体编制结果详见表 4-15。

三、编制基本报表

(一) 盈利能力分析报表

1. 融资前分析

融资前分析主要根据项目投资现金流量表计算财务内部收益率和财务净现值，考察项目在不考虑债务融资的情况下，项目对财务主体和投资者的价值贡献。如果融资前分析的结论是"可行"，才有必要进一步考虑融资方案，以进行项目的融资后分析。

项目投资现金流量表中现金流入和现金流出各项数据均取自于辅助报表，可以通过使用表间链接等方法在 Excel 表中方便地编制表格，具体操作方法不赘述。值得注意的是：

(1) 现金流入中回收资产余值包括了回收固定资产余值和回收无形资产及其他资产余值。计算回收固定资产余值时，由于项目投资现金流量表属于融资前分析，固定资产原值不考虑建设期利息。

$$\text{回收固定资产余值(融资前)}=\text{固定资产原值(不含建设期利息)}-\text{固定资产折旧总额}$$

$$=(5643.75-225.75)-418.285\times(10-2)$$

$$=2071.72 \text{ 万元}$$

因此本项目在第 10 年末回收固定资产余值 2071.72 万元，因无形资产与其他资产无余值回收，故回收资产余值为 2071.72 万元。

(2) 现金流出中调整所得税应区别于利润与利润分配表中的所得税。调整所得税是项目财务评价中的一个专有术语，它是为简化计算而设计的虚拟企业所得税额，计算的时候使用融资前的息税前利润为基数，不需要减去利息费用。第 5 年调整所得税为：

息税前利润=营业收入-税金及附加-经营成本-折旧-摊销-维持运营投资+补贴

调整所得税=息税前利润×所得税税率

$$=(5260-74.40-2468.46-439.73-46)\times25\%=557.85 \text{ 万元}$$

项目投资现金流量表详见表 4-16。

2. 融资后分析

（1）项目资本金现金流量表

融资后盈利能力分析是根据项目资本金现金流量表、利润与利润分配表、项目总投资使用计划与资金筹措表等，进行财务内部收益率、财务净现值、总投资收益率、资本金净利润率等指标的计算，判断融资方案的可行性，是比选融资方案、进行融资决策和投资者最终出资的依据。

项目资本金现金流量表（表4-17）与项目投资现金流量有许多相同之处。同样可以通过复制、粘贴等方法在Excel表中方便地编制，在此不再赘述。以下仅对两表有明显区别、需要借助其他报表进行编制的内容作简单说明：

1）在现金流入中，项目资本金现金流量表中回收资产余值要大于项目投资现金流量表中的数据，这是因为融资后分析将建设期利息纳入了固定资产原值，使得回收价值变大了。

回收固定资产余值（融资后）＝固定资产原值（含建设期利息）－固定资产折旧总额
$$=5643.75-439.731\times(10-2)=2125.90 \text{万元}$$

本项目融资后建设期利息225.75万元计入固定资产原值，按照10年折旧年限和5%的净残值率计算回收建设期利息部分固定资产余值。

回收建设期利息部分固定资产余值＝225.75－8÷10×[225.75×(1－5%)]＝54.18万元

这54.18万元正是由于考虑建设期利息使得回收固定资产余值多出的部分，即融资前回收固定资产余值为2071.72万元，融资后回收固定资产余值为2125.90万元。

2）在现金流出中，项目资本金现金流量表仅仅体现了资本金用于项目建设投资、用于支付建设期利息和用于流动资金的出资数量，因此从投入资金的角度看，与项目投资现金流量表中有很大区别。

3）项目资本金现金流量表多出了借款还本付息的内容，需要借助借款还本付息计划表、总成本费用估算表以及项目总投资使用计划与资金筹措表的数据进行报表编制。

4）项目资本金现金流量表中所得税的数据来自利润与利润分配表，反映了项目在融资后每年的实际税赋情况。

项目资本金现金流量表详见表4-17。

（2）利润与利润分配表

利润与利润分配表中各项数据均取自于营业收入、税金及附加和增值税估算表、总成本费用估算表，可以通过使用表间链接等方法在Excel表中方便地编制表格，具体操作方法不赘述。值得注意的是：

表中利润总额的计算公式为

利润总额＝营业收入－税金及附加－总成本费用＋补贴收入

项目第五年利润总额为

利润总额＝5260－74.40－3183.26＝2002.34万元

利润与利润分配表详见表4-19。

（二）偿债能力分析报表

偿债能力分析是在编制借款还本付息计划表和资产负债表的基础上，通过计算利息备付率、偿债备付率、资产负债率、流动比率、速动比率等比率指标，考察项目是否能按计

表 4-15

流动资金估算表

序号	项目	最低周转天数	周转次数	计算期							
				3	4	5	6	7	8	9	10
1	流动资产			947.27	1070.51	1193.74	1193.74	1193.74	1193.74	1193.74	1193.74
1.1	应收账款	90	4	519.65	587.16	654.67	654.67	654.67	654.67	654.67	654.67
1.2	存货			331.35	382.69	434.03	434.03	434.03	434.03	434.03	434.03
1.2.1	原材料	30	12	41.54	55.38	69.23	69.23	69.23	69.23	69.23	69.23
1.2.2	燃料和动力	30	12	12.83	17.10	21.38	21.38	21.38	21.38	21.38	21.38
1.2.3	在产品	10	36	36.89	42.93	48.97	48.97	48.97	48.97	48.97	48.97
1.2.4	产成品	45	8	240.10	267.28	294.46	294.46	294.46	294.46	294.46	294.46
1.3	现金	30	12	96.28	100.66	105.05	105.05	105.05	105.05	105.05	105.05
1.4	预付账款										
2	流动负债			163.08	217.44	271.80	271.80	271.80	271.80	271.80	271.80
2.1	应付账款	90	4	163.08	217.44	271.80	271.80	271.80	271.80	271.80	271.80
2.2	预收账款										
3	流动资金（1－2）			784.19	853.07	921.94	921.94	921.94	921.94	921.94	921.94
4	流动资金当期增额			784.19	68.87	68.87					

表 4-16

项目投资现金流量表

序号	项目	合计	计算期										
			1	2	3	4	5	6	7	8	9	10
1	现金流入	48534.74	0	0	3692.52	4923.36	6154.20	6154.20	6154.20	6154.20	6154.20	9147.86
1.1	营业收入	38924			3156	4208	5260	5260	5260	5260	5260	5260
1.2	销项税额	6617.08			536.52	715.36	894.20	894.20	894.20	894.20	894.20	894.20
1.3	补贴收入	0										
1.4	回收资产余额	2071.72										2071.72

序号	项目	合计	1	2	3	4	5	6	7	8	9	10
								计算期				
1.5	回收流动资金	921.94										921.94
2	现金流出	32852.65	2437.60	3656.40	2995.21	3072.21	3505.93	3437.06	3437.06	3437.06	3437.06	3437.06
2.1	建设投资	6094	2437.60	3656.40								
2.2	流动资金	921.94			784.19	68.87	68.87					
2.3	经营成本	19027.68			1988.46	2228.46	2468.46	2468.46	2468.46	2468.46	2468.46	2468.46
2.4	进项税额	1111.55			90.13	120.17	150.21	150.21	150.21	150.21	150.21	150.21
2.5	应纳增值税	5179.53			120.39	595.19	743.99	743.99	743.99	743.99	743.99	743.99
2.6	税金及附加	517.95			12.04	59.52	74.40	74.40	74.40	74.40	74.40	74.40
2.7	维持运营投资											
3	所得税前净现金流量(1-2)	15682.09	-2437.6	-3656.4	697.31	1851.15	2648.27	2717.14	2717.14	2717.14	2717.14	5710.80
4	累计所得税前净现金流量	20893.27	-2437.6	-6094.0	-5396.69	-3545.54	-897.28	1819.86	4537.00	7254.15	9971.29	15682.09
5	调整所得税	3877.63			167.44	358.57	557.85	557.85	557.85	559.35	559.35	559.35
6	所得税后净现金流量(3-5)	11804.46	-2437.6	-3656.4	529.9	1492.6	2090.4	2159.3	2159.3	2157.8	2157.8	5151.4
7	累计所得税后净现金流量	5319.82	-2437.6	-6094.0	-5564.1	-4071.6	-1981.1	178.1	2337.4	4495.2	6653.0	11804.5

计算指标：

	所得税前	所得税后
项目投资财务内部收益率（%）		
项目投资财务净现值（$i_c=5\%$）		
项目投资回收期（从建设期算起）		

95

项目资本金现金流量表

表 4-17

序号	项目	合计	计算期 1	2	3	4	5	6	7	8	9	10
1	现金流入		0.00	0.00	3692.52	4923.36	6154.20	6154.20	6154.20	6154.20	6154.20	9202.04
1.1	营业收入				3156.00	4208.00	5260.00	5260.00	5260.00	5260.00	5260.00	5260.00
1.2	销项税额				536.52	715.36	894.20	894.20	894.20	894.20	894.20	894.20
1.3	补贴收入											
1.4	回收资产余额											2125.90
1.5	回收流动资金											921.94
2	现金流出		781.45	1272.50	3603.66	4387.63	5036.64	5030.84	5046.75	4024.87	4024.87	4670.23
2.1	项目资本金		781.45	1272.50	235.26	20.66	20.66					
2.2	长期借款本金偿还				741.78	793.71	849.27	908.72	972.33			
2.3	流动资金借款本金偿还											645.36
2.4	借款利息支付				330.88	281.79	229.07	169.62	106.01	37.95	37.95	37.95
2.5	经营成本				1988.46	2228.46	2468.46	2468.46	2468.46	2468.46	2468.46	2468.46
2.6	进项税额				90.13	120.17	150.21	150.21	150.21	150.21	150.21	150.21
2.7	增值税				120.39	595.19	743.99	743.99	743.99	743.99	743.99	743.99
2.8	税金及附加				12.04	59.52	74.40	74.40	74.40	74.40	74.40	74.40
2.9	维持运营投资											
2.10	所得税				84.72	288.12	500.59	515.45	531.35	549.87	549.87	549.87
3	净现金流量(1—2)		−781.45	−1272.50	88.86	535.73	1117.56	1123.36	1107.45	2129.33	2129.33	4531.81

计算指标：

资本金财务内部收益率（%）

资本金财务净现值

96

序号	项目	合计	计算期									
			1	2	3	4	5	6	7	8	9	10
1	现金流入											
1.1	实分利润											
1.2	资产处置收益分配											
1.3	租赁费收入											
1.4	技术转让或使用收入											
1.5	其他现金流入											
2	现金流出											
2.1	实缴资本											
2.2	租赁资产支出											
2.3	其他现金流出											
3	净现金流量											
	计算指标											
	投资各方财务内部收益率(%)											

利润与利润分配表　　　　　　　　　　　表 4-19

序号	项目	合计	计算期							
			3	4	5	6	7	8	9	10
1	营业收入		3156	4208	5260	5260	5260	5260	5260	5260
2	税金及附加		12.04	59.52	74.40	74.40	74.40	74.40	74.40	74.40
3	总成本费用		2805.07	2995.98	3183.26	3123.81	3060.20	2986.14	2986.14	2986.14
4	补贴收入									
5	利润总额(1-2-3+4)		338.89	1152.50	2002.34	2061.79	2125.40	2199.46	2199.46	2199.46
6	弥补以前年度亏损									
7	应纳税所得额(5-6)		338.89	1152.50	2002.34	2061.79	2125.40	2199.46	2199.46	2199.46
8	所得税		84.72	288.12	500.59	515.45	531.35	549.87	549.87	549.87
9	净利润(5-8)		254.16	864.37	1501.76	1546.34	1594.05	1649.60	1649.60	1649.60
10	期初未分配利润									
11	可供分配利润(9+10)		254.16	864.37	1501.76	1546.34	1594.05	1649.60	1649.60	1649.60
12	提取法定盈余公积金		25.42	86.44	150.18	154.63	159.41	164.96	164.96	164.96
13	可供投资者分配的利润(11-12)		228.75	777.94	1351.58	1391.71	1434.65	1484.64	1484.64	1484.64
14	应付优先股股利									
15	提取任意盈余公积金		12.71	43.22	75.09	77.32	79.70	82.48	82.48	82.48
16	应付普通股股利(13-14-15)		216.04	734.72	1276.49	1314.39	1354.94	1402.16	1402.16	1402.16
17	各投资方利润分配									

序号	项　　目	合计	计算期							
			3	4	5	6	7	8	9	10
	其中:××方									
	××方									
18	未分配利润(13－14－15－17)		216.04	734.72	1276.49	1314.39	1354.94	1402.16	1402.16	1402.16
19	息税前利润(利润总额＋利息支出)		669.77	1434.29	2231.41	2231.41	2231.41	2237.41	2237.41	2237.41
20	息税折旧摊销前利润(息税前利润＋折旧＋摊销)		1155.50	1920.02	2717.14	2717.14	2717.14	2717.14	2717.14	2717.14

划偿还债务资金,考察项目的财务状况和资金结构的合理性,从而分析判断项目的偿债能力和财务风险。

1. 借款还本付息计划表

借款还本付息计划表的编制是针对偿还建设投资借款以及未付的建设期利息而言的,根据设定的借款偿还方式计算每年的还本付息额,并计算利息备付率、偿债备付率指标。

运营期第一年的期初借款余额数据可以通过表间链接等方法在 Excel 表中方便地获取,为 4265.80 万元。

由于本项目采用等额本息方式在 5 年内进行支付,利用资金回收公式可算出第 3 年末至第 7 年末每年还本付息额为 1040.39 万元。

借款还本付息计划表详见表 4-20。

2. 资产负债表

资产负债表是财务评价报表编制的最后环节,是检验其他报表填制是否正确的试金石,报表中的数据直接取自于其他报表或经计算填入,反映了某时点(年末)的财务状况。该表遵循会计等式"资产＝负债＋所有者权益",只要这个等式没有成立,就说明其他报表的编制出现了问题,需要向前追溯查找原因。

利用资产负债表可以计算资产负债率、流动比率和速动比率等指标。

编制资产负债表需要注意以下容易出错的地方:

(1) 资产中"在建工程"和"其他"并非孤立地反映建设期每年的投资额,而是具有累加性,即前一年的投资额需累加到下一年中去。

例如,第 1 年投入资金共 2487.77 万元,其中建设投资 2437.60 万元,建设期利息 50.17 万元(取自项目总投资使用计划与资金筹措表),在这 2487.77 万元投资中有 130.40 万元作为可抵扣固定资产进项税,所以将 2487.77 万元剥离成"在建工程" 2357.37 万元和"其他" 130.40 万元。

同样的原因,第 2 年投入资金 3831.98 万元,剥离成"在建工程" 3636.38 万元和"其他" 195.60 万元。这时,报表就不能在"在建工程"中填入 3636.38 万元,而应该填写两年的累加额 5993.75 万元。同样的道理,"其他"中不能填写 195.60 万元,而应该是 326 万元。

(2) 负债及所有者权益中,"建设投资借款"在建设期随着每年借款而具有累加性,在生产运营期随着偿还借款本金而逐年下降,直至还清借款,数值为零。

借款还本付息计划表

表 4-20

序号	项目	合计	计算期									
			1	2	3	4	5	6	7	8	9	10
1	建设期借款											
1.1	期初借款余额				4265.80	3524.02	2730.31	1881.04	972.33			
1.2	当期还本付息				1040.39	1040.39	1040.39	1040.39	1040.39			
	其中:还本				741.78	793.71	849.27	908.72	972.33			
	付息				298.61	246.68	191.12	131.67	68.06			
1.3	期末借款余额				3524.02	2730.31	1881.04	972.33	0.00			
2	流动资金借款											
2.1	期初借款余额				548.93	597.15	645.36	645.36	645.36	645.36	645.36	645.36
2.2	当期还本付息				32.28	35.11	37.95	37.95	37.95	37.95	37.95	683.30
	其中:还本											645.36
	付息				32.28	35.11	37.95	37.95	37.95	37.95	37.95	37.95
2.3	期末借款余额				548.93	597.15	645.36	645.36	645.36	645.36	645.36	0.00
3	债券											
3.1	期初债券余额											
3.2	当期还本付息											
	其中:还本											
	付息											
3.3	期末债券余额											
4	借款和债券合计											
4.1	期初余额				4814.73	4121.16	3375.67	2526.40	1617.68	645.36	645.36	645.36
4.2	当期还本付息				1072.67	1075.50	1078.34	1078.34	1078.34	37.95	37.95	683.30
	其中:还本				741.78	793.71	849.27	908.72	972.33	0.00	0.00	645.36
	付息				330.88	281.79	229.07	169.62	106.01	37.95	37.95	37.95
4.3	期末余额				4072.95	3327.46	2526.40	1617.68	645.36	645.36	645.36	0.00
计算指标	利息备付率											
	偿债备付率											

表 4-21

资产负债表

序号	项目	合计	计算期									
			1	2	3	4	5	6	7	8	9	10
1	资产		2487.77	6319.75	7105.40	7299.30	8075.02	8712.65	9334.37	10983.97	12633.57	13637.81
1.1	流动资产		130.40	326.00	1597.39	2277.02	3538.47	4661.83	5769.28	7898.61	10027.94	11511.91
1.1.1	货币资金				420.39	981.17	2123.77	3247.13	4354.59	6483.92	8613.24	10097.21
	其中:现金				96.28	100.66	105.05	105.05	105.05	105.05	105.05	105.05
	累计盈余资金				324.11	880.51	2018.73	3142.09	4249.54	6378.87	8508.20	9992.17
1.1.2	应收账款				519.65	587.16	654.67	654.67	654.67	654.67	654.67	654.67
1.1.3	预付账款											
1.1.4	存货		130.40		331.35	382.69	434.03	434.03	434.03	434.03	434.03	434.03
1.1.5	其他			326.00	326.00	326.00	326.00	326.00	326.00	326.00	326.00	326.00
1.2	在建工程		2357.37	5993.75								
1.3	固定资产净值				5204.02	4764.28	4324.55	3884.82	3445.09	3005.36	2565.63	2125.90
1.4	无形及其他资产净值				304.00	258.00	212.00	166.00	120.00	80.00	40.00	0.00
2	负债及所有者权益		2487.77	6319.75	7105.40	7299.30	8075.02	8712.65	9334.37	10983.97	12633.57	13637.81
2.1	流动负债总额				489.08	543.44	597.80	597.80	597.80	597.80	597.80	597.80
2.1.1	短期借款											
2.1.2	应付账款				163.08	217.44	271.80	271.80	271.80	271.80	271.80	271.80
2.1.3	预收账款											
2.1.4	其他				326.00	326.00	326.00	326.00	326.00	326.00	326.00	326.00
2.2	建设投资借款		1706.32	4265.80	3524.02	2730.31	1881.04	972.33	0.00			0.00
2.3	流动资金借款				548.93	597.15	645.36	645.36	645.36	645.36	645.36	597.80
2.4	负债小计		1706.32	4265.80	4562.03	3870.90	3124.20	2215.49	1243.16	1243.16	1243.16	597.80
2.5	所有者权益		781.45	2053.95	2543.37	3428.40	4950.82	6497.16	8091.21	9740.81	11390.41	13040.01
2.5.1	资本金		781.45	2053.95	2289.20	2309.87	2330.53	2330.53	2330.53	2330.53	2330.53	2330.53
2.5.2	资本公积金											
2.5.3	累计盈余公积金				38.12	167.78	393.04	625.00	864.10	1111.54	1358.98	1606.42
2.5.4	累计未分配利润				216.04	950.76	2227.25	3541.64	4896.58	6298.74	7700.90	9103.06
计算指标:	1. 资产负债率(%)											
	2. 流动比率											
	3. 速动比率											

财务计划现金流量表

表 4-22

序号	项　　目	合计	计算期									
			1	2	3	4	5	6	7	8	9	10
1	经营活动净现金流量(1.1-1.2)		0.00	0.00	1396.78	1631.90	2216.56	2201.69	2185.79	2167.28	2167.28	2167.28
1.1	现金流入		0	0	3692.52	4923.36	6154.20	6154.20	6154.20	6154.20	6154.20	6154.20
1.1.1	营业收入		0	0	3156.00	4208.00	5260.00	5260.00	5260.00	5260.00	5260.00	5260.00
1.1.2	增值税销项税额		0	0	536.52	715.36	894.20	894.20	894.20	894.20	894.20	894.20
1.1.3	补贴收入											
1.1.4	其他流入											
1.2	现金流出		0	0	2295.74	3291.46	3937.64	3952.51	3968.41	3986.92	3986.92	3986.92
1.2.1	经营成本				1988.46	2228.46	2468.46	2468.46	2468.46	2468.46	2468.46	2468.46
1.2.2	增值税进项税额				90.13	120.17	150.21	150.21	150.21	150.21	150.21	150.21
1.2.3	税金及附加				12.04	59.52	74.40	74.40	74.40	74.40	74.40	74.40
1.2.4	增值税				120.39	595.19	743.99	743.99	743.99	743.99	743.99	743.99
1.2.5	所得税				84.72	288.12	500.59	515.45	531.35	549.87	549.87	549.87
1.2.6	其他流出											
2	投资活动净现金流量(2.1-2.2)		-2437.60	-3656.40	-784.19	-68.87	-68.87					
2.1	现金流入											
2.2	现金流出		2437.60	3656.40	784.19	68.87	68.87					
2.2.1	建设投资		2437.60	3656.40								
2.2.2	维持运营投资											
2.2.3	流动资金				784.19	68.87	68.87					
2.2.4	其他流出											

序号	项目	合计	计算期 1	2	3	4	5	6	7	8	9	10
3	筹资活动净现金流量(3.1-3.2)		2437.60	3656.40	-288.47	-1006.63	-1009.46	-1078.34	-1078.34	-37.95	-37.95	-683.30
3.1	现金流入		2487.77	3831.98	784.19	68.87	68.87					
3.1.1	项目资本金投入		781.45	1272.50	235.26	20.66	20.66					
3.1.2	建设投资借款		1706.32	2559.48								
3.1.3	流动资金借款				548.93	48.21	48.21					
3.1.4	债券											
3.1.5	短期借款											
3.1.6	其他流入											
3.2	现金流出		50.17	175.58	1072.67	1075.50	1078.34	1078.34	1078.34	37.95	37.95	683.30
3.2.1	各种利息支出		50.17	175.58	330.88	281.79	229.07	169.62	106.01	37.95	37.95	37.95
3.2.2	偿还长期借款本金				741.78	793.71	849.27	908.72	972.33			
3.2.3	偿还流动资金借款本金											645.36
3.2.4	应付利润(股利分配)											
3.2.5	股利分配											
4	净现金流量(1+2+3)		0.00	0.00	324.11	556.40	1138.22	1123.36	1107.45	2129.33	2129.33	1483.97
5	累计盈余资金		0.00	0.00	324.11	880.51	2018.73	3142.09	4249.54	6378.87	8508.20	9992.17

例如本项目，建设期第 1 年借款 1706.32 万元，第 2 年借款 2559.48 万元（取自项目总投资使用计划与资金筹措表），应该在第 2 年的"建设投资借款"中填入借款累加额 4265.80 万元。而在生产运营期，由于建设投资借款从第 3 年起随着借款偿还，"建设投资借款"数额逐年下降，直至第 7 年末"建设投资借款"数额为零。

（3）"流动资金借款"随着生产负荷增加借款额逐渐增大，直至达到项目满生产负荷时（计算期第 5 年末）维持借款数额 645.36 万元不变。在项目计算期末（第 10 年末）由于偿还了流动资金借款本金，"流动资金借款"数额变零。

资产负债表详见表 4-21。

（三）财务生存能力分析报表

财务生存能力分析是在编制财务计划现金流量表的基础上，通过考察项目计算期内各年的投资、融资和经营活动所产生的各项现金流入和现金流出，计算净现金流量和累计盈余资金，分析项目是否能为企业创造足够的净现金流量维持正常运营，进而考察实现财务可持续性的能力。

财务计划现金流量表中净现金流量由三部分组成，即经营活动净现金流量、投资活动净现金流量和筹资活动净现金流量。每一部分现金流入和现金流出数据均取自其他报表，将净现金流量进行累加就可以得到累计盈余资金，为进行财务生存能力分析和编制资产负债表提供重要依据。

财务计划现金流量表详见表 4-22。

习 题

1. 思考融资前分析和融资后分析二者的异同。

2. 将本章案例中外购原材料单价视为含税价，试编制新的外购原材料费估算表。

3. 将本章案例中产品单价视为含税价，试编制新的营业收入、税金及附加和增值税估算表。

4. 试编制融资前固定资产折旧费估算表。

5. 本章案例中，项目采用等额本息的方式对建设投资借款进行偿还，现采用等额本金的方式对建设投资借款进行偿还，并编制新的借款还本付息计划表。

6. 将本章案例中生产运营期延长至 20 年，试编制全套财务评价报表。

第五章　工程项目经济评价指标与方法

工程项目经济评价是工程项目决策的核心内容，包括财务评价和国民经济评价，是在拟定的工程项目方案、投资估算和融资方案的基础上，对项目计算期内与方案投入产出有关的财务、经济数据进行调查、预测、分析，计算工程项目方案经济评价指标，评价项目经济效果，以提高决策的科学性。

第一节　财务评价指标

财务评价是在现行国家财税制度和价格体系下，通过计算项目范围内直接发生的效益和费用，编制财务分析报表，考察项目的盈利能力、偿债能力和财务生存能力等财务状况，以此判断工程项目财务可行性。

对于经营性项目，财务评价主要是评价项目的盈利能力、偿债能力和财务生存能力；对于非经营性项目，财务评价主要是评价项目的财务生存能力。因此，财务评价指标包括盈利能力评价指标、偿债能力评价指标和财务生存能力指标，评价指标体系如图 5-1 所示。

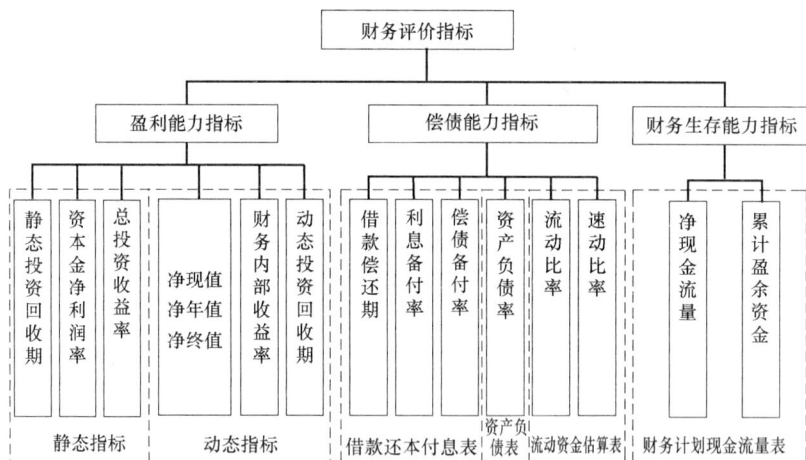

图 5-1　财务评价指标体系图

一、盈利能力评价指标

盈利能力是指项目赚取利润的能力，盈利能力分析可分为融资前分析和融资后分析，融资前分析指的是在未知资金来源的情况下，暂不考虑借款，以融资前的利润和所得税，编制项目投资现金流量表，计算所得税后的评价指标；融资后分析指的是以初步融资方案为基础，以融资后的利润和所得税，编制资本金现金流量表，判断项目在融资条件下的合理性。盈利能力评价指标根据是否考虑资金时间价值分为静态评价指标和动态评价指标。

(一) 盈利能力静态评价指标

1. 静态投资回收期

静态投资回收期 (Static Investment Payback Period) 是指在不考虑资金时间价值情况下，从项目建设开始年算起，以项目投入运营后的净现金流量回收项目总投资所需的时间。静态投资回收期体现了项目回收投资的能力，投资回收期越短，表示项目投资回收得越快，抗风险能力越强，经济效果就越好。静态投资回收期通常以年表示，一般从项目建设开始年算起，若从投产年算起，则应予注明。静态投资回收期满足下列等式：

$$\sum_{t=0}^{P_t} (CI - CO)_t = 0 \tag{5-1}$$

式中　　CI——现金流入量 (Cash Inflow)；

　　　　CO——现金流出量 (Cash Outflow)；

$(CI - CO)_t$——第 t 年的净现金流量 (Net Cash Flow)；

　　　　P_t——静态投资回收期。

静态投资回收期可借助项目投资现金流量表计算求得，项目投资现金流量表中累计净现金流量开始出现零或正值的时点就是投资回收期，计算公式为：

$$P_t = T - 1 + \frac{\left| \sum_{t=0}^{T-1} (CI - CO)_t \right|}{(CI - CO)_T} \tag{5-2}$$

式中　T——累计净现金流量开始为正值的年数；

其他符号意义同式 (5-1)。

如果项目在期初一次性投入 I，项目建成后各年的净现金流量都相等，那么项目的静态投资回收期为：

$$P_t = \frac{I}{A} \tag{5-3}$$

式中　A——项目投产后各年的净现金流量。

用静态投资回收期作为项目财务评价中盈利能力静态评价指标时，需要与行业基准回收期或根据同类项目历史数据和投资者意愿确定的基准投资回收期 T_0 相比较。判别准则为：

若 $P_t \leqslant T_0$，项目可以考虑接受；

若 $P_t > T_0$，项目在经济上不可行，应予拒绝。

基准投资回收期是行业或部门根据多年实践，在测算正常的情况下，得出的投资回收期，作为用静态投资回收期对项目进行经济评价的参考。由于各部门（行业）的生产性质、技术特点差别很大，原始投资得到补偿的速度各不相同，所以基准投资回收期的确定并不容易。

静态投资回收期指标作为判据的优点：概念清晰、简单易懂易用；反映了项目投资的补偿速度，一定程度上体现了项目的风险大小。

静态投资回收期指标作为判据的缺点：没有反映资金时间价值；评价效果比较粗糙，没有考虑投资回收期后项目净现金流量的情况，不能全面真实地反映项目在整个计算期内的真实效益，难以在不同方案的比较中作出正确判断。

项目决策面临着未来不确定性因素的挑战，这些不确定性因素给项目带来的风险随着时间延长而增加。要想减少这些不确定性因素带来的风险，决策者当然希望投资回收期越短越好。由于静态投资回收期评价效果的粗糙性，故广泛地作为项目评价的辅助性指标。

2. 资本金净利润率

资本金是项目吸收投资者投入项目经营活动各种财产物资的货币表现。资本金净利润率指项目达到设计能力后正常年份的年净利润或运营期内年平均净利润与项目资本金总额的比率。其计算公式为：

$$R = \frac{NP}{TEC} \times 100\%$$ (5-4)

式中　R——资本金净利润率；

NP——项目达到设计能力后正常年份的净利润或运营期内年平均净利润；

TEC——项目资本金。

资本金净利润率可以衡量项目投资者投入资本金的获利能力，其值越高表示资本金获利能力越大。用资本金净利润率指标评价项目的盈利能力时，需要与行业平均或者根据同类项目历史数据和投资者意愿确定的基准资本金净利润率相比较。设行业基准资本金净利润率为 R_0，判别准则为：

若 $R \geqslant R_0$，项目可以考虑接受；

若 $R < R_0$，项目在经济上不可行。

3. 总投资收益率

总投资收益率（Total Investment Rate of Earning）又称总投资利润率，指项目达到设计生产能力后正常年份的年息税前利润或运营期内年平均息税前利润与项目总投资的比率。其计算公式为：

$$R^* = \frac{EBIT}{TI} \times 100\%$$ (5-5)

式中　R^*——总投资收益率；

$EBIT$——项目达到设计能力后正常年份年息税前利润或运营期内年平均息税前利润；

TI——项目总投资。

其中，年息税前利润的计算公式为：

$$EBIT = TP + F$$ (5-6)

式中　TP——利润总额；

F——计入总成本费用的利息。

总投资收益率反映了项目总投资的盈利水平。用总投资收益率指标评价项目的盈利能力时，需要与行业平均总投资收益率相比较。设行业平均总投资收益率为 R_a^*，判别准则为：

若 $R^* \geqslant R_a^*$，项目可以考虑接受；

若 $R^* < R_a^*$，项目在经济上不可行，应予拒绝。

资本金净利润率与总投资收益率是投资收益率两种常见的形式，其作为判据的优点是计算简单，指标计算结果可以直观反映项目的盈利水平。缺点是未考虑资金时间价值，没有全面考虑项目建设期、运营期内众多经济数据，故一般用于技术经济数据尚不完整的项目初步研究阶段。

（二）盈利能力动态评价指标

财务评价以动态评价指标为主，静态评价指标为辅。动态评价指标考虑了资金时间价值，是比静态评价指标更全面、更科学的评价指标。

1. 净现值

净现值（Net Present Value or Present Worth，NPV or PW）指按一定折现率（一般采用基准收益率 i_0）把项目计算期内各年净现金流量折算到同一时点（通常是期初）的现值累加值。净现值要求考察项目计算期内每年发生的现金流量，是对投资项目盈利能力进行动态评价最重要的指标之一，其表达式为：

$$NPV = \sum_{t=0}^{n} (CI - CO)_t \, (1 + i_0)^{-t} \qquad (5\text{-}7)$$

式中　NPV——净现值；

$\quad\quad\quad n$——项目计算期；

$\quad\quad\quad i_0$——基准收益率；

其他符号意义同公式（5-1）。

基准收益率也称基准折现率，是企业或行业或投资者以动态的观点所确定的、可接受的投资项目最低标准的收益水平，即选择特定的投资机会或投资方案必须达到的预期收益率。

用净现值作为项目财务评价中盈利能力动态评价指标时，判别准则为：

（1）对单一项目方案，若 $NPV \geq 0$，项目达到基准收益率，应予接受；若 $NPV < 0$，项目未达到基准收益率，应予拒绝。

（2）多方案比选时，净现值越大的方案相对越好。但是在考察项目的资金利用效率时，净现值不能直接反映项目的资金利用效率，所以还需用净现值率（$NPVR$）作为净现值的辅助指标。净现值率是项目净现值 NPV 与项目总投资额现值之比，即项目单位投资现值所能带来的净现值，其表达式为：

$$NPVR = \frac{NPV}{K_p} = \frac{\sum\limits_{t=0}^{n} (CI - CO)_t \, (1 + i_0)^{-t}}{\sum\limits_{t=0}^{n} K_t \, (1 + i_0)^{-t}} \qquad (5\text{-}8)$$

式中　$NPVR$——净现值率；

$\quad\quad\quad K_p$——总投资现值；

$\quad\quad\quad K_t$——第 t 年投资额；

其他符号意义同式（5-1）、式（5-7）。

净现值率越大表示项目资金利用率越高，在用净现值率比选多个项目方案时，评价者一般用其作为净现值的辅助指标。

净现值作为判据的优点：经济意义明确直观，考虑了资金时间价值，考虑了整个计算期内的现金流量，体现了流动性与收益性的统一；评价方法简单，能体现投资的净所得，便于理解。

净现值作为判据的缺点：每年现金流入和现金流出的测定比较难；不能直接说明项目在运营期间各年的经营成果；不能反映项目投资中单位投资的使用效率；必须首先确定一

个符合经济现实的基准收益率。

就对项目的经济评价结论而言，与净现值等效的评价指标还有净年值和净终值，三者的换算就是资金的等值换算，故三者作为评价判据的优缺点基本一致。

净年值（Net Annual Value，NAV）是指按给定的折现率，通过等值换算将方案计算期内各个不同时点的现金流量分摊到计算期内各年的等额年值。其表达式如下：

$$NAV = NPV \times \frac{i_0 (1+i_0)^n}{(1+i_0)^n - 1} = NPV(A/P, i_0, n) \tag{5-9}$$

式中　符号含义均与公式（5-7）相同。

净终值（Net Future Value，NFV）是指将各期的现金流量以计算期最后一期的货币价值来计算，然后将各期现金流量的终值加总。其表达式如下：

$$NFV = NPV \times (1+i_0)^n = NPV(F/P, i_0, n) \tag{5-10}$$

式中　符号含义均与公式（5-7）相同。

用净年值和净终值作为项目财务评价中盈利能力动态评价指标的判别准则与净现值的判别准则相同。

2. 财务内部收益率

财务内部收益率（Financial Internal Rate of Return，FIRR）指项目计算期内净现金流量现值累计为零时的折现率。财务内部收益率包括全部投资内部收益率和自有资金内部收益率，反映了项目占用资金的盈利率，是评价项目盈利能力主要的动态评价指标。FIRR 满足下列等式：

$$\sum_{t=0}^{n} (CI_t - CO_t)(1 + FIRR)^{-t} = 0 \tag{5-11}$$

式中　符号意义同式（5-1）。

式（5-11）是一个高次方程，难以直接求解，因此财务内部收益率通常根据财务现金流量表中的净现金流量数据用线性插值法（又叫内插法）求得，计算过程如下：

（1）给定一个折现率 i_1，计算相应的 NPV (i_1)。若 NPV $(i_1)>0$，则说明所求 $FIRR>i_1$，若 NPV $(i_1)<0$，则说明所求 $FIRR<i_1$；

（2）修正折现率为 i_2，得到相应的 NPV (i_2)，使 NPV (i_1) 与 NPV (i_2) 的乘积小于零，反复试算，最终得到比较接近的两个折现率 i_m 和 i_n $(i_m<i_n)$，使得 NPV $(i_m)>0$，NPV $(i_n)<0$；

（3）用线性插值法确定 $FIRR$ 的近似值。其计算公式为：

$$FIRR = i_m + \frac{NPV(i_m) \cdot (i_n - i_m)}{NPV(i_m) + |NPV(i_n)|} \tag{5-12}$$

为保证计算精度，$|i_n - i_m|$ 应在 3% 到 5% 的范围内。式（5-12）可参考图 5-2 来理解。

财务内部收益率反映了项目投资的使用效率，用财务内部收益率作为动态指标评价项目的盈利能力时，需要与设定的基准折现率相比较。设基准折现率为 i_0，判别准则为：

若 $FIRR \geq i_0$，项目在经济效果上可以接受；

若 $FIRR < i_0$，项目在经济上不可行，应予拒绝。

财务内部收益率作为判据的优点：概念清晰明确，全面考虑了项目在整个寿命期内的经济状况；其计算完全取决于项目本身的现金流量，不需要事先确定一个基准收益率，只需知道基准收益率的大概范围即可。

财务内部收益率作为判据的缺点：计算较为复杂；只适用于对常规投资项目进行判断，常规投资项目是指净现金流量的符号有且仅变化一次的项目，即所有的负现金流量出现在正现金流量之前。常规投资项目的净现值随折现率的增加而减少，净现值函数图中的曲线与横轴仅有唯一的交点，并在（0，∞）的区间内。常规投资项目的现金流量图和净现值曲线如图 5-3 所示。

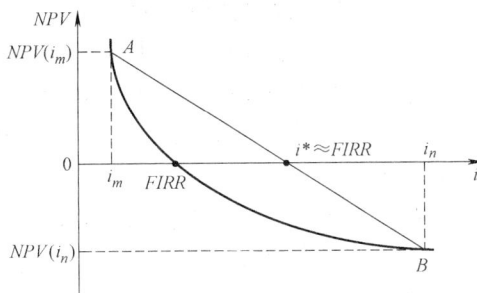

图 5-2　线性插值法求 $FIRR$ 图解

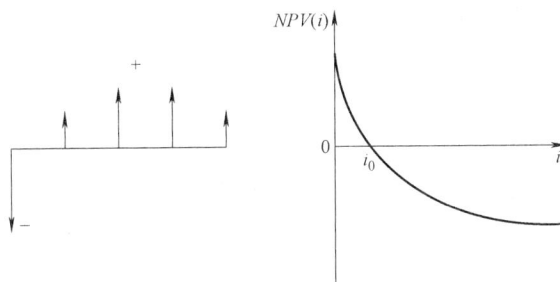

图 5-3　常规投资项目的现金流量图和净现值曲线

3. 动态投资回收期

动态投资回收期（Dynamic Investment Payback Period）指考虑资金时间价值的情况下，从项目建设开始年算起，用投资方案所产生的净现金流量补偿原投资所需的时间。动态投资回收期可以反映项目回收投资的能力。动态投资回收期越短，表示项目投资回收得越快，抗风险能力越强，经济效果越好。动态投资回收期通常以"年"为单位，其满足下列等式：

$$\sum_{t=0}^{P_t^*} (CI-CO)_t (1+i_0)^{-t} = 0 \tag{5-13}$$

式中　P_t^*——动态投资回收期；

其他符号意义同式（5-1）和式（5-7）。

动态投资回收期也可借助项目投资现金流量表计算求得，项目投资现金流量表中累计净现金流量折现后由负变为非负的时点就是动态投资回收期，计算公式为：

$$P_t^* = T-1 + \frac{\left| \sum_{t=0}^{T-1} (CI-CO)_t (1+i_0)^{-t} \right|}{(CI-CO)_T (1+i_0)^{-T}} \tag{5-14}$$

式中　P_t^*——动态投资回收期；

T——累计净现金流量开始出现正值的年份数；

其他符号意义同式（5-1）。

用动态投资回收期作为项目盈利能力动态评价指标时，需要与行业平均或者根据同类项目历史数据和投资者意愿确定的基准投资回收期 T_0 相比较。判别准则为：

若 $P_t^* \leqslant T_0$，项目可以考虑接受；

若 $P_t^* > T_0$，项目在经济上不可行，应予拒绝。

动态投资回收期指标作为判据的优点：概念清晰、简单易懂；体现了资金的时间价值，弥补了静态投资回收期的不足；反映了项目投资的补偿速度，一定程度上体现了项目的风险大小。

动态投资回收期指标作为判据的缺点：没有考虑投资回收期后项目的现金流量情况，不能全面真实地反映项目在整个计算期内的真实效益，使决策者难以在不同方案的比较中作出正确判断。

二、偿债能力评价指标

偿债能力即项目偿还债务的能力。偿债能力评价指标可基于不同的财务报表计算得出。根据借款还本付息计划表可以计算得到借款偿还期、利息备付率和偿债备付率等指标；根据资产负债表可以计算得到资产负债率；根据流动资金估算表可以计算得到流动比率、速动比率等指标。

（一）借款偿还期

借款偿还期（Loan Repayment Period，LRP）指按国家财政规定及在具体项目财务条件下，以项目投产后可用于还本付息的资金还清借款本息（不包括已用自有资金支付的建设期利息）所需的时间，一般以"年"为单位，不足整年的可以用内插法计算，其计算公式为：

$$LRP = T - t + \frac{m}{M} \tag{5-15}$$

式中　T——借款偿还后开始出现盈余的年份数；

　　　t——开始借款年份；

　　　m——当年偿还借款额；

　　　M——当年可用偿还借款的资金额。

用借款偿还期作为偿债能力评价指标时，需与贷款机构所要求的期限相比较。如果指标值满足贷款机构要求的期限时，即可认为项目具有偿债能力。借款偿还期适用于尽快还款的项目，不适用于已约定借款偿还期的项目。

（二）利息备付率

利息备付率（Interest Coverage Ratio，ICR）指项目在借款偿还期内，可用于支付利息的息税前利润与当期应付利息的比值。利息备付率是项目使用利润偿还利息的保证倍率，可以按年计算，也可以按整个借贷期计算，其计算公式为：

$$ICR = \frac{EBIT}{PI} \tag{5-16}$$

式中　$EBIT$——息税前利润；

　　　PI——计入总成本费用的应付利息。

对于正常运营的项目，利息备付率应大于1，如果小于1则说明项目的付息能力保障程度不够。

（三）偿债备付率

偿债备付率（Debt Service Coverage Ratio，DSCR）指项目在借款偿还期内，各年可用于偿还本息的资金与当期应还本息金额的比值。可用于偿还本息的资金指可用于还

110

款的折旧费和摊销费、成本中所列的利息费用以及可用于还款的利润等。偿债备付率表示项目可用于还本付息的资金偿还借款本息的保证倍率，应分年计算，其计算公式为：

$$DSCR = \frac{EBITAD - T_{AX}}{PD}$$ (5-17)

式中　$EBITAD$——息税前利润加折旧和摊销；

T_{AX}——所得税；

PD——应还本付息金额，包括还本金额和计入总成本费用的全部利息，融资租赁费用可视为借款偿还，运营期内的短期借款本息也应纳入计算。

如果项目在运营期内有维持运营的投资时，可用于还本付息的资金应该扣除维持运营的投资。项目的偿债备付率一般情况下应大于1，并结合债权人确定。偿债备付率越高，表明项目还本付息能力保障程度越高；如果偿债备付率小于1，说明当年可用于还本付息的资金不足以偿还当期债务，需要通过短期借款来偿还已到期债务。

（四）资产负债率

资产负债率（Liability On Asset Ratio，$LOAR$）指项目的负债与资产的比值，反映了项目各年面临财务风险程度以及偿债能力，其计算公式为：

$$LOAR = \frac{TL}{TA} \times 100\%$$ (5-18)

式中　TL——期末负债总额；

TA——期末资产总额。

资产负债率作为偿债能力的评价指标没有绝对的参考标准，一般认为资产负债率在0.5~0.8之间是合适的。一方面投资者的资本金越少，每份资本的收益越高，所以权益所有者希望较高的资产负债率，以此赋予权益资金较高的杠杆力，即投资者希望用较少的权益资金来控制整个项目；另一方面，资产负债率过高，项目的风险就越大，因为权益资金主要用于土地使用权的获取、房屋和机械设备等的购买，这些资产变现比较困难，银行和债权人一般不愿意贷款给权益资金出资额过低的项目。资产负债率太高时，可以通过增加权益资金出资和减少利润分配等途径来调节。

（五）流动比率

流动比率（Current Ratio，CR）指项目各个时刻流动资产总额与流动负债总额的比值，反映了项目短期内（通常指一年）偿还流动负债能力。其计算公式为：

$$CR = \frac{CTA}{CTL}$$ (5-19)

式中　CTA——流动资产总额；

CTL——流动负债总额。

一般认为，流动比率在1.2~2.0之间是合适的。由于流动资产中包括存货，而通常存货不能立即变现，所以不能确切地反映出项目瞬时的偿债能力。

（六）速动比率

速动比率（Quick Ratio，QR）指项目各个时刻可立即变现的货币资金与流动负债总额的比值，反映了项目快速偿还流动负债能力。其计算公式为：

$$QR = \frac{CTA - S}{CTL} \tag{5-20}$$

式中　CTA——流动资产总额；

　　　CTL——流动负债总额；

　　　S——存货。

一般认为，速动比率在 $1.0 \sim 1.2$ 之间是合适的。

流动比率与速动比率过小时，应减少流动负债、减少利润分配，增加盈余资金。

三、财务生存能力分析

财务生存能力指的是通过项目财务计划现金流量表来考察项目是否有足够净现金流量维持项目正常运营，以实现财务可持续性的能力。财务计划现金流量表由项目经营活动净现金流量、投资活动净现金流量、筹资活动净现金流量构成。财务生存能力由财务计划现金流量表计算得到的净现金流量和累计盈余资金两个指标来反映。

财务生存能力通过财务计划现金流量表考察以下两个方面：

1. 是否拥有足够的经营净现金流量。经营性项目通常在方案合理的情况下能够实现资金平衡，如不能实现，则可通过短期融资来维持运营，准经营性项目和非经营项目需要通过政府补贴来实现资金平衡。

2. 各年累计盈余资金不出现负值是财务生存的必要条件。在整个运营期间，允许个别年份净现金流出现负值，但不能容许任一年份的累计盈余资金出现负值。一旦出现负值时应适当进行短期融资，并应将该短期融资体现在财务计划现金流量中。

第二节　方案类型与评价方法

对于工程项目方案的经济性进行评价时，仅通过计算评价指标来判断方案是否可取还不能达到评价的效果，比如有多个备选方案时，还需要对方案所属类型进行判断，对不同的方案类型采用不同的评价方法，最终为项目投资决策提供科学依据。根据备选方案数量划分，项目方案可以分为单方案和多方案两类。

一、单方案评价

单方案评价指对工程项目唯一的备选方案经济性进行评价，评价时，只要检验这个唯一备选方案的经济效果是否满足判别标准。单一方案的经济评价按是否考虑资金时间价值划分，可以分为静态评价和动态评价，所采用评价指标对应的就是静态评价指标和动态评价指标。

（一）静态评价

静态评价不考虑资金时间价值，评价指标主要包括静态投资回收期、资本金净利润率和总投资收益率。这三个指标就是工程项目财务评价中盈利能力静态评价指标，其内涵、评价方法和指标优缺点均在前一节中有详细介绍。这里用两个例题说明这三个指标在单方案评价中的应用。

【例 5-1】　某投资项目计算期 5 年，其净现金流量见表 5-1。基准投资回收期 $P_0 = 2$ 年，请用静态投资回收期法评价项目的经济效果。

某投资项目净现金流量（单位：万元） 表 5-1

年份	0	1	2	3	4	5
净现金流量	−80	30	60	75	75	75

【解】

设该方案投资回收期为 P_t，根据表 5-1 中净现金流量，计算该投资项目累计净现金流量，见表 5-2。

某投资项目累计净现金流量（单位：万元） 表 5-2

年份	0	1	2	3	4	5
净现金流量	−80	30	60	75	75	75
累计净现金流量	−80	−50	10	85	160	235

根据公式（5-2）可得，

$$P_t = 2 - 1 + \frac{|-50|}{60} = 1.83 \text{ 年}$$

因为 $P_t = 1.83$（年）$< P_0 = 2$（年），故项目方案在经济效果上可以接受。

【例 5-2】 某大型国家投资项目，共需投资 165 亿元，其中国家财政投入资本金 65 亿元，银行贷款 100 亿元，每年可获得利润总额为 20 亿元，假设该类项目的基准收益率为 13%，且国家希望该投资项目的资本金净利润率为 20%，年利率 4%，所得税按 25% 计。请问该项目是否满足要求？

【解】

$$净利润 = 利润总额 \times (1 - 所得税率) = 20 \times (1 - 0.25) = 15 \text{ 亿元}$$

$$息税前利润 = 利润总额 + 利息 = 20 + 100 \times 4\% = 24 \text{ 亿元}$$

$$资本金净利润率 = \frac{净利润}{项目资本金} \times 100\% = \frac{15}{65} \times 100\% = 23.08\%$$

$$总投资收益率 = \frac{息税前利润}{项目总投资} \times 100\% = \frac{24}{165} \times 100\% = 14.55\%$$

因为项目的资本金利润率高于国家希望的资本金利润率，项目总投资收益率高于同行业的基准收益率参考值，所以项目满足要求。

（二）动态评价

动态评价考虑资金时间价值，动态评价指标比较多，主要包括净现值（NPV）、净年值（NAV）、净终值（NFV）、财务内部收益率（FIRR）和动态投资回收期等。采用动态评价指标进行单方案评价时，原理与静态评价类似，即计算动态评价指标值，并依据该指标判别标准进行方案评价。

【例 5-3】 某项目计算期 5 年（其中建设期 1 年），其净现金流量如图 5-4 所示，设基准收益率为 12%，试分别用净现值和财务内部收益率评价项目经济性。

【解】

（1）用净现值评价

根据图 5-4 计算得到项目净现值为：

$$NPV = -100 + 30(P/A, 12\%, 5) = -100 + 30 \times 3.6048 = 8.14 \text{ 万元}$$

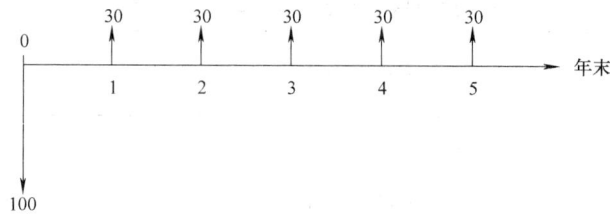

图 5-4 项目净现金流量图（单位：万元）

因为 $NPV=8.14$ 万元>0，说明项目有现值净收益，方案可以接受。

（2）用财务内部收益率评价

分别设 $i_1=15\%$，$i_2=20\%$，计算项目的 NPV_1 和 NPV_2；

$NPV_1=-100+30(P/A,15\%,5)=-100+30\times3.3522=0.57$ 万元>0

$NPV_2=-100+30(P/A,20\%,5)=-100+30\times2.9906=-10.28$ 万元<0

用内插法计算得：

$$FIRR=i_1+\frac{NPV_1}{NPV_1+|NPV_2|}(i_2-i_1)$$

$$=15\%+\frac{0.57}{0.57+|-10.28|}(20\%-15\%)$$

$$=15.26\%$$

因为 $FIRR=15.26\%>12\%$，故项目在经济效果上是可以接受的。

二、多方案比选

工程项目方案评价中，除了采用前述主要财务评价指标进行单方案评价之外，往往需要对多个备选方案进行比选。多方案比选，与备选方案之间关系的类型有关。只有了解备选方案之间的相互关系，才能采取正确的评价方法，达到正确决策的目的。通常，备选方案之间的相互关系可分为互斥型、独立型、混合型、资金约束型和现金流量相关型。

（一）互斥方案比选

互斥方案是指对工程项目备选方案进行比选时，选择某一个备选方案，就必须放弃其他方案，这些备选方案之间存在相互排斥性，称为互斥方案。互斥方案比选根据是否考虑资金时间价值可以分为互斥方案静态评价和互斥方案动态评价。

1. 互斥方案静态评价

互斥方案静态评价方法主要有增量静态投资回收期法、年折算费用法和综合总费用法等评价方法。

（1）增量静态投资回收期法

增量静态投资回收期就是用互斥方案经营成本的节约或增量净收益来补偿其增量投资的年限。

1）产出量相同

两个方案的产出量相同的情况下，增量静态投资回收期的计算公式为：

$$\Delta P=\frac{I_2-I_1}{C_1-C_2}=\frac{I_2-I_1}{A_2-A_1} \tag{5-21}$$

式中 I_1——方案 Ⅰ 的总投资；

I_2——方案 Ⅱ 的总投资；

C_1——方案 I 的年成本；

C_2——方案 II 的年成本；

A_1——方案 I 的年净收益；

A_2——方案 II 的年净收益；

ΔP——增量静态投资回收期。

其中，$I_2 > I_1$，$C_1 > C_2$，$A_2 > A_1$。计算的增量静态投资回收期与基准投资回收期比较，当增量静态投资回收期大于基准投资回收期时，选择投资小的方案；当增量静态投资回收期小于或等于基准投资回收期时，选择投资大的方案。

【例 5-4】 现有两个互斥方案甲和乙，这两个方案的年产出量都为 1 万件，甲方案投资额为 80 万元，单位产品的净收益为 50 元。乙方案投资额为 50 万元，单位产品的净收益为 30 元。若方案的计算期均为 5 年，基准投资回收期为 2 年，试用增量静态投资回收期法选择方案。

【解】

两方案净现金流量见表 5-3。

互斥方案甲、乙的净现金流量（单位：万元）　　　　表 5-3

年份	0	1	2	3	4	5
甲	−80	50	50	50	50	50
乙	−50	30	30	30	30	30
甲−乙	−30	20	20	20	20	20

$$P_甲 = I_甲 / A_甲 = 80/50 = 1.6 \text{ 年}$$

$$P_乙 = I_乙 / A_乙 = 50/30 = 1.67 \text{ 年}$$

$$\Delta P_{甲-乙} = (I_甲 - I_乙)/(A_甲 - A_乙) = (80-50)/(50-30) = 1.5 \text{ 年} < 2 \text{ 年}$$

故甲比乙多投资的 30 万元是有利的，因此方案甲比方案乙好。

2）产出量不同

两个备选方案产出量不同时，这两个方案便不能直接进行比较，需要进行转换，使方案之间具有可比性。通常采用单位产品投资和单位产品成本进行比较。此时增量静态投资回收期的计算公式为：

$$\Delta P = \frac{\dfrac{I_2}{Q_2} - \dfrac{I_1}{Q_1}}{\dfrac{C_1}{Q_1} - \dfrac{C_2}{Q_2}} = \frac{I_2 Q_1 - I_1 Q_2}{C_1 Q_2 - C_2 Q_1} = \frac{\dfrac{I_2}{Q_2} - \dfrac{I_1}{Q_1}}{\dfrac{A_2}{Q_2} - \dfrac{A_1}{Q_1}} = \frac{I_2 Q_1 - I_1 Q_2}{A_2 Q_1 - A_1 Q_2} \tag{5-22}$$

式中　Q_1——方案 I 的年产量；

Q_2——方案 II 的年产量；

其余符号含义均与公式（5-21）相同。

将计算的增量静态投资回收期与基准投资回收期比较，当增量静态投资回收期大于基准投资回收期时，选择投资小的方案；当增量静态投资回收期小于或等于基准投资回收期时，选择投资大的方案。

【例 5-5】 现有两个互斥方案甲和乙，甲方案投资额为 75 万元，每年产量 3 万件，年成本为 15 万元。乙方案投资额为 40 万元，每年产量 2 万件，年成本为 20 万元。若方案的计算期均为5年，基准投资回收期为2年，试用增量静态投资回收期法选择方案。

【解】

由于甲的投资大于乙的投资，甲乙两个方案的增量静态投资回收期为：

$$\Delta P_{甲-乙} = \frac{\dfrac{I_甲}{Q_甲} - \dfrac{I_乙}{Q_乙}}{\dfrac{C_乙}{Q_乙} - \dfrac{C_甲}{Q_甲}} = \frac{\dfrac{75}{3} - \dfrac{40}{2}}{\dfrac{20}{2} - \dfrac{15}{3}} = 1 \text{ 年}$$

由于 $\Delta P_{甲-乙} = 1$ 年 < 2 年，说明增加的投资有利，故甲方案比乙方案好，选甲方案。

（2）年折算费用法

当互斥方案数量较多时，用增量静态投资回收期法进行方案比选时，需要两两比较逐个淘汰，过程较为繁琐。而年折算费用法是将投资按基准投资回收期分摊到各年，再与各年经营成本相加得到年折算费用。年折算费用法可以直接比较多个备选互斥方案的优劣，比选过程比增量静态投资回收期法简单，计算简便，评价准则直观明确。其计算公式为：

$$E_j = \frac{I_j}{P_0} + C_j \tag{5-23}$$

式中　E_j——第 j 个方案的年折算费用；

$\quad\quad I_j$——第 j 个方案的总投资；

$\quad\quad P_0$——基准投资回收期；

$\quad\quad C_j$——第 j 个方案年经营成本。

多方案比选时，年折算费用最小的方案为最优方案。

（3）综合总费用法

综合总费用法是指用备选方案综合总费用作为互斥方案比选指标来选择最优方案的方法。方案的综合总费用是指方案投资与基准投资回收期内经营成本之和。计算公式为：

$$S_j = I_j + P_0 \times C_j \tag{5-24}$$

式中　S_j——第 j 个方案的综合总费用；

其余符号的含义均与公式（5-23）相同。

多方案比选时，综合总费用最小的方案为最优方案。

2. 互斥方案动态评价

互斥方案动态评价是利用资金时间价值将不同时点资金的流入和流出换算到同一时点或换算为等额支付形式，以满足方案时间上的可比性。常用的动态评价方法有增量净现值法、增量内部收益率法、净年值法和净现值率法。

（1）计算期相同的互斥方案比选

1）增量净现值法

增量净现值（ΔNPV）是指用投资大的方案减去投资小的方案从而形成增量现金流的净现值，若 $\Delta NPV \geqslant 0$，则选择投资大的方案；若 $\Delta NPV < 0$，选择投资小的方案。增量净现值和增量投资回收期一样都是相对效果检验，与绝对效果检验结论一致，即与按各个备选方案的净现值大小来选择方案有完全一致的结论，因为增量现金流的净现值等于两个方案净现值之差。

2）增量财务内部收益率法

增量财务内部收益率（$\Delta FIRR$）是指用投资大的方案减去投资小的方案从而形成增

量现金流的净现值为零时的折现率，若 $\Delta FIRR \geqslant i_0$，则投资大的方案为优；若 $\Delta FIRR < i_0$，则投资小的方案为优。

3）净年值法

净年值（NAV）与净现值（NPV）评价是等效的。所以在互斥方案比选时只需要把各备选方案净年值大小直接进行比较即可得出最优方案。在运用净年值法时，可根据具体情况采用净年值法（NAV）或者等额年成本法（Annual Cost，AC）。如果备选方案同时存在"正"、"负"现金流量时，先计算各方案的净年值，排除净年值为负的方案，余下方案中净年值最大的方案为最优；如果各方案产生效益不能或难以货币化，或者各方案产生的效益基本相同，则采用等额年成本法（AC）代替净年值法（NAV）进行方案比选，以等额年成本（AC）最低者为最优方案。

4）净现值率法

单纯用净现值最大为标准进行方案比选，往往导致趋于选择投资大、盈利多的方案，而忽视盈利较少，但是投资也少，经济效果可能更好的方案。所以，在互斥方案经济效果评价中，当资金无限制时，用净现值法评价；当资金有限制时，可以考虑用净现值率（$NPVR$）进行辅助评价。使用净现值率作为辅助指标比选互斥方案时，先淘汰净现值率小于零的方案，对于余下净现值率大于零的方案，净现值率越大的方案越优。应当注意的是，用净现值率评价方案所做的结论与用净现值评价方案所作的结论不总是一致的。

【例 5-6】 现有两个互斥方案 A、B，其净现金流量见表 5-4，试用增量净现值法、增量财务内部收益率法和净年值法评价方案（基准收益率 $i_0 = 10\%$）。

互斥方案 A、B 净现金流量表（单位：万元）　　　　　　　表 5-4

年份	0	1	2	3
方案 A	−300	130	130	130
方案 B	−500	220	220	220
B−A	−200	90	90	90

【解】

（1）增量净现值法

$\Delta NPV = -200 + 90 \times (P/A, 10\%, 3) = -200 + 90 \times 2.4869 = 23.82$ 万元

因为 $\Delta NPV = 23.82$ 万元 > 0 万元，说明方案 B 优于方案 A，故选择方案 B。

（2）增量财务内部收益率法

$NPV(A) = -300 + 130 \times (P/A, FIRR_A, 3) = 0$

$i_1 = 15\%$ 时，$NPV(A) = -3.21$ 万元 < 0 万元；

$i_2 = 12\%$ 时，$NPV(A) = 12.23$ 万元 > 0 万元；

$FIRR_A = 12\% + 12.23 \times (15\% - 12\%)/(12.23 + 3.21) = 14.38\%$

$FIRR_A > i_0$，方案 A 可行。

$NPV(B) = -500 + 220 \times (P/A, FIRR_B, 3) = 0$

$i_3 = 20\%$ 时，$NPV(B) = -36.57$ 万元 < 0 万元；

$i_4 = 15\%$ 时，$NPV(B) = 2.30$ 万元 > 0 万元；

$FIRR_B = 15\% + 2.30 \times (20\% - 15\%)/(2.30 + 36.57) = 15.30\%$

$FIRR_B > i_0$，方案 B 可行。

$NPV(B-A) = -200 + 90 \times (P/A, FIRR_{B-A}, 3) = 0$

$i_5 = 20\%$ 时，$NPV(B-A) = -10.42$ 万元 < 0 万元；

$i_6 = 15\%$ 时，$NPV(B-A) = 5.49$ 万元 > 0 万元；

$FIRR_{B-A} = 15\% + 5.49 \times (20\% - 15\%) / (5.49 + 10.42) = 16.73\%$

因为 $FIRR_{B-A} = 16.73\% > 10\%$，故方案 B 更优，选择方案 B。

（3）净年值法

$NAV(A) = -300 \times (A/P, 10\%, 3) + 130 = -300 \times 0.4021 + 130 = 9.37$ 万元

$NAV(B) = -500 \times (A/P, 10\%, 3) + 220 = -500 \times 0.4021 + 220 = 18.95$ 万元

因为 $NAV(B) > NAV(A)$，故方案 B 优于方案 A，选择方案 B。

（4）净现值率法

$NPV(A) = -300 + 130 \times (P/A, 10\%, 3) = 23.30$ 万元

$NPV(B) = -500 + 220 \times (P/A, 10\%, 3) = 47.12$ 万元

$NPVR(A) = NPV(A)/I(A) = 23.30/300 = 0.08$

$NPVR(B) = NPV(B)/I(B) = 47.12/500 = 0.09$

因为 $NPVR(B) > NPVR(A)$，故方案 B 优于方案 A，选择方案 B。

（2）计算期不同的互斥方案比选

由于现实中很多方案的计算期往往是不同的。因此需要对计算期做出某种假设以使互斥方案在同一个计算期基础上进行比较，以保证得到合理的结论。

1）净现值法

用净现值法对不同计算期互斥方案进行比选时，为了满足时间可比性，即在相同计算期下比较净现值大小，通常可用最小公倍数法和研究期法。

最小公倍数法就是以各备选方案计算期的最小公倍数作为方案比选的共同计算期，并假设各备选方案在其计算期结束后仍按原计算期重复循环下去直到共同计算期结束。在此基础上计算各方案的净现值，以净现值最大的方案为最佳方案。最小公倍数法有效地解决了计算期不等方案之间净现值的时间可比性问题。但是这种方法假定方案可重复实施不一定在任何情况下适用，比如某些不可再生资源开发项目，方案不可重复实施，就不能用最小公倍数法确定计算期。另外，对于公倍数远超过项目所需计算期或计算期上限的，也不适合用最小公倍数法，因为再用最小公倍数法会降低计算方案经济效果指标的可靠性和真实性。对最小公倍数计算期很大的方案进行比选时，为了方便计算可以取无穷大计算期法计算 NPV，NPV 最大者为最优方案。其计算 NPV 的公式为：

$$NPV = \lim_{n \to \infty} NAV(P/A, i_0, n) = \lim_{n \to \infty} NAV \frac{(1+i_0)^n - 1}{i_0(1+i_0)^n} = \frac{NAV}{i_0} \tag{5-25}$$

研究期法就是针对最小公倍数法的计算期可能变得很大的缺点，采用另一种确定共同计算期的方法，这种方法是根据对市场前景的预测，直接选取一个合适的分析期作为各个方案共同的计算期。如果可以准确预测项目方案计算期末的余值，研究期法会比最小公倍数法更加合理。一般以互斥方案中年限最短或最长方案的计算期或者所期望的计算期作为共同研究期。通过比较各个方案在该研究期内的净现值对方案进行比选，以净现值最大的方案为最优。方案的计算期小于共同研究期时，可假设其计算期完全相同地重复延续下

去；方案的计算期大于共同研究期时，则要对研究期以后的现金流余值进行估计，回收余值，余值估计的准确性会直接影响比选结论。

【例5-7】 计算期不等的互斥方案A、B的净现金流量图如图5-5所示。若基准收益率$i_0 = 12\%$，试用最小公倍数法和研究期法选择方案。

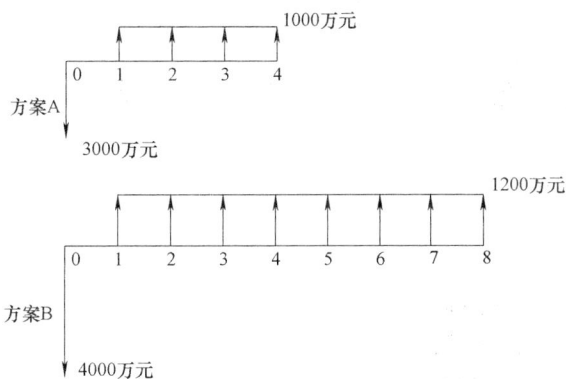

图5-5 方案A、B现金流量图

【解】

（1）最小公倍数法

方案A和方案B计算期的最小公倍数为8，两个方案用最小公倍数法评价的现金流量图如图5-6所示。

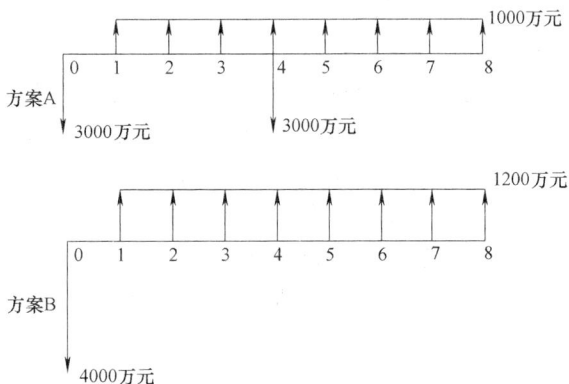

图5-6 用最小公倍数法评价的方案现金流量图

$$NPV_A = -3000[1 + (P/F, 12\%, 4)] + 1000(P/A, 12\%, 8)$$
$$= -3000(1 + 0.6355) + 1000 \times 4.9676$$
$$= 61.1 \ 万元$$

因为$NPV_A > 0$，方案A可行；

$$NPV_B = -4000 + 1200(P/A, 12\%, 8)$$
$$= -4000 + 1200 \times 4.9676$$
$$= 1961.12 \ 万元$$

因为$NPV_B > 0$，方案B可行；

$NPV_B > NPV_A$，故方案B更优。

（2）研究期法

取计算期较短的方案计算期作为研究期。

$$NPV(A) = -3000 + 1000(P/A, 12\%, 4)$$
$$= -3000 + 1000 \times 3.0373$$
$$= 37.3 万元$$

因为 $NPV_A > 0$，方案 A 可行；

设方案 B 固定资产在第 4 年末的回收余值为投资的 30%，期末流动资金回收 200 万元，则：

$$NPV(B) = [-4000(A/P, 12\%, 8) + 1200](P/A, 12\%, 4)$$
$$+ (4000 \times 30\% + 200)(P/F, 12\%, 4)$$
$$= (-4000 \times 0.2013 + 1200) \times 3.0373 + 1400 \times 0.6355$$
$$= 2088.83 万元$$

因为 $NPV_B > 0$，方案 B 可行；

$NPV_B > NPV_A$，故方案 B 更优。

2）净年值法

净年值法就是对各备选方案净现金流量的净年值进行比较，以 NAV 最大者为优。用净年值进行计算期不同的互斥方案比选时，已经满足了时间上的可比性，因为净年值是以"年"为单位时间比较各备选方案的经济效果，即一个方案不论重复多少次，净年值是不变的。所以净年值比净现值和增量内部收益率在进行计算期不等的互斥方案比选时更加简单，特别适合备选方案量众多的情况。

3）增量财务内部收益率法

用增量财务内部收益率进行计算期不等的互斥方案比选时，先要对各备选方案进行绝对效果检验，然后再对通过检验的方案用增量财务内部收益率法进行比选，若 $\Delta FIRR \geqslant i_0$，则投资大的方案为优；若 $\Delta FIRR < i_0$，则投资小的方案为优。在计算期不等的互斥方案比选中，增量财务内部收益率可用方案净年值相等求解。

【例 5-8】 现有两个互斥方案 A、B，两个方案的基础数据见表 5-5，且两个方案每年都有稳定的净现金流量，试用净年值法和增量财务内部收益率法评价方案（基准收益率 $i_0 = 12\%$）。

互斥方案 A、B 基础数据 表 5-5

	投资(万元)	净现金流量(万元)	计算期(年)
方案 A	3000	1000	4
方案 B	5000	1300	6

【解】

（1）绘制方案 A、B 的现金流量图如图 5-7 所示。

（2）净年值法评价

$NAV(A) = -3000(A/P, 12\%, 4) + 1000 = -3000 \times 0.3292 + 1000 = 12.4 万元$

$NAV(B) = -5000(A/P, 12\%, 6) + 1300 = -5000 \times 0.2432 + 1300 = 84 万元$

由于 $NAV(A) < NAV(B)$，故方案 B 优于方案 A，选择方案 B。

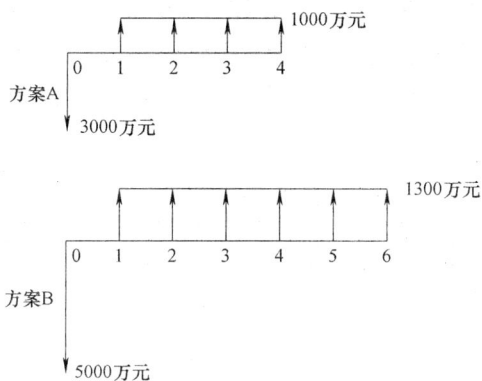

图 5-7　方案 A、B 现金流量图

（3）增量财务内部收益率法评价

$NPV(A) = -3000 + 1000(P/A, FIRR_A, 4) = 0$

$i_1 = 15\%$ 时，$NPV(A) = -145$ 万元 < 0 万元；

$i_2 = 12\%$ 时，$NPV(A) = 37.3$ 万元 > 0 万元；

$FIRR_A = 12\% + 37.3 \times (15\% - 12\%)/(37.3 + 145) = 12.61\%$

$FIRR_A > i_0$，方案 A 可行。

$NPV(B) = -5000 + 1300 \times (P/A, FIRR_B, 6) = 0$

$i_3 = 15\%$ 时，$NPV(B) = -80.15$ 万元 < 0 万元；

$i_4 = 12\%$ 时，$NPV(B) = 344.82$ 万元 > 0 万元；

$FIRR_B = 12\% + 344.82 \times (15\% - 12\%)/(344.82 + 80.15) = 14.43\%$

$FIRR_B > i_0$，方案 B 可行。

$\Delta NAV = NAV(B - A) = -[5000(A/P, \Delta FIRR, 6) - 3000(A/P, \Delta FIRR, 4)] + (1300 - 1000) = 0$

$i_5 = 20\%$ 时，$NAV(B - A) = -44.6$ 万元 < 0 万元；

$i_6 = 15\%$ 时，$NAV(B - A) = 29.9$ 万元 > 0 万元；

$\Delta FIRR = 15\% + 29.9 \times (20\% - 15\%)/(29.9 + 44.6) = 17.01\%$

由于 $\Delta FIRR = 17.01\% > i_0 = 12\%$，故方案 B 优于方案 A，选择方案 B。

（二）独立方案比选

独立型方案是指各个备选方案的现金流量是独立的，不具有相关性，且采用某一方案不影响采用其他方案。如国家为实施西部开发，需要建设机场项目、铁路项目、高速公路项目以及矿山开采项目等，项目的功能不存在矛盾。对于独立方案，如果投资者可利用的资金足够多，即没有资金约束，此时方案选择与单方案评价方法是一致的，用经济效果评价标准（如 $NPV \geqslant 0$，$NAV \geqslant 0$，$NFV \geqslant 0$，$FIRR \geqslant i_0$ 等）直接判断是否接受该方案。

（三）混合方案

混合方案是多个相互独立的投资方向中每个投资方向又包含若干互斥方案情况下的方案选择问题。混合方案选择分为有资金约束和无资金约束两种情况的方案选择。无资金约束时的混合方案选择应首先从每组互斥方案中，选择最优方案，然后把各互斥方案组选出的最优方案加以组合，组合方案即为最终选择方案；有资金约束时，把所有投资方向的方案排列组合起来，形成互斥方案组合，再根据互斥方案组合法进行方案比选。

【例 5-9】 某投资者现有两个独立的投资方向 A 和 B，每个投资方向下有两个互斥方案，方案基础数据和已计算得到的方案净年值见表 5-6，在无资金约束和资金限额为 200 万元两种情况下，试选择最优方案组合。

各方案基本数据 表 5-6

投资方向	方案	投资额(万元)	净年值(万元)	计算期(年)
A	A_1	80	30	5
	A_2	100	40	5
B	B_1	110	60	5
	B_2	130	70	5

【解】

A 和 B 是独立的，A_1 和 A_2 互斥，B_1 和 B_2 互斥，所有可能的方案组合见表 5-7。

所有可能的方案组合 表 5-7

序号	方案	投资额(万元)	净年值(万元)
1	A_1	80	30
2	A_2	100	40
3	B_1	110	60
4	B_2	130	70
5	A_1+B_1	190	90
6	A_1+B_2	210	100
7	A_2+B_1	210	100
8	A_2+B_2	230	110

若无资金约束，则投资方向 A 选择 A_2 方案，投资方向 B 选择 B_2 方案，即 A_2+B_2 为最终选择方案。若资金限额为 200 万元，故先排除方案组合 A_1+B_2、A_2+B_1 和 A_2+B_2，在余下满足资金限额条件的方案组合中选择净年值最大的方案组合 A_1+B_1。

（四）资金约束型相关方案

在无约束条件下，一组独立项目（方案）的决策是比较容易的，只要看评价指标是否达到某一评价标准。因为对于独立的常规项目，利用净现值、净年值、财务内部收益率等任何一种评判标准进行评价的结果是一致的。而实际的工程项目（方案）选择中，投资者筹集的资金是有限的。在资金约束条件下，只能从中选择一部分项目（方案）而淘汰其他项目（方案），这时就出现了资金合理分配的问题，一般要通过项目（方案）排序来优选项目（方案）。常用的排序方法有互斥方案组合法、净现值率排序法和财务内部收益率排序法。

1. 互斥方案组合法

指的是在资金限量条件下，选择一组不突破资金限额而且经济效益最大的互斥组合项目（方案）作为分配资金的对象。

其具体步骤是：

（1）形成所有各种可能的互斥方案组合，把所有的项目组合全部列举出来，排除初始投资大于投资限额的组合方案。

（2）在初始投资小于投资限额的方案组合中，按互斥方案的比选原则选择最优的方案组合。

互斥方案组合法的优点是简单明了，但只适用于备选项目很少的情况。当备选项目增多时，互斥组合数目很多，计算量大。同时其要求备选项目的计算期相同。

【例5-10】 现有计算期相同的独立方案A、B、C，三个方案的投资分别为90万元、100万元和110万元，现已计算求得三个方案的净年值分别为30万元、40万元和50万元。如果资金限额为200万元，则该如何选择方案？

【解】

（1）构建互斥方案组合，排除投资超限组合方案

A、B、C三个方案的组合数有$2^3-1=7$个，去掉超过资金限额的组合方案B+C和A+B+C，方案组合情况见表5-8。

A、B、C的方案组合（单位：万元）   表5-8

序号	方案组合	投资	净年值
1	A	90	30
2	B	100	40
3	C	110	50
4	A+B	190	70
5	A+C	200	80

（2）方案选择

在余下满足投资限额的方案组合中，选择净年值最大的方案组合，即方案A+C。

2. 净现值率排序法

指的是在资金限额内先选择净现值率大的投资项目，直到资金限额分完为止的项目选择方法。

其具体做法是：把能满足最低期望盈利率的投资项目，按净现值率由大到小顺序排列，将资金分配给净现值率大的项目，直到全部资金分完为止。

净现值率法应用简单，一般能求得投资效率较大的项目组合，但不一定能取得最优的组合。按净现值率法排序只是一种近似的方法，并不能在所有情况下都得出正确的结论。由于投资项目的不可分性，净现值率法在很多情况下不能保证资金的充分利用，不能达到净现值最大的目标。只有当每个项目的初始投资相对于投资总限额相对较小或各方案投资额相差不大的情况或各入选方案投资累加额与投资预算限额相差无几时，才有比较可靠的结论。

【例5-11】 现有计算期相同的独立方案A、B、C，三个方案的投资分别为90万元、100万元和110万元，现已计算求得三个方案的净现值分别为190万元、200万元和210万元。如果资金限额为200万元，试用净现值率法选择方案。

【解】

各方案的净现值率见表5-9。

方案 A、B、C 净现值及净现值率 表 5-9

序号	方案	投资(万元)	净现值(万元)	净现值率(万元)
1	A	90	190	2.11
2	B	100	200	2
3	C	110	210	1.91

按净现值率从大到小排序：$NPVR_A > NPVR_B > NPVR_C$，按净现值率大小顺序选择方案，则满足资金限额的方案组合为 A＋B。

3. 财务内部收益率排序法

当独立方案数量较大时，构建的互斥方案组合数量会更多，评价的工作量会很大。为解决独立方案数量较大时互斥方案组合法存在的不足，可采用财务内部收益率排序法。其步骤为：

（1）将各方案按财务内部收益率递减排序

计算各方案的财务内部收益率；绘制以财务内部收益率为纵坐标、累计投资额为横坐标的独立方案选择图，将各方案按财务内部收益率递减顺序自左向右排列。

（2）计算累计投资额

在横坐标上根据财务内部收益率排序情况计算累计投资额。

（3）确定可行方案

找出基准收益率线与资金限额线交点，交点左侧所有的投资方案即为可行方案。

（4）选择实施方案

在资金限额条件内，从可行方案中按自左向右顺序依次选择实施方案。此时实施方案的选择，必须同时满足两个前提条件：一是选择仅限于第（3）步中确定的可行方案，即使资金剩余导致闲置也不能进一步向后选择；二是选择方案的投资累计额不能超过规定的资金限额。

【例 5-12】 某建设单位有 A、B、C、D 四个独立投资方案可以选择，四个方案的计算期相同，初始投资额分别为 100 万元、120 万元、80 万元、90 万元，财务内部收益率分别为：16%、20%、18%、10%。基准收益率为 12%，若该建设单位的投资预算为 250 万元，则应如何选择方案？

【解】

将 A、B、C、D 四个方案按财务内部收益率排序，如图 5-8 所示。

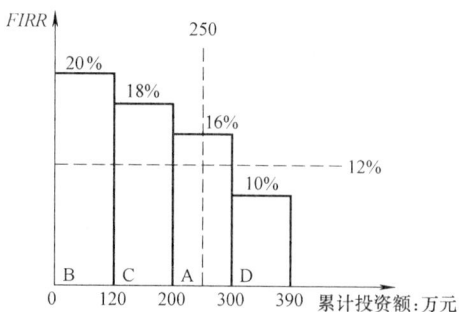

图 5-8 独立方案排序

从图 5-8 中可以得到，方案 D 的财务内部收益率小于基准收益率，应予剔除；B＋C 方案的投资额小于 250 万元，B＋C＋A 方案的投资额大于 250 万元，故选择 B＋C 方案。

财务内部收益率排序法的优点是计算简便，选择过程简单明了；缺点是由于方案投资的整体性（即一个方案只能作为一个整体被接受或被放弃），可能会出现资金剩余情况，此时选择的实施方案不一定能达到最佳方案组合，还需要结合互斥方案组合法最终确定最佳方案组合。

（五）现金流量相关型方案

现金流相关型方案是指多个备选方案之间具有一定的经济或技术联系，方案之间不完全是排斥关系，也不完全是独立关系，其中任何一方案的取舍都会导致其他方案现金流量的变化。通常，对现金流量相关型方案进行比选时可采用互斥组合法。

【例5-13】 A、B两个方案为现金流量相关型方案，建设期均为1年，运营期均为3年，两个方案的基础数据见表5-10。如两个方案同时实施，A方案与B方案的净现金流量都会发生变化，见表5-11。假设A、B方案每年都有稳定的净现金流量，基准收益率为10%，试选择最优方案。

方案A、B分别实施的基础数据　　　　　　　　　表 5-10

	投资（万元）	净现金流量（万元）	计算期（年）
方案 A	300	140	4
方案 B	500	200	4

方案A、B同时实施的基础数据　　　　　　　　　表 5-11

	投资（万元）	净现金流量（万元）	计算期（年）
方案 A	300	120	4
方案 B	500	190	4

【解】

（1）A、B两个方案有三种组合，见表5-12。

方案组合基础数据　　　　　　　　　　　　　表 5-12

序号	方案组合	投资（万元）	净现金流量（万元）	计算期（年）
1	A	300	140	4
2	B	500	200	4
3	A+B	800	310	4

（2）由于没有资金限额，故直接对三个方案组合进行绝对评价与相对评价。

$NPV_A = -300 + 140(P/A, 10\%, 4) = 143.79$（万元）$> 0$，方案 A 可行；

$NPV_B = -500 + 200(P/A, 10\%, 4) = 133.98$（万元）$> 0$，方案 B 可行；

$NPV_{A+B} = -800 + 310(P/A, 10\%, 4) = 182.67$（万元）$> 0$，方案 A+B 可行。

由于 $NPV_{A+B} > NPV_A > NPV_B$，故选择方案组合 A+B。

第三节　不确定性分析

由于工程项目决策是面对未来，项目评价所采用的数据大部分来自于估算和预测，因此有一定的不确定性和风险。所以，为了尽量避免投资决策失误，有必要进行不确定性分析。

工程项目不确定性分析就是要考察项目建设投资、经营成本、产品价格、产品销售量、项目寿命等因素变化时，项目经济评价指标变动情况。不确定性分析的方法包括盈亏平衡分析、敏感性分析和概率分析，其中概率分析又称风险分析。盈亏平衡分析只适用于财务评价，敏感性分析和概率分析既适用于财务评价又适用于国民经济评价。

一、盈亏平衡分析

盈亏平衡分析又称损益平衡分析。它是在完全竞争或垄断竞争的市场条件下，根据项目正常年份的产品产量、产品价格、固定成本、可变成本和营业税金等数据，确定项目的盈亏平衡点 BEP（Break Even Point），再通过盈亏平衡点分析项目损失和收益平衡关系的一种方法。按销售收入、成本与产量是否呈线性关系，盈亏平衡分析可以分为线性盈亏平衡分析和非线性盈亏平衡分析。

（一）盈亏平衡点

盈亏平衡点 BEP 是项目亏损与盈利的临界点，表明项目不亏不盈时生产经营的临界状态。一般而言，工程项目生产能力一定时，盈亏平衡点越低，项目盈利的可能性越大，对不确定因素所带来风险的承受能力就越强。盈亏平衡点通常用产量表示，也可以用生产能力利用率、销售收入和产品单价等来表示。

盈亏平衡点的确定根据其定义，用公式表示为：

$$TR = TC \qquad (5\text{-}26)$$

式中　TR——项目营业收入（扣销售税金及附加）；

　　　TC——项目总成本费用（包括固定成本和可变成本）。

一般 TR 和 TC 都是产品产量的函数，所以根据公式（5-26）求出的产量便是盈亏平衡点处的产量，称为盈亏平衡产量或最低经济产量。

除了利用公式外，盈亏平衡点还可以通过建立营业收入与产量之间的函数关系、成本与产量之间的函数关系，通过对这两个函数关系及其图形分析来找出盈亏平衡点。

（二）线性盈亏平衡分析

使用线性盈亏平衡分析的四个假设：第一，产品产量与产品销售量是一致的，即不存在产品存余的情况；第二，成本中固定成本保持不变，可变成本与产量成正比；第三，营业收入与产量成正比；第四，单位产品的价格保持不变。线性盈亏平衡分析图如图 5-9 所示。

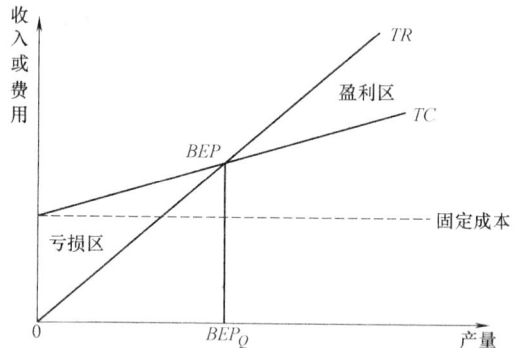

图 5-9　线性盈亏平衡分析图

线性盈亏平衡分析的基本公式有：

年营业收入（扣除销售税金及附加）公式：

$$TR = (P - T) \times Q \qquad (5\text{-}27)$$

年总成本费用公式：

$$TC = F + V \times Q \qquad (5\text{-}28)$$

式中　TR——年总营业收入（扣除销售税金及附加）；

　　　P——单位产品的价格；

Q——项目年产量或设计生产能力；

TC——年总成本费用；

F——年总成本中的固定成本；

V——单位产品的可变成本；

T——单位产品销售税金及附加。

线性盈亏平衡时，$TR=TC$，则：

年产量的盈亏平衡点为：

$$BEP_Q=\frac{F}{P-V-T}\qquad\qquad(5\text{-}29)$$

年营业收入的盈亏平衡点为：

$$BEP_R=\left(\frac{F}{P-V-T}\right)\times P\qquad\qquad(5\text{-}30)$$

产品价格的盈亏平衡点为：

$$BEP_P=\frac{F}{Q}+V+T\qquad\qquad(5\text{-}31)$$

盈亏平衡点的生产能力利用率：

$$BEP_Y=\frac{BEP_Q}{Q}=\frac{F}{(P-V-T)\times Q}\qquad\qquad(5\text{-}32)$$

经营安全率：

$$BEP_S=1-BEP_Y\qquad\qquad(5\text{-}33)$$

一般来说，盈亏平衡点处的生产能力利用率不应大于 75%；经营安全率不应低于 25%。

【例 5-14】 某工业项目设计方案年产量为 15 万 t，已知每吨产品的销售价格为 60 元，每吨产品缴付的销售税金及附加为 15 元，单位可变成本为 20 元，年总固定成本为 150 万元，试求用产量表示的盈亏平衡点、盈亏平衡点的生产能力利用率和盈亏平衡点的售价。

【例】

$TR=(60-15)\times Q=45Q$

$TC=150+20\times Q=150+20Q$

由 $TR=TC$，得 $BEP_Q=6$ 万 t

$BEP_Y=\frac{BEP_Q}{Q}\times100\%=\frac{6}{15}\times100\%=40\%$

$BEP_p=\frac{F}{Q}+V+T=\frac{150}{15}+20+15=45$ 元/t

（三）非线性盈亏平衡分析

由于在实际生产经营中，产品销售收入与产量之间，成本费用与产量之间不一定呈线性关系，在这种情况下进行的盈亏平衡分析就是非线性盈亏平衡分析，其中的非线性关系可以用二次函数表示，如图 5-10 所示。

非线性盈亏平衡分析的基本过程如下：

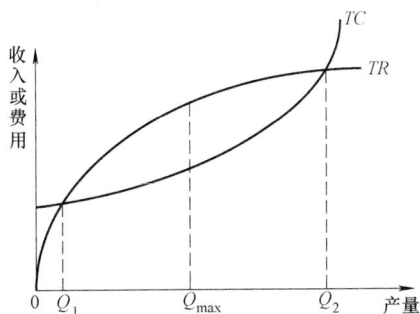

图 5-10 非线性盈亏平衡分析图

在图 5-10 中，当产量小于 Q_1 或大于 Q_2 时，项目总成本费用大于项目经营收入（扣除销售税金及附加），项目处于亏损状态；当产量在 Q_1 与 Q_2 之间时，项目处于盈利状态；当产量等于 Q_1 或 Q_2 时，项目处于不盈利也不亏损的状态，此时，Q_1 与 Q_2 就是项目产量的盈亏平衡点。其解法如下：

$$TR = a_1Q^2 + b_1Q + c_1 \tag{5-34}$$

$$TC = a_2Q^2 + b_2Q + c_2 \tag{5-35}$$

式中 a_1、b_1、c_1、a_2、b_2、c_2 均为系数。由盈亏平衡点的定义 $TR = TC$，代入整理得 $(a_1 - a_2)Q^2 + (b_1 - b_2)Q + (c_1 - c_2) = 0$，通过对此二次方程进行求解，就能得到产量的非线性盈亏平衡点 Q_1 和 Q_2。

在非线性盈亏平衡中，利润 $B = TR - TC = (a_1 - a_2)Q^2 + (b_1 - b_2)Q + (c_1 - c_2)$，对此求一阶导并令其等于零，便能得到使利润最大的产量水平 Q_{max}，Q_{max} 又称为最大盈利能力点。

（四）互斥方案盈亏平衡分析

对若干互斥方案进行比选时，若各方案取舍都受一个共同的不确定因素影响，那么可以先求出两两方案的盈亏平衡点，再根据盈亏平衡点进行方案取舍。

【例 5-15】 某拟建工程项目，有三种技术方案可供选择，每一方案的产品成本见表 5-13，试比较三个方案。

产品成本数据   表 5-13

方案	A	B	C
产品可变成本（元/件）	50	20	10
产品固定成本（元）	1500	4500	16500

【解】

设 Q 为预计产量，根据总成本费用方程 $TC = F + V \times Q$，各方案的总成本为：

$C_A = 1500 + 50Q$

$C_B = 4500 + 20Q$

$C_C = 16500 + 10Q$

令 $C_A = C_B$，得 $Q_{AB} = 100$ 件

令 $C_B = C_C$，得 $Q_{BC} = 1200$ 件

令 $C_A = C_C$，得 $Q_{AC} = 375$ 件

以产量为横坐标，成本为纵坐标，绘制出盈亏平衡图，如图 5-11 所示。

从图中可以看出，当产量小于 100 件时，A 方案最优；当产量为 100～375 件时，B 方案最优；当方案为 375～1200 件时，B 方案最优；当产量大于 1200 件时，C 方案最优。

二、敏感性分析

敏感性分析指通过测定一个或多个不确定因素变化导致项目经济效果指标变化的幅度，找出

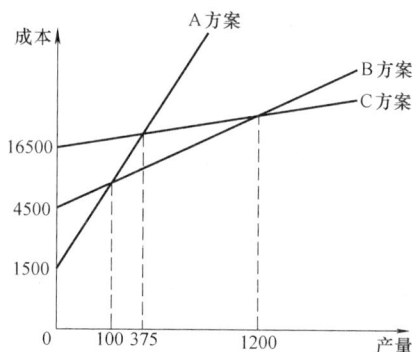

图 5-11 盈亏平衡分析图

项目的敏感性因素及其敏感程度，从而分析项目对外部条件发生不利变化的承受能力。根据考虑的不确定因素数量不同，敏感性分析一般有单因素敏感性分析和多因素敏感性分析。

(一) 敏感性分析步骤

一般敏感性分析的步骤如下：

1. 确定敏感性分析评价指标

敏感性分析评价指标的确定必须以项目的特点和实际项目需求为依据，一般选择最能反映经济效益的几个重要指标进行分析，如净现值、财务内部收益率和投资回收期等。

2. 选取不确定因素，并设定这些因素的变动范围

一般工程项目的不确定因素有产品产量、产品生产成本、产品销售价格、主要原材料价格、燃料或动力价格、可变成本、固定资产投资、建设期贷款利率和外汇汇率等。在选择不确定因素时，一般要考虑两个方面：

(1) 这些因素在预计变化范围内对投资效果影响较大；

(2) 这些因素发生变化的可能性较大，如项目总投资、经营成本等。

3. 计算各个不确定因素变化引起经济评价指标的变动值

固定其他因素，就所选定不确定因素设置若干变动幅度（一般用变化率表示），计算各个变动幅度值下经济评价指标的变动幅度，建立所选因素与经济评价指标在不同变动幅度下一一对应的数量关系，并用敏感性分析表或敏感性分析图表示。

4. 对敏感性因素进行排序

计算评价指标对各个不确定性因素的敏感性系数，按各个敏感性系数大小进行排序，敏感性系数越大，说明经济评价指标对该因素越敏感。敏感性系数的计算公式为：

$$\beta = \Delta A / \Delta F \tag{5-36}$$

式中　β——评价指标 A 对不确定因素 F 的敏感性系数；

ΔA——评价指标 A 的变化率；

ΔF——不确定因素 F 的变化率。

5. 计算变动因素的临界点

临界点指项目某一不确定因素的变化达到一定幅度时，项目经济评价指标从可行转为不可行。临界点可用 Excel 计算，也可由敏感性分析图直接求得近似值。

6. 综合分析，采取对策

通过对以上步骤得到的敏感性分析表、分析图、敏感性因素排序状况和临界点，联系项目实际进行综合分析，为项目决策者和经营者预测这些因素变化对项目带来的风险提供依据，使项目决策者或经营者可采取相应的控制和弥补措施。

(二) 单因素敏感性分析

单因素敏感性分析就是每次只考虑一个因素变动、固定其他因素时所进行的敏感性分析，即针对单个因素变动对项目经济效果影响所作的分析。

【例 5-16】 设某投资项目方案基本数据估算见表 5-14，试进行单因素敏感性分析（基准收益率 $i_c = 10\%$），项目计算期 4 年，其中建设期 1 年。

表 5-14

因素	建设投资 I(万元)	年营业收入 R(万元)	年经营成本 C(万元)	期末残值 L(万元)	计算期 n(年)
估算值	1200	600	200	100	4

【解】

（1）以建设投资 I、年营业收入 R、年经营成本 C 分别为单因素敏感性分析的不确定因素。

（2）选择项目的净现值为评价指标。

（3）本方案的现金流量表见表 5-15。

则方案的净现值 NPV 为：

$$NPV = -1200 + (600 - 200)(P/A, 10\%, 3) + 500(P/F, 10\%, 4) = 136.26 \text{ 万元}$$

（4）计算建设投资、年营业收入和年经营成本分别变化 $\pm 5\%$，$\pm 10\%$ 对项目净现值的影响，结果见表 5-16。

方案现金流量表（单位：万元） 表 5-15

年份	0	1	2	3	4
1 现金流入		600	600	600	700
1.1 年营业收入		600	600	600	600
1.2 期末残值					100
2 现金流出	1200	200	200	200	200
2.1 建设投资	1200				
2.2 年经营成本		200	200	200	200
3 净现金流量	-1200	400	400	400	500

因素变化对净现值的影响（单位：万元） 表 5-16

影响因素 \ 变化率	-10%	-5%	基本方案	5%	10%
建设投资	256.26	196.26	136.26	76.26	16.26
年营业收入	-53.93	41.16	136.26	231.36	326.45
年经营成本	199.66	167.96	136.26	104.56	72.86

对净现值的敏感性分析如图 5-12 所示。

（5）计算方案对各因素的敏感度。

平均敏感度的计算公式为：

$$\alpha = \frac{\text{评价指标变化的幅度}(\%)}{\text{不确定因素变化的幅度}(\%)} \tag{5-37}$$

$$\text{建设投资平均敏感度} = \frac{|16.26 - 256.26| \div 136.26}{20\%} = 8.81$$

$$\text{年营业收入平均敏感度} = \frac{|326.45 + 53.93| \div 136.26}{20\%} = 13.96$$

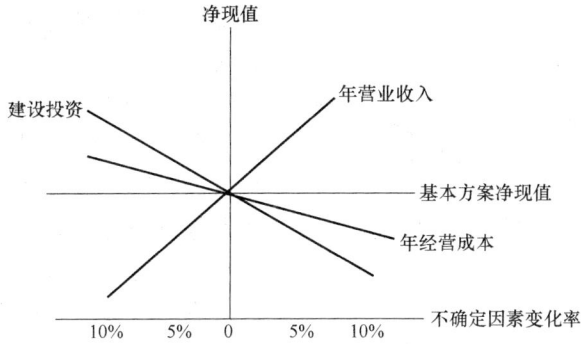

图 5-12 单因素敏感性分析图

$$年经营成本平均敏感度=\frac{\left|72.86-199.66\right|\div136.25}{20\%}=4.65$$

年营业收入平均敏感度大于建设投资平均敏感度,建设投资平均敏感度大于年经营成本平均敏感度。所以项目净现值对年营业收入变化最为敏感,对建设投资次之,对年经营成本最不敏感。

(三)多因素敏感性分析

单因素敏感性分析方法简单,但是忽略了因素之间的关联性,多因素敏感性分析考虑了这种关联性,能反映几个因素同时变动对项目产生的综合影响,弥补了单因素敏感性分析的不足,更接近于实际情况。

1. 双因素敏感性分析

双因素敏感性分析指的是保持投资方案现金流量中其他影响因素不变,每次只考虑两个因素同时变化对方案效果的影响。其分析思路是首先通过单因素敏感性分析确定出两个关键因素,再作出两个因素同时变化的分析图,最后对投资效果的影响进行分析。

【例 5-17】 以例 5-16 中投资方案为例,对该投资方案的建设投资和年营业收入进行双因素敏感性分析。

【解】

以净现值作为评价指标,设建设投资额变化百分率为 X,年营业收入变化百分率为 Y,则:

$NPV=-1200\times(1+X)+[600\times(1+Y)-200]\times(P/A,10\%,4)+100\times(P/F,10\%,4)$

$$=-1200-1200X+1902+1902Y-565.7$$

$$=136.3-1200X+1902Y$$

令 $NPV=0$,得 $X=0.114+1.56Y$

取 X 和 Y 两因素的变动量均为 $\pm10\%$ 和 $\pm20\%$ 作图,得到方案的双因素敏感性分析图,如图 5-13 所示。

从图中可以看出,$X=0.114+1.56Y$ 为 NPV 为零时的临界线。当投资与价格同时变动,相应的 NPV 值落在临界线的上方表示方案可行;若 NPV 值落在临界线下方,则表示方案不可接受;若正好落在临界上,表示方案勉强可行。从图中还可以看出在变动 $\pm10\%$ 区域,净现值大于零的面积约为正方形总面积80%,说明建设投资和年营业收入

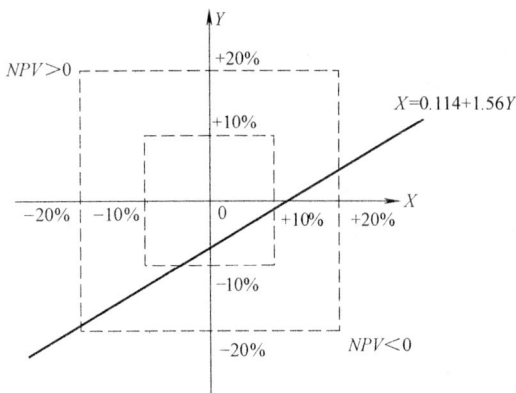

图 5-13 双因素敏感性分析图

在±10％的范围变动时，方案有80％可能盈利。

2. 多因素敏感性分析

当同时变化的因素很多时，构成的状态组合数目就多，计算起来很麻烦。多个因素进行敏感性分析一般采用降维的方法进行，即把几个因素中的某一个因素依次取定值，求其他因素相应于这些定值的临界线。

【例5-18】 试对例5-16中投资方案的建设投资、年营业收入和年经营成本进行三因素敏感性分析。

【解】

设建设投资额变化百分率为 X，年营业收入的变化百分率为 Y，年经营成本变化百分率为 Z，则净现值为：

$$NPV = -1200(1+X) + [600(1+Y) - 200(1+Z)](P/A, 10\%, 4) + 100(P/F, 10\%, 4)$$

Z 分别取 5%、10%、20%；令 $NPV(Z) = 0$，按照双因素变化进行计算，得到临界线：

$$NPV(Z=5\%) = -1200X + 1902Y + 104.6 = 0$$

$$Y_{Z=5\%} = 0.63X - 0.055$$

$$NPV(Z=10\%) = -1200X + 1902Y + 72.9 = 0$$

$$Y_{Z=10\%} = 0.63X - 0.038$$

$$NPV(Z=20\%) = -1200X + 1902Y + 9.5 = 0$$

$$Y_{Z=20\%} = 0.63X - 0.005$$

做出建设投资、年营业收入、年经营成本三因素同时变化的敏感性分析图，如图5-14所示。

从图5-14中可以得到，年经营成本增加 5% 时，建设投资和年营业收入在±10％的范围变动时，方案盈利的可能性约为 75%；年经营成本增加 10% 时，建设投资和年经营收入在±10％的范围变动时，方案盈利的可能性约为 65%；年经营成本增加 20% 时，建设投资和年经营收入在±10％的范围变动时，方案盈利的可能性约为 50%。所以随着年经营成本的增加，方案盈利的可能性越来越小。

三、概率分析

敏感性分析能指出项目经济评价指标对各个不确定因素的敏感程度，但是不能明确不确定因素在未来发生变化的概率大小，如果需要

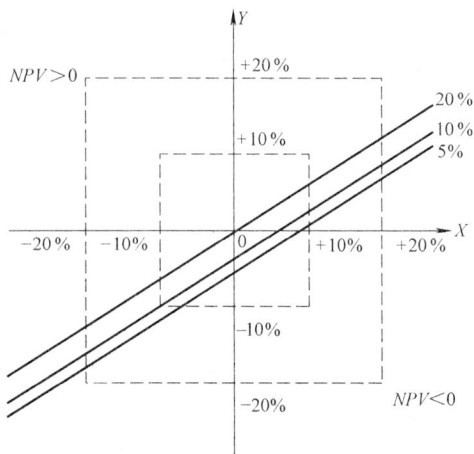

图 5-14 三因素敏感性分析图

指明不确定因素变化对项目经济评价指标影响产生的可能性大小时，便需要用到概率分析。

概率分析又称风险分析，指的是通过对各种不确定因素不同变动幅度的概率分布及其对项目经济评价指标影响程度进行分析，对项目可行性、风险性和方案优劣性作出判断的一种不确定性分析法。概率分析给出了评价判据取值的可能性大小，在不确定因素的信息充足时，对项目经济评价进行概率描述，能够增加决策者对决策的信心。根据随机变量取值离散或连续的情况，概率分析可以分为离散型概率分析和连续型概率分析。当离散型随机变量出现的概率以条件概率关系表示时，就需要用到概率树的方法。

（一）离散型概率分析

不确定因素取值离散时，并且变动因素取值的概率已知，就可以在给定取值下计算相应指标值并赋以与变动因素相同的发生概率。这样就可以得到评价指标的概率分布。

【例 5-19】 某方案需要投资 20 万元，计算期 5 年，其中建设期 1 年，残值为 0，每年净现金流量为随机变量，其可能发生的三种状态 A、B、C 的概率及量值分别如下：4 万元（$P=0.3$）；6 万元（$P=0.5$）；8 万元（$P=0.2$）；若基准折现率为 10%，求该项目净现值的概率分布、期望值和方差。

【解】

状态 A：$P(A)=0.3$

$NPV(A)=-20+4\times(P/A,10\%,5)=-4.84$万元

状态 B：$P(B)=0.5$

$NPV(B)=-20+6\times(P/A,10\%,5)=2.74$万元

状态 C：$P(C)=0.2$

$NPV(C)=-20+8\times(P/A,10\%,5)=10.33$万元

$E[NPV]=P(A)\cdot NPV(A)+P(B)\cdot NPV(B)+P(C)\cdot NPV(C)=1.98$万元

$SD(NPV)=\sqrt{E(NPV)^2-(E[NPV])^2}=5.31$万元

$\dfrac{SD(NPV)}{E[NPV]}=\dfrac{5.31}{1.98}=2.68$

该项目的净现值概率分布见表 5-17。

案例净现值的概率分布表 表 5-17

净现值	-4.84	2.74	10.33
概率	0.3	0.5	0.2

$P(NPV\geqslant0)=1-0.3=0.7$；投资净现值的期望为：1.98 万元；方差为 3.76 万元。

从净现值的概率分布可知，该项目有 70% 的可能性达到或超过基准收益要求，但是由于标准值是期望的 2.68 倍，说明该项目不确定性比较大，风险较大。

（二）概率树

当离散型随机变量出现的概率以条件概率关系表示时，可以用树型图表示这种关系，如某年的净现金流量发生的概率是以前一年某净现金流量为条件，那么这两个净现金流量同时发生的概率就是两者概率的乘积，这样就能得到各组合净现金流量发生的概率。

【例 5-20】 某项目初始投资为 1000 万元,第一年和第二年末净现金流量和发生概率如图 5-15 所示。基准折现率为 10%,求净现值的概率分布。

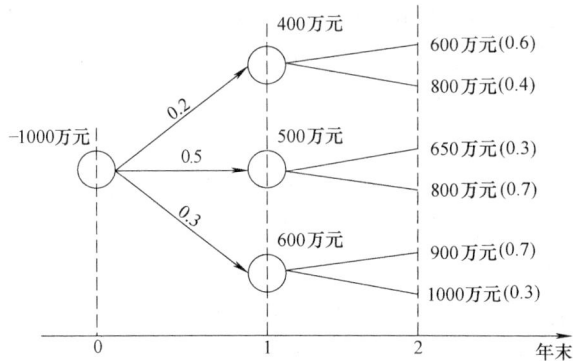

图 5-15 概率树图

【解】

净现值 NPV 共有 6 种的组合可能,列表计算各种可能的数值及发生的概率,见表 5-18。

净现值及概率分布计算表(单位:万元)   表 5-18

组合序号	0	1	2	NPV	概率	$E[NPV]$	$(NPV)^2$	$E[(NPV)^2]$
1	−1000	400	600	−140.52	0.12	−16.86	19745.87	2369.50
2	−1000	400	800	24.76	0.08	1.98	613.06	49.04
3	−1000	500	650	−8.29	0.15	−1.24	68.72	10.31
4	−1000	500	800	115.67	0.35	40.50	13379.55	4682.84
5	−1000	600	900	289.22	0.21	60.74	83648.21	17566.12
6	−1000	600	1000	371.86	0.09	33.47	138309.61	12447.86

该项目净现值的期望为:$E[NPV] = \sum\limits_{i=1}^{6} P(i) \cdot NPV(i) = 118.60$ 万元;

标准差:$SD(NPV) = \sqrt{E[(NPV)^2] - (E[NPV])^2} = 151.88$ 万元;

$\dfrac{SD(NPV)}{E[NPV]} = \dfrac{151.88}{118.60} = 1.28$。

从表 5-18 中可以看出,净现值小于零有两个可能的值,分别是组合序号 1 和组合序号 3。概率 $P(NPV \geqslant 0) = 1 - 0.12 - 0.15 = 0.73$。

从净现值的概率分布可知,该项目有 73% 的可能性达到或超过基准收益要求,但是由于标准值是期望的 1.28 倍,说明该项目不确定性比较大,风险较大。

(三)连续型概率分析

在不确定情况下,项目的净现金流量 F_t 可能是服从某种分布的连续随机变量。此时很难用解析的方法确定净现金流量的分布,通常需要给出它的特征值,再在一定的假设条件下求判据指标的特征值。

【例 5-21】 某项目各年净现金流量相互独立且服从正态分布,它们的期望和标准差见表 5-19。设项目基准贴现率为 10％，求项目净现值的期望、标准差以及净现值小于零的概率。

项目净现金流量的期望与标准差表 表 5-19

年末	0	1	2	3
净现金流量期望值（万元）	−500	300	250	200
净现金流量标准差（万元）	0	100	90	80

【解】

项目的净现值期望：

$$E[NPV] = \sum_{t=0}^{3} E[F_t] \cdot (P/F, 10\%, t) = 129.60 \text{ 万元}$$

标准差：

$$SD(NPV) = \sqrt{Var(NPV)} = \sqrt{\sum_{t=0}^{3} Var(F_t) \cdot [(P/F, 10\%, t)^2]} = 131.94 \text{ 万元}$$

净现值 NPV 也服从正态分布，则

$$Z = \frac{NPV - E[NPV]}{SD(NPV)}$$

服从标准正态分布，即

$$P\{NPV \leqslant 0\} = P\{Z \leqslant \frac{0 - 129.60}{131.94} = -0.98\} = 0.16$$

故，该项目净现值有 16％的可能性小于零。

第四节 国民经济评价

国民经济评价与财务评价共同组成了完整的项目经济分析。财务评价是从微观的角度考察项目的经济合理性，国民经济评价则是从宏观的角度评价项目对社会资源的占用和净贡献。在国民经济评价中，如果项目的效益可以用货币量化，则需要用影子价格、影子汇率、影子工资和社会折现率等参数调整项目经济评价中的相应参数来进行费用效益分析；若项目的效益无法或难以用货币量化，就需要采用费用效果分析。

一、国民经济评价概述

（一）国民经济评价的内涵

国民经济评价是以资源合理配置为原则，从国家整体角度考察项目的效益和费用，用货物影子价格、影子汇率、影子工资和社会折现率等经济参数，分析计算项目对国民经济的净贡献，从而评价项目的经济合理性。

（二）国民经济评价的作用

1. 国民经济评价是宏观上合理配置国家有限资源的需要

国家资源（资金、土地和劳动力等）有限性以及同一种资源多用途性，决定必须从相互竞争的用途中作出选择，把资源配置在最合适的地方。此时，就需要从国家整体利益的角度来考虑，进行国民经济评价。国民经济是一个大系统，项目建设是这个大系统中的一个子系统，国民经济评价就是要分析项目从国民经济中所吸取的投入以及项目产出对国民经济这个大系统经济目标的影响，从而选择对大系统目标最有利的项目或方案。

2. 国民经济评价是真实反映项目对国民经济净贡献的需要

由于很多商品价格不能反映商品价值，也不反映供求关系，即所谓的价格"失真"。在这样的条件下，按现行价格来考察项目的投入或产出，不能确切地反映项目建设给国民经济带来的效益和费用。通过国民经济评价，进行价格调整，运用能反映资源真实价值的价格计算项目的费用和效益，以便得出该项目的建设是否有利于国民经济总目标的结论。

3. 国民经济评价是投资决策科学化的需要

主要体现在以下方面：

（1）有利于引导投资方向

国民经济评价的相关指标（如经济净现值、经济内部收益率等）以及影子价格、影子汇率等有关参数，可以影响国民经济评价的最终结论，进而起到鼓励或抑制某些行业或项目发展的作用，促进国家资源的合理分配。

（2）有利于抑制投资规模

投资规模膨胀时，调控社会折现率以控制一些项目的通过，从而控制投资规模。

（三）国民经济评价与财务评价的关系

1. 国民经济评价与财务评价的共同点

（1）评价目的相同

两者都是寻求以最小的投资获得最大的产出。

（2）评价基础工作相同

两者都是在完成产品需求预测、厂址选择、工艺技术路线、工程技术方案论证、投资估算和资金筹措的基础上进行的。

（3）基本分析方法和主要指标计算方法类同

都是经济效果评价，都采用现金流量分析方法，通过基本报表计算净现值、财务内部收益率等经济评价指标来评价工程项目的经济效果。

（4）评价的计算期相同

2. 国民经济评价与财务评价的不同点

（1）研究角度和边界不同

财务评价从项目自身利益出发，分析项目的盈利能力与偿债能力等内部经济效果，系统的边界就是项目本身。而国民经济评价从国民经济整体利益的角度出发，分析项目对整个国民经济和社会产生的效益，系统边界是整个国家。

（2）费用和效益的含义和划分范围不同

财务评价只根据项目直接发生的财务收支计算项目的费用和效益。国民经济评价则是从全社会的角度考察项目的费用和效益，目的是实现资源的最优配置，凡是减少社会资源的项目投入都产生国民经济费用，增加社会资源的项目产出都产生国民经济收入。

（3）采用的价格体系不同

财务评价采用的是实际市场预测价格，国民经济评价采用一套专用的影子价格。

（4）使用的参数不同

财务评价使用官方汇率和财务基准收益率，财务基准收益率依据行业的不同而不同。

国民经济评价使用国家统一测定的影子汇率和社会折现率，全国各行业各地区的社会折现率都是一致的。

（5）评价的内容不同

财务评价主要评价工程项目盈利能力、清偿能力和财务生存能力，国民经济评价只作盈利能力分析，不作清偿能力分析。

二、国民经济评价中的经济参数

国民经济评价中的经济参数是费用效益分析的基础参数，对比选优化方案具有重要作用。国民经济评价中的主要参数有：社会折现率、影子汇率、影子工资和影子价格。

（一）社会折现率

国民经济评价中的社会折现率相当于财务评价中的基准收益率，社会折现率反映社会资金被占用应获得的最低收益率，用来计算社会资金净现值，是衡量资金时间价值的重要参数。

根据国家发展改革委和原建设部联合发布的《建设项目经济评价方法与参数（第三版）》，社会折现率测定值为8%；对于收益期长的项目，如果远期效益较大，且效益实现的风险较小，社会折现率可适当降低，但不应低于6%。

（二）影子汇率

汇率是指两个不同国家的货币交换比率。影子汇率不同于官方汇率，是反映外汇真实价值的汇率，即影子汇率能反映外汇转换为国民经济真实价值的汇率，也就是项目投入或产出所导致外汇的减少或增加给国民经济带来的损失或收益。而外汇广义上是指一国以外币形式表示的资产。

费用效益分析中，影子汇率通过影子汇率换算系数计算，影子汇率换算系数是影子汇率与国家外汇牌价的比值，目前我国影子汇率换算系数取值为1.08，国家外汇牌价是外汇指定银行外汇兑换挂牌价，这种外汇牌价实时变动，即使同一天牌价也有所不同。以人民币对美元的影子汇率为例，2017年5月13日上午九点十八分外汇牌价中人民币对美元的比值为689.48/100，则人民币对美元的影子汇率为7.4464。

（三）影子工资

影子工资是社会为项目使用劳动力付出的代价。影子工资由劳动力的机会成本和社会资源耗费两部分构成。影子工资通过影子工资换算系数计算，影子工资换算系数是影子工资与项目财务评价中劳动力的工资和福利费之和的比值。根据目前我国劳动力市场状况，技术性工种劳动力的影子工资换算系数为1，非技术性工种劳动力的影子工资换算系数为0.8。

（四）影子价格

影子价格指的是依据一定原则确定，能够反映社会劳动消耗、资源稀缺程度、最终产品需求情况以及投入物和产出物真实经济价值，使资源得到合理配置，社会经济处于某种最优状态的价格。确定影子价格时，根据简便实用原则，把资源分为货物、自然资源和生产要素（包括土地、资金和劳动力），其中资金的影子价格就是社会折现率，劳动力的影子价格就是影子工资。以下对货物、自然资源、土地的影子价格进行介绍。

1. 货物的影子价格

国民经济评价中，从是否主要影响国内供求关系的角度出发，可以把货物划分为外贸货物和非外贸货物，对不同种类的货物采用不同的定价原则。

（1）外贸货物的影子价格

外贸货物的影子价格是按照各项产出和投入对国民经济的影响，以口岸价格为基础，根据港口、项目所在地、投入物的国内产地、产出物的主要市场所在地和交通运输条件的差异，对流通领域的费用支出进行调整而分别确定的。同一种货物可能有不同的影子价格。

工程项目外贸货物的影子价格计算公式为：

$$p = FOB \times k - f_1 - f_2 \tag{5-38}$$

式中　p——产出物的影子价格（项目产出物的出厂价格）；

　　FOB——离岸价格；

　　k——影子汇率；

　　f_1——国内运杂费；

　　f_2——贸易费用。

$$p^* = CIF \times k + f_1 + f_2 \tag{5-39}$$

式中　p^*——投入物的影子价格（项目投入物的到厂价格）；

　　CIF——到岸价格；

其他符号含义同式（5-38）。

其中，

$$到岸价格(人民币) = 美元结算的到岸价格 \times 影子汇率 \tag{5-40}$$

$$离岸价格(人民币) = 美元结算的离岸价格 \times 影子汇率 \tag{5-41}$$

（2）非外贸货物的影子价格

非外贸货物指其生产或使用不影响国家出口或进口的货物。其影子价格确定应考虑是否增加国内供应数量或替代相同产出物以及国内市场的供求关系、产品质量等因素。

工程项目非外贸货物的影子价格计算公式为：

$$p = M - f_1 \tag{5-42}$$

式中　p——产出物的影子价格（项目产出物的出厂价格）；

　　M——市场价格；

　　f_1——国内运杂费。

$$p^* = M + f_1 \tag{5-43}$$

式中　p^*——投入物的影子价格（项目投入物的到厂价格）；

其他符号含义同式（5-42）。

对于非外贸货物，如果项目的投入物或产出物的规模很大，项目的实施将足以影响其市场价格，使"有项目"和"无项目"两种情况下市场价格不一致，在项目评价实践中，取二者的平均值作为测算影子价格的依据。

2. 自然资源的影子价格

工程项目使用的矿产资源、水资源和森林资源等都是对国家资源的占用和消耗。矿产等不可再生资源的影子价格按资源的机会成本计算，水和森林等可再生自然资源的影子价格按资源再生费用计算。

3. 土地的影子价格

项目占用土地，国民经济就要付出代价，这一代价就是土地的经济费用，也就是土地的影子价格，这部分经济费用包括项目占用土地的机会成本与新增资源消耗两大部分。新增资源消耗主要包括拆迁费和人口安置费。

三、费用效益分析

(一) 费用与效益的识别

1. 识别原则

费用与效益识别的基本原则：凡是增加国民收入的就是国民经济收益；凡是减少国民收入的就是国民经济费用。识别的具体原则有："有无对比"原则、关联效果原则和资源变动原则。

(1) "有无对比"原则

工程项目费用效益分析应建立在增量效益和增量费用识别和计算的基础之上，通过"有项目"和"无项目"这两种状态下可能发生的情况进行对比分析，作为计算机会成本和增量效益的依据，不考虑沉没成本和已经实现的效益。

(2) 关联效果原则

费用效益分析的边界是整个国民经济，不仅要识别项目内部效果，而且要识别项目对国民经济其他部门和单位产生的外部效果。

(3) 资源变动原则

费用效益分析以实现资源最优配置从而保证国民收入最大增长为目标，识别费用效益的过程中，依据不是货币，而是社会资源真实的变动量。凡是减少社会资源的项目投入都是经济费用，增加社会资源的项目产出都是经济效益。这里的社会资源是指具有稀缺性的经济资源，不是闲置或不需付出代价就可自由使用的物品。

2. 经济效益与经济费用

经济效益分为直接效益和间接效益，经济费用分为直接费用和间接费用，直接效益和直接费用就是项目的内部效果，间接效益和间接费用就是项目的外部效果。

(1) 内部效果

直接效益指由项目产出物直接生成，并在项目范围内计算的经济效益。一般表现为增加项目产出物或者服务的数量以满足国内需求的效益；替代效益较低的同类项目产出物或服务，使被替代项目减产甚至停产以减少国家有用资源耗费或损失的效益；增加出口或者减少进口从而增加或者节约的外汇等。

直接费用指国家为满足项目投入（包括固定资产投资、流动资金及经常性投入）的需要而付出的代价，并在项目范围内计算的费用。一般表现为：

1) 社会扩大生产规模所增加耗用的社会资源价值；

2) 当社会不能增加资源供给而导致其他人被迫放弃使用这些资源来满足项目需要时，直接费用表现为其他人被迫放弃使用这些资源而损失的经济效益；

3) 当项目的投入导致进口增加或出口减少时，直接费用表现为国家外汇支出的增加或外汇收入的减少。

(2) 外部效果

外部效果是指项目对国民经济作出的贡献与国民经济为项目付出的代价中，在直接效益和直接费用中未反映或难以反映的那部分效益和费用。外部效果主要包括：产业关联效果、环境生态效果和技术扩散效果。

产业关联效果指一个产业发展时对社会资源的占用导致其他关联产业获得效益或造成损失；环境生态效果是项目建设对环境和生态系统造成的影响；技术扩散效果指建设技术先进项目可以培养大量的技术和管理人员，由于人员流动、技术交流、知识传播对整个社会经济发展都会带来好处。

3. 转移支付

在费用和效益的识别过程中，会遇到税金、国内借款利息和补贴的处理问题。这些是项目财务评价中的实际收入或支出，但是从国民经济的角度看，这些都未造成社会资源实际耗费和增加，它们只是在国民经济各部门之间的转移支付，故不能当作项目的费用或效益。常见的转移支付有税金、利息和补贴。

（二）费用效益分析指标

国民经济评价只作盈利能力分析，费用效益分析评价指标包括经济内部收益率、经济净现值和效益费用比。

1. 经济内部收益率

经济内部收益率（Economic Internal Rate of Return，$EIRR$）是反映项目对国民经济净贡献的相对指标。它是项目在计算期内各年经济效益流量的现值累计等于零时的折现率。$EIRR$ 满足下列等式：

$$\sum_{t=0}^{n} (B-C)_t (1+EIRR)^{-t} = 0 \tag{5-44}$$

式中　　n——项目计算期；

B——经济效益流量；

C——经济费用流量；

$(B-C)_t$——第 t 年经济净效益流量。

工程项目经济内部收益率大于或等于社会折现率时，表明项目对国民经济的净贡献达到或超过了要求的水平，此时认为项目是可以接受的。

2. 经济净现值

经济净现值（Economic Net Present Value or Economic Present Worth，$ENPV$ or EPW）是反映项目对国民经济净贡献的绝对指标，是项目计算期内各年净效益流量通过社会折现率折算到建设期期初的现值之和。$ENPV$ 表达式为：

$$ENPV = \sum_{t=0}^{n} (B-C)_t (1+i_s)^{-t} \tag{5-45}$$

式中　　i_s——社会折现率；

其余符号含义与式（5-44）相同。

工程项目经济净现值等于或大于零时，表示国家拟建项目付出代价后可以得到符合社会折现率的社会盈余，此时认为项目是可以接受的。

3. 效益费用比（R_{BC}）

效益费用比（Benefit-Cost Ratio）是项目在计算期内效益流量现值与费用流量现值的比率，是费用效益分析的辅助性指标。R_{BC} 的计算公式为：

$$R_{BC} = \frac{\sum_{t=0}^{n} B_t (1+i_s)^{-t}}{\sum_{t=0}^{n} C_t (1+i_s)^{-t}} \qquad (5\text{-}46)$$

式中　R_{BC}——效益费用比；

B_t——第 t 年经济效益流量；

C_t——第 t 年经济费用流量。

工程项目的效益费用比大于 1 时，说明项目资源配置的经济效益达到了可以被接受的水平。

（三）费用效益分析报表

经济效益费用流量表有项目投资经济效益费用流量表和国内投资经济效益费用流量表两种。经济效益费用表一般在项目财务评价现金流量的基础上进行调整编制，有些项目也可以直接编制。在项目财务评价现金流量表基础上编制效益费用流量表时应注意：

1. 用影子价格、影子汇率逐项调整项目财务分析中的各项费用，如主要原材料、燃料及动力费，用影子价格进行调整；劳动工资以及福利费，用影子工资进行调整；土地费用按土地影子价格进行调整；各项销售收入和费用支出的外汇部分，用影子汇率进行调整，计算外汇价值；从国外引入的资金和向国外支付的投资收益、贷款本息，也应用影子汇率进行调整。

2. 剔除转移支付，将财务现金流量表中列支的销售税金及附加、所得税和国内借款利息作为转移支付剔除。

3. 价差预备费不属于转移支付，但是费用效益分析不考虑通货膨胀的影响，所以价差预备费也应予剔除。

4. 应收、应付款及现金并没有实际耗用国民经济资源，在费用效益分析中应将其从流动资金中剔除。

5. 计算外部效益和外部费用，并保持效益费用计算口径一致。

【例 5-22】某公司欲投资建设一个生产 L 产品的项目，生产的 L 产品销往国内该项目计算期为 20 年，其中建设期为 2 年。建设投资分两年投入，第一年投入 4000 万元，第二年投入 6000 万元，无国外贷款，其中设备及工器具投资为 3500 万元；建筑工程投资为 3500 万元；安装工程投资为 1000 万元；工程建设其他投资为 500 万元（其中土地费用为 100 万元）；基本预备费为 850 万元，价差预备费为 650 万元。建设期利息为 850 万元，流动资金 3000 万元在第三年初一次性投入。第三年投产，生产负荷达到 80%，第四年生产负荷到达 100%。L 产品为市场定价的货物，市场价格为 1.8 元/件（含增值税），该项目正常年份产量为 20000 万件，据预测项目投产后将导致该产品的市场价格下降 5%，而且很有可能挤占国内原有厂家的部分市场份额，国内运费均值为 100 元/万件。计算期末回收固定资产余值 3000 万元。该项目无外部效益和外部费用。

美元兑换人民币的外汇牌价为 6.89 元/美元，影子汇率换算系数为 1.08；建筑工程投资影子价格换算系数为 1.1；设备及工器具投资、安装工程投资及除土地费用外的工程建设其他投资影子价格换算系数均为 1。该项目占用基本农田的机会成本为 80 万元，新增资源消耗为机会成本的 40%。该项目应收账款为 2000 万元，存货为 1500 万元，现金为 500 万元，应付账款为 1000 万元。

项目所需原材料 A、B、C 三种，其中 A、C 为市场定价的外贸货物。项目原材料 A、C 的到岸价格分别为 600 美元/t 和 300 美元/t，年消耗量分别为 3 万 t 和 2 万 t，国内运费为 90 元/t，贸易费率为 6%；原材料 B 为非外贸物品，经测定，影子价格为 3000 元/t，年消耗量为 2 万 t；年消耗电力 3200 万 kW·h，影子价格为 0.28 元/kW·h；年耗用煤炭 2 万 t，影子价格为 182 元/t；年耗用水 300 万 t，影子价格为 0.98 元/t；年工资及福利费为 300 万元，影子工资换算系数为 0.8；调整后的年修理费与其他费用分别为 400 万元和 3000 万元。

该项目的建设投资和流动资金投入均发生在年初，其余经济效益和经济费用流量遵循年末习惯法，社会折现率为 8%。试对项目进行费用效益分析。

【解】

人民币对美元的影子汇率为 6.89×1.08＝7.44 元/美元。

（1）调整项目投资费用

建筑工程费的影子价格：3500×1.1＝3850 万元；

设备及工器具投资的影子价格：3500×1＝3500 万元；

安装工程费的影子价格：1000×1＝1000 万元；

土地的影子价格：80＋80×0.4＝112 万元；

工程建设其他费用的影子价格：（500－100）×1＋112＝512 万元；

基本预备费＝（3850＋3500＋1000＋512）×10%＝886.2 万元；

价差预备费：费用效益分析中不考虑通货膨胀的影响，予以剔除；

建设期利息：作为转移支付，予以剔除；

建设投资：3850＋3500＋1000＋512＋886.2＝9748.2 万元；

流动资金：1500 万元，应收账款、现金、应付账款不予考虑。

（2）调整项目经营费用

外购原料 A：（600×7.44×1.06＋90）×3＝14465.52 万元；

外购原料 B：3000×2＝6000 万元；

外购原料 C：（300×7.44×1.06＋90）×2＝4911.84 万元；

外购燃料及动力费：3200×0.28＋182×2＋300×0.98＝1554 万元；

工资及福利费：300×0.8＝240 万元；

年修理费：400 万元；

年其他费用：3000 万元；

未达产时年经营费用合计：（14465.2＋6000＋4911.84＋1554）×0.8＋400＋3000＋240＝25185.09 万元；

正常年经营费用合计：14465.2＋6000＋4911.84＋1554＋400＋3000＋240＝30571.36 万元。

（3）计算项目直接效益

取"有项目"和"无项目"两种情况下市场价格的平均值作为测算影子价格的依据，计算 L 产品的影子价格：

［2.4×（1－5%）＋2.4］÷2÷（1＋17%）×10000－100＝19900 元/万件；

则项目正常年直接收益为：

19900×20000÷10000＝39800 万元。

（4）项目费用效益分析

选用项目投资经济费用效益流量表对项目进行费用效益分析，见表5-20。

项目投资经济费用效益流量表（单位：万元）　　　表 5-20

序号	项目	计算期（年）					
		0	1	2	3	4～19	20
1	效益流量	0	0	0	31840	39800	44300
1.1	项目直接效益				31840	39800	39800
1.2	回收固定资产余值						3000
1.3	回收流动资金						1500
1.4	项目间接效益						
2	费用流量	3899.28	5848.92	1500	25185.09	30571.36	30571.36
2.1	建设投资	3899.28	5848.92				
2.2	流动资金			1500			
2.3	经营费用				25185.09	30571.36	30571.36
2.4	项目间接费用						
3	净效益流量（1－2）	－3899.28	－5848.92	－1500	6654.91	9228.64	13728.64

计算指标：经济内部收益率：46%；
　　　　　经济净现值：62472.44 万元。

根据上表，项目经济净现值为 62472.44 万元＞0，经济内部收益率为 46%＞8%。因此，从资源配置效率角度，该项目具有经济合理性。

四、费用效果分析

（一）费用效果分析概述

1. 费用效果分析的内涵

费用效果分析是一种避开不能或难以货币量化的效益，直接通过费用比选或用适当的实物效果指标反映项目目标的实现程度，通过效果费用的比较来比选不同项目方案的分析方法。费用效果分析中，费用采用货币计量，效果采用非货币计量。

2. 采用费用效果分析的条件

由于费用效果分析不能确定一个项目的效果是否大于其费用，故只能比较不同方案的优劣，因此遵循多方案比选的原则，所分析项目的备选方案需要满足如下条件：

（1）备选方案不少于两个，且为互斥方案或可转化为互斥型的方案；

（2）备选方案有共同的目标，且满足最低效果的要求；

（3）备选方案的费用应能货币化，并采用同一计量单位，资金用量不能突破限额；

（4）备选方案应具有可比的计算期。

（二）项目费用和项目效果的度量

1. 项目费用的度量

项目的费用包括投资成本和运营成本两部分。新项目的投资成本等于拟建公益性项目的等额年值投资成本减去用等额年值表示的目前正在使用的设施余值；新项目的运营成本等于拟建公益性项目未来的年运营费减去正在使用设施的年运营费。这些费用其实就是拟建新公益性项目需新增的投资与运营成本。

2. 项目效果的度量

公益性项目往往没有或仅有很少的货币收入，所以度量公益性项目的效果必须特别谨慎，一般按照以下步骤进行：

（1）估计每年将有多少人使用新建设施；

（2）估计人们使用旧设施的成本；

（3）估计人们使用新设施的成本；

（4）新建公益性项目的效果就是人们使用新旧设施成本之差。

（三）费用效果分析步骤

国民经济评价中，不能简单地用货币来衡量的效益称为无形效果。如果某公益性项目的无形效果可用单一指标来衡量，就可用效果费用比 $R_{E/C}$ 作为费用效果分析指标，其表达式为：

$$R_{E/C}=\frac{E}{C}=\frac{\text{项目效果}}{\text{项目用现值或年值表示的计算期费用}}=\text{效果}/\text{费用} \tag{5-47}$$

费用一定时，效果越大的项目越优；效果一定时，费用越小的项目越优。即效果费用比越大的项目越优。

费用效果分析一般包括以下几个步骤：

1. 确定预期目标；

2. 对预期目标的具体要求和标准作出说明；

3. 制定各种可行方案；

4. 建立各方案达到规定要求的量度指标，通常有：功能、效率、安全性、可靠性、可维护性和可供应性等；

5. 确定各方案达到度量指标的水平；

6. 选择固定效果法、固定费用法或效果费用比较法选择最优方案。

【例 5-23】 某机械加工公司在选择发动机时采用费用效果分析。根据任务的目标，公司确定发动机的可靠性作为效果指标。公司用于发动机寿命周期现值不超过 200 万元，现有四个备选方案见表 5-21。

四个备选方案的情况   表 5-21

方案	费用/万元	可靠性
1	200	0.98
2	200	0.97
3	180	0.97
4	180	0.96

【解】

首先固定费用 200 万元，方案 1 可靠度比方案 2 好，固定费用 180 万元，方案 3 可靠度比方案 4 好，故先排除方案 2 和方案 4。方案 1 和方案 3 可以通过费用效果比来进行比选，方案 1 的效果费用比为 4.9×10^{-3}，方案 3 的效果费用比为 5.4×10^{-3}，故理论上方案 3 比方案 1 更优，但如果决策层认为方案 1 比方案 3 多花 20 万元以提高 1% 的可靠度是值得的，则应选择方案 1。即在费用效果分析时，在实际情况中需要考虑投资者实际需要选择方案，甚至可能会选择效果费用较小的方案。

第五节　案例分析

以第四章案例为例，案例中项目为一般项目，不具有明显的外部效果，故对其进行经济评价时，财务评价的结果能够满足决策需要，可不进行国民经济评价。

一、盈利能力分析

（一）融资前分析

根据表 4-16 项目投资现金流量表分别计算税前、税后的项目投资回收期、净现值和财务内部收益率，项目投资税前、税后净现金流量和累计净现金流量见表 5-22。

项目投资税前、税后净现金流量（单位：万元）　　　　表 5-22

项目＼年	1	2	3	4	5
所得税前净现金流量	−2437.6	−3656.4	697.31	1851.15	2648.27
累计所得税前净现金流量	−2437.6	−6094.0	−5396.69	−3545.54	−897.28
所得税后净现金流量	−2437.6	−3656.4	529.9	1492.6	2090.4
累计所得税后净现金流量	−2437.6	−6094.0	−5564.1	−4071.5	−1981.1
项目＼年	6	7	8	9	10
所得税前净现金流量	2717.14	2717.14	2717.14	2717.14	5710.80
累计所得税前净现金流量	1819.86	4537.00	7254.15	9971.29	15682.09
所得税后净现金流量	2159.3	2159.3	2157.8	2157.8	5151.4
累计所得税后净现金流量	178.1	2337.4	4495.2	6653.0	11804.5

1. 投资回收期

$$投资回收期（税前）= 6 - 1 + \frac{|-897.28|}{2717.14} = 5.33（年）$$

$$投资回收期（税后）= 6 - 1 + \frac{|-1981.1|}{2159.3} = 5.92（年）$$

2. 净现值

$$净现值（税前）= \frac{-2437.6}{(1+0.1)} + \frac{-3656.4}{(1+0.1)^2} + \frac{697.31}{(1+0.1)^3} + \frac{1851.15}{(1+0.1)^4} + \frac{2648.27}{(1+0.1)^5}$$

$$+ \frac{2717.14}{(1+0.1)^6} + \frac{2717.14}{(1+0.1)^7} + \frac{2717.14}{(1+0.1)^8} + \frac{2717.14}{(1+0.1)^9} + \frac{5710.8}{(1+0.1)^{10}}$$

$$= 5744.55（万元）$$

同理，算得净现值（税后）= 3712.51（万元）。

3. 财务内部收益率

分别设 $i_1 = 25\%$、$i_2 = 30\%$，计算净现值 NPV_1、NPV_2：

$$NPV_1 = \frac{-2437.6}{(1+0.25)} + \frac{-3656.4}{(1+0.25)^2} + \frac{697.31}{(1+0.25)^3} + \frac{1851.15}{(1+0.25)^4} + \frac{2648.27}{(1+0.25)^5}$$

$$+ \frac{2717.14}{(1+0.25)^6} + \frac{2717.14}{(1+0.25)^7} + \frac{2717.14}{(1+0.25)^8} + \frac{2717.14}{(1+0.25)^9} + \frac{5710.8}{(1+0.25)^{10}}$$

$$= 408.71 \text{（万元）} > 0$$

$$NPV_2 = \frac{-2437.6}{(1+0.3)} + \frac{-3656.4}{(1+0.3)^2} + \frac{697.31}{(1+0.3)^3} + \frac{1851.15}{(1+0.3)^4} + \frac{2648.27}{(1+0.3)^5}$$

$$+ \frac{2717.14}{(1+0.3)^6} + \frac{2717.14}{(1+0.3)^7} + \frac{2717.14}{(1+0.3)^8} + \frac{2717.14}{(1+0.3)^9} + \frac{5710.8}{(1+0.3)^{10}}$$

$$= -360.32 \text{（万元）} < 0$$

用内插法计算得税前项目投资财务内部收益率为：

$$FIRR_1 = i_1 + \frac{NPV_1}{NPV_1 + |NPV_2|}(i_2 - i_1)$$

$$= 25\% + \frac{408.71}{408.71 + |-360.32|}(30\% - 25\%)$$

$$= 27.66\%$$

同理，计算得到税后项目投资财务内部收益率 $FIRR_2 = 22.14\%$。

项目投资回收期小于行业基准投资回收期 6 年，财务内部收益率税前为 27.66%、税后为 22.14%，均大于财务基准收益率；净现值税前税后均大于零，说明项目投资获利水平达到了基准水平。

（二）融资后分析

融资后分析计算的盈利能力评价指标为资本金财务内部收益率，可根据表 4-17 项目资本金现金流量表求得。各年项目资本金净现金流量见表 5-23。

项目资本金税前、税后净现金流量（单位：万元）　　　　　表 5-23

项目 ＼ 年	1	2	3	4	5
净现金流量	−781.45	−1272.50	88.86	535.73	1117.56
项目 ＼ 年	6	7	8	9	10
净现金流量	1123.36	1107.45	2129.33	2129.33	4531.81

分别设 $i_1 = 35\%$、$i_2 = 40\%$，计算相应 NPV_1、NPV_2：

$$NPV_1 = \frac{-781.45}{(1+0.35)} + \frac{-1272.5}{(1+0.35)^2} + \frac{88.86}{(1+0.35)^3} + \frac{535.73}{(1+0.35)^4} + \frac{1117.56}{(1+0.35)^5}$$

$$+ \frac{1123.36}{(1+0.35)^6} + \frac{1107.45}{(1+0.35)^7} + \frac{2129.33}{(1+0.35)^8} + \frac{2129.33}{(1+0.35)^9} + \frac{4531.81}{(1+0.35)^{10}}$$

$$= 52.02 \text{（万元）} > 0$$

$$NPV_2 = \frac{-781.45}{(1+0.40)} + \frac{-1272.5}{(1+0.40)^2} + \frac{88.86}{(1+0.40)^3} + \frac{535.73}{(1+0.40)^4} + \frac{1117.56}{(1+0.40)^5}$$

$$+ \frac{1123.36}{(1+0.40)^6} + \frac{1107.45}{(1+0.40)^7} + \frac{2129.33}{(1+0.40)^8} + \frac{2129.33}{(1+0.40)^9} + \frac{4531.81}{(1+0.40)^{10}}$$

$$= -169.51（万元）< 0$$

用内插法计算得项目资本金财务内部收益率为：

$$FIRR = i_1 + \frac{NPV_1}{NPV_1 + |NPV_2|}(i_2 - i_1)$$

$$= 35\% + \frac{52.02}{52.02 + |-169.51|}(40\% - 35\%)$$

$$= 36.17\%$$

资本金财务内部收益率为 36.17%，大于投资者对投资获利的最低期望值 30%，项目可以被接受。

二、偿债能力分析

（一）利息备付率、偿债备付率

根据表 4-14 总成本费用估算表、表 4-19 利润与利润分配表、表 4-20 借款还本付息计划表，计算利息备付率与偿债备付率（第 5 年为例）：

$$利息备付率 = \frac{息税前利润}{应付利息} = \frac{2231.41}{229.01} = 9.74$$

同理，第 3~10 年的利息备付率分别为：2.02，5.09，9.74，13.16，21.05，58.96，58.96，58.96。由于第 7 年末已还清全部长期借款，故第 8 年开始利息备付率的数值较之前年份有较大提高。

$$偿债备付率 = \frac{可用于还本付息的资金}{应还本付息额} = \frac{息税折旧摊销前利润 - 所得税}{应还本付息额}$$

$$= \frac{2717.14 - 500.59}{1078.34}$$

$$= 2.06$$

同理，第 3~10 年的偿债备付率分别为：1.00，1.52，2.06，2.04，2.03，57.11，57.11，3.17。

由于项目偿债备付率、利息备付率均大于 1，项目具有较高偿还借款本息的能力。

（二）资产负债率、流动比率、速动比率

利用表 4-21 资产负债表计算资产负债率、流动比率、速动比率如下（以第 5 年为例）：

$$资产负债率 = \frac{负债总额}{资产总额} \times 100\% = \frac{3124.20}{8075.02} \times 100\% = 38.69\%$$

同理，第 3~10 年的资产负债率分别为：64.21%，53.03%，38.69%，25.43%，13.32%，11.32%，9.84%，4.38%。

$$流动比率 = \frac{流动资产}{流动负债} = \frac{3538.47}{597.80} = 5.92$$

同理，第 3~10 年的流动比率分别为：3.27，4.19，5.92，7.80，9.65，13.21，16.77，19.26。

$$速动比率=\frac{速动资产}{流动负债}=\frac{流动资产-存货}{流动负债}=\frac{3538.47-434.03}{597.80}=5.19$$

同理，第3～10年的速动比率分别为：2.59，3.49，5.19，7.07，8.92，12.49，16.05，18.53。

三、财务生存能力分析

从表4-22财务计划现金流量表中可以看出项目在计算期内，除了建设期由于投资使用与资金筹措数额平衡，使得项目净现金流量及累计盈余资金为零外，在运营期内各年净现金流量和累计盈余资金均大于零，说明项目有足够的净现金流量维持正常运营，项目财务可持续性强。

四、不确定性分析

（一）盈亏平衡分析

分别以还款期间的第一个达产（第5年）和还清长期借款后的年份（第8年）计算生产能力利用率表示的最高盈亏平衡点和最低盈亏平衡点：

$$第5年\ BEP_Y=\frac{2246.26}{5260-937-74.40}\times100\%=52.87\%$$

$$第8年\ BEP_Y=\frac{2049.14}{5260-937-74.40}\times100\%=48.23\%$$

计算结果表明，该项目在还清借款后只要达到设计能力的48.23%，也就是250.80t，企业就可以保本，该项目风险较小。

（二）敏感性分析

本项目以建设投资、原材料价格、产品价格作为不确定因素。对不确定因素变化为±10%时对税前项目投资财务内部收益率影响进行单因素敏感性分析，结果见表5-24。各不确定因素均不变化时税前项目投资财务内部收益率为27.66%。

敏感性分析表　　　　　　　　　　　　　　　　　　　　表5-24

项目	基本方案	建设投资		原材料价格		产品价格	
		+10%	-10%	+10%	-10%	+10%	-10%
财务内部收益率(%)	27.66	24.63	30.65	26.62	28.21	32.52	21.98

计算平均敏感度：

$$建设投资的平均敏感度=\frac{|24.63-30.65|\div27.66}{0.2}=1.09$$

同理，得到原材料价格与产品价格的平均敏感度分别为0.29、1.91。所以产品价格是最敏感因素，其次是建设投资，原材料价格相对最不敏感。

五、财务评价结论

1. 由盈利能力分析可知，该项目投资财务内部收益率税前为27.66%，项目投资财务内部收益率税后为22.14%，均大于财务基准收益率；项目投资净现值所得税前为5744.55万元，项目投资净现值所得税后为3712.51万元，均大于0，说明项目盈利能力较强。项目的投资回收期均低于基准投资回收期6年，说明该项目能够在规定时间内回收所有投资。资本金财务内部收益率为36.17%＞30%，能够达到投资者对投资获利的期望。

2. 由偿债能力分析可知，项目偿债备付率、利息备付率全部大于1，所以项目具有较高偿还借款本息的能力。项目资产负债率在长期借款还清前都小于80%，说明项目的财务风险较小。

3. 由财务生存能力分析可知，项目每年的净现金流量均大于0，累计净现金流量也大于0。因此，项目具有较好的财务盈利能力，有足够的净现金流量维持正常运营，能够实现财务可持续性。

4. 由不确定性分析可知，该项目在还清借款后只要达到设计能力的48.23%就可保本，项目有较强的抗风险能力。敏感性分析说明，产品价格是最敏感因素，其次是建设投资，原材料价格相对最不敏感。因此产品价格波动对投资项目的影响是值得注意的。

综上所述，项目在财务上是可行的。

习　　题

1. 什么是财务评价？财务评价有何重要意义？

2. 盈利能力评价包括哪些指标，试简述各指标的内涵。

3. 偿债能力评价包括哪些指标，试简述各指标的内涵。

4. 简述净现值、财务内部收益率的经济含义。

5. 试简述敏感性分析的内涵、分析流程。

6. 为什么要进行不确定性分析？不确定性分析包括哪些方法？

7. 国民经济评价与财务评价有何区别和联系？

8. 费用效益分析的基本流程是什么？

9. 费用效果分析的基本流程是什么？

10. 某拟建项目，初始投资为1000万元，第一年年末投资为2000万元，第二年年末再投资1500万元，第三年起连续8年每年年末获利1450万元。残值忽略不计，基准收益率为12%时，计算其净现值，并判断该项目的经济可行性。

11. 某项目方案各年净现金流量见表5-25，若基准收益率为5%，试计算该方案的财务内部收益率，并以此判断方案是否可行。

项目净现金流量表（单位：万元）　　　　　　　　　　　　　　　表 5-25

年份	0	1	2	3	4	5	6
净现金流量	−1000	400	400	300	300	200	100

12. 有计算期都为10年的两个投资方案数据见表5-26，若基准收益率为10%，试用增量内部收益率法来选择较优方案。

两方案基本数据表（单位：万元）　　　　　　　　　　　　　　　表 5-26

方案	投资	年经营成本	年销售收入
I	1000	600	1000
II	2000	800	1500

13. 某项目计算期20年，各年净现金流量见表5-27。基准收益率为10%。试根据项目的净现值判断项目是否可行，并计算项目的投资回收期和财务内部收益率。

项目净现金流量表（单位：万元）　　　　　　　　　　　　　　　表 5-27

年份	0	1	2	3	4	5～20
净现金流量	−180	−250	150	84	112	150

14. 某企业生产某产品 1000 件，成本资料如下：原材料 3100 元；燃料和动力 2000 元；生产工人工资 4000 元，其中计件工资 2500 元；车间经费和企业管理费 10900 元，其中可变成本部分 3400 元，固定成本部分 7500 元。

（1）分析成本与产量的关系，并计算相应的成本值。

（2）若该产品价格为 30 元/件，试求盈亏平衡点产量。

（3）计算销售量为 5000 件时的利润。

15. 某项目计算期为 6 年，项目基础数据见表 5-28，若基准收益率为 10%，试进行单因素敏感性分析，找出最敏感因素。

项目基础数据（单位：万元）　　　　　　　　　　表 5-28

	投资	年经营成本	年销售收入
基础数据	1000	750	1200

16. 某项目计算期为 10 年，项目基础数据见表 5-29，若基准收益率为 10%，试以年经营成本和年销售收入为敏感性因素，进行双因素敏感性分析。

项目基础数据（单位：万元）　　　　　　　　　　表 5-29

	投资	年经营成本	年销售收入
基础数据	800	200	400

17. 某项目正在考虑更新一套设备，根据市场调查，可以确定更新设备后可提高项目净现金流 10 万元，测算更新设备的净投资为 50 万元。但是更新的设备寿命期是不确定的，预测的寿命期和概率见表 5-30。若基准折现率为 10%，试求项目投资净现值的概率分布、期望值和标准差。

设备寿命期及概率分布　　　　　　　　　　表 5-30

寿命期	概率
8	0.2
9	0.3
10	0.5

18. 某公司新开发了 3 种新型设备，以安全性作为评价效果的主要指标。3 种设备的有关数据见表 5-31。预算限制为 200 万元，试选择方案。

方案 A、B、C 基础数据　　　　　　　　　　表 5-31

方案	费用(万元)	安全性
A	200	0.99
B	190	0.98
C	180	0.98

第六章 工程项目策划与决策

在工程项目投资建设的过程中，项目前期策划与决策的地位和作用十分重要。项目前期策划是一个从"无"到"有"的谋划过程，项目前期决策是一个从"有"到"一"的选择过程，两者共同构成了工程项目前期阶段的主要工作。本章按照工程项目前期阶段的工作流程依次介绍项目前期策划和决策的主要工作。

第一节 工程项目前期策划概述

一个工程项目从简单而抽象的建设意图产生，到具体复杂的工程建成，其间每一环节、每一过程的活动内容、方式及其所要达到的预期目标，都离不开计划的指导。而计划的前提就是行动方案的策划。工程项目前期策划是工程建设过程的重中之重，是一个项目的开端，很大程度上决定着项目成败。因此，必须运用科学的程序、合理的方法，才能顺利完成前期策划任务，发挥其应有的作用。

一、工程项目前期策划的内涵及作用

（一）工程项目前期策划的内涵

工程项目前期策划是工程项目建设全过程生命周期管理的首要任务，是指在项目前期，通过收集资料和调查研究，在充分占有信息的基础上，针对项目的决策或决策中的某一个问题，进行组织、管理、经济和技术等方面的科学分析和论证。这将使项目建设有正确的方向和明确的目的，也使项目设计工作有明确的方向并充分体现业主的建设目的。

项目的前期策划是项目的孕育阶段，对项目的整个生命周期有决定性的影响，在工程项目管理中占据着至关重要的地位。因为工程项目的前期管理工作决定了项目能否存在和继续发展，也基本预测了项目实施后的投资效果，同时还为工程项目的实施提供了科学依据，所以项目管理者，特别是上层管理者（决策者）对这个阶段的工作应有足够的重视。

（二）工程项目前期策划的作用

工程项目前期策划对整个工程项目的成败具有重要的意义，前期策划的作用主要体现在以下几个方面：

1. 构思项目系统框架

项目策划的首要任务是根据项目建设意图进行项目的定义和定位，全面构思一个拟建的项目系统。通过项目系统的功能分析，确定项目系统的组成结构，提出项目系统的构建框架，使项目的基本构思变为具有明确内容和要求的行动方案。

2. 为项目决策提供保证

一个与社会经济环境、市场和先进技术水平相适应的建设方案的产生并不是由投资者主观愿望和某些意图的简单构思就能完成的，必须经过专家分析、构思和具体策划，并进行实施的可能性和可操作性分析，才能使建设方案建立在可运作的基础上，也只有在这个基础上，进行项目可行性研究所提供的经济评价结论才具有可实现性，才能为项目的投资

决策提供客观、科学的保证。

3. 指导项目管理工作

项目策划不仅要把握和揭示项目系统总体发展的条件和规律，而且要深入到项目系统构成的各个层面，针对项目各阶段的发展变化，对项目管理的运作方案提出系统的、具有可操作性的构想，成为指导项目实施和管理的基本依据。

二、工程项目前期策划的特点

工程项目前期策划是一种创造性的活动，具有鲜明的特点，不同项目所采用的策划方法虽有所不同，但也存在共性和一定的规律性。归纳起来，工程项目前期策划具有以下几个特点：

（一）重视项目自身环境和条件调查

任何项目、组织都是在一定环境中从事活动，环境的特点及变化必然会影响项目发展的方向和内容，因此必须对项目环境和条件进行全面、深入的调查和分析。只有在充分的环境调查基础上进行分析，才有可能获得一个实事求是、切实可行的策划方案。环境调查和分析是项目策划最主要的工作内容和方法。

（二）重视同类项目经验和教训分析

尽管工程项目前期策划具有创造性，敢于思索、勇于创新很重要，但是，同类项目的经验和教训也尤为重要。对国内外同类项目的经验和教训进行全面、深入分析，是环境调查和分析的重要方面，是整个项目策划工作的关键，是保证项目正确决策、避免重蹈覆辙的必要因素，应贯穿项目策划的全过程。

（三）坚持开放工作原则

工程项目前期策划往往是团队行为，仅仅一个人很难胜任，需要整合多方面专家的知识。项目前期策划可以自己组织力量完成，也可以委托专业咨询单位进行。但即使从事策划的专业咨询单位也往往是开放型组织，政府部门、科研单位、设计单位、供货单位和施工单位等都拥有不同方面的专家，策划组织者的任务是根据需要把这些专家集成起来。

（四）策划是一个知识管理的过程

策划不仅是专家思维的集成过程，也是信息的集成过程。通过收集、分析信息，在思考的基础上产生创新成果。因此策划的实质是一种知识管理的过程，即通过知识的获取、编写、组合和整理，加上大胆地思考，最终形成新的知识。

（五）策划是一个创新求增值的过程

策划是"无中生有"的过程，十分注重创造。项目策划是根据现实情况和以往经验，对事物变化趋势作出判断，对所采取的方法、途径和程序等进行周密而系统的构思和设计。策划的创新必须是可以实现的创新，这种创新所付出的代价必须有丰厚的回报，创新的目的是为了增值，通过创新带来经济效益。

（六）策划是一个动态过程

策划工作往往是在项目前期，但策划工作不是一次性的，策划成果也不是一成不变的。一方面，项目策划所做的分析往往比较粗略，随着项目的开展、设计的细化，项目策划的内容根据项目需要和实际可能不断丰富和深入；另一方面，项目早期策划工作的假设条件往往随着项目进展不断变化，必须对原来的假设不断验证。因此，策划结果需要根据环境和条件的不断变化，进行论证和调整。

三、工程项目前期策划内容及工作程序

（一）工程项目前期策划内容

工程项目前期策划的内容包括项目环境调查与分析、项目定义和目标论证、组织策划、管理策划、合同策划、经济策划、技术策划和项目实施的风险分析与策划，具体内容描述见表6-1。

工程项目前期策划内容　　　　　　　　　　　　　　　表 6-1

策划内容	具体描述
项目环境调查 与分析	项目所处建设环境,包括能源供给、基础设施等;项目所要求的建筑环境,其风格或主色调是否和周围环境相协调;项目当地自然环境,包括天气状况、气候和风向等;项目的市场环境、政策环境以及宏观经济环境等
项目定义和 目标论证	项目开发或建设目的、宗旨和指导思想;项目规模、组成、功能和标准;项目总投资和开发或建设周期等
组织策划	项目组织结构分析、决策期组织结构、任务分工和管理职能分工、决策期工作流程和项目编码体系分析等
管理策划	制定建设期管理总体方案、运行期设施管理总体方案和经营管理总体方案等
合同策划	决策期合同结构、决策期合同内容和文本、建设期合同结构总体方案等
经济策划	开发或建设成本分析、开发或建设效益分析;制订项目融资方案和资金需求量计划等
技术策划	技术方案分析与论证、关键技术分析与论证;技术标准和规范的应用与制定等
风险策划	对政治风险、经济风险、技术风险、组织风险和管理风险等进行分析

（二）工程项目前期策划工作程序

工程项目前期策划是一个相当复杂的过程，不同项目其前期策划工作程序不完全相同，但一般包括如下几个方面：

1. 项目构思

项目构思就是提出实施项目的各种设想，是对未来投资项目的目标、功能、范围以及项目设计的各主要因素的设想和初步界定。项目构思的好坏，不仅直接影响着项目实施的进展，也一定程度上决定着项目的目标最终能否圆满实现。

2. 项目环境调查与目标设计

在项目构思的基础上，对与项目有关的各方面环境情况进行调查和分析。再进行项目基本目标策划，结合项目主体自身状况，提出目标因素，建立目标系统。

3. 项目定义与定位

项目定义是描述项目性质、用途、建设范围和基本内容。项目定位是描述和分析项目的建设规模、建设水准、项目在社会经济发展中的地位、作用和影响力。

4. 项目总方案策划

项目总方案策划是在项目定义完备的前提下，对项目的总体实施方案进行策划。

5. 项目的审查和选择

项目审查是针对提出的各个项目总方案策划，进行审查和评价，并依据审查结果进行项目选择。

第二节　工程项目构思与目标设计

任何工程项目都从构思开始，构思是对策划整体的抽象描述，是完成策划的关键。在

构思的基础上，通过环境调查充分占有与项目相关的信息，从中分析问题，确定项目的目标和任务，建立项目目标系统。

一、工程项目构思

（一）项目构思的概念

工程项目构思是指在项目前期策划中，对整个工程项目有一个系统的认识和延展，即对未来项目的目标、功能、范围以及项目涉及的各主要因素和大体轮廓的设想与初步界定。它往往产生于项目的上层系统（即企业、国家、部门、地方）现存的需求、战略和问题。

项目构思是整个策划系统的关键和灵魂，也是最富有创造性的一环，它关系到未来项目开发研究结果的性质、价值及成就。

（二）项目构思的内容

工程项目构思主要是使人的思路不拘泥于一条线索，并尽最大可能地从多角度、多方向看待问题，借鉴和调用不同领域的知识，发挥主观能动性和思维超前性，深入分析社会潜在需求和潜在问题，使项目的实施和运行达到预期效益。项目构思一般包括以下内容：

1. 项目性质、用途、建设规模、建设水准的想法。

2. 项目在社会经济发展中的地位、作用和影响力的构想。

3. 项目系统的总体功能，系统内部各单项、单位工程的构想及各自作用和相互联系，内部系统与外部系统的协调、协作和配套的策划。

4. 其他与项目构思有关的思路和策划。

总之，工程项目构思是以国家及地方法律法规和有关政策方针为依据，围绕项目功能和用途而展开的，主要目的是使工程项目兼顾方方面面，并结合国际国内经济、社会发展方向和实际建设条件进行。

（三）项目构思的过程

项目构思是在构思目标的指导下，从项目环境信息和经验中进行概念挖掘、主题开发、时空运筹，形成项目构思。

1. 项目构思概念挖掘是对整体项目轮廓的描述，是创意的再现，是抽象思维的创造过程，更是构思的灵魂。因此，整个构思系统都围绕构思概念展开，并层层深入和层层延展，是时空运筹的前提，有助于项目策划方案形成。

2. 主题开发是围绕问题充分发挥主体的创造力，使项目策划能接受潜在意识和外界各种信息的刺激和启发，通过科学技术手段，把这种观念或思路变成创造性地解决问题的中心。

3. 时空运筹是在时间和空间上对项目实施进行展开，综合考虑项目的社会效应、市场竞争、消费习惯、目标定位等因素，选择最适合项目开展的时间和空间，帮助项目更好地实现。

（四）项目构思的选择依据

在一个具体的社会环境中，上层系统的问题和需要很多，使得项目机会很多，项目的构思丰富多彩。人们可以通过许多途径和方法（即项目或非项目手段）达到目的，所以不可能将每一个构思都进行深入研究，必须淘汰那些明显不现实或没有实用价值的构思。同时，由于资源限制，即使是有一定可实现性和实用价值的构思，也不可能都转化成项目。

一般只能选择少数几个有价值并且可能实现的构思进行深入研究和优化。因为构思往往产生于对上层系统直观的了解，而且仅仅是比较朦胧的概念，所以很难进行系统的定量评价和筛选，一般只能从以下几个方面把握：

1. 上层系统问题和需求的现实性，即上层系统的问题和需要是实质性的，而不是表象性的，同时预测通过采用工程项目手段可以顺利解决这些问题。

2. 考虑环境的制约，充分利用资源和外部条件。

3. 充分发挥自身既有的长处，运用自身竞争优势，或在项目中实现合作，形成各方竞争优势的最佳组合。

二、工程项目环境调查

（一）环境调查的作用

环境调查是为项目目标设计、可行性研究、决策、设计和计划、控制服务的。环境调查是在项目构思的基础上对环境系统状况进行调查、分析、评价，以作为目标设计的基础和前导工作。工程实践证明，正确的目标设计和决策需要熟悉环境，并掌握大量信息。

1. 通过环境调查可以进一步研究和评价项目的构思，使项目构思更为实用和理性，更符合上层系统的需求。

2. 通过环境调查可以对上层组织的目标和问题进行定义，从而确定项目的目标因素。

3. 通过环境调查确定项目的边界条件状况，这些边界条件的制约因素，常常会直接产生项目的目标因素，例如法律规定、资源约束条件和周边组织要求等。

4. 为目标设计、项目定义、可行性研究以及设计和计划提供信息。

5. 通过环境调查可以对项目中的风险因素进行分析，并提出相应防范措施。

（二）环境调查的内容

项目环境调查的内容非常广泛，具体如下：

1. 项目相关者

主要是用户、项目所属的企业（业主）、投资者、承包商等的组织状况：

（1）项目产品的用户需求、购买力、市场行为等；

（2）项目所属企业状况，包括组织体系、组织文化、能力、战略、存在的问题、对项目的要求、基本方针和政策等；

（3）合资者的能力、基本状况、战略、对项目的企求、政策等；

（4）工程承包企业和供应商的基本情况、技术能力、组织能力；

（5）主要竞争对手的基本情况；

（6）周边组织（如居民、社团）对项目的需求、态度，对项目的支持或可能的障碍等。

2. 社会政治环境

（1）政治局面的稳定性，有无社会动乱、政权变更、种族矛盾和冲突，有无宗教、文化、社会集团利益的冲突；

（2）政府对项目提供的服务、办事效率，政府官员的廉洁程度；

（3）与项目有关的政策，特别是对项目有制约的政策，或向项目倾斜的政策；

（4）国际政治环境，对国际工程项目，应调查相应的国际、国家、地区和当地的政治状况。

3. 社会经济环境

（1）社会发展状况，该国、该地区、该城市所处的发展阶段和发展水平；

（2）国民经济计划安排，国家工业布局及经济结构，国家重点发展的工程领域和地区等；

（3）国家财政状况、赤字和通货膨胀情况；

（4）建设资金来源，银行的货币供应能力和政策；

（5）市场情况，包括拟建工程所提供的服务或产品的市场需求，市场容量，现有的和潜在的市场，市场的开发状况等；当地建筑市场（例如设计、工程承包、采购）情况，如竞争程度，当地建筑企业情况，建材、结构件和设备的生产、供应及价格等；劳动力供应状况及价格，技术熟练程度、技术水平、工作能力和效率、工程技术教育和职业教育情况等；城市建设水平，基础设施、能源、交通、通信、生活设施的状况及价格；物价指数，包括全社会的物价指数，部门产品和专门产品的物价指数。

4. 法律环境

（1）法制是否健全，执法的严肃性，项目相关者能否得到法律的有效保护等。

（2）与项目有关的各项法律和法规的主要内容，如合同法、建筑法、劳动保护法、税法、环境保护法等。

5. 自然条件

（1）可以供工程项目使用的各种自然资源的蕴藏情况；

（2）对工程项目有影响的自然地理状况：如地震设防烈度及工程全寿命周期中地震的可能性；地形地貌状况；地下水位、流速；地质情况，如地基的稳定性，可能的流沙、暗塘、古河道、滑坡、泥石流等；

（3）气候情况，如年平均气温、最高气温、最低气温、高温、严寒持续时间，主导风向及风力，风荷载，雨雪量及持续时间，主要分布季节等。

6. 技术因素

即与工程项目相关的技术标准、规范、技术能力和发展水平，解决工程施工和运行问题的技术可能性。

7. 项目周围基础设施、场地交通运输、通信状况

（1）场地周围的生活及配套设施，如粮油、副食品供应、文化娱乐，医疗卫生条件；

（2）现场及周围可供使用的临时设施；

（3）现场周围公用事业状况，如水、电的供应能力及排水条件、后勤保障；

（4）通往现场的运输状况，如公路、铁路、水路、航空条件、承运能力和价格；

（5）各种通信条件、能力及价格；

（6）项目所需要的各种资源的可获得条件和限制。

8. 其他方面

如项目所在地人口、文化素质、教育、道德、种族、宗教、价值取向、风俗习惯和禁忌等。

9. 同类工程的资料

如相似工程的工期、成本、效率、存在的问题、经验和教训等。

（三）环境调查的方法

工程项目的环境调查可以通过各种途径获得信息：

1. 新闻媒介，如通过报纸、杂志、专业文章、电视和新闻发布会；

2. 专业渠道，如通过学会、商会、研究会的资料，或委托咨询公司做专题调查；

3. 派人实地考察、调查；

4. 通过业务代理人调查；

5. 向侨胞、同行、合作者、朋友调查；

6. 专家调查法，即采用德尔菲（Delphi）法，通过专家小组或专家调查表调查；

7. 直接询问，如市场价格信息可以直接向供应商、分包商询价等。

（四）环境调查的要求

1. 详略得当

环境调查并非越详细越好。过于详细会造成信息量过大，管理费用增加，时间延长；但如果因调查不细或不全面而造成决策失误，则要承担经济损失。

2. 侧重点不同

不同的管理者所需资料不同，环境的调查内容、范围和深度都不尽相同。例如，投资者注重项目产品或服务的市场和投资风险，估价师比较注重资源市场价格、通货膨胀，工程师注重自然条件和技术条件。

3. 系统性

环境调查和分析应是全面的、系统的，应按系统工作方法有步骤地进行：

（1）在着手调查前，必须对调查的内容进行系统分析，以确定调查的整个体系；

（2）委派专人负责具体内容的调查工作，并要求其对调查内容的正确性承担责任；

（3）对调查内容做分析、数据处理，推敲其真实性和可靠性；

（4）登记归档，项目前期的调查内容不仅在前期有用，在整个项目过程中，甚至在以后承担新的项目时还可能用到，是企业和项目的信息资源，必须保存。

4. 客观性

实事求是，尽可能量化，用数据说话，要注意"软信息"的调查。

5. 前瞻性

环境调查不能仅着眼于历史资料和现状，应对今后的发展趋向作出预测和初步评价。同时，在项目实施过程中必须一直关注环境的变化，以及其对项目的影响。

三、工程项目目标设计

（一）问题的定义

项目构思所提出的问题和需求集中体现了上层系统的症状（表象层次），经过环境调查可以认识和导出上层系统的问题，并对问题进行定义和说明。问题定义是目标设计的诊断阶段，进一步研究问题的原因、背景和界限，从而确定项目的目标和任务。

对问题的定义必须着眼于上层系统，从全局的角度出发，并抓住问题的核心。问题定义的步骤为：

1. 对上层系统问题进行罗列、结构化，即上层系统有几个大问题，一个大问题又可分为几个小问题。例如企业存在利润下降、生产成本提高、产品销路差等问题。

2. 采用因果分析法对原因进行分析，将症状与背景、起因联系在一起。如产品销路不佳的原因可能是：该产品陈旧老化，市场上已有更好的新产品出现；产品售后服务不好，用户不满意；产品销售渠道不畅，用户不了解该产品等。

3. 分析这些问题将来发展的可能性和对上层系统的影响。有些问题会随着时间的推移逐渐减轻或消除，有的却会逐渐加重。如产品处于发展期则销路会逐渐好转，若处于衰退期，则销路会越来越差。

（二）提出目标因素

1. 常见的目标因素

工程项目的目标因素通常包括如下几类：

（1）问题解决的程度，即工程建成后所实现的功能，所达到的运行状态。例如，项目产品的市场占有份额；拟解决多少人口的居住问题，或提高当地人均居住面积等。

（2）与工程项目相关的目标，包括：

1）工程规模，即所能达到的生产能力规模，如建成一定产量的工厂，一定规模、等级、长度的公路，一定建筑面积或居民容量的小区。

2）经济目标，主要为项目的投资规模、运行成本，投产后的产值目标、利润目标和投资收益率等。

3）时间目标，包括短期（建设期）、中期（产品寿命期、投资回收期）、长期（厂房或设施的寿命期）目标。

4）技术标准、技术水平。

（3）其他，如生态环境保护，对烟尘、废气、热量、噪声、污水排放的要求；职业健康保护程度、事故的防止和工程安全性要求；对国民经济和地方发展的贡献；对企业发展能力的影响、用户满意程度、对企业形象影响等。

2. 各目标因素指标的初步确定

目标因素必须定量化且尽可能明确，以便能进一步进行量化分析、对比和评价。在此仅指对各目标因素指标进行的初步定位。初步确定目标因素指标应注意如下几点：

（1）应在环境调查和问题定义的基础上，真实反映上层系统的问题和需要。

（2）切合实际，实事求是。

（3）目标因素指标的科学性和可行性并非在项目初期就可以实现。在目标系统优化、可行性研究、设计和计划中，还需要对其作进一步分析、对比和优化。

（4）目标因素指标要有一定的弹性，应考虑环境的不确定性和风险因素以及有利的和不利的条件，设定一定的变动范围，如划定最高值、最低值区域。

（5）项目目标是通过对问题的解决而满足上层系统和相关者各方对项目的需要，所以许多目标因素都是由项目相关者各方提出来的。在目标设计时要考虑各方面的利益，向项目相关者各方调查询问意见。部分由于在项目初期尚未确定的相关者（如承包商和用户），可以向有代表性的或者潜在的相关者调查。

（6）目标因素指标还可以采用相似情况（项目）比较法、指标（参数）计算法、费用/效用分析法、头脑风暴法和价值工程等方法确定。

（三）建立目标系统

1. 目标系统结构

按照目标因素的性质可对其进行分类、归纳、排序和结构化，并对指标进行分析、对比、评价，构成一个协调的目标系统。

工程项目的目标系统必须具有完备性和协调性，有最佳的结构，通常分为 3 个层次（图 6-1）。

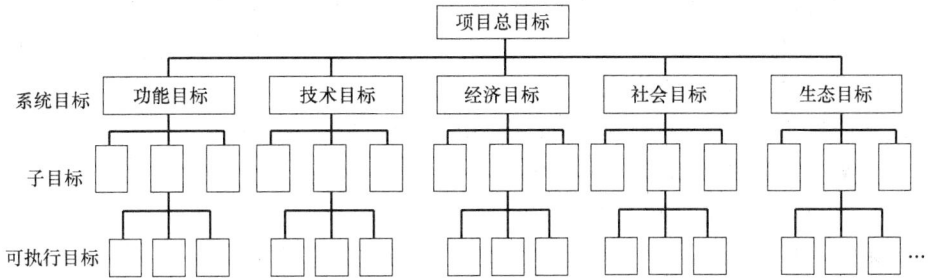

图 6-1　项目目标系统图

（1）系统目标。系统目标由项目上层系统决定，对整个工程项目具有普遍的适用性和影响。系统目标通常可以分为：

1）功能目标，即工程建设后达到的总体功能。功能目标可能是多样性的，例如通过一个高速公路建设项目使某地段的交通量达到日通行 4 万辆，通行速度每小时 120km。

2）技术目标，即对工程总体的技术标准的要求或限定，例如该高速公路符合中国公路建设标准。

3）经济目标，如总投资、投资回报率等。

4）社会目标，如对国家或地区发展的影响，对其他产业的影响等。

5）生态目标，如环境目标、对污染的治理程度等。

（2）子目标。子目标通常由系统目标导出或分解得到，或是自我成立的目标因素，或是对系统目标的补充，或是边界条件对系统目标的约束。例如三峡工程的功能目标可分解为防洪、发电、航运、调水等子目标。

（3）可执行目标。子目标可再分解为可执行目标。可执行目标以及更细的目标因素，一般可在可行性研究以及技术设计和计划中形成，逐渐转变为与设计、实施相关的任务。例如，为达到废水排放标准所应具备的废水处理装置规模、标准、处理过程、技术等均属于可执行目标。这些目标因素决定了工程的详细构成，常与技术设计或实施方案相联系。

2. 目标因素的分类

（1）按性质划分

1）强制性目标，即必须满足的目标因素，通常包括法律和法规的限制、政府规定和强制性技术规范等，例如环境保护法规定的排放标准，技术规范规定的系统的完备性和安全性等。这些目标必须纳入项目系统中，否则项目不能成立。

2）期望目标，即尽可能满足的，有一定弹性范围的目标因素，例如总投资、投资收益率、就业人数等。

（2）按表达方式划分

1）定量目标，常常是比较容易衡量的目标，如工程规模、投资回报率、总投资等。

2）定性目标，常常是难以衡量的目标，如改善企业或地方形象，改善投资环境，提高用户满意度等。

3. 目标因素之间的争执

诸多目标因素之间存在复杂的关系，最常见的是目标因素之间存在争执。

目标因素之间的争执通常包括以下几种情况：

（1）强制性目标与期望目标发生争执，则首先必须满足强制性目标要求。

（2）强制性目标因素之间存在争执，若不能保证两个强制性目标均能实现，则说明项目存在自身的矛盾性，可能有两种处理：

1）判定项目构思是不可行的，应重新构思，或重新进行环境调查。

2）消除某一个强制性目标，或将它降为期望目标。

（3）期望目标因素间存在争执，可分为以下两种情况：

1）如果定量目标因素之间存在争执，则可采用优化方法，追求技术经济指标最有利（如收益最大、成本最低、投资回收期最短）的解决方案。

2）定性目标因素的争执可通过确定优先级（或定义权重），寻求它们之间的妥协和平衡。有时可以通过定义权重将定性目标转化为定量目标并进行优化。

（4）在目标系统中，系统目标优先于子目标，子目标优先于可执行目标。

解决目标因素的争执是一个反复的过程。通常在目标系统设计时尚不能完全排除目标之间的争执，有些争执还有待在可行性研究、技术设计和计划中，通过对各目标因素进行进一步分析、对比、修改、增删和调整来解决。

4. 目标系统设计的几个问题

（1）项目目标系统应注重项目的社会价值、历史价值，体现综合性和系统性，而不能仅顾及经济指标。

（2）由于许多目标因素是项目相关者各方提出的，或为考虑相关者利益设置的，所以很多目标争执实质上是不同群体的利益争执。

1）项目相关者之间的利益存在矛盾，在项目目标系统设计中必须承认和照顾到项目不同相关群体的利益，体现利益平衡。若不平衡，项目就无法顺利实施。

2）项目目标中最重要的是满足用户、投资者和其他相关者的需要。他们的利益（或要求）权重较大，应优先考虑。当项目产品或服务的用户与其他相关者的需求发生矛盾时，应首先考虑满足用户需求、用户利益和心理需要。因此，应认真地进行调查研究，界定和评价用户、投资者和其他相关者的需求，以确保目标体系能够满足他们的需求，吸引他们参与项目的决策过程，并认同项目总目标。

（3）在目标设计阶段尽管没有项目管理小组和项目经理，但它是一项复杂的项目管理工作，需要大量信息和各学科专业知识，应防止盲目性，避免思维僵化。

（4）在项目前期策划中应注意上层系统的问题、目标和项目之间的联系与区别。例如，问题：某两地之间交通拥挤，随着社会和经济的发展越来越严重；目标：解决交通拥挤问题，达到每天40000辆车的通行量，通行速度120km/h；项目：两地之间高速公路的建设。

第三节　工程项目定义定位与总方案策划

项目定义与定位是对项目构思和项目目标设计工作的总结和深化，可使业主对整个项目形成整体构思，对项目组成、总投资进行合理规划，避免项目决策和实施带来较大的随意性，实现对项目投资、进度和质量的有效控制。将经过定义与定位的项目，在时间、空间、结构、资源等多维关系中进行统筹安排，形成项目实施的总方案策划，再对项目进行审查和选择，完成项目前期决策前工作。

一、项目定义与定位

（一）项目定义

项目定义是指以书面形式描述项目目标系统，并提出完成方式的初步建议。它是将原来以直觉为主的项目构思和期望引导到经过分析、选择、有根据的项目建议，作为项目目标设计结果的检查和阶段决策的基础，是项目目标设计的里程碑。

项目定义以一个报告的形式提出，其内容通常包括：

1. 提出问题，说明问题的范围和问题定义，包括项目的名称，项目构思的产生、前提条件，目标设计的过程和结果说明；对问题和环境的调查和分析，说明项目问题的现实性和主要的边界约束条件。

2. 说明项目对上层系统的影响和意义，包括项目与上层系统战略目标的关系；说明项目与上层系统其他方面的界面，确定对项目有重大影响的环境因素；项目与其他项目的界限和联系；项目的主要相关者及其影响。

3. 项目目标说明，包括总体目标、系统目标和重要的子目标，近期、中期、远期目标；目标系统和目标因素的价值，目标优先级及目标因素的可实现性、必要性；项目系统目标与子目标，短期目标与长期目标之间的协调性。

4. 提出项目可能的解决方案和实施过程的总体建议，包括实施方针或总体战略、原则、总体技术方案、组织方面安排、实施时间总体安排等方面的设想。

5. 经济性说明，包括投资总额、预期收益、价格水准、运行费用等。

6. 项目实施的边界条件分析和风险分析，包括项目实施的限制条件，如法律、法规、相关者目标和利益的争执；对风险的界定，如主要风险因素以及出现的概率，风险对目标的影响，避免风险的策略等。如果预计项目中有高度危险性及不确定性，应作更深入的专题分析。

7. 需要进一步研究的各种问题和变量。

（二）项目定位

项目定位是在项目构思的基础上，确定项目的性质、地位和影响力。

项目定位首先要明确项目性质。例如同是建一座机场，该机场是用于民航运输还是用于军事，其性质显然不同。性质不同决定了项目的建设目标和建设内容也有所区别。

其次，项目定位要明确项目的地位。项目的地位既可以是项目在企业发展中的地位，也可以是在城市和区域发展中的地位，或者是在国家发展中的地位。项目地位的确定应该与企业发展规划、城市和地区发展规划以及国家发展规划紧密结合。例如某城市交通基础设施项目列为城市发展的重点建设项目，是城市发展战略实施的重要内容。据此明确了项目建设的重要性，也明确了项目的地位。在确定项目地位时，应注意分别从政治、经济、社会等不同角度加以分析。

另外，项目定位还需要确定项目的影响力。例如某机场要建成具有国际影响力的国际机场，某影城要建设成为亚太地区规模最大、技术最先进、设施最完备的国际影城。对于某些房地产开发项目而言，确定了项目的影响力也就明确了项目的市场影响范围，即明确了市场定位。如某住宅开发项目明确了未来的市场影响范围是在该城市工作的外籍成功人士，也就明确了项目未来建设的目标和内容应该围绕着满足此类人群的需求而设计。

项目定位的最终目的是明确项目建设的基本方针，确定项目建设的宗旨和方向。

二、项目总方案策划

目标设计的重点是针对工程使用期的状态，即工程建成以后运行阶段的效果，如产品产量、市场占有份额、实现利润率等。而项目的任务是提供达到该状态必要的设施，例如要增加产品的市场份额，必须增加产品销售数量，项目的任务是提高生产能力，进行具备该生产能力的工厂或生产设施的建设。在可行性研究之前必须提出实现项目总目标与总体功能要求的总体方案或总的实施计划，作为可行性研究的依据。其中包括：项目产品或服务的市场定位；项目总的功能定位和主要部分的功能分解、总的产品技术方案；建筑总面积、工程总布局、总体建设方案，实施总阶段划分；总的融资方案，设计、实施、运行方面的组织策略；工程经济、安全、高效率运行的条件和过程，建设和运行中环境保护和工作保护方案等。

在此应有多方案的建议，而方案的选择在可行性研究中进行。

三、项目审查和选择

（一）项目审查

工程项目审查从本质上看是一种评估，是指按一定标准对项目的进展和表现进行比较，以发现存在的问题，从而为项目管理中的各种决策提供依据。

项目审查主要是风险评价、目标决策、目标设计价值评价以及对目标设计过程的审查。项目审查的关键是指标体系的建立，这与具体的项目类型有关。对一般的常见投资项目，审查内容可能有问题的定义、目标系统和目标因素、项目的初步评价。需要分析研究的具体内容有：项目的详细计划；项目绩效的控制程序和方法；项目进行过程中面临的风险和不确定性的判别和控制；项目小组人员的安排；项目小组内部交流和沟通界面的形成；项目进行过程中报告制度安排；分包者和承包者的关系；项目进行过程中其他没有言明的重要事项。

（二）项目选择

企业需要对各种项目机会作出比较与选择，将有限的资源以最低的代价投入到收益最高的项目中，确保企业的发展，这就是项目选择。正确选择项目往往比正确规划、实施项目更具有战略意义。企业在进行项目选择时的总体目标通常有以下几点：

1. 通过项目能够最有效地解决上层系统的问题，满足上层系统需要。

2. 使项目符合上层组织战略，以项目对战略的贡献作为选择尺度。

3. 使企业的现有资源和优势得到最充分利用。

4. 通过风险分析选择成就（如收益）期望值大的项目。

为了正确地选择项目，在项目选择过程中一般应遵循三条基本原则。首先，符合发展战略。项目的选择必须围绕企业发展战略开展，每个项目都应对企业的发展战略作出贡献。其次，考虑资源约束。项目运作应考虑对资源的需求及可用资源的改变、项目依时间的资源消耗等资源约束因素。最后，项目优化和项目组合。项目选择是对一个复杂的系统进行综合分析与判断的决策过程，在选择项目时，应综合考虑各项目的收益与风险、项目间的联系、企业的战略目标和可利用资源等多种因素。

第四节　工程项目前期决策

项目前期策划是项目前期决策的先导和基础，两者是"谋"和"断"的关系。在项目前期策划工作完成以后，就要进行项目决策，项目决策阶段的主要工作是编制项目建议书、可行性研究报告和项目申请报告等，并向相关行政主管部门申请审批或核准。

一、项目建议书的编制及审批

（一）项目建议书的概念及作用

项目建议书（Project Suggested Book）是拟建项目的承办单位（项目法人或其代理人），根据国民经济和社会发展的长远目标、行业和地区规划、国家的经济政策和技术政策以及企业的经营战略目标，结合本地区、本企业的资源状况和物质条件，经过市场调查，分析需求、供给、销售状况，寻找投资机会，构思投资项目概念，在此基础上，用文字形式对投资项目的轮廓进行描述，从宏观上就项目建设的必要性和可能性提出预论证，进而向政府主管部门推荐项目，供主管部门选择项目的法定文件。

编制项目建议书的目的是提出拟建项目的轮廓设想，分析项目建设的必要性，说明技术、市场、工程和经济等方面的可能性，向政府推荐建设项目，供政府选择。

项目建议书主要作用表现在以下三个方面：

1. 在宏观上考察拟建项目是否符合国家（或地区或企业）长远规划、宏观经济政策和国民经济发展的要求，初步说明项目建设的必要性；初步分析人力、物力和财力投入等建设条件的可能性与具备程度。

2. 项目建议书通过批准后即可列入项目前期工作计划，开展可行性研究工作。

3. 对于涉及利用外资的项目，项目建议书还应从宏观上论述合资、独资项目设立的必要性和可能性。

（二）项目建议书的内容

项目建议书的主要内容包括：

1. 项目名称、承办单位、项目负责人。

2. 项目提出的目的、必要性和依据。对技术引进项目还要说明拟引进技术的名称、内容、国内外技术的差异、国别、厂商。进口设备项目，要说明拟进口设备的理由、生产条件、设备名称、规格、数量、价格等。

3. 项目的产品方案、市场需求、拟建生产规模、建设地点的初步设想。

4. 资源情况、建设条件、协作关系和引进技术的可能性及引进方式。

5. 投资估算和资金筹措方案及偿还能力预计。

6. 项目建设进度的初步安排计划。

7. 项目投资的经济效益和社会效益的初步估计。

目前我国除利用外资的重大项目和特殊项目之外，一般项目不做国外所做的初步可行性研究，项目建议书的深度大体上相当于国外的初步可行性研究。

（三）项目建议书的审批

项目建议书要对项目建设的必要性、主要建设内容、拟建地点、拟建规模、投资匡算、资金筹措以及社会效益和经济效益等进行初步分析，并附相关文件资料。由国家发展改革委负责审批的项目，其项目建议书应当由具备相应资质的甲级工程咨询机构编制。项目建议书编制完成后，由项目单位按照规定程序报送项目审批部门审批。项目审批部门对符合有关规定、确有必要建设的项目，批准项目建议书，并将批复文件抄送城乡规划、国土资源、环境保护等部门。

项目单位依据项目建议书批复文件，开展可行性研究，并按照规定向城乡规划、国土资源、环境保护等部门申请办理规划选址、用地预审、环境影响评价等审批手续。

二、可行性研究报告的编制及审批

（一）可行性研究的概念及作用

可行性研究（Feasibility Research）是指在项目投资决策阶段，运用科学的手段和方法，对拟建工程项目的必要性、可行性和合理性进行的全面的技术经济论证工作。可行性研究是投资项目前期工作最重要的内容，是项目决策的重要依据。

可行性研究包括项目前期对可拟建项目有关的自然、社会、经济和技术资料的调查与分析，创造和选择可能的投资方案，论证项目投资的必要性、项目环境的适应性和投资的风险性、技术上的先进性和适用性、经济上的盈利性以及投资条件上的可能与可行性等，从而为投资决策提供全面、系统、客观的依据。可行性研究能把项目执行中的主观、盲目性减少到最低程度，使项目尽可能按设想的轨道运行，取得较好的预期效果。

在工程项目的整个周期中，前期工作具有决定性意义，起着极端重要的作用。而作为工程项目前期工作的核心和重点的可行性研究工作，一经批准，在整个项目周期中就会发挥极其重要的作用。具体表现为以下几个方面：

1. 作为项目投资决策的依据

可行性研究从市场、技术、工程建设、经济和社会等多方面对项目进行全面综合的分析和论证，依其结论进行投资决策可大大提高投资决策的科学性。

2. 作为编制设计文件的依据

可行性研究报告一经审批通过，意味着该项目正式批准立项，可以进行初步设计。在可行性研究工作中，对项目选址、建设规模、主要生产流程、设备选型等方面都进行了比较详细的论证和研究，设计文件的编制应以可行性研究报告为依据。

3. 作为筹集资金和申请贷款的依据

在可行性研究工作中，详细预测了项目的财务效益及贷款偿还能力。银行等金融机构均把可行性研究报告作为建设单位申请工程项目贷款的先决条件。在审批建设项目贷款时，以可行性研究报告为依据，对项目进行全面、细致的分析评估，确认项目的偿还能力及风险水平后，作出是否贷款的决策。

4. 作为建设单位与有关单位签订合同和协议的依据

可行性研究中，对建设规模、主要生产过程及设备选型等都进行了充分论证。建设单位在与有关协作单位签订原材料、燃料、动力、工程建筑、设备采购等方面的协议时，应以批准的可行性研究报告为基础，保证预定目标的实现。

5. 作为环保部门、地方政府和规划部门审批项目的依据建设项目开工前，必须由地方政府审批土地，规划部门审查项目建设是否符合城市规划，环境部门审查项目对环境的影响。这些审查都以可行性研究报告中总图布置、环境及生态保护方案等方面的论证为依据。

6. 作为施工组织、工程进度安排及竣工验收的依据

可行性研究报告对施工组织、工程进度安排及竣工验收等工作都有明确的要求，因此在项目施工过程中对比可行性研究报告可以检验施工组织情况和工程进度情况，在项目竣工验收时，可行性研究报告又可以作为检验工程施工质量的依据。

(二) 可行性研究的依据及要求

1. 可行性研究的主要依据

(1) 项目建议书（初步可行性研究报告），对于政府投资项目还需要项目建议书的批复文件。

(2) 国家和地方的经济和社会发展规划、行业部门的发展规划。

(3) 有关法律、法规和政策。

(4) 有关机构发布的工程建设方面的标准、规范、定额等。

(5) 拟建场（厂）址的自然、经济、社会概况等基础资料。

(6) 合资、合作项目各方签订的协议书或意向书。

(7) 与拟建项目有关的各种市场信息资料或社会公众要求等。

(8) 有关专题研究报告，如市场报告、场（厂）址比选、风险分析等。

2. 可行性研究的要求

为保证可行性研究报告的科学性、客观性和公正性，防止错误和虚假，可行性研究报告应满足下列要求：

(1) 从客观数据出发，通过科学分析，得出可行或不可行的结论。

(2) 可行性研究报告的内容深度要达到国家规定的标准，基本内容完整。调查研究要贯穿始终，要掌握切实可靠的资料，保证资料的全面性、客观性。

(3) 为保证可行性研究质量，承办单位要配齐相关领域专业人才，要保证足够时间，不能走形式，严格执行合同，并按合同要求验收可行性研究工作和报告。

(三) 可行性研究报告的编制内容

不同工程项目，可行性研究侧重点不同，可行性研究报告结构会有很大差别。通常工业项目可行性研究报告包括以下基本内容：

1. 总论：项目背景、项目概况、项目启动过程、已完成的调查和研究工作的成果、项目实施要点、问题与建议。

2. 市场研究：产品市场供应预测、产品市场需求预测、产品目标市场分析、价格现状与预测、市场竞争力分析、市场风险。

3. 环境和资源条件研究（指资源开发项目）：资源存储条件、可利用量、开发价值等。

4. 建设方面的研究，包括建设规模、产品方案、场（厂）址选择、工程和辅助工程范围、工艺技术方案、设备方案和工程实施方案、项目实施进度。

5. 工程运行方面的研究，包括主要材料、燃料供应、运行组织机构与人力资源配置、运行费用。

6. 健康、安全和环境保护方面的研究，包括：

（1）环境影响评价：场址环境条件、工程建设和运行对环境的影响、环境保护措施方案、环境保护投资、环境影响评价。

（2）节能和节水措施。

（3）劳动安全卫生与消防：危害因素与危害程度、安全措施方案、消防设施。

7. 投资估算：投资估算依据、建设投资估算、流动资金估算、投资估算表。

8. 融资方案：资本金筹措、债务资金筹措、融资方案分析。

9. 财务评价：项目财务评价、不确定性分析、财务评价结论。

10. 国民经济评价：影子价格及通用参数选取、效益费用范围调整、效益费用数值调整、国民经济效益费用流量表、国民经济评价指标、国民经济评价结论。

11. 社会评价：项目对社会的影响分析，项目与所在地互适性分析，社会风险分析，社会评价分析。

12. 风险分析：项目风险因素识别，风险程度分析，防范和降低风险对策。

13. 研究结论与建议：推荐方案的总体描述，推荐方案的优缺点描述，主要对比方案，结论与建议。

14. 附图、附表、附件。

（四）可行性研究报告的审批

可行性研究报告编制完成后，由项目单位按照规定程序报送项目审批部门审批，并应附以下文件：

1. 城乡规划行政主管部门出具的选址意见书。

2. 国土资源行政主管部门出具的用地预审意见。

3. 环境保护行政主管部门出具的环境影响评价审批文件。

4. 项目的节能评估报告书、节能评估报告表或者节能登记表（由中央有关部门审批的项目，需附国家发展和改革委员会出具的节能审查意见）。

5. 根据有关规定应当提交的其他文件。

对于情况特殊、影响重大的项目，需要审批开工报告的，应当在可行性研究报告批复文件中予以明确。

对于项目单位缺乏相关专业技术人员和建设管理经验的直接投资项目，项目审批部门应当在批复可行性研究报告时要求实行代理建设制度（"代建制"），通过招标等方式选择具备工程项目管理资质的工程咨询机构，作为项目管理单位负责组织项目的建设实施。

三、项目申请书的编制及核准

（一）项目申请书的概念及作用

项目申请书是企业投资建设应报政府核准的项目时，为获得项目核准机关对拟建项目的行政许可，按核准要求报送的项目论证报告。

项目申请书的作用，是从政府公共管理的角度，回答项目建设的外部性、公共性事项，包括维护经济安全、合理开发利用资源、保护生态环境、优化重大布局、保障公众利益、防止出现垄断等，为核准机关对项目进行核准提供依据。

（二）项目申请书的编制依据和要求

1. 项目申请书的编制依据

项目申请书通用文本由国务院投资主管部门制定，主要行业的项目申请书示范文本由相应的项目核准机关参照项目申请书通用文本制定。

项目申请书编制的主要依据有《政府核准投资项目管理办法》（中华人民共和国发展和改革委员会令第 11 号）、《外商投资项目核准和备案管理办法》（中华人民共和国发展和改革委员会令第 12 号）、《境外投资项目核准和备案管理办法》（中华人民共和国发展和改革委员会令第 9 号）、《政府核准和备案投资项目管理条例（征求意见稿）》，国家关于改进规范投资项目核准行为、精简审批事项、规范中介服务等有关文件，以及行业或部门颁发的项目申请书编制细则和办法等。

2. 项目申请书的编制要求

按照《政府核准和备案投资项目管理条例（征求意见稿）》要求，项目申请书应当由项目单位自主组织编制。项目单位不具备项目申请书编写能力的，应当委托具有相关经验和能力的工程咨询单位编写。项目单位或其委托的工程咨询单位应当按照项目申请书通用文本和行业示范文本的要求编写项目申请书。工程咨询单位接受委托编制有关文件，应当做到依法、独立、客观、公正，对其编制的文件负责。

项目申请书的编制要重点从规划布局、资源利用、征地移民、生态环境、经济和社会影响等方面进行论述，不必详细分析和论证项目市场前景、经济效益、资金来源、产品技术方案等由企业自主决策的内容。

项目申请书的内容和深度要满足评估机构进行项目评估和国家有关核准机构进行核准的要求。

（三）项目申请书的内容

项目申请书的内容一般包括如下几个方面：

1. 申报单位及项目概况；

2. 发展规划、产业政策和行业准入分析；

3. 资源开发及综合利用分析；

4. 节能方案分析；

5. 建设用地、征地拆迁及移民安置分析；

6. 环境和生态影响分析；

7. 安全卫生与消防分析；

8. 经济影响分析；

9. 社会影响分析；

10. 风险及防范措施分析；

11. 结论与建议。

（四）项目申请书的核准

根据《政府核准投资项目管理办法》（中华人民共和国发展和改革委员会令第 11 号），对企业投资建设实行核准制的项目，应当按照国家有关要求编制项目申请报告，依法取得应当附具的有关文件后，按照规定报送项目核准机关。企业投资建设应当由国务院核准的项目，由国家发展和改革委员会审核后报国务院核准；应当由地方政府核准的项目，按照地方政府的有关规定，向相应的项目核准机关报送项目申请报告。

项目核准机关主要根据以下条件对项目进行审查：

1. 符合国家法律法规和宏观调控政策。

2. 符合发展规划、产业政策、技术政策和准入标准。

3. 合理开发并有效利用资源。

4. 不影响我国国家安全、经济安全和生态安全。

5. 对公众利益，特别是项目建设地的公众利益不会产生重大不利影响。

对于同意核准的项目，项目核准机关应当出具项目核准文件并依法将核准决定向社会公开；对于不同意核准的项目，项目核准机关应当出具不予核准决定书，说明不予核准的理由。项目单位依据项目核准文件，依法办理规划许可、土地使用、资源利用、安全生产等相关手续。

第五节　案例分析

三峡工程的决策过程

（一）三峡工程概况

三峡工程位于长江西陵峡中段，坝址在湖北省宜昌市三斗坪。1992年获得全国人民代表大会批准建设，1994年正式动工兴建，2003年6月1日开始蓄水发电，2009年全部完工。三峡工程是开发和治理长江的关键性骨干工程，具有防洪、发电、航运等巨大综合效益，是世界上规模最大的水利枢纽工程。

（二）三峡工程决策过程

三峡工程的决策过程经历了一个漫长的历史时段，从1919年孙中山先生在《建国方略·实业计划》中提出，到1992年全国人大七届五次会议通过兴建三峡工程，历时70余年，这是人们对自然界、对长江不断深化认识的过程。在这70余年的过程中，大体可以划分为三个阶段。

1. 项目意向形成及预可行性研究阶段

1919年，孙中山先生在他的《建国方略·实业计划》一文中就提出了开发三峡水力资源，改善川江航运的设想。

1944年5月，美国著名坝工专家萨凡奇应邀来华，在三峡地区查勘后，编写了《扬子江三峡计划初步报告》，建议在宜昌上游南津关附近修建一座高坝发电，中国先后派出50余名工程师赴美参加此项工作，后因与美国垦务局合约中止，三峡工程的有关工作也随之全部停止。

新中国成立后，我国有关部门和广大科技工作者从20世纪50年代初开始，对三峡工程进行了大量勘测、规划、设计和研究工作。但对是否建设三峡工程有不同看法。

1958年1月，党中央南宁会议期间，毛主席听取了关于三峡工程的汇报，提出对三峡工程应采取"积极准备，充分可靠"的方针，并委托周恩来总理亲自抓长江流域规划和三峡工程。会后，周总理率中央和地方有关负责人和中外专家100多人勘察了荆江大堤和三峡坝址，途中主持会议，听取了各方面的意见。同年3月，党中央成都会议听取周总理的报告后，通过了《中共中央关于三峡水利枢纽和长江流域规划的意见》。成都会议后，进一步开展了三峡工程的前期工作，中国科学院和国家科委组织全国200多个单位、近万名科技人员参加三峡工程重大科技问题的全国性协作研究。在大量科研成果的基础上，长江水利委员会先后完成了《初步设计要点报告》和《初步设计报告（草稿）》，建议采用大坝正常蓄水位的方案，并推荐三斗坪坝址。

20世纪60年代，由于国家处于特殊时期，三峡工程一时难以实施。1970年底，中央批准兴建葛洲坝水利枢纽，以缓解华中地区用电紧缺的局面，同时，为兴建三峡工程作实战准备。葛洲坝工程胜利建成，说明中国人民有能力在长江上建坝。

党的十一届三中全会以后，党中央、国务院曾多次研究过三峡工程建设问题。1983年，长江水利委员会根据当时国内的经济情况，提出了正常蓄水位150m的建设方案，经原国家计委组织350余名专家审查后，1984年4月，国务院原则上批准了这个方案。

2. 项目可行性研究论证阶段

此方案获批标志着项目从意向形成、预可行性研究正式进入可行性论证阶段。1984年，原国家计委、原国家科学技术委员会受国务院委托对三峡工程的水位进一步组织了论证，重点考虑1984年9月重庆市人民政府向国务院建议将正常水位由150m提高到180m，以便万吨级船队能直达重庆港的报告。

在此论证阶段，有很多人对修建三峡工程提出不同意见。1986年6月，中共中央、国务院发出《有关三峡工程论证工作问题的通知》（中发〔1986〕15号）（以下简称15号文件），指出："三峡工程还有一些问题和新的建议需要在经济上、技术上深入研究"，"以求更加细致、精确和稳妥"，并要求原水利电力部组织各方面专家，在广泛征求意见、深入研究论证的基础上，重新提出三峡工程的可行性研究报告。

按照15号文件精神，原水利电力部成立了三峡工程论证领导小组，对论证工作实行集体领导。全国人大财经委员会、全国政协经济建设组、中央有关部门及四川、湖北两省政府，推荐了21位特邀顾问指导论证工作。领导小组下设14个专家组，聘请国务院所属17个部门和单位，中科院所属12个院所，28所高等院校和8个省市专业部门共412位专家，这些专家涉及约40个专业。论证程序采取先专题后综合、专题与综合交叉的办法。

经过近三年的论证，到1988年11月，14个专家组陆续提出了专题论证报告。论证得出总的结论是：三峡工程对我国四个现代化建设是必要的，技术上是可行的，经济上是合理的，建比不建好，早建比晚建有利，建议早作决策。论证推荐的三峡工程建设方案为"一级开发，一次建成，分期蓄水，连续移民"，大坝坝顶高程185m，一次建成，初期运行水位156m，最终正常蓄水位175m，移民不间断地进行，20年移完。论证领导小组责成长江水利委员会根据论证成果，重新编制了《三峡水利枢纽可行性研究报告》。参加论证的专家中，有9位专家（10人次）有不同看法未签字，并各自提出书面意见。

1989年9月，三峡工程论证领导小组向国务院报送了重新编制的《三峡工程可行性研究报告》。这一成果的提交标志着项目由可行性研究论证阶段进入项目立项审批阶段。

3. 项目的综合评估及立项审批阶段

1990年7月6日至14日，国务院召开三峡工程论证汇报会，听取论证情况汇报和各方面意见。大多数同志赞成可行性研究报告，也有的同志提出了不同意见或疑问，会议决定成立国务院三峡工程审查委员会，对可行性研究报告进行审查。

审查委员会决定分10个专题进行预审，然后再由审查委员会集中审查。10个预审组共聘请了163位专家，多数未参与原来的论证工作，专家组认真研究了各方面提出的疑点、难点和不同意见，于 1991 年 5 月提出了预审意见。1991 年 7 月 9 日至 12 日，审查委员会听取了预审组的预审意见，一致认为，在重新论证基础上编制的可行性研究报告，其研究深度已经满足可行性研究阶段的要求，可以作为国家决策的依据。1991 年 8 月，审查委员会召开最后一次会议，一致通过了对三峡工程可行性研究报告的审查意见，认为三峡工程建设是必要的，技术上是可行的，经济上是合理的，建议国务院及早决策兴建三峡工程，提请全国人大审议。

从 1991 年 10 月至 1992 年 2 月，全国人大常委会、全国政协，以及全国各省、部、委都组织了考察团，针对三峡工程相继进行了范围广泛的实地考察调研，都提出了调研报告。

1992 年 1 月 17 日，国务院常务会议认真审议了审查委员会对三峡工程可行性研究报告的审查意见，同意呈报中央，提请全国人民代表大会审议。

1992 年 2 月 20 日至 21 日，时任中共中央总书记江泽民主持政治局常务委员会第 169 次会议，时任国务院副总理邹家华汇报了国务院关于对《三峡工程可行性研究报告》的审查意见。会议原则上同意国务院关于审查意见的汇报并请国务院根据会议讨论意见，对建设三峡工程的有关问题作进一步研究，然后将兴建三峡工程的议案提交七届人大五次会议审议。

1992 年 3 月 16 日，时任国务院总理李鹏向全国人民代表大会提交《国务院关于提请审议兴建三峡工程的议案》。3 月 21 日，邹家华副总理受国务院委托在七届全国人大五次会议上作《国务院关于提请审议兴建三峡工程的议案的说明》。4 月 3 日，七届人大五次会议对兴建三峡工程的决议进行表决，以 1767 票赞成、177 票反对、664 票弃权、25 人未按表决器的结果通过，赞成票占总票数的 67.11％。决议批准将兴建三峡工程列入国民经济和社会发展十年规划，由国务院根据国民经济发展的实际情况和国力、财力、物力的可能，选择适当时机组织实施，对于已发现的问题要继续研究，妥善解决。

七届人大五次会议对兴建三峡工程的决议进行的表决标志着项目完成了立项审批，项目最终完成了决策阶段的全部工作。

（三）三峡工程决策总结

1. 三峡工程的决策是从战略高度进行的决策。战略一般是重大的、带有全局性的谋划。三峡工程的决策就是从战略高度确定其地位、作用和建设规模的。它分别从整个长江流域水资源利用、国土的整治与总体布局和总国民经济的结构调整三个层面来考察三峡工程的意义，这样的决策高度很大程度上避免了就三峡论三峡，就工程论工程的狭隘眼光。

2. 三峡工程的论证是一个系统、有序的论证。三峡工程的建设，涉及防洪、航运、发电、库区经济建设等多目标的综合处理，涉及地质、地震、水文、气象、泥沙、机电设备、枢纽工程等多学科交叉，以及技术、经济社会发展中的多种关系的处理，三峡的论证按照专题有序分工进行。在借鉴其他重大项目决策经验的基础上，采用先专题后综合、综合与专题相互交叉的论证方法。在论证中，抓住总体分层次进行。这种系统的论证方法对于重大项目的决策是一个很好的经验。

3. 三峡工程的决策对可行性方案进行了充分的技术经济论证。在技术上，三峡工程的论证对重大的技术课题作了较全面的考虑；在经济上，对方案的可行性作了详尽的工程投资估算、静态总投资比较和动态投资效益估算，力求全面、可靠地预测三峡工程的经济可行性。

4. 三峡工程决策在民主化、科学化上作出了有益的探索。在民主化上，三峡工程的重新论证本身意味着国家对重大工程决策的审慎和重视，同时也是社会不同意见在重大项目决策中的体现。三峡工程的重新论证与决策，涉及政府机构内各部门各方面人员，并广泛吸收了各领域的专家学者参加论证。特别是，通过全国人民代表大会对三峡工程方案进行投票表决，对重大项目的决策民主化是一个进步。在科学上，为了保证决策的科学性，邀请了加拿大国际项目管理集团长江联营公司对三峡工程进行并行的可行性研究，对比论证，这对于保证决策结果的科学性是一个值得推广的经验。

习 题

1. 工程项目前期策划的作用和特点是什么？

2. 工程项目前期策划的内容和工作程序是什么？

3. 工程项目的构思内容是什么？

4. 工程项目环境调查的内容是什么？其要求有哪些？

5. 简述工程项目目标系统结构。

6. 分析题：在某中外合资项目中参加者各方有如下目标因素：

外商：投资回报率，增加其产品在中国市场的占有份额；

当地政府：发展经济，吸引外资，增加就业，增加当地税收，增加当地政府的收费，改善政府的形象；

法律：环境保护法要求的"三废"排放标准，税法，劳动保护法；

中方企业：吸引外资，对老产品进行更新改造，提高产品的技术水平，增加产品的市场占有率、产品年产量，充分利用现有产房、技术人员、工人和土地。

试分析：

(1) 在上述目标中哪些属于期望的目标？哪些属于强制性目标？哪些属于定量目标？哪些属于定性目标？

(2) 在上述目标因素中，哪些目标因素之间存在争执？

(3) 哪些目标因素可以通过项目解决？哪些不能依靠项目解决？

7. 项目定义的概念是什么？项目定义报告的内容包括哪些？

8. 项目可行性研究是什么？其作用有哪些？

9. 工程项目可行性研究报告包括哪些内容？

10. 思考一下项目申请书与可行性研究报告的关系与区别。

第七章　工程项目招投标与合同管理

工程项目招投标与合同管理涉及技术、经济、法律与管理等领域的相关知识，是工程项目管理中综合性较强的两部分内容。工程项目招投标是签订工程项目合同的前提，对工程项目合同的形成有着根本性的影响。工程项目合同是项目参与方的行为准则，合同管理是工程项目管理的重要手段。因此，工程项目招投标和合同管理是工程项目管理的重要内容。

第一节　工程项目招投标概述

在市场经济下，招投标作为一种交易方式，通过引入竞争机制最终达成签订合同的目的。建筑市场实行招投标制度，对于择优选择承包单位，降低工程造价具有十分重要的意义。

一、工程项目招投标概念和特点

（一）招投标的概念

招投标，是招标投标的简称。招标和投标是一种商品交易行为，是交易过程的两个方面。招投标是商品经济高度发展的产物，是应用技术、经济的方法和市场竞争机制作用下的产物，是有组织开展的一种择优成交的方式。

招标是指招标人根据自身的需要，提出条件或要求，以某种方式向不特定或一定数量的投标人发出投标邀请，并依据规定的程序和标准择优选定中标人的行为。

投标是指投标人充分了解招标人的条件和需求后，根据招标文件的要求编制投标文件，并在规定的时间向招标人递交投标文件，参与投标竞争的行为。

（二）工程项目招投标的概念

工程项目招投标，是指招标人事先公布工程建设、货物买卖、劳务承担等交易业务的标准要求和交易条件，投标人按照要求和条件进行公平竞争，招标人按照规定的程序和办法择优选定中标人，并与中标人签订合同的一系列活动。

在实际工程项目招投标中，人们总是把招标和投标分为两个不同内容的活动。所谓工程项目招标，是指招标人就拟建的工程发布公告，将工程项目的勘察、设计、施工、材料设备供应、监理等业务一次或分部发包，择优选定满足条件的承包商的行为；所谓工程项目投标，是指参与投标竞争的法人或者其他组织，按照招标文件的要求编制并递送投标文件，争取中标的行为。

（三）工程项目招投标的特点

工程项目招投标通过引入竞争机制、优化建筑市场资源配置、提高社会和经济效益，工程项目招投标具有以下特点：

1. 程序规范。招投标活动必须遵循严密、规范的法律程序，《中华人民共和国招投标法》及相关法律法规对招投标活动每一个环节的时间、顺序及内容都有严格、规范的限定，不能随意改变。任何违反法律程序的招投标行为，都要承担相应的法律责任。

2. 透明度高。招标人在公众媒体上发布招标公告，事先公布招标要求和条件，在投标截止日公开开标，中标结果在媒体上公示。这样的招投标活动完全置于公开的社会监督之下，可以防止不正当交易行为。

3. 公平、客观。招投标全过程按照事先规定的程序和条件进行，在招标公告发布之后，任何有能力或资格的投标人均可参加投标，招标人不得有歧视任何一个投标人的行为，评标委员也会根据招标公告规定的评标办法进行评分。

4. 一次性交易。一般交易往往在进行很多次谈判后才能达成，招投标活动禁止交易双方面对面讨价还价，所有投标人密封投标报价，且报价是一次性的。

二、工程项目招投标的起源与发展

（一）国外的产生与发展

招投标制度形成于 18 世纪末和 19 世纪初的西方资本主义国家，是随着政府采购制度产生而产生的。1782 年，英国政府设立文书局（Stationery Office），负责采购政府部门所需的办公用品。该局设立之时，英国政府便制定了招投标程序，并规定办公用品的采购需要经过招投标程序。19 世纪初，伴随着西方国家经济发展的需求，建筑业迎来了蓬勃发展，建筑市场中出现了越来越多的承包商。由于承包商的数量众多，但是业主对于工程项目的功能、造价、质量、进度、施工工艺等方面的要求不尽相同，这就需要业主从众多承包商中选出符合自己要求的承包商，从而促使了招投标活动的发展。1803 年，英国政府公布法令，推行招投标承包制。1830 年，英国政府明文规定工程承发包必须采用招投标的交易方式选取承包商。后来，其他国家纷纷效仿，政府需要购买批量较大的货物或兴办较大的工程项目时，常常采用招投标的办法。

经过两个多世纪的实践，尤其是第二次世界大战之后，招投标在西方发达国家已经成为重要的采购方式，西方国家大都立法规定，涉及使用政府公共财政资金的采购必须实行公开招标。国际上一些著名行业学会如国际咨询工程师联合会（FIDIC）、英国土木工程师协会（ICE）、美国建筑师协会（AIA）等都编制了多种版本的合同条件，适应于不同类型、不同合同的工程招投标活动。联合国有关机构和一些国际组织对于应用招投标方式进行采购也作出了明确规定，如联合国贸易法委员会的《货物、工程和服务采购示范法》、世界贸易组织的《政府采购协议》、世界银行的《国际复兴开发银行贷款和国际开发协会信贷采购指南》等。可以说，招投标是目前被公认的成熟可靠的交易方式，广泛应用于国际经济贸易中。

（二）国内的产生发展

我国最早关于招投标活动的文字记载出现在清朝末期。1902 年，张之洞创办了湖北制革厂，当时有 5 家承包商参与竞争比价，最终张同升以 1270.1 两白银的价格中标，并签订了包含质量、工期、付款方式等内容的承包合同，这是我国目前可查的最早的招投标活动。

由于历史原因，招投标制度在我国不仅起步晚，而且发展十分缓慢。尤其建国到十一届三中全会这期间，我国一直实行计划经济体制，政府部门、国有企业及其有关部门的基础设施建设和采购任务都是由主管部门直接安排。十一届三中全会后，我国开始实行改革开放政策，市场经济开始活跃，招投标制度也开始发展。作为建筑业和基本建设管理体制改革的突破口，我国率先在工程建设领域推行招投标制度。1980年开始，上海、广东、福建、吉林等省、直辖市开始试行工程招投标。鲁布革水电站项目是我国第一个实行国际招标的世界银行贷款项目，1982年，日本大成公司以相当于标底57%的低报价一举中标鲁布革水电站引水隧洞工程，这大大刺激了我国建筑市场，也坚定了我国推行招投标制度的决心。1984年，国务院颁布了《关于改革建筑业和基本建设管理体制若干问题的暂行规定》，提出"大力推行工程招投标承包制"，"要改变单纯用行政手段分配建设任务的老办法，实行招标投标"。总体而言，20世纪80年代，我国的招投标主要侧重于宣传和实践方面，还处于社会主义计划经济体制下的一种探索阶段。

20世纪90年代初期到中后期，全国各地普遍加强了对招投标的管理和规范工作，也相继出台了一系列法规和规章。这一阶段是我国招投标发展史上重要的阶段，全国的招投标管理体系基本形成，为完善我国招投标制度打下了坚实基础。此后，随着改革开放形势的发展和市场机制的不断完善，我国在基本建设项目、机械成套设备、进口机电设备、科技项目、土地承包、政府采购等许多政府投资及公共采购领域，都逐步推行了招投标制度。

20世纪初至今，有关部委又先后发布多项相关法规，推行和规范招投标活动。2000年1月1日，《中华人民共和国招投标法》正式实施，并于2017年12月27日进行了修订，《中华人民共和国招投标法》明确规定我国的招投标方式为公开招标和邀请招标两种，不再包括议标。2003年1月1日，《中华人民共和国政府采购法》正式颁布实施，并于2014年8月31日进行了修订，《中华人民共和国政府采购法》确定招投标方式为政府采购的主要方式。2011年11月30日，国务院第183次常务会议通过《中华人民共和国招投标法实施条例》，对工程建设项目招投标监管、具体操作等方面的问题进行了细化。2014年12月31日国务院第75次常务会议通过《中华人民共和国政府采购法实施条例》。这些都标志着我国招投标活动进入法制化轨道，我国招投标制度进入全面实施的新阶段。

三、工程项目招标的分类及特点

工程项目招标按照不同的标准可以进行不同的分类，本书主要按招标内容对工程项目招投标进行分类，包括工程勘察设计招标、材料和设备采购招标、工程监理招标、工程施工招标、工程总承包招标。

（一）工程勘察设计招标

通过招投标的方式选择勘察设计单位，是为了促使勘察设计单位采用先进技术，更好地完成繁重复杂的工程勘察设计任务，降低工程项目造价，缩短工期和提高投资效益。

工程项目勘察招标具有以下特点：

1. 工程项目勘察一般选用单价合同。由于勘察是为设计提供地质技术资料，勘察要求与设计相适应，且补勘、增孔的可能性很大，所以一般不采用总价合同；

2. 评标重点不是报价。勘察报告的质量影响工程项目质量，而且勘察费用与工程项目造价或项目质量成本相比很小，如果因为降低勘察费用而影响到工程项目质量，是得不偿失的。因此，勘察评标的标准重点不是报价。

工程设计招标的特点表现为承包任务是投标人通过自己的智力劳动，将招标人对工程项目的设想变为可实施的蓝图。此外，设计招标还具有以下特点：

1. 招标文件无具体工作量。设计招标文件仅提供设计依据、工程项目应达到的技术指标、项目限定的工作范围、项目所在地的基本资料、要求完成的时间等内容。

2. 开标时，不是简单地宣读投标书，而是由投标人自己说明投标方案的基本构思和意图，以及其他实质性内容。

3. 在评标、定标上，强调把设计方案的优劣作为择优、确定中标的主要依据，同时也考虑设计经济效益的好坏、设计进度的快慢等因素。

（二）材料和设备采购招标

材料和设备采购招标一般指招标人通过招标、询价等形式选择合适的材料或设备供应商，购买工程项目建设所需材料或设备的过程。材料和设备采购招标不仅包括单纯的材料和设备的购买，还包括按照工程项目的要求进行设备和材料的运输、安装、调试等。

材料和设备采购招标应根据材料和设备的性质、特点及供应商的供货能力等条件选择，一般具有以下特点：

1. 一般为大宗而不是零星的工程项目材料设备招标，如锅炉、电梯、空调等的招标；

2. 可以就整个工程项目所需的全部材料、设备进行总招标，也可以就单项工程所需材料、设备进行分项招标或者就单件（台）材料、设备进行招标。

（三）工程监理招标

工程监理的主要工作内容是控制工程项目投资、建设工期、工程质量，进行工程建设合同管理，协调有关单位的工作关系。因此，工程监理招标一般具有以下特点：

1. 招标宗旨是对监理单位能力的选择。监理服务工作完成的好坏不仅依赖于执行监理业务是否遵循了规范化的管理程序和方法，更多地取决于参与监理工作人员的业务专长、经验、判断能力、创新能力以及风险意识。因此，招标选择监理单位时，鼓励的是能力竞争，而不是价格竞争。

2. 报价在选择中居于次要地位。工程项目施工、物资供应选择中标人的原则，是在技术上达到标准的前提下，主要考虑价格的竞争性。而监理招标对能力的选择放在第一位，因此当价格过低时监理单位很难把招标人的利益放在第一位，为了维护监理单位自身的经济利益采取减少监理人员数量或多派业务水平低的工作人员，其后果必然是导致对工程项目的损害。

（四）工程施工招标

工程施工招标是指招标人通过招标方式吸引施工企业投标竞争，从中选出技术能力强、管理水平高、信誉可靠且报价合理的承包商的经济活动。施工招标是目前我国建设工程招标中开展得比较早、比较多、比较好的一类，其程序和相关制度具有代表性、典型性，甚至可以说，工程项目其他类型的招标制度，都是承袭施工招标制度而来的。施工招标一般具有以下特点：

1. 在招标条件上，比较强调建设资金的充分到位；

2. 在招标方式上，采用公开招标和邀请招标；

3. 在评标、定标上，综合考虑价格、工期、技术、质量、安全等因素，在满足技术要求的情况下，价格因素所占分量比较突出，常常起决定作用。

（五）工程总承包招标

根据《中华人民共和国招投标法实施条例》第二十九条规定"招标人可以依法对工程以及与工程建设有关的货物、服务全部或者部分实行总承包招标"。工程总承包招标一般具有以下特点：

1. 工程总承包招标是一种带有综合性的全过程的一次性招标；

2. 投标人在中标后应当自行完成中标工程的主要部分，对中标工程范围内的部分工程可以分包，并与分包人签订工程分包合同；

3. 分包招标运作一般按照有关工程总承包招标的规定执行。

四、工程项目招投标的意义

实行建设工程招投标是我国建筑市场趋向规范化、完善化的重要举措，对保证市场经济健康运行具有重要意义。招投标不仅对于择优选择承包单位、降低工程造价、发挥市场配置资源的作用具有重要意义，而且对营造公开、公平、公正的市场竞争秩序，提高工程项目质量也具有重要意义。

1. 促进公平竞争，优化资源配置

招投标制度实行公开、公平、公正的"三公"原则，招投标活动的每一个环节都会进行信息公示，因此，招投标活动中的各参与主体很难开展"寻租"活动。在公平的市场环境下，投标人不能心存侥幸，而是要凭实力参与竞争。招标方式下的竞争结果，对所有参与竞争的投标人起到积极的促进作用，赢者要考虑如何保持竞争优势，输者有必要进行反思，从自身寻找差距。事实上，当竞争真正导致优胜劣汰，作为市场主体的企业才会投身于生产性的、能够增进社会福利的活动，整个社会的资源才能得到优化配置。

2. 降低社会平均劳动消耗水平

建筑市场中，不同投标人代表不同的劳动消耗水平，通过招投标的机制，最终是那些个别劳动消耗水平最低或接近最低的投标人获胜，这样便实现了生产力资源较优配置，也对不同投标人实现了优胜劣汰。面对激烈竞争压力，为了自身的生存与发展，每个投标人都必须切实在降低自己个别劳动消耗水平上下功夫，这样将逐步而全面降低社会平均消耗水平，使工程价格更加合理。

3. 减少交易费用

所谓的交易费用，就是交易双方为完成交易行为所需付出的经济代价。通常情况下，交易费用和竞争的充分程度是相关的，竞争越充分，交易费用越低。这是因为，充分竞争使得买卖双方都节约了大量的有关价格形成、避免欺诈、讨价还价及保证信用等方面的费用。招投标信息往往都在网上公布，各地政府、工程交易中心、招标代理机构、政府采购网站也都发布招标信息，在买方市场的条件下公开交易机会，可以极大地缩短对交易的搜索过程，从而节约搜索成本。同时，在招投标活动中，若干投标人在同一时间、地点报价竞争，在专家支持系统的评估下，以群体决策方式确定中标人，有利于减少交易过程的费用，对降低工程造价会产生积极影响。

4. 优选中标方案

传统交易方式最明显的不足是采购信息未能在最广的范围传播，买方只能与有限的几家卖方进行谈判，完成所谓的"货比三家"这一过程后就拍板成交。相比之下，凡是有资格的投标人均可以参与招投标活动竞争，招标人根据一定的标准和方法，能够从众多投标人中选择报价低、方案优、售后服务好的投标人。当然，招投标制度不能保证每次都能选报价最低、方案最优的方案，但是每一次招投标的结果都传递了比较真实的价格信息，而且竞争越是充分、完全，价格信息越趋真实、准确。

总之，招投标制度对于维护市场秩序、促进公平竞争、择优选择中标人、全面降低工程造价，具有十分重要的意义。

第二节　工程项目招标

工程项目招标工作开始前，首先应当明确哪些工程项目应该招标，哪些可以不用招标，其次应当了解工程项目有哪些招标方式，并根据工程项目自身特点选择合适的招标方式，最后依据招标的工作程序开展工程项目招标工作。

一、工程项目招标方式

根据现行《中华人民共和国招投标法》规定，我国的招投标方式分为公开招标和邀请招标两种，不包括议标。

（一）公开招标

1. 公开招标的定义

《中华人民共和国招投标法》第十条规定："公开招标，是指招标人以招标公告的方式邀请不特定的法人或者其他组织投标。"

公开招标又称无限竞争性招标，指由招标人通过报纸、广播、电视、网络等大众媒体，向社会公开发布招标公告，凡是对此招标项目感兴趣并符合规定的投标人，都可自愿参加竞争，招标人根据规定的程序和标准，择优选择中标人。

2. 公开招标的特点

（1）过程透明、公开

公开招标最核心的特点在于公开，从招标公告发布，到招标澄清、答疑、开标、评标、结果发布等，都是通过公开的形式进行，形式严密，步骤完整，运作环节环环相扣。

（2）竞争性强

公开招标参与竞争的投标人多，投标人只需要通过资格审查即可参与投标，通常工程项目采用公开招标的形式，投标人少则十几家，多则几十家，因此竞争十分激烈。

（3）所需时间长、费用高

正是因为公开招标竞争性强，程序复杂，所以组织公开招标的相关工作需要处理的事物比较多、所需要的时间比较长、花费的费用也比较高，尤其是参与竞争的承包商可能很多，增加资格预审和评标的工程量。

（二）邀请招标

1. 邀请招标的定义

《中华人民共和国招投标法》第十条规定："邀请招标，是指招标人以投标邀请书的方式邀请特定的法人或者其他组织投标。"

邀请招标又称有限竞争性招标，招标人根据自身经验和所掌握的信息，向符合其工程承包资质要求的潜在投标人发出投标邀请书，被邀请的投标人参加投标的招标方式。

2. 邀请招标适用条件

根据《工程建设项目施工招标投标办法》有下列情形之一的，经批准可以进行邀请招标：①项目技术负责或有特殊要求，只有少量几家潜在投标人可供选择的；②受自然地域环境限制的；③涉及国家安全、国家秘密或抢险救灾，适宜招标但不宜公开招标的；④拟开工招标的费用与项目价值相比，不值得的；⑤法律、法规规定不宜公开招标的。

《政府采购法》规定：符合下列情形之一的货物或者服务，可以采用邀请招标方法采购：

（1）具有特殊性、只能从有限范围的供应商处采购的。

（2）采用公开招标方式的费用占政府采购项目总价值比例过大的。

3. 邀请招标的特点

（1）程序简化

邀请招标不需要进行资格预审以及发布招标公告，招标人向三个以上具备承担招标项目资格的投标人发出投标邀请即可。

（2）节约人力、物力和财力

由于被邀请的投标人通常为3～10人，可以大大减少招标工作需要投入的人力和时间，同时可以省去发布招标公告、进行资格预审、评标和其他可能发生的费用。

（三）公开招标和邀请招标的区别

（1）发布信息的方式不同

公开招标需要招标人在国家指定的报刊和信息网络上发布招标公告，邀请招标采用投标邀请书的形式发布。

（2）竞争范围不同

公开招标面向所有符合资质要求的投标人，竞争性强，招标人容易选出最优的投标人，达到最佳的招标效果。邀请招标面向的是少数符合招标人要求的投标人，竞争性不如公开招标，有可能导致漏选最佳潜在投标人。

（3）时间和费用不同

公开招标程序复杂，所需要的文件多，耗时长，可能产生的费用也多。邀请招标相比公开招标，程序简化，大大减少了招标所需要的时间和费用。

二、工程项目招标范围

根据招标人的意愿，招标可以分为自愿招标和强制招标。强制招标是指法律、法规规定的某些类型的项目，凡是达到一定条件的，必须通过招投标程序进行。但是无论是强制招标还是自愿招标，都应当遵守《中华人民共和国招投标法》的相关规定。

（一）强制招标范围

根据《中华人民共和国招投标法》第三条规定："中华人民共和国境内进行下列工程建设项目，包括项目的勘察、设计、施工、监理以及与工程建设有关的重要设备、材料等的采购，必须进行招标。"

1. 大型基础设施、公用事业等关系社会公共利益、公众安全的项目

（1）关系社会公共利益、公众安全的基础设施项目；

（2）关系社会公共利益、公众安全的公用事业项目。

2. 全部或者部分使用国有资金投资或者国家融资的项目

3. 使用国际组织或者外国政府贷款、援助资金的项目

（二）强制招标的规模标准

《中华人民共和国招投标法》规定的强制招标范围内的各类工程建设项目，包括项目的勘察、设计、施工、监理以及与工程建设有关的重要设备、材料等的采购，达到下列标

准之一的，必须进行招标。

1. 施工单项合同估算价在 200 万元人民币以上的；

2. 重要设备、材料等货物的采购，单项合同估算价在 100 万元人民币以上的；

3. 勘察、设计、监理等服务的采购，单项合同估算价在 50 万元人民币以上的；

4. 单项合同估算价低于第 1、2、3 项规定的标准，但项目总投资额在 3000 万元人民币以上的。

（三）可以不进行招标的范围

根据相关法律规定，属于以下情形之一的，经过相关建设行政主管部门批准，可以不进行招标。

1. 《中华人民共和国招投标法》第六十六条规定："涉及国家安全、国家秘密、抢险救灾或者属于利用扶贫资金实行以工代赈、需要使用农民工等特殊情况，不适宜进行招标的项目，按照国家有关规定可以不进行招标。"

2. 《中华人民共和国招投标法实施条例》第九条规定："除招标投标法第六十六条规定的可以不进行招标的特殊情况外，有下列情形之一的，可以不进行招标：①需要采用不可替代的专利或者专有技术；②采购人依法能够自行建设、生产或者提供；③已通过招标方式选定的特许经营项目投资人依法能够自行建设、生产或者提供；④需要向原中标人采购工程、货物或者服务，否则将影响施工或者功能配套要求；⑤国家规定的其他特殊情形。"

3. 法律、行政法规规定的其他特殊情形，可以不进行招标。国家发展和改革委员会可以根据实际需要，会同国务院有关部门对《中华人民共和国招投标法》所确定的必须进行招标的具体范围和规模标准进行部分调整。同时，根据实际情况，各地区可以自行确定本地区招标的具体范围和规模标准，但是不得缩小国家发展和改革委员会所确定的必须招标的范围。

三、工程项目招标程序

工程项目招标包含从招标人发出招标公告到招标人与中标人签订合同的一系列活动，下面着重就工程施工公开招标的方式介绍工程项目招标程序。工程施工公开招标程序如图 7-1 所示。

（一）组建招标机构

招标人是指依照法律规定进行工程建设项目的勘察、设计、施工、监理以及工程建设有关的重要设备、材料等招标的法人。招标人若具有编制招标文件和组织评标能力，则可自行办理招标事宜，并向有关行政监督部门备案。若招标人不具备自行招标的能力，可以委托招标代理机构办理招标事宜。

（二）编制标底或招标控制价

1. 标底的概念

建设工程标底是招标人或委托具有编制标底资格的工程咨询机构，根据国家公布的计算规则、设计图纸等，并参照国家规定的技术标准、定额数据等计算得出的一个合理的基本价格。

《中华人民共和国招投标法实施条例》第五十条规定"招标项目设有标底的，招标人应当在开标时公布。标底只能作为评标的参考，不得以投标报价是否接近标底作为中标条

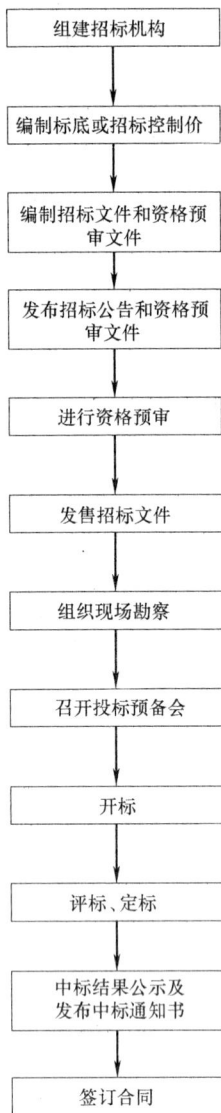

图 7-1　工程施工公开
招标程序图

件，也不得以投标报价超过标底上下浮动范围作为否决投标的条件。"虽然相关法律法规没有规定必须要设置标底，也没有明文禁止不能使用标底，但是标底反映了招标人的期望成交价格，在我国招投标中广泛使用。

2. 招标控制价

根据《建设工程工程量清单计价规范》GB 50500—2013 的定义，"招标控制价是指招标人根据国家或省级、行业建设主管部门颁发的有关计价依据和办法，按设计施工图纸计算的，对招标工程限定的最高工程造价"。

国有资金投资的工程实行工程量清单招标，为了客观、合理地评审投标报价和避免哄抬物价，避免造成国有资产流失，招标人必须编制招标控制价，规定最高投标限价。根据《中华人民共和国招投标法实施条例》第二十七条规定，"招标人设有最高投标限价的，应当在招标文件中明确最高投标限价或者最高投标限价的计算方法。招标人不得规定最低投标限价。"

3. 标底和招标控制价的区别

（1）标底在开标之前是严格保密的，开标唱标后公布标底，而招标控制价则是事先公布的最高限价。

（2）标底是评标的参考依据，在评标时会直接影响不同报价对应的得分，而招标控制价不会影响评标的得分。

（3）标底反映招标人的期望成交价，投标价可以高于标底，也可以低于标底，通常投标价越接近标底就越容易中标，但是投标报价不能超过招标控制价，否则投标无效。

（三）编制招标文件和资格预审文件

1. 招标文件

招标文件是由招标人或招标代理机构编制的，向潜在投标人发售的明确资格条件、合同条款、评标办法和投标文件格式的文件。

招标文件通常由以下部分组成：

（1）前附表；

（2）投标须知；

（3）合同主要条款；

（4）合同格式；

（5）工程量清单（如有）；

（6）技术规范；

（7）设计图纸；

（8）评标标准和办法；

（9）投标文件格式。

2. 资格预审文件

资格审查是指招标人根据招标项目本身的特点和需求，要求潜在投标人提供其资格条件、业绩、信誉、技术、设备、人力、财务状况等方面的文件，审查投标人是否有资格参与投标的一系列工作。

资格审查分为资格预审和资格后审。资格预审是指招标人在发布招标文件前，对投标申请人的相关资格条件进行审查，只有通过资格预审的投标人才可以进行后续的投标。资格后审是指投标人事前不进行资格审查，投标人同时递交投标文件和资格文件，在评标时对投标人递交的资格文件进行审查。无论是资格预审还是资格后审，审查的内容基本是相同的，本书着重介绍资格预审。

资格审查的主要内容有：

（1）投标人是否具有独立订立合同的权利；

（2）投标人是否有能力履行合同，包括资金、从业人员、业绩、技术等；

（3）投标人的财务状况；

（4）投标人的信誉，是否存在违约情况等；

（5）法律法规规定的其他资格条件。

（四）发布招标公告和资格预审文件

招标人或招标代理机构编制的招标公告、资格预审文件经相关部门审查批准后，招标人可以在国家规定的期刊、网站上发布招标公告和资格预审文件，吸引潜在投标人前来投标。

（五）进行资格预审

通过对投标人填报的资格预审文件和资料进行评比和分析，按程序确定出合格的潜在投标人名单，并向其发出资格预审合格通知书。投标人收到资格预审合格通知书后，应以书面形式予以确认，在规定的时间购买招标文件、图纸和有关技术资料。

（六）发售招标文件

招标人应按规定的时间和地点向经审查合格的投标人发售招标文件及有关资料。招标文件发出后，招标人不得擅自变更其内容。需要进行必要的澄清、修改或补充的，应当在招标文件要求的提交投标文件截止日期前一定时间内，书面通知所有获得招标文件的投标人。该澄清、修改或补充的内容是招标文件的组成部分，对招标人和投标人都有约束力。

（七）组织现场勘察

招标人组织现场勘察的目的是为了让投标人充分掌握工程现场的实际情况，便于投标人作出准确的判断，编制符合投标人实际的工程报价。

现场勘查的主要内容包括：

1. 工程现场的地理位置、水文地质条件；

2. 工程现场气候条件；

3. 工程现场的配套设施，如水、电、路等；

4. 工程现场周围材料供应商情况；

5. 工程现场是否需要拆迁，如需要拆迁，拆迁的范围以及数量；

6. 其他投标人认为施工组织设计和工程报价需要了解的相关信息。

（八）召开投标预备会

投标预备会也称答疑会、标前会议，是指招标人以书面形式或召开投标预备会的方式，解答和澄清投标人在阅读招标文件和现场勘察中提出的疑问，解答和澄清的内容应形成书面通知发送给所有投标人，以便投标人更好地编制投标文件。解答和澄清的内容属于招标文件的一部分，与招标文件具有同等法律效力。

（九）开标

开标是指招标人将所有按招标文件要求密封且在开标截止时间之前提交的投标文件公开启封的过程。开标活动一般在公共资源交易中心进行，由招标人或招标代理机构主持，接受公共资源交易中心的监督。开标的一般程序如下：

1. 招标单位工作人员介绍各方到会人员，宣读会议主持人及投标人法定代表人或法定代表人委托书；

2. 检验投标人法定代表人或其指定代理人的证件、委托书；

3. 主持人重申招标文件要点，宣布评标办法；

4. 主持人当众检验启封投标书；

5. 投标人法定代表人或其指定代理人申明对投标文件是否确认；

6. 按投标书送达时间或以抽签方式排列投标人唱标顺序；

7. 当众启封公布标底；

8. 招标单位指定专人监唱，作好开标记录，并由各投标人的法定代表人或其指定代理人在记录上签字。

（十）评标、定标

开标后即进入评标过程。评标由评标委员会负责，评标委员会由招标人的代表和有关技术、经济、法律等方面的专家组成，成员为 5 人以上单数，其中技术、经济等方面的专家不得少于成员总数的 2/3。这些专家应当从事相关领域工作满 8 年，并具有高级职称或具有同等专业水平，由招标人从国务院有关部门或省、自治区、直辖市人民政府有关部门提供的专家名册或招标代理机构的专家库中确定。值得注意的是，与投标人有利害关系的人不得进入评标委员会。

定标就是根据评标委员会的评标报告，在推荐的中标候选人中，最后确定中标人的过程。对使用国有资金投资或国家融资项目，招标人应当确定排名第一的中标候选人为中标人。排名第一的中标候选人放弃中标、因不可抗力提出不能履行合同，或者招标文件规定应当提交履约保证金而在规定的期限内未能提交的，招标人可以确定排名第二的中标候选人为中标人。

（十一）中标结果公示及发布中标通知书

最终确认中标人后，招标人应将预中标人的情况在政府指定的期刊、网络上予以公示，接受社会监督。预中标结果公示完成后，招标人应在公示结束后 3 日内向中标人发出中标通知书，并将中标结果通知所有未中标的投标人。中标通知书对招标人和投标人具有法律约束力。中标通知书发出后，招标人改变中标结果的，或者中标人放弃中标项目的，应承担相应的法律责任。

（十二）签订合同

《中华人民共和国招投标法》第四十六条规定"招标人和中标人应当自中标通知书发出之日起三十日内，按照招标文件和中标人的投标文件订立书面合同。招标人和中标人不得订立背离合同实质性内容的其他协议。"合同签订后，招标人应及时通知其他未中标的投标人，同时退还投标保证金。招标工作到此结束。

四、电子招标

（一）电子招标的概念

电子招标是在互联网上利用电子商务平台提供的安全通道进行招标信息的传递和处

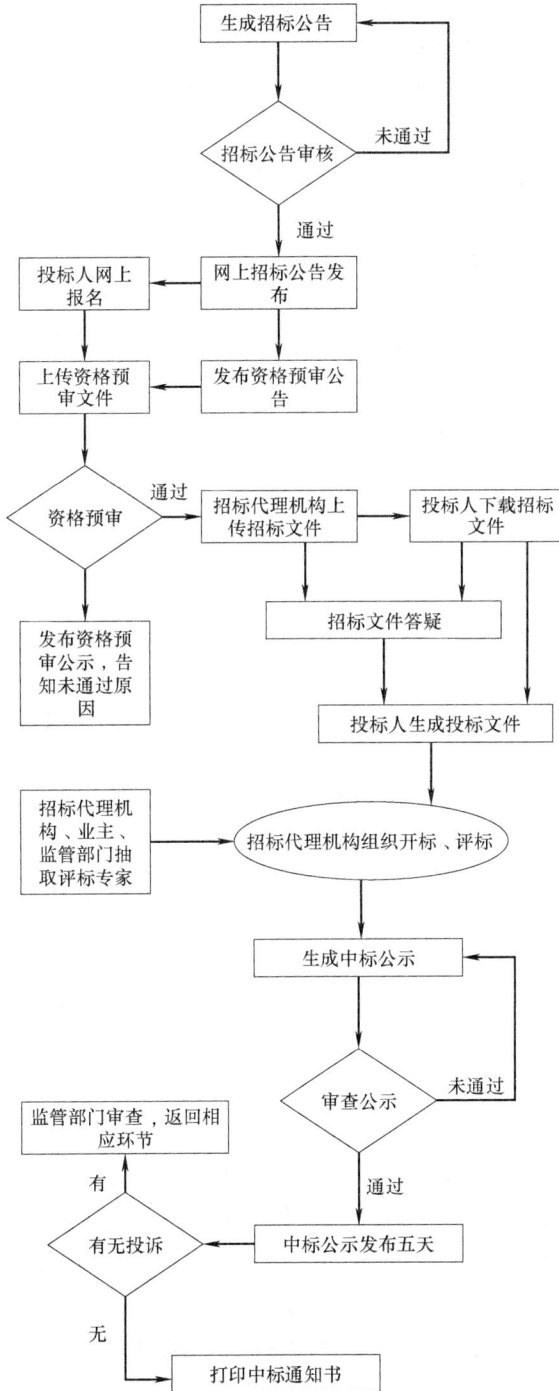

图 7-2　电子招标流程图

理，包括招标信息的公布、标书的下载与发放、投标书的收集、在线的竞标投标、投标结果的通知以及项目合同协议签订的完整过程。

（二）电子招标程序

电子招标的程序与传统招标程序基本一致，只是与传统招标相比，电子招标的很多工作环节是在网络上进行的。电子招标的程序流程图如图 7-2 所示。

（三）电子招标的优势与局限性

电子招标与传统招标在流程上十分相似，通过网络进行招标的起点从编制招标文件开始，经过在线出售招标文件、网上投标、开标、评标、定标、公布中标结果，最终结束于项目的归档保存，尽管流程相似，但是电子招标高效便捷，与传统招标相比存在以下几个优势：

1. 电子招标可以做到信息完全公开并充分利用，提高办公效率，体现"公开、公平、公正"的原则，提高监督部门与企业的办事效率，为企业节约人力、物力资源。

2. 电子招标打破了时间和地域上的限制，可操作性强，在一些特殊情况下，通过电子招标可使招标事宜顺利进行。

3. 电子招标能为监管部门提供高效优质的监管手段，监管部门可实时为企业办理工程登记手续、审批招标公告、审查中标公示、打印中标通知书，监管部门还可以通过网络综合查询、统计汇总及分析所有工程招投标的办理情况，并可通过内部管理程序以地域、时间、企业、工程等多种参数进行数据整合，大大提高了统计的速度和精度。

尽管电子招标有着便利、高效的特点，电子招标仍然具有以下局限性：由于电子招标采用电子操作，一个错误的指令或系统的小错误就可能带来麻烦，尤其是在身份认证、数据传输、数据储存的时候。其次，电子招标需要一套严密的管理体系和有效的约束机制，保证其规范化和法制化，对于一些重大技术装备和成套装备的招标也不适合采用电子招标。同时网络安全也是需要引起高度重视的问题。

第三节　工程项目投标

投标是投标人经营决策的重要组成部分，也是投标人获得工程合同的主要途径。充分了解投标工作程序、内容以及采取正确的投标策略是决定投标人能否中标以及能否获得较好经济效益的重要因素。

一、工程项目投标程序

工程项目投标与招标是招投标活动的两个方面，两者相互补充，共同组成了招投标活动。作为投标人，想要取得投标成功，必须了解投标工作程序与工作内容。下面仍以项目施工投标为例介绍投标的主要工作程序和工作内容。项目施工投标程序如图 7-3 所示。

（一）投标前期工作

投标前期工作主要包括收集招标信息和进行投标决策。

面对日益激烈的市场竞争，投标人是否能够第一时间获取招标信息在一定程度上决定了投标人能否在竞争中胜出。投标人除了可以在国家指定的期刊、网络上获取招标信息，也可以提前向招标人了解工程项目的相关信息，提前介入并对项目进行跟踪，可以为投标人增加在投标竞争中的胜算。

获取招标信息后，投标人应该在第一时间对获取的信息进行分析、筛选。投标人不仅应该分析项目本身的特点，也要分析业主的情况、竞争对手的情况等，综合以上各项信息的分析结果，做出可行的投标决策报告，供投标人进行合理、科学的投标决策。

（二）申请投标和参加资格预审

投标人决定参与投标竞争后，应在招标公告规定的时间内，向招标人或招标代理机构申请投标，目前常用的申请方式有现场申请报名、网上申请报名等。申请报名和资格预审的文件必须按照招标公告的要求编写。在实践中，投标人经常因为没有仔细阅读招标公告和资格预审文件，出现资料准备不齐全、没有在规定的地方盖章、没有按照要求进行密封等问题，从而失去了竞争资格。

（三）购买招标文件

投标人接到招标人的招标申请书或资格预审通过通知书，就表明已具备参加投标的资格，如果决定参加投标，就应按照招标人规定的日期和地点凭邀请书或通知书及有关证件购买招标文件。

（四）研究招标文件

投标人购买招标文件后，投标人工作人员应当对招标文件逐字逐句阅读，如果没有充分理解招标文件，误解了招标文件的内容，不仅会造成不必要的损失，甚至会导致投标竞争失

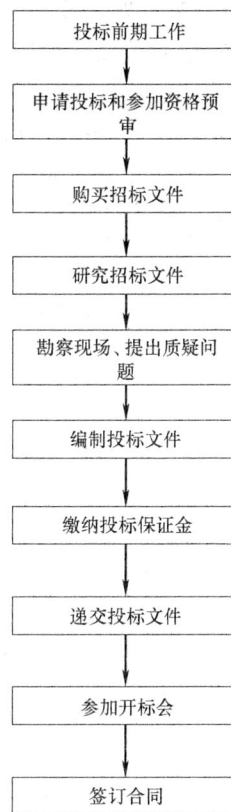

图 7-3 项目施工
投标程序图

败。所以投标人对招标文件如果有任何疑问，应当在规定时间内，以书面形式向招标人或招标代理机构提出澄清要求。一般来说，投标人需要仔细研究招标文件的以下几部分内容：

1. 投标人须知。通过分析投标人须知，投标人不仅要掌握招标条件、招标过程、评标规则和其他各项要求，对投标报价工作作出具体安排，而且要了解投标风险，以确定投标策略；

2. 工程技术文件分析。即进行图纸审核、工程量复核，从中了解承包商具体的承包范围、技术要求、质量标准。在此基础上做好施工组织和计划，确定劳动力安排，进行材料、设备分析，编制实施方案，进行询价；

3. 合同评审。分析合同协议书和合同条件。从合同管理的角度，招标文件分析最重要的工作是合同评审。合同评审是一项综合性的、复杂的、技术性很强的工作。它要求合同管理者必须熟悉合同相关法律、法规，精通合同条款，对工程环境有全面了解，有合同管理的实际工作经验和经历；

4. 业主提供的其他文件。比如场地资料，包括地质勘探钻孔记录和测试结果；由业主获得的场地内和周围环境的情况报告；可以获得的关于场地及周围自然环境的公开参考资料；关于场地地表以下设备、设施、地下管道和其他设施资料；毗邻场地和场地上的建筑物、构造物和设备资料等。

（五）踏勘现场、提出质疑问题

踏勘现场是指招标人组织投标人对项目实施现场的经济、地理、地质、气候等客观条件和环境进行的现场调查。投标人应准备好现场勘查提纲，派往参加现场踏勘的人员事先应认真研究招标文件内容，特别是图纸和技术文件。现场踏勘中，除与施工条件和生活条件相关的一般性调查外，应根据工程专业特点有重点地结合专业要求进行踏勘。

踏勘结束后，投标人根据现场踏勘结果，结合招标文件中的疑问，以书面形式向招标人或招标代理机构提出澄清要求。

（六）编制投标文件

投标文件必须按招标文件规定的要求进行编制，一般不能带有任何附加条件，否则可能导致废标。

投标文件编制要点如下：

1. 对招标文件要研究透彻，重点是投标须知、合同条件、技术规范、工程量清单及图纸等；

2. 为编制好投标文件和投标报价，应收集现行定额标准、取费标准及各类标准图集，收集掌握调价政策文件及材料和设备价格情况等；

3. 在投标文件编制中，投标人应依据招标文件和工程技术规范要求，并根据施工现场情况编制施工方案或施工组织设计；

4. 按照招标文件中规定的各种因素和依据计算报价，并仔细核对，确保准确，在此基础上正确运用报价技巧和策略，并用科学方法作出报价决策；

5. 填写各种投标表格。招标文件所要求的每一种表格都要认真填写，尤其是需要签章的一定要按要求完成，否则可能导致废标；

6. 投标文件的密封。投标文件编写完成后要按招标文件要求的方式分装、贴封、签章。

（七）缴纳投标保证金

投标保证金是指投标人按照招标文件的要求向招标人出具的，以一定金额表示的投标责任担保。投标人不按招标文件要求提交投标保证金的，其投标文件作废标处理。

投标保证金的形式一般有：现金、银行保函、银行汇票、银行电汇、信用证、支票或招标文件规定的其他形式。

（八）递交投标文件

投标文件编制完成，经核对无误，由投标人的法定代表人签字盖章后，分类装订成册封入密封袋中，派专人在投标截止日期前送到招标人指定地点，并领取回执作为凭证。投标人在规定投标截止日前，在递送标书后，可用书面形式向招标人递交补充、修改或撤回其投标文件的通知，如果投标人在投标截止日期后撤回投标文件，投标保证金将不予退还。

（九）参加开标会

投标人按照招标文件规定的时间和地点参加开标会。投标文件递交的截止时刻一般就是开标会开始的时刻，开标会开始后，招标人或招标代理机构不再接收投标人递交的投标文件。

（十）签订合同

投标人收到中标通知书后，应在招标人规定的时间内与招标人进行谈判、签订合同，并向业主提交履约保函或保证金。如果投标人在规定时间内不愿与招标人签订合同，招标人有权按照规定没收投标人缴纳的投标保证金。

二、投标文件的编制

（一）投标文件的内容

投标文件是投标人根据招标文件编制的、向招标人提供的工程、货物或者服务的价格和其他责任的承诺文件，体现了投标人对项目的执行能力，是投标人能否通过评标的重要依据。中华人民共和国国家发展和改革委员会、财政部、住房和城乡建设部等九部委颁布的《中华人民共和国简明标准施工招标文件（2012版）》规定，投标文件一般由下列内容组成：

1. 投标函及投标函附录

投标函及投标函附录是投标人向招标人提交的报价、工期等实质性内容的承诺和说明文件，是投标人响应招标文件的概括性文件。

2. 法定代表人身份证明或附有法定代表人身份证明的授权委托书

法定代表人代表法人的利益行使职权，全权处理一切民事活动。若投标人的法定代表人不能亲自签署投标文件进行投标，则法定代表人需授权代理人全权代表其在投标过程和签订合同中执行一切与此有关的事项。

3. 投标保证金

投标保证金是招标人为了防止投标人在开标后撤销投标、中标后不与招标人签订合同或者在投标活动中有其他行为导致招标人蒙受损失而设置的以一定金额表示的责任担保。

4. 已标价工程量清单

工程量清单是表现招标工程分部分项工程项目、措施项目、其他项目、规费项目和税金的名称和相应数量等的明细清单。

5. 施工组织设计

施工组织设计是投标文件的重要组成部分，是编制投标报价的基础，是反映投标企业施工技术水平和施工能力的标志，在投标文件中具有举足轻重的地位。

6. 项目管理机构

项目管理机构是指投标人在拟投标项目中设置的管理组织，包括组织结构及拟投入管理人员的相关信息。

7. 资格审查资料

资格审查内容包括投标人的基本情况、近年财务状况、近年完成的类似项目情况、正在实施和新承接的项目情况等。

8. 投标人须知前附表规定的其他资料

以上是投标文件的组成内容，具体投标文件的格式可以参考《中华人民共和国简明标准施工招标文件（2012版）》。

（二）投标文件编制要求

虽然投标文件会随招标文件的要求不同而不同，但总体而言，对于非电子评标的项目，编制投标文件一般有以下要求：

1. 投标人根据招标文件的要求和条件填写投标文件内容时，凡要求填写的内容均应填写，否则视为放弃意见；

2. 投标人编制投标文件时必须使用招标文件提供的投标文件表格格式，但表格可以按同样格式扩展；

3. 应当编制的投标文件"正本"仅一份，"副本"则按招标文件前附表所述的份数提供，同时要明确标明"正本"和"副本"字样。投标文件正本和副本如有不一致之处，应以正本为准；

4. 投标文件正本与副本均应使用不能擦去的墨水打印或书写，各种投标文件的填写都要字迹清晰、端正，补充设计图纸要整洁、美观；

5. 所有投标文件由投标人的法定代表人或代理人签署、加盖印鉴，并加盖法人代表单位公章；

6. 全套投标文件均应无涂改和行间插字，除非这些删改是根据招标人的要求进行的，或者是由于投标人造成的必须修改的错误，修改之处必须由法定代表人或代理人签字并加盖法定代表人单位的公章；

7. 投标人应将投标文件的正本和副本按照招标文件的要求进行密封，并在外层密封包上注明招标文件规定的信息，如招标项目名称、招标编号、投标单位名称等。

投标文件有以下情形之一的，在开标时将被作为废标处理，不能参加评标：

（1）投标文件未按要求密封的；

（2）未经法定代表人签署或未加盖投标人公章或未加盖法定代表人印鉴的；

（3）未按规定的格式填写，内容不全或字迹模糊辨认不清的；

投标人在编制投标文件时应特别注意，必须严格按照招标文件的要求进行编制，以免投标文件被判为无效而前功尽弃。

（三）投标文件编制技巧

投标人编制投标文件的目的是为了吸引招标人，争取中标。因此，投标人在编制招标文件的商务标部分时应准确填写项目名称、报价、投标人相关信息等信息。同时，投标人在编写技术标部分时应运用适当技巧，让评标委员会专家在较短时间内，发现标书的价值和独到之处，从而给予较高的评价。

1. 有针对性地编制投标文件

很多投标单位为了让投标文件显得"好看"，特意将投标文件做得很厚，但是投标文件中的很多内容却是成片引用或对其他项目投标文件的成篇抄袭，这样编制的投标文件毫无针对性，常常引起评标委员会专家的反感，导致技术标部分严重失分。因此，投标人在编制投标文件时要结合项目特性，有针对性地编制投标文件。

2. 投标文件中施工方案要具备先进性、可行性和经济性的特点

在编制投标文件时，如果施工方案没有技术亮点，没有特别吸引招标人的技术方案，是很难获得高分的。因此，投标人应仔细分析招标人的关注点，在这些关注点上采用先进技术、设备、材料或工艺，使投标文件对招标人和评标委员会专家产生更强的吸引力。其次，在凸显投标文件技术标部分先进性的同时，切勿盲目提出不符合实际的施工方案、设备计划等，这会给日后的具体实施带来困难，甚至导致建设单位或监理工程师提出违约指控。最后，投标文件中的施工方案要尽可能体现经济性，因为这直接关系到投标人的效

益，而且经济合理的施工方案能降低投标报价，使报价更具有竞争力。

3. 编制投标文件时一定不能有漏项

评标委员会进行评标时，评标办法中对技术标部分的评分标准一般都分为许多项目，并分别赋予这些项目一定的评分分值。所以，在编制投标文件时，一定不能出现缺项或漏项，否则缺项或漏项部分会被评为零分，大大降低中标概率。

三、工程项目投标决策和报价技巧

随着建筑市场竞争日趋激烈，承包商为了长远发展，必须增加竞争力和提高中标率。在市场竞争中，除了提高企业自身实力外，正确作出投标决策，运用恰当的报价技巧至关重要，是企业在竞争中立于不败之地的重要手段之一。

（一）投标决策

1. 投标决策概念

工程项目投标决策是指投标人为了通过投标活动获得工程项目的承包权，制定最优的投标方案的行为。承包商在积累雄厚的经济实力、拥有丰富的经验和管理能力，并创建良好的社会声誉的同时，还要有一套独特而有效的投标策略。

投标决策分为两阶段进行，分别是前期阶段和后期阶段。投标决策前期阶段必须在购买投标人资格预审资料前后完成，决策的主要依据是对招标公告和招标项目情况的调研和了解，此阶段必须对投标与否作出论证。如果决定投标，即进入投标决策的后期阶段，是指从申报资格预审至投标报价前完成的决策，主要研究投什么性质的标，以及在投标中采取的策略问题。

2. 投标决策内容

（1）投标决策前期阶段的内容

1）建立广泛的信息来源渠道以获取拟招标项目信息

信息是决策的基础和依据，正确、明智的投标策略是建立在充分掌握信息的基础上的。承包商要作出是否投标的策略，首先应了解拟投标的项目信息。

2）对拟招标项目及相关信息进行整理分析

为提高中标率和获得良好的经济效益，除获知哪些项目拟进行招标外，投标人还应从战略角度对企业的经营目标、内部条件、外部环境等方面的信息进行收集整理和分析，最终作出是否投标的决策。

（2）投标决策后期阶段的主要内容

如果决定投标，则进入投标决策的后期，即投什么性质的标。

承包商在中标后，履行合同时可能会出现亏损、盈利、保本三种局面。因此，在投标决策中要对承包商经营目标与效果进行分析，决定投标类型。

盈利标是指承包商在拟招标项目的地区已经打开局面，管理能力饱和，信誉度高，竞争对手少，具有技术优势并且对招标人有较强的名牌效益，投标目标主要是扩大影响，或者在施工条件差、难度高、资金支付条件不好、工资质量要求苛刻等情况下，承包商选择的投标方式。

保本标是指承包商无后继工程，或者已经出现部分窝工，必须争取中标时选择的投标方式。但由于承包商对招标项目无优势可言，竞争对手又多，所以保本标就是薄利标。

亏损标是指当承包商已大量息工、严重亏损，若中标后至少可以使部分人工、机械运转，减少亏损；或是为了在对手林立的竞争中夺得投标，不惜血本压低标价；或是为了打入新市场，取得拓宽市场的立足点而压低标价的投标。以上这些虽然是不正常的，但在激烈的投标竞争中，承包商有时也迫不得已这样做，所以亏损标是一种非常手段。

3. 投标决策方法

投标决策工作应建立在掌握大量信息的基础上，从影响投标决策的主客观因素出发，根据招标项目的特点，结合自身的经营状况，充分预测竞争对手的投标策略，全面分析考虑选择投标对象。

一般来说，如果项目符合以下要求，则可以选择参加投标。

（1）承包商可以通过资格预审，拟招标项目没有超过承包商的经营范围和资质等级要求；

（2）项目规模适度，承包商对拟招标项目适应性强，技术、装备等实际施工能力能够满足工程项目要求；

（3）项目资金状况比较理想，承包商能通过项目取得经济利益；

（4）攻关方向明确，能与业主建立沟通渠道，有较可靠的社会基础；

（5）与竞争对手比较，明显处于优势；

（6）实施项目能有较好的社会效益，有辐射效应。

如果存在以下情况，投标人应考虑放弃投标。

（1）拟招标项目属于承包商营业范围之外；

（2）工程规模、技术要求超过承包商的资质等级；

（3）承包商生产任务饱满，而拟招标项目盈利水平较低或风险较大；

（4）承包商技术水平、业绩、信誉等条件明显不如竞争对手。

（二）报价技巧

投标活动是投标人之间的博弈活动，想要中标，不仅仅要靠投标人自身的实力，投标报价也是中标的关键。实践证明，过高的投标报价往往会因为失去竞争力而不能中标，过低的报价（低于成本价）则会给投标人带来损失，因此只有低而适度的报价才是中标的基础。下面介绍几种常见的报价技巧。

1. 不平衡报价法

不平衡报价是指一个工程项目的投标报价，在总价基本确定后，如何调整内部各个分项目的报价，以达到既不提高总价，不影响中标，又能在结算时得到更加理想的经济效益的目的。不平衡报价法具体操作方法如下：

（1）前高后低。即前面先完成的工程项目报高价，后面完成的工程项目报低价，这样有利于投标人资金的周转。如开办费、土方、基础等先期开工的项目单价报高，路面、交通设施等后期开工的项目单价报价低。但是这种方法对于竣工后一次性结算的工程不适用。

（2）经过核算工程量，估计工程量可能会增加的项目报高价，工程量可能减少的项目报低价。这个技巧就是提高可能增加工程量的项目单价，在结算时可以提高收益；降低可能减少的工程量的单价，在结算时可以减少损失。

（3）设计图纸不明确或有错误的，估计今后工程量会增加的项目单价报高价，估计今后工程量会减少或取消的项目单价报低价。

（4）没有工程量，只填单价的项目（如土方工程中挖淤泥、岩土、土方超运等备用单价）其单价报高。

（5）对允许调整价格的工程，当利率低于物价上涨时，则后期施工的工程项目的单价报高价，反之，则报低价。

需要值得注意的是：不平衡报价要适度，一般浮动不要超过20%；对"钢筋"、"混凝土"等常规项目最好不要提高单价；如果业主要求提供"工程预算书"，则应使工程量清单综合单价与预算书一致。

2. 突然降价法

投标报价是每个投标人的机密，为了在投标报价环节获胜，投标人往往会通过各种渠道获取竞争对手的投标报价信息。因此在投标报价时，可以适当散布假情报，用较高的投标报价迷惑竞争对手，在临近投标截止时间前，突然降低自己的投标报价，从而在投标报价环节战胜对手。例如，某地对一房建项目进行招标，承包商A于开标前一天带着高、中、低三个报价抵达该地后，通过各种渠道了解其他投标人情况，直到截止投标前10分钟，承包商A发现第一竞争对手已经放弃投标，承包商A立即决定不用最低报价，同时又考虑到第二竞争对手的竞争力，决定放弃最高报价，选择了"中报价"，结果成为最低标，为该项目中标打下基础。

3. 多方案报价法

多方案报价是投标人针对招标文件中的某些不足，提出备选方案和合理化建议，吸引招标人从而达到中标目的的方法。

多方案报价主要的适用情况是：招标文件中工程项目范围不明确，或者技术规范过于苛刻，投标人为了减少自身风险，就必须提高报价，但是提高报价可能会面临落选的危险，此时投标人会根据原有的招标文件报一个价，然后提出某些条款改变时，报价可以降低多少，以吸引业主。

值得注意的是，如果招标文件中明确规定不允许多个方案和多个报价，则多方案报价法不可取。

4. 增加备选方案报价法

有时招标文件中规定，可以提一个建议方案，即可以修改原设计方案，提出一个备选方案。投标人应组织一批有经验的设计和施工工程师，对原招标文件的设计和施工方案仔细研究，提出更加合理的方案以吸引招标人，促成自己的方案中标。值得注意的是，这种方法要根据招标文件的要求，如果招标文件中明确规定不接受备选方案，则不可以采用这种方法。

除了上述介绍的报价技巧，还有计日单价报价法、无利润报价法、先亏后盈报价法等报价方法，由于篇幅原因不再逐一介绍。施工投标报价是一项系统工程，报价策略和技巧的选择需要掌握充足的信息，更需要在投标实践中灵活使用，否则就可能导致投标失败。

第四节　工程项目合同管理

建设工程项目履行时间长、涉及主体多，依靠合同规范和确定彼此的权利义务关系就显得尤其重要。通过对承包内容、范围、价款、工期和质量等合同条款的制定和履行，发包方和承包商可以在合同环境下调控建设项目的运行状态，因此无论对于发包人还是承包人，合同管理是工程建设项目管理的核心。

一、工程项目合同概述

工程项目具有涉及面广、投资大、参与者多、周期长等特点，因此涉及的合同种类繁多，凡与工程建设有关的合同都可以称为工程项目合同。工程项目合同为发包方和承包方明确了工程实施的方向和各自的权利义务。

（一）工程项目合同的概念及作用

1. 工程项目合同的概念

为了实现工程项目的目标，项目各参与方之间需要订立许多合同，通常业主按照工程项目实施的不同阶段和具体工作内容不同，可以订立借款合同、咨询合同、监理合同、勘察合同、设计合同、施工合同、材料设备供应合同等。业主可以将上述合同分专业、分阶段委托，也可以将上述合同以各种形式合并委托。

从广义的角度理解，工程项目合同不是指一种合同，而是指借款合同、咨询合同、监理合同、勘察合同、设计合同、施工合同、材料设备供应合同等共同构成的合同体系。工程项目合同体系示意图如图 7-4 所示。

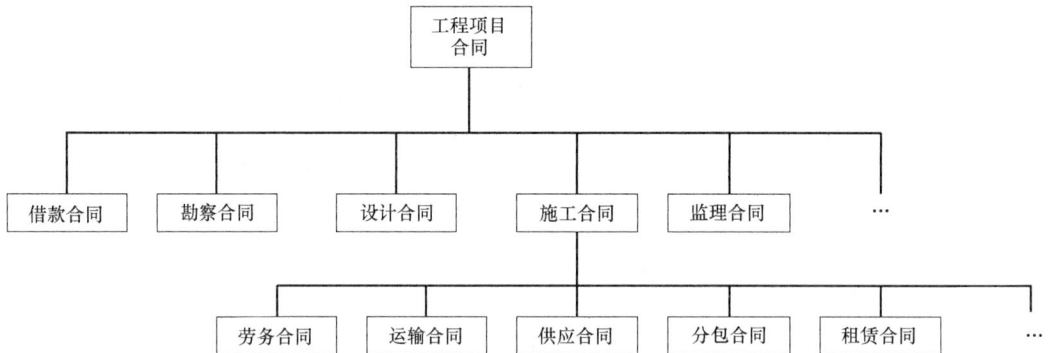

图 7-4　工程项目合同体系

从狭义的角度理解，工程项目合同一般指建设工程合同。建设工程合同是指在工程建设过程中，发包人与承包人依法订立的，明确双方权利义务关系的协议。《中华人民共和国合同法》第十六章第二百六十九条规定"建设工程合同是承包人进行工程建设，发包人支付价款的合同。建设工程合同包括工程勘察、设计、施工合同"。

2. 工程项目合同的作用

工程项目合同为项目管理提供了管理对象，并成为全过程施工管理的前提和基础，在承包商管理中占据着举足轻重的地位。工程项目合同的作用主要体现在以下几个方面：

（1）确定工程项目实施目标

工程项目合同规定了工程规模、属性、质量等基本属性，明确了工程项目的价格、工期等要求。

（2）明确权利与义务的关系

《中华人民共和国合同法》第八条规定"依法成立的合同，对当事人具有法律约束力，受法律保护"。工程项目合同的法律效力有三层含义：双方都应该认真履行各自的义务；

任何一方都无权擅自修改或废除合同；如果任何一方违反履行合同义务，就不能享受相应权利，还要承担违约责任。通过工程项目合同明确了甲乙双方的权利与义务，不仅约束了甲乙双方的行为，还有利于减少双方发生冲突的可能性。

（3）保护发包人和承包人合法权益

《中华人民共和国民法通则》第八十五条规定"合同是当事人之间设立、变更、终止民事关系的协议。依法成立的合同，受法律保护"。因此，无论是哪种情况的违约，权利受到侵害的一方，就要以工程项目合同为依据，根据有关法律，追究对方的法律责任；工程项目合同一经签订，就成为调解、仲裁和审理纠纷的依据。

（4）提供解决争议的依据

在双方执行合同的过程中不可避免地会出现这样或那样的经济纠纷，合同是解决双方经济纠纷的唯一依据。

（二）工程项目合同分类

工程项目合同按承发包范围可以分为工程总承包合同、建设工程承包合同、分包合同；按承包内容可以分为工程勘察合同、工程设计合同和工程施工合同等；按计价方式可以分为单价合同、总价合同、成本加酬金合同等。下面以工程施工合同为例，从计价方式的角度介绍不同的工程项目合同。

1. 单价合同

根据《建筑工程施工合同（示范文本）》（GF—2017—0201）第 12.1 款的定义，单价合同是指合同当事人约定以工程量清单及其综合单价进行合同价格计算、调整和确认的建设工程施工合同，在约定的范围内合同单价不作调整。

在实践中，单价合同是最常见的一种合同类型，适用范围广，如 FIDIC 土木工程施工合同。在单价合同模式下，合同工程量清单中的单价固定不变，合同实施过程中工程量可变，结算时按不变的单价和实际的工程量计算工程价款。承包商按合同规定承担报价的风险，对报价的正确性和适应性承担责任，而工程量变化的风险由业主承担，这对于发包方和承包方都比较合理，能够适应大多数工程项目。

单价合同根据单价是否可调，又分为固定单价合同和可调单价合同。

（1）固定单价合同

固定单价合同是指合同的价格计算是以图纸、规定及规范为基础，工程任务和内容明确，业主要求和条件清楚，合同单价一次包死，固定不变，即不再因为环境的变化和工程量的增减而变化的一类合同。在这类合同中，承包商承担价格风险，发包方承担工程量风险。固定单价合同适用于工期短、工程量变化小的工程项目。

（2）可调单价合同

可调单价合同是指在合同中签订的单价，根据合同约定的条款，如在工程实施过程中物价发生变化等，可作调整的一类合同。有的工程在招标或签约时，因某些不确定因素而在合同中暂定某些分部分项工程的单价，在工程结算时，再根据实际情况和合同约定对合同单价进行调整，确定实际结算单价。采用可调单价合同模式，承包商承担的风险相对较小。

2. 总价合同

根据《建筑工程施工合同（示范文本）》（GF—2017—0201）第 12.1 款的定义，总价合同是指合同当事人约定以施工图、已标价工程量清单或预算书及有关条件进行合同价格计算、调整和确认的建设工程施工合同，在约定的范围内合同总价不作调整。

总价合同适用于工程量不大、可以精确计算工程量、技术简单的项目。

总价合同可以分为固定总价合同和可调总价合同。

（1）固定总价合同

固定总价合同以一次包死的总价委托，价格不因环境的变化和工程量增加而变化，所以在这类合同中承包商承担了全部的工程量和价格风险。除了有重大设计变更，一般不允许调整合同价格。由于承包商承担了全部风险，报价中不可预见风险费用较高。承包商报价的确定必须考虑施工期间物价变化以及工程量变化带来的影响。

（2）可调总价合同

可调总价合同的合同价格是以图纸、规定及规范为基础，按照时价（Current Price）进行计算，得到包括全部工程任务和内容的暂定合同价格。它是一种相对固定的价格，在合同执行过程中，由于通货膨胀等原因而使所使用的工、料成本增加时，可以按照合同约定对合同总价进行相应的调整。当然，一般由于设计变更、工程量变化和其他工程条件变化所引起的费用变化也可以进行调整。因此，通货膨胀等不可预见因素的风险由业主承担，对承包商而言，其风险相对较小，但对业主而言，不利于其进行投资控制，突破投资的风险增大。

3. 成本加酬金合同

成本加酬金合同是由业主向承包人支付工程项目的实际成本，并按事先约定的某一种方式支付酬金的合同类型。即工程最终合同价格按承包商的实际成本加一定比例的酬金计算，而在合同签订时不能确定一个具体的合同价格，只能确定酬金比例，其中酬金由管理费、利润及奖金组成。

在这类合同中，发包方需要承担物价上涨和工程量的风险，承包方往往不愿意控制成本，反而希望增加成本获得更高的经济效益。成本加酬金合同模式显然有一定局限性，主要适用于工程复杂、技术要求高、工程范围不明确、工期紧迫的工程项目。

（三）工程施工合同示范文本

20世纪90年代初，我国逐渐出台了一些合同示范文本和管理办法，1991年，原建设部发布了《建设工程施工合同（示范文本）》(GF—91—0201)。由原建设部、国家工商行政管理局于1999年12月24日颁布的《建设工程施工合同（示范文本)》(GF—1999—0210)是在1991年印发的版本基础上修订的，依据合同遵循法律、促进建设监理的全面推行、规范承发包双方行为及促进建筑市场健康有序发展的原则，在文本结构及文本的具体内容方面均有较大、较好的修改。2013年4月，住房和城乡建设部、国家工商行政管理总局对《建设工程施工合同（示范文本)》(GF—1999—0210)进行了修改，形成了《建设工程施工合同（示范文本）》(GF—2013—0210)。2017年9月，住房城乡建设部、国家工商行政管理总局再次对《建设工程施工合同（示范文本)》(GF—2013—0210)进行了修改，形成了《建设工程施工合同（示范文本)》(GF—2017—0210)。

《建设工程施工合同（示范文本)》(GF—2017—0210)由合同协议书、通用条款和专用合同条款三部分组成。

1. 合同协议书

合同协议书共计 13 条，主要包括：工程概况、合同工期、质量标准、签约合同价和合同价格形式、项目经理、合同文件构成、承诺以及合同生效条件等重要内容，集中约定了合同当事人基本的合同权利义务。合同协议书格式如下：

合同协议书

发包人（全称）：＿＿＿＿＿＿＿＿＿＿＿＿＿

承包人（全称）：＿＿＿＿＿＿＿＿＿＿＿＿＿

根据《中华人民共和国合同法》、《中华人民共和国建筑法》及有关法律规定，遵循平等、自愿、公平和诚实信用的原则，双方就

＿＿＿＿＿＿＿＿＿＿＿＿＿＿＿＿工程施工及有关事项协商一致，共同达成如下协议：

一、工程概况

1. 工程名称：＿＿＿＿＿＿＿＿＿＿＿＿＿。

2. 工程地点：＿＿＿＿＿＿＿＿＿＿＿＿。

3. 工程立项批准文号：＿＿＿＿＿＿＿＿＿。

4. 资金来源：＿＿＿＿＿＿＿＿＿＿＿＿。

5. 工程内容：＿＿＿＿＿＿＿＿＿＿＿＿。

群体工程应附《承包人承揽工程项目一览表》（附件 1）。

6. 工程承包范围：

＿＿＿＿＿＿＿＿＿＿＿＿＿

＿＿＿＿＿＿＿＿＿＿＿＿＿。

二、合同工期

计划开工日期：＿＿＿＿年＿＿月＿＿日。

计划竣工日期：＿＿＿＿年＿＿月＿＿日。

工期总日历天数：＿＿＿＿＿天。工期总日历天数与根据前述计划开竣工日期计算的工期天数不一致的，以工期总日历天数为准。

三、质量标准

工程质量符合＿＿＿＿＿＿＿＿＿＿＿＿＿＿＿＿＿＿标准。

四、签约合同价与合同价格形式

1. 签约合同价为：

人民币（大写）＿＿＿＿＿＿＿＿＿（￥＿＿＿＿元）；

其中：

（1）安全文明施工费：

人民币（大写）＿＿＿＿＿＿＿＿（￥＿＿＿＿元）；

（2）材料和工程设备暂估价金额：

人民币（大写）＿＿＿＿＿＿＿＿（￥＿＿＿＿元）；

（3）专业工程暂估价金额：

人民币（大写）＿＿＿＿＿＿＿＿（￥＿＿＿＿元）；

（4）暂列金额：

人民币（大写）＿＿＿＿＿＿＿＿（￥＿＿＿＿元）。

2. 合同价格形式：＿＿＿＿＿＿＿＿＿＿＿＿＿。

五、项目经理

承包人项目经理：_____。

六、合同文件构成

本协议书与下列文件一起构成合同文件：

（1）中标通知书（如果有）；

（2）投标函及其附录（如果有）；

（3）专用合同条款及其附件；

（4）通用合同条款；

（5）技术标准和要求；

（6）图纸；

（7）已标价工程量清单或预算书；

（8）其他合同文件。

在合同订立及履行过程中形成的与合同有关的文件均构成合同文件组成部分。

上述各项合同文件包括合同当事人就该项合同文件所作出的补充和修改，属于同一类内容的文件，应以最新签署的为准。专用合同条款及其附件须经合同当事人签字或盖章。

七、承诺

1. 发包人承诺按照法律规定履行项目审批手续、筹集工程建设资金并按照合同约定的期限和方式支付合同价款。

2. 承包人承诺按照法律规定及合同约定组织完成工程施工，确保工程质量和安全，不进行转包及违法分包，并在缺陷责任期及保修期内承担相应的工程维修责任。

3. 发包人和承包人通过招投标形式签订合同的，双方理解并承诺不再就同一工程另行签订与合同实质性内容相背离的协议。

八、词语含义

本协议书中词语含义与第二部分通用合同条款中赋予的含义相同。

九、签订时间

本合同于_____年___月___日签订。

十、签订地点

本合同在_____签订。

十一、补充协议

合同未尽事宜，合同当事人另行签订补充协议，补充协议是合同的组成部分。

十二、合同生效

本合同自_____生效。

十三、合同份数

本合同一式____份，均具有同等法律效力，发包人执____份，承包人执____份。

发包人：（公章）　　　　　　　　承包人：（公章）

法定代表人或其委托代理人：　　　法定代表人或其委托代理人：

（签字）   （签字）

组织机构代码：＿＿＿＿＿＿   组织机构代码：＿＿＿＿＿＿

地址：＿＿＿＿＿＿＿＿＿＿   地址：＿＿＿＿＿＿＿＿＿＿

邮政编码：＿＿＿＿＿＿＿＿   邮政编码：＿＿＿＿＿＿＿＿

法定代表人：＿＿＿＿＿＿＿   法定代表人：＿＿＿＿＿＿＿

委托代理人：＿＿＿＿＿＿＿   委托代理人：＿＿＿＿＿＿＿

电话：＿＿＿＿＿＿＿＿＿＿   电话：＿＿＿＿＿＿＿＿＿＿

传真：＿＿＿＿＿＿＿＿＿＿   传真：＿＿＿＿＿＿＿＿＿＿

电子信箱：＿＿＿＿＿＿＿＿   电子信箱：＿＿＿＿＿＿＿＿

开户银行：＿＿＿＿＿＿＿＿   开户银行：＿＿＿＿＿＿＿＿

账号：＿＿＿＿＿＿＿＿＿＿   账号：＿＿＿＿＿＿＿＿＿＿

2. 通用合同条款

通用合同条款是合同当事人根据《中华人民共和国建筑法》、《中华人民共和国合同法》等法律法规的规定，就工程建设的实施及相关事项，对合同当事人的权利义务作出的原则性约定。

通用合同条款共计 20 条，具体条款分别为：一般约定、发包人、承包人、监理人、工程质量、安全文明施工与环境保护、工期和进度、材料与设备、试验与检验、变更、价格调整、合同价格、计量与支付、验收和工程试车、竣工结算、缺陷责任与保修、违约、不可抗力、保险、索赔和争议解决。前述条款安排既考虑了现行法律法规对工程建设的有关要求，也考虑了建设工程施工管理的特殊需要。

3. 专用合同条款

专用合同条款是对通用合同条款原则性约定的细化、完善、补充、修改或另行约定的条款。合同当事人可以根据不同建设工程的特点及具体情况，通过双方的谈判、协商对相应的专用合同条款进行修改补充。在使用专用合同条款时，应注意以下事项：

（1）专用合同条款的编号应与相应的通用合同条款的编号一致；

（2）合同当事人可以通过对专用合同条款的修改，满足具体建设工程的特殊要求，避免直接修改通用合同条款；

（3）在专用合同条款中有横道线的地方，合同当事人可针对相应的通用合同条款进行细化、完善、补充、修改或另行约定；如无细化、完善、补充、修改或另行约定，则填写"无"或划"/"。

除以上三部分内容外，合同中还包括了协议书附件和专项合同条款附件。协议书附件包括承包人承揽工程项目一览表。专用合同条款附件包括：发包人供应材料设备一览表；工程质量保修书；主要建设工程文件目录；承包人用于本工程施工的机械设备表；承包人主要施工管理人员表；分包人主要施工管理人员表；履约担保格式；预付款担保格式；支付担保格式；暂估价一览表。

二、工程项目合同管理的概念及特点

工程合同一旦签订就具有法律效力，需要双方实施合同管理完成合同约定的内容。合同履行的时间一般较长，影响因素较多，因此合同管理不仅十分重要，而且具有积极的现

197

实意义。

（一）工程项目合同管理的概念

工程项目合同管理，是指各级工商行政管理机关、建设行政主管机关和金融机构，以及工程发包单位、监理单位、承包单位依据法律、行政法规和规章制度，采取法律的和行政的手段，对工程项目合同关系进行组织、指导、协调和监督，保护工程项目当事人的合法权益，处理工程项目合同纠纷，防止和制裁违法行为，保证工程项目合同的贯彻实施等一系列活动。

工程项目合同管理既包括工商行政管理机关、建设行政主管机关、金融机构对工程项目合同的管理，也包括发包单位、监理单位、承包单位对工程项目合同的管理。可将这些管理划分为以下两个层次：第一层次为国家机关及金融机构对工程项目合同的管理；第二层次则为建设工程项目合同当事人及监理单位对工程项目合同的管理。各级工商行政管理机关、建设行政主管机关对合同的管理侧重于宏观的管理，而发包单位、监理单位、承包单位对工程项目合同的管理则是具体的管理，也是合同管理的出发点和落脚点。本书侧重介绍第二层次的合同管理，即建设工程项目合同当事人及监理单位对工程项目合同的管理。

（二）工程项目合同管理的主要内容

工程项目合同管理的主体包括发包人、承包人和监理单位，各参与方在工程项目合同管理的不同阶段扮演不同的角色，对工程项目的实施起到了不同的作用。

发包人对合同的管理主要体现在施工合同的前期策划和合同签订后的履行、监督方面。发包人要为承包人的合同实施提供必要条件，向施工现场派驻代表或聘请监理人及具备相应资质的人员负责监督承包人履行合同。

承包人的工程项目合同管理工作是最细致、最复杂，也是最困难的，因为承包人在合同周期内的每个阶段都要有详细的计划和有利的控制，以减少失误，减少与发包人或监理人的争执，减少延误和不可预见费用支出，这一切都必须通过合同管理来实现。

监理人从宏观上控制施工进度，按承包人在开工时提交的施工进度计划进行检查督促，按照合同约定的技术规范和施工图的要求对施工质量进行检查验收。对于成本问题，监理人主要按照合同规定特别是工程量表的规定，严格为发包人支付工程款把关，并且防止承包人的不合理索赔要求。监理人的具体职责是在合同条件中规定的，如果发包人要对监理人的某些职权作出限制，应在合同专用条件中作出明确规定。

无论是发包人、承包人还是监理人，工程项目合同管理一般分为两个阶段，合同订立前的管理和合同履行阶段的管理。

1. 合同订立前的管理

合同一旦订立并生效即意味着合同全面履行，所以发包人和承包人必须采取谨慎、严肃、认真的态度，做好签订前的准备工作，具体内容包括市场预测、资信调查和决策以及订立合同前的行为管理。

作为发包人，需要对招标、合同中的重大问题进行决策。包括：与业主签约的承包商数量；招标范围、招标方式的确定；合同类型的选择；合同条件的选择；重要合同条款的确定；评标条件的确定；最终对承包人的选择等。

作为承包人，需要对招标文件进行分析和合同文本审查，对风险性和可能取得的利润作出评估；在合理预算价格内，选用合理施工方案，以满足发包人要求，获取中标；对分包合同进行策划。

2. 合同履行阶段的管理

合同依法订立后，当事人应做好履行过程中的组织和管理工作，严格按照合同条款，享有权利和履行义务。该阶段，合同管理人员（无论是发包人还是承包人）的主要工作是建立合同实施的保证体系、对合同实施情况进行跟踪、诊断分析并进行合同变更管理等。

在这一阶段，发包人的合同管理工作一般会委托监理人完成。监理人需要督促发包人向承包人移交图纸文件、施工用控制水准点数据等其他文件和数据；组织承包人对施工现场条件进行复核，向承包人进行技术交底以及澄清工程项目的其他疑问；协助发包人落实工程项目资金到位情况，做好资金计划管理；协助发包人处理变更和合同纠纷引起的索赔；协助发包人收集变更资料、合同资料和竣工资料等；

承包人需要建立有效的合同管理组织体系；重视合同分析，对照合同进行研究，从中找出问题，趋利避害；做好合同交底工作，形成以合同为中心的技术交底，明确合同责任；重视对分包合同的管理，杜绝转包及过度分包，对分包商的资质进行严格审查；加强索赔管理，利用索赔获得补偿，实现盈利等。

（三）工程项目合同管理的特点

工程项目合同管理一般具有以下特点：

1. 合同管理长期性

工程项目建设是一个长期且循序渐进的过程，这就决定了工程项目合同实施周期较长。合同管理过程不仅包括建设施工期，还包括了前期的招投标阶段和合同谈判阶段。因此，合同管理需要从投标人购买招标文件开始，直到合同履约结束为止的时间内连续、不间断地进行。

2. 合同管理动态性

在施工过程中，不确定因素较多，合同变更频繁，在实践中一个较大的工程项目合同变更文件可达几百页之多。因此合同管理必须根据不断变化的合同进行相应调整，这就决定了合同管理是一项动态管理过程。

3. 合同管理效益性

工程项目合同管理与经济效益直接挂钩，合同管理得好，承包商可以在项目中实现盈利，相反承包方将会蒙受损失。实践证明，成功的合同管理与失败的合同管理给承包方带来的经济效益的差额可以达到工程造价的 20% 之多。

4. 合同管理复杂性

工程项目合同管理是一项复杂、精细的管理活动。合同实施过程复杂，从购买招标文件到合同履约结束需要经历许多过程，整个过程中每个合同事件都是环环相扣，稍有疏忽，就可能会导致合同目的无法实现，造成重大经济损失。

5. 合同管理风险性

工程项目实施的时间长，影响因素多，经济条件、社会条件、法律条件和自然条件等都会给工程项目的实施带来不同程度的影响，有些因素是承包方无法通过自身努力进行控制的，会影响到合同的履行。同时，任何合同条款都不能囊括工程项目实施过程中可能会发生的所有情况，承包商要综合考虑工程项目实施过程中可能发生的情况，制定风险应对预案。

工程项目合同管理涉及的过程比较多，下面主要就合同订立和合同履行阶段的合同管理进行介绍。

三、工程项目合同订立管理

工程项目合同的订立，是指工程项目发包方与承包方依据法定程序协商谈判并签订合同的过程。合同一旦签订即具备法律效力，因此无论是发包方还是承包方，在合同订立阶段都需要综合考虑合同谈判的内容，尽可能将项目实施中可能发生的情况约定清楚，减少争议的发生。

（一）工程项目合同谈判需要注意的关键条款

《建筑工程施工合同（示范文本）》(GF—2017—0201) 为发包方和承包商提供了详细、缜密的合同条款，发包方和承包商订立合同前需要对这些条款进行谈判，经双方协商达成一致后，才能正式签订合同。由于工程项目合同涉及的条款较多，下面介绍工程项目合同谈判中需要特别注意的关键条款。

1. 合同文件及解释顺序

招标代理机构在编制招标文件的合同部分时，一般都会比较注意通用条款、专用条款、协议书、保修书、安全承诺、履约保函等合同文件，而往往忽视构成合同文件的其他内容，从而忽略其合同文件的优先解释顺序，直至发生合同争议，才发现解释顺序的重要性。

合同文件及解释顺序在《建筑工程施工合同（示范文本）》(GF—2017—0201) 中的规定如下：

组成合同的各项文件应互相解释，互为说明。除专用合同条款另有约定外，解释合同文件的优先顺序如下：

（1）合同协议书；

（2）中标通知书（如果有）；

（3）投标函及其附录（如果有）；

（4）专用合同条款及其附件；

（5）通用合同条款；

（6）技术标准和要求；

（7）图纸；

（8）已标价工程量清单或预算书；

（9）其他合同文件。

上述各项合同文件包括合同当事人就该项合同文件所作出的补充和修改，属于同一类内容的文件，应以最新签署的为准。

在合同订立及履行过程中形成的与合同有关的文件均构成合同文件组成部分，并根据其性质确定优先解释顺序。

2. 权利与义务

权利与义务是合同条款中很重要的条款，它为发包人和承包人制定了行为准则，明确发包人和承包人的权利与义务，有利于减少工程项目争议发生。在合同谈判时应尽可能全面地对双方的权利与义务进行约定，例如：施工前的现场条件中应由发包人承担的部分有水、电接口，道路开通时间，地下管线资料，水准点与坐标控制点校验等；承包人承担的部分有钻孔和勘探性开挖，邻近建筑物、构造物、文物安全保护，交通、环卫、噪声的管理等。发包人和承包人的权利与义务应按照国家相关要求和建筑行业的行规认真编制，要显示公平、公正、合理、合法。

3. 工期延误

由于工程项目自身的特性，工期延误十分常见。一旦发生工期延误，首先应分清是发包人的原因还是承包人的原因。通用条款对发包人原因导致的工期延误原因进行了明确界定，但是没有对承包人原因导致的工期延误进行界定，而且无论是发包人还是承包人导致的工期延误，均没有规定具体的补偿方案。因此，在专用条款中，不仅需要界定承包人导致工期延误的原因，也要制定合理、可行的工期延误补偿方案。

4. 计量与支付

计量与支付是发包人和承包人比较关注的内容，对项目的实施有着极其重要的影响。计量与支付的内容在专用条款中需要提前约定的内容比较多，通常需要注意以下内容：

①价款是否可以进行调整，如何调整；②工程预付款的支付方式、支付数额、抵扣方式；③按进度支付时的工程量如何确认；④支付进度款的时间和所占比例；⑤保修金的比例和支付时间、支付方式；⑥其他应在专用条款中确定的条件。

5. 解决合同争议的方式

尽管通用条款和专用条款约定了工程项目可能发生的情况，但是在工程项目实施过程中难免会发生合同中未约定的情形。发包人、承包人在履行合同时一旦发生争议，可以和解或者要求有关部门调解。当事人不愿和解、调解或者和解、调解不成的，双方可以在专用条款内约定以下一种方式解决争议：

（1）双方达成仲裁协议，向约定的仲裁委员会申请仲裁；

（2）向有管辖权的人民法院提起诉讼。

当事人没有订立仲裁协议或者仲裁协议无效的，可以向人民法院起诉。当事人应当履行发生法律效力的判决、冲裁判决、调解书；拒不履行的，对方可以请求人民法院执行。

（二）合同订立阶段应注意的问题

1. 避免缔约过失行为

缔约过失行为是指合同订立过程中，当事人一方或双方因自己的过失导致合同不成立、无效或被撤销或导致另一方的信赖利益损失的行为。缔约过失方应承担缔约过失责任，即过失方应对信赖其合同有效成立的相对人赔偿基于此项信赖而发生的损害。缔约过失责任既不同于违约责任，也有别于侵权责任，是一种独立的责任。

缔约过失行为的主要形式有：

（1）假借订立合同，恶意进行磋商

在此情形中，当事人根本没有与对方订立合同的目的，而是以与对方进行谈判为借口，恶意磋商，以达到损害对方或者第三方利益的目的。例如，甲知道乙需要转卖自己的工厂，而自己的竞争对手丙正有意愿购买工厂用于扩大生产。虽然甲并没购买工厂的真实意愿，但是为了阻止丙成功购买乙的工厂，甲提出更高的购买价位，假意与乙进行了长时间的磋商谈判。在得知丙放弃购买后，甲中断了谈判，最后迫使乙以比丙更低的价格将工厂转让了。甲应该为给乙方造成的经济损失承担赔偿责任。

（2）在订立合同中隐瞒重要事实或者提供虚假情况

此情况属于缔约过失的欺诈行为，是指一方当事人故意实施某种欺骗他人的行为，并使他人陷入错误而订立合同。欺诈行为都具有两个共同的特点：一是欺诈方故意陈述虚假事实或隐瞒真实情况；二是欺诈方客观上实施了欺诈行为。

（3）泄露或者不正当使用订立合同中知悉的商业秘密，给对方造成损失

在此情形中，一方当事人在谈判过程中可能会接触、了解另一方的商业机密，对此应依据诚实信用原则担负保密义务，不能向外泄露或作不正当使用。因泄露和不正当使用商业秘密而给商业秘密的所有人造成了损失，无论其行为主观上出于故意还是过失都应承担赔偿责任。

（4）其他违背诚实信用原则的行为

根据合同自愿原则，当事人可以自由决定是否订立合同，与谁订立合同，订立什么样的合同。但是，如果当事人违背诚实信用原则终止合同谈判，致使对方当事人的利益受到损害，则要承担缔约过失责任，赔偿损失。

2. 避免签订无效施工合同

工程项目合同一旦依法订立，即具有法律效力，双方当事人应当按照合同约定严格履行。

《最高人民法院关于审理建设工程施工合同纠纷案件适用法律问题的解释》中规定，工程项目合同具有下列情况之一的，认定无效：

（1）承包人未取得建筑施工企业资质或者超越资质等级的；

（2）没有资质的实际施工人借用有资质的建筑施工企业名义的；

（3）建设工程必须进行招标而未招标或者招标无效的；

（4）承包人非法转包、违法分包建设工程所订立的建设工程施工合同。

3. 合理确定风险分担

为了有效控制风险并尽可能减少风险对建设工程项目的影响，在工程合同订立时，合同当事人双方应在工程项目合同中，尽可能详细地对工程项目实施过程中可能出现的风险及风险应对措施进行约定。通过具体工程项目的特征分析以及合同类型的选择和合同条款的制定，并根据一定的风险分配原则，使风险在承发包双方之间公平合理地分配。

四、工程项目合同履行管理

工程项目合同履行是指工程建设项目的发包方和承包方根据合同规定的内容，各自完成合同义务的行为，工程项目合同履行管理是指发包方和承包方在这一活动过程中一系列的管理活动，主要包括合同总体分析、合同交底、合同实施控制以及合同变更管理等。

（一）合同总体分析

合同总体分析是通过合同协议书和合同条件分析，将合同条款和规定落实到合同实施具体问题和具体工程活动上，用以指导具体工作，使工程按合同实施：

合同总体分析在不同时期，因不同目的而有不同的内容，主要有以下几点：

1. 合同类型。不同类型合同其性质、特点、履行方式都不一样，直接影响合同双方责权利关系和风险分担，同时还影响工程施工中的合同管理、索赔以及反索赔。

2. 承包人主要任务。这是合同总体分析的重点内容之一。首先要明确承包人总任务，即合同标的。然后要明确承包人在设计、采购、生产、试验、运输、土建工程、安装工

程、验收、试生产、缺陷责任期维修等方面的主要责任，施工现场管理，为发包人管理人员提供生活和工作条件等责任；还必须明确合同中的工程量清单、施工图、工程说明、技术规范等。工程范围界限必须清楚，否则会影响工程变更和索赔。

3. 发包人责任。首先要明确发包人委托监理人履行发包人的全部合同责任或其中一部分；发包人和监理人对各承包人和供应商之间的责任界限必须划分清楚；发包人应提供施工条件，如及时提供设计资料、施工图、施工场地、道路等。

4. 合同价格分析。需要分析合同价格所包括的风险范围、计价方法、调整方式；工程量计价程序、工程款结算方法和程序必须确定；拖欠工程款的合同责任必须明确。

5. 违约责任。如果合同一方未遵守合同规定，造成对方损失，应受到相应的合同处罚，因此应该着重分析以下条款：承包人不能按合同规定的工期完成项目的违约金或承担发包人损失的条款；由于管理上的疏忽造成对方人员和财产损失的赔偿条款；由于预谋或故意行为造成对方损失的处罚和赔偿条款；由于承包人不履行或不能正确履行合同责任或出现严重违约的处理规定；由于发包人不履行或不能正确履行合同责任，或者出现严重违约的处理规定，特别是对发包人不及时支付工程款的处理规定。

6. 索赔程序和争议解决

主要分析索赔的程序；争议解决的方式和程序；仲裁条款，包括仲裁所依据的法律，仲裁地点、方式和仲裁结果的约束力等。

（二）合同交底

合同总体分析是工程项目实施合同管理的依据。合同分析后，应由合同管理人员向各层次管理者进行合同交底，把合同责任具体地落实到各责任人和合同实施的具体工作上。合同交底是合同执行的起点，是合同管理的重要环节。

1. 合同交底的内容

（1）工程概况和合同工作范围；

（2）合同关系及合同涉及各方之间的权利、义务和责任；

（3）合同工期控制总目标及阶段控制目标；

（4）合同质量控制目标、标准和验收程序；

（5）合同对本工程的材料、设备采购、验收的规定；

（6）投资及成本的控制目标；

（7）争议处理方式、程序和要求；

（8）合同双方的违约责任；

（9）索赔的机会和处理策略；

（10）合同风险的内容和防范措施。

2. 合同交底的工作程序

合同交底一般可以分为三个层级，公司向项目部负责人及项目合同管理人员交底，项目部负责人或由其委派的合同管理人员向项目职能部门负责人交底，项目职能部门负责人向其所属执行人员交底，其交底程序大致分为以下四部分：

（1）公司合同管理人员向项目负责人及项目合同管理人员进行合同交底，全面陈述合同背景、合同工作范围、合同目标、合同执行要点及特殊情况处理，形成书面合同交底记录；

（2）项目负责人或其委派的合同管理人员向项目职能部门负责人进行合同交底，陈述合同基本情况、合同执行计划、各职能部门的执行要点、合同风险防范措施等，形成书面合同交底记录；

（3）职能部门负责人向其所属执行人员进行合同交底，陈述合同基本情况、本部门的合同责任及执行要点、合同风险防范措施等，形成书面交底记录；

（4）各部门将交底情况反馈给项目合同管理人员，由其对合同执行计划、合同管理程序、合同管理措施及风险防范措施进行进一步修改完善，最后形成合同管理文件，下发给各执行人员，指导其活动。

（三）合同实施控制

工程项目合同实施控制，是指承包商合同管理组织为保证合同所约定的各项义务全面完成及各项权利的实现，以合同分析成果为基准，对整个合同实施过程进行全面的监督、跟踪和诊断的管理活动。

1. 合同监督

合同责任是通过具体的合同实施工作完成的。合同监督可以保证合同实施按合同和合同分析的结果进行，合同监督的主要工作有以下几方面：

（1）对合同实施计划落实情况的监督

合同管理人员与项目的其他职能人员一起检查合同实施计划的落实情况，如施工现场的安排，人工、材料、机械等计划的落实，工序间的搭接关系的安排和其他一些必要的准备工作。对照合同要求的数量、质量、技术标准和工程进度等，认真检查核对，发现问题及时采取措施。

（2）对发包人、监理人的合同监督

在工程项目施工过程中，发包人、监理人常常变更合同内容，包括本应由其提供的条件未及时提供，本应及时参加的检查验收工作不及时参与；有时还提出合同以外的要求。对于这些问题，合同管理人员应及时发现，及时解决或提出补偿要求。此外承包人与发包人或监理人会就合同中一些未明确划分责任的工程活动发生争执，对此，合同管理人员要协助项目部及时进行谈判和调解工作。

（3）处理工程变更事宜

合同的任何变更，都应由合同管理人员负责提出；向分包人提出的任何指令，向发包人的任何请示、文字答复，都必须经合同管理人员审查并记录在案。承发人与发包人、总（分）包人的任何争议的协商和解决都必须有合同管理人员的参与，并对解决结果进行合同和法律方面的审查、分析和评价。

（4）对各种书面文件作合同方面的审查和控制

由于工程实施中的许多文件，如发包人和监理人的指令、会谈纪要、备忘录、修正案、附加协议也是合同的一部分，所以要求必须完备，没有缺陷、错误、矛盾和二义性，同时也应接受合同审查。

2. 合同跟踪

合同跟踪可以不断找出偏差，不断调整合同实施，使之与总目标一致，这是合同实施控制的主要手段。

（1）合同跟踪依据

合同跟踪依据主要来源于以下三方面：合同和合同分析成果，如各种计划、方案、合同变更文件等；各种实际的工程文件，如原始记录，各种工程报表、报告、验收结果等；工程管理人员每天对现场情况的直观了解，如巡视施工现场、与各种人谈话、召集小组会议检查工程质量等。

（2）合同跟踪对象

合同跟踪对象主要有两个：具体的合同活动或时间；工程小组或分包人的工程和工作。

1）对具体合同活动或时间进行跟踪是一项非常细致的工作，对照合同时间表的具体内容，分析该事件的实际完成情况。一般包括完成工作的数量、质量、时间以及费用等情况，这样可以检查每个合同活动或合同时间的执行情况。

2）一个工程小组或分包人可能承担许多专业相同、工艺相近的分项工程，必须对它们实施的总体情况进行检查分析。在实际工程中常因某一工程小组或分包人的工作质量差或进度拖延而影响整个工程施工。合同管理人员应在这方面给他们提供帮助，如对工程缺陷提出意见、建议或警告，责成其在一定时间内提高质量，加快工程进度等。

3. 合同诊断

在合同跟踪的基础上可以进行合同诊断。合同诊断是对合同执行情况的评价、判断和趋向分析、预测。

（1）合同执行差异的原因分析

合同管理人员通过对不同监督和跟踪对象的计划值和实际值的对比分析，不仅可以得到合同执行的差异情况，而且可以探究引起差异的原因。例如，通过计划成本和实际成本累计曲线的对比分析，不仅可以得到总成本的偏差值，而且可以进一步分析差异产生的原因。

（2）合同履行差异责任分析

合同分析的目的是要明确责任，即这些原因是由谁引起，该由谁承担责任，这常常是索赔的理由。一般只要原因分析详细，有根有据，责任分析自然清楚。责任分析必须以合同为依据，按合同约定落实双方责任。

（3）合同履行趋向预测

对于合同履行中出现的偏差，分别考虑是否采取调控措施以及采取不同的调控措施情况下，预测合同的最终履行后果，并以此指导后续的合同管理；预测最终的工程状况，包括总工期延误，总成本超支，质量标准，所能达到的生产能力等；预测承包方将承担什么样的结果，如被罚款，被起诉，对承包方资信、企业形象、经营战略的影响等。

（四）合同变更管理

任何工程项目在实施过程中由于受到各种外界因素的干扰，都会发生不同程度的变更。而由于合同变更涉及工程价款的变更及工期的补偿等，这直接关系到项目经济效益。因此，变更管理在合同管理中就显得相当重要。

1. 合同变更的概念

工程项目合同变更，一般是指合同成立以后、履行完毕以前，因为某些特定或不特定的原因，造成施工合同对应内容的变化和更改，双方当事人依法对原合同内容进行的修改，并可能由此导致双方权利义务发生变化的过程。频繁地变更是大型建设工程合同的显著特点之一。

2. 合同变更的原因

对于一个较为复杂的工程合同，实施过程中的变更事项可能有几百项，合同变更产生的原因通常有以下几个方面：

（1）设计变更

设计变更，指的是项目实施过程中，对设计文件进行的变化和修改，从而导致双方责权利发生变化。设计变更的依据主要有两个，一是工程项目有关建设行政主管部门发布的相关行业的设计变更管理办法；二是项目施工合同的具体约定。一般情况下，设计变更产生的后果，由设计变更责任方承担，没有责任方的，由建设单位承担。

（2）施工方案变更

施工方案变更，指施工过程中，因为某些条件变化，导致施工方案不得不发生变化的情形，比如设计条件变化、现场条件变化、业主需求变化等。一般而言，施工方案的变更与设计变更一样，其产生的后果也需要由责任方承担。

（3）不利物质条件变更

根据《建筑工程施工合同（示范文本）》（GF—2017—0201）的定义，不利物质条件是指"有经验的承包人在施工现场遇到的不可预见的自然物质条件、非自然的物质障碍和污染物，包括地表以下物质条件和水文条件以及专用合同条款约定的其他情形，但不包括气候条件"。

《建筑工程施工合同（示范文本）》（GF—2017—0201）第7.6款规定"承包人遇到不利物质条件时，应采取克服不利物质条件的合理措施继续施工，并及时通知发包人和监理人。通知应载明不利物质条件的内容以及承包人认为不可预见的理由。监理人经发包人同意后应当及时发出指示，指示构成变更的，按第10条［变更］约定执行。承包人因采取合理措施而增加的费用和（或）延误的工期由发包人承担"。

（4）法律法规变更

法律法规变更，是指项目实施过程中，工程所在地的法律、法规等文件导致的政策性变化，进而造成合同双方的责权利关系发生变化的更改。

（5）市场条件变更

市场条件变更，主要指的是项目实施过程中工料机等市场价格的变化，这种变化也必然引起合同双方当事人权责利的变化和更改。

（6）气候条件变更

气候条件变更，指的是项目实施过程中，因为气候条件的变化，导致合同双方责权利关系的变化和更改。

（7）社会条件变更

社会条件变更，是指因为社会制度变化、暴乱、骚动、罢工等，造成合同双方当事人权责利关系的变化。

（8）业主意愿变更

业主意愿变更，属于非上述条件下，业主的想法或者需求发生了变化，由此而导致双方权责利的变更。业主意愿变更一般体现为设计变更，由业主承担相应的责任。

3. 合同变更的程序

由于变更对工程施工过程影响很大，会造成工期的拖延和费用的增加，错误的变更程序容易引起双方的争执，因此合同变更必须严格按照相应的程序进行。合同变更工作流程图如图 7-5 所示。

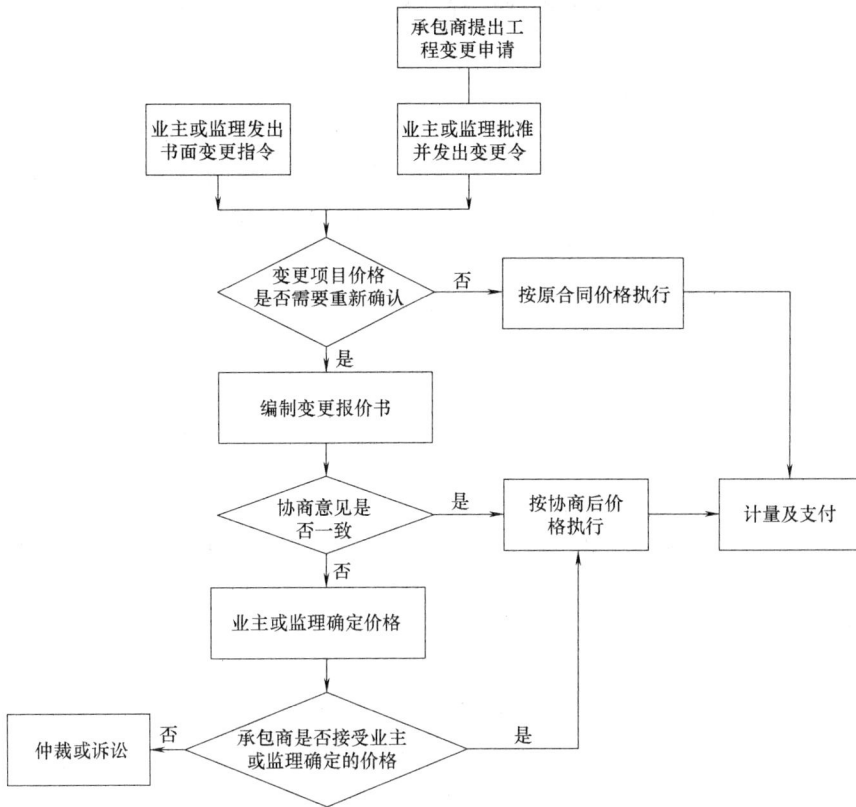

图 7-5　合同变更工作流程图

（1）提出变更申请

1）承包商提出变更

承包人收到监理人按合同约定发出的图纸和文件，经检查认为其中存在变更情形的，或由于项目施工过程中遇到不利物质条件等原因，确需变更的，承包人可向监理人提出书面变更建议。变更建议应阐明要求变更的依据，并附必要的图纸和说明。监理人收到承包人书面建议后，应与发包人共同研究，确认存在变更的，应在收到承包人书面申请后的 14 天内作出变更指示。经研究后不同意作为变更的，应由监理人书面答复承包人。

2）业主方提出变更

业主一般可通过监理人提出变更。但如果业主方提出的变更内容超出合同限定的范围，则属于新增工程，只能另签合同处理，除非承包方同意作为变更。

（2）变更批准

承包方提出的工程变更，应该交与监理人审查并批准；由发包方提出的工程变更，涉及设计修改的应该与设计单位协商，且一般通过监理人发出；监理方发出的工程变更权利，一般会在施工合同中明确约定，通常在发出变更之前应征得发包方批准。

（3）变更估价

承包人应在收到变更指示后 14 日内，向监理单位提出变更估价申请。监理人应在收到承包人提出的变更估价申请后 7 日内审查完毕并报送发包人,如果监理人对变更估价申请有异议,应通知承包人修改后重新提交。发包人应在承包人提出变更估价申请后 14 日内审批完毕。发包人逾期未完成审批或未提出异议的,视为认可承包人提交的变更估价申请。

(4)变更指令的发出及执行

为了避免耽误工作,监理人和承包商就变更价格达成一致意见前,有必要先行发布变更指示,变更指示只能由监理人发出。变更指示应说明变更目的、范围、变更内容、变更的工程量及其进度和技术要求,并附有相关图纸和文件。承包人收到变更指示后,应按变更指示进行变更工作。一般情况下变更指示分为两个阶段发布:第一阶段是在没有规定价格和费率的情况下直接指示承包商继续工作;第二阶段是通过进一步协商后,发布确定变更工程费率和价格的指示。

第五节 案例分析

背景资料:

某工程设计已完成,施工图纸具备,施工现场已完成"三通一平"工作,已具备开工条件。在该项目的招投标工程中,发生了如下事项。

(一)招标阶段

1. 招标代理机构采用公开招标方式进行招标,编制了标底,为 800 万元。

2. 通过资格预审参加投标的共有 A、B、C、D、E 五家施工单位。开标结果是这五家投标单位的报价均高出标底价近 300 万元,这一异常结果引起了招标人的注意。为了避免招标失败,业主要求代理机构重新复核标底。复核标底后,确认是由于工作失误,漏算了部分工程项目,导致标底偏低。在修正错误后,代理机构重新确定了新的标底。A、B、C 三家单位认为新的标底不合理,向招标人要求撤回投标文件;

3. 由于上述问题导致定标工作在原定的投标有效期内一直没有完成。为了早日开工,业主更改了原定的工期和工程结算方式等条件,指定了其中一家施工单位中标。

(二)投标阶段

1. A 单位为了不影响中标,又能在中标后取得较好收益,在不改变总报价的基础上对工程中各项目报价进行了调整,提出了正式报价;

2. D 单位在对投标报价进行估算后,认为工程价款按季度支付不利于资金周转,决定在招标文件要求报价之外,另建议业主将付款条件改为:预付款降为 5%,工程款按月支付;

3. E 单位首先对原招标文件进行了报价,又在认真分析原招标文件的设计和施工方案的基础上提出了一种新方案(缩短了工期,且可操作性好),并进行了相应报价。

根据上述背景资料,结合本章工程项目招投标和合同管理的相关知识,我们可以从以下几个方面进行分析:

1. 该项目的招投标工作存在诸多问题

(1)开标后,又重新复核标底不符合招投标相关法律的规定。根据《中华人民共和国招投标法实施条例》第八十二条规定"依法必须进行招标的项目的招标投标活动违反招标投标法和本条例的规定，对中标结果造成实质性影响，且不能采取补救措施予以纠正的，招标、投标、中标无效，应当依法重新招标或者评标。"

一个工程只能编制一个标底，如果在开标后再复核标底，将导致具体评标条件发生变化，因而会对中标结果造成实质性影响，所以不能简单调整标底后便确定中标人，而是应该重新招标。

（2）投标有效期内，招投标工作没有完成。根据《中华人民共和国招投标法实施条例》第二十五条规定"招标人应当在招标文件中载明投标有效期。投标有效期从提交投标文件的截止之日起算。"

由于业主方和招标代理机构工作失误，招投标活动在投标有效期内没有完成，但是业主方在投标有效期外仍完成了剩下的招投标工作，并确定了中标人，这明显不符合招投标相关法律的规定。

（3）业主修改了已发布的招标文件中关于工期和工程结算方式等内容，不符合招投标相关法律的规定。根据《中华人民共和国招投标法实施条例》第二十一条规定"招标人可以对已发出的资格预审文件或者招标文件进行必要的澄清或者修改。澄清或者修改的内容可能影响资格预审申请文件或者投标文件编制的，招标人应当在提交资格预审申请文件截止时间至少 3 日前，或者投标截止时间至少 15 日前，以书面形式通知所有获取资格预审文件或者招标文件的潜在投标人；不足 3 日或者 15 日的，招标人应当顺延提交资格预审申请文件或者投标文件的截止时间。"

业主如果要对已发布的招标文件中的内容进行修改或者澄清，需要按规定的程序进行，该项目的业主的做法明显违背了《中华人民共和国招投标法实施条例》的相关规定。

（4）业主直接指定中标单位是严重违反招投标相关法律的行为。根据《中华人民共和国招投标法实施条例》第八十一条规定"招标人以其指定的投标人作为中标候选人或者中标人，或者以其他方式非法干涉评标活动，影响中标结果的，将承担相应的法律责任。"

业主直接指定中标单位的行为，直接干涉了评标活动，不仅中标结果无效，业主方负责人应承担相应法律责任。

（5）投标单位不能随意撤回投标文件。根据《中华人民共和国招投标法实施条例》第三十五条规定"投标人撤回已提交的投标文件，应当在投标截止时间前书面通知招标人。招标人已收取投标保证金的，应当自收到投标人书面撤回通知之日起 5 日内退还。投标截止后投标人撤销投标文件的，招标人可以不退还投标保证金。"

A、B、C 三家投标单位认为复核的标底不合理，提出要撤回投标文件，而此时项目已经开标，不能随意撤回投标文件。若 A、B、C 三家投标单位执意要撤回投标文件，业主方可以不退还其缴纳的投标保证金。

2. 投标单位采取了不同的投标策略

A 单位采用了不平衡报价法。A 单位通过调整项目内部各个项目的报价，达到了既不提高总价，又不影响中标，还能在结算时取得更好的经济效益的目的。

D 单位采用了多方案的报价法。D 单位认为原招标文件中付款条件和支付时间比较苛刻，于是向业主方提出建议将付款条件改为预付款降到 5%，工程款按月支付。D 单位希望通过这些合理化建议吸引业主方，从而在投标活动中获胜。

E单位采用了增加备选方案报价法。E单位在原有招标文件的基础上进行了报价，同时向业主方提出工期更短、可操作性更好的新方案，并且对这种新方案也进行了报价，这是典型的增加备选方案的报价方法。

3. 结合背景资料，业主方和中标单位签订总价合同最为合适。工程项目合同有单价合同、总价合同、成本加酬金合同等形式，不同的合同类型适用于不同的项目情况。本项目工程量不太大，现场满足开工条件，设计图纸详细而全面，投标单位可以准确计算工程量，因此总价合同是最适合本项目的合同形式。

总而言之，工程项目招投标和合同管理是工程项目管理中的重要内容。工程项目招投标是一项严谨的工作，不仅需要严格遵守招投标相关的法律法规，而且需要按照规定的程序进行。通过规范的招投标程序择优选择承包商、采用恰当的合同形式是合同管理顺利进行的基础。

习　　题

1. 工程项目招投标按照内容可以分为哪几类？每一类有什么特点？
2. 工程项目招投标的意义有哪些？
3. 工程项目招标方式有哪几种？
4. 公开招标和邀请招标有什么区别？
5. 哪些项目必须进行招投标？哪些项目可以不进行招投标？
6. 招标包括了哪些工作内容？
7. 标底和招标控制价的区别？
8. 投标包括了哪些工作内容？
9. 投标报价有哪些技巧？分别适用什么情况？
10. 工程项目合同可以分为哪几类？
11. 承包方的工程项目合同管理有哪些工作内容？
12. 工程项目合同由哪些部分组成？
13. 合同履行阶段有哪些合同管理工作？

第八章 工程项目投资控制

投资控制是工程项目管理的一项重要任务，是项目管理的核心工作之一。工程项目投资控制贯穿于工程项目管理的全过程，即从项目决策直至工程竣工验收。实现项目投资控制的核心理念是"全过程投资控制"。本章以全过程投资控制为主线，全面、系统地介绍工程项目各个阶段投资控制的重点和方法。

第一节 工程项目投资控制概述

工程项目投资控制的目标是使项目的实际总投资不超过项目的计划总投资。项目前期决策和设计阶段对项目投资影响最大，必须加强项目前期决策及设计阶段的投资控制。

一、工程项目投资控制的含义

（一）工程项目投资控制的概念

工程项目投资控制是以工程项目为对象，在投资计划范围内为实现项目投资目标而对工程建设活动中的投资进行的计划和控制。工程项目投资控制的目的，就是在工程项目实施的各个阶段通过投资计划与动态控制，将实际发生的投资额控制在投资计划值以内，最大程度地实现工程项目的投资目标。

投资控制并不要求工程项目的投资越少越好，而是指在满足工程项目功能要求和使用要求的前提下，通过控制措施，在计划投资范围内完成工程项目建设。投资控制的目标是充分利用有限资源，使工程项目建设获得最佳效益和增值。

（二）工程项目投资控制主要过程

工程项目投资控制主要由两个各有侧重又相互联系和重叠的工作过程构成，即工程项目投资计划过程与投资控制过程。在工程项目实施前期，以投资计划为主；在工程项目实施中后期，投资控制占主导地位。

1. 投资计划

工程项目的建设过程是一个周期长、投资大的复杂过程，投资计划并不是一成不变的，在不同阶段随着项目建设的不断深入，投资计划也逐步具体和深化，如图 8-1 所示。

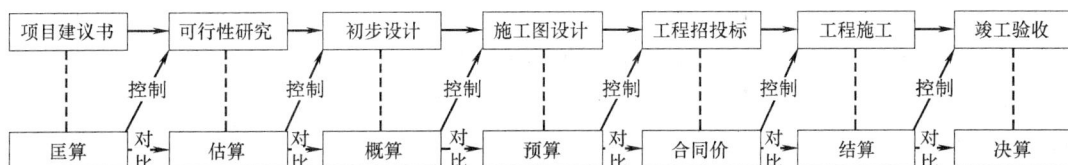

图 8-1　工程项目分阶段设置的投资计划

从图中可以看出，对应于各个阶段的不同工作，其确定的投资计划是不相同的。

（1）项目建议书阶段是对拟建项目提出的框架性总体设想，从宏观上论述项目设立的必要性和可能性，该阶段工作比较粗略，投资匡算一般通过与已建类似项目的对比得来，因而投资估算的误差率可能在 30% 左右。

（2）可行性研究阶段主要对项目进行全面、详细、深入的技术经济分析论证。该阶段研究内容详尽，投资估算的误差率应控制在 10% 以内，是进行经济评价、决定项目可行性、选择最佳投资方案的主要依据，也是编制设计文件、控制初步设计及概算的主要依据。

（3）在设计阶段，以可行性研究阶段投资估算控制初步设计工作，编制初步设计概算；以初步设计概算控制施工图设计及编制施工图预算。

（4）在施工招投标及施工阶段，以施工图预算控制工程招投标阶段的工作，最终形成工程承包合同价格；以工程承包合同价格作为工程结算和竣工决算的依据。

2. 投资控制

工程项目投资控制就是在工程项目前期决策阶段、设计阶段、施工招投标阶段、施工阶段以及竣工验收阶段，把项目投资控制在批准的投资限额内，随时纠正发生的偏差，以保证项目投资管理目标的实现，取得较好的投资效益和社会效益。

（1）在前期决策阶段，依据投资计划、项目构思、项目定义与定位编制投资估算，进行投资目标的分析、论证和分解，并以此作为后续工程项目投资控制的重要依据。

（2）在设计阶段，以批准的投资估算为计划投资的目标值控制初步设计。如果初步设计概算超出投资估算（包括允许的误差范围），则应对初步设计结果进行修改和调整；如果施工图预算超出初步设计概算，则应对施工图设计结果进行修改和调整。通过对设计阶段形成的投资费用的层层控制，实现工程项目设计阶段投资控制目标。

（3）在工程施工招标阶段，以施工图预算作为业主设定招标控制价的重要依据，控制施工合同价格。

（4）在工程施工阶段，以工程承包合同价格为控制目标，通过对工程计量与支付、工程变更和工程索赔等进行控制，严格确定施工阶段实际发生的工程费用。

（5）在工程竣工验收阶段，全面汇集在工程项目建设过程中实际花费的全部费用，编制竣工决算，如实体现工程项目的实际投资，总结分析工程建设管理经验，积累技术经济数据和资料，以提高工程项目投资控制水平。

二、工程项目投资控制的原理

工程项目投资控制的原理是将控制论运用到工程项目投资控制中，把项目计划投资额作为项目投资目标值，再把项目建设进展过程中的实际支出值与项目投资目标值进行比较，通过比较发现实际支出值与投资目标值的偏离值，进而采取有效调整措施加以控制，其具体控制过程如图 8-2 所示。

为使投资控制回路发挥控制项目投资的作用，通常必须做好以下工作：

（1）合理确定项目投资目标值，包括项目总投资目标值，各单位工程投资目标值，各分部分项工程投资目标值。若没有明确的投资目标值，便无法把项目的实际支出额与之进行比较，也就不能找出差额，不知差异程度及其原因也就不能采取控制投资的有效措施。在确定各个目标值时，应在有科学依据的基础上合理确定。如果投资目标值与人工价、材料价、设备价以及各项有关费用和各种取费标准不相适应，那么确定的投资目标值便没有实现的可能，则控制也是徒劳的。人们在一定时间内所占有的经验和知识是有限的，因此对项目的投资目标值应辩证地对待。即投资目标值一般不进行变动，但也应允许对脱离实

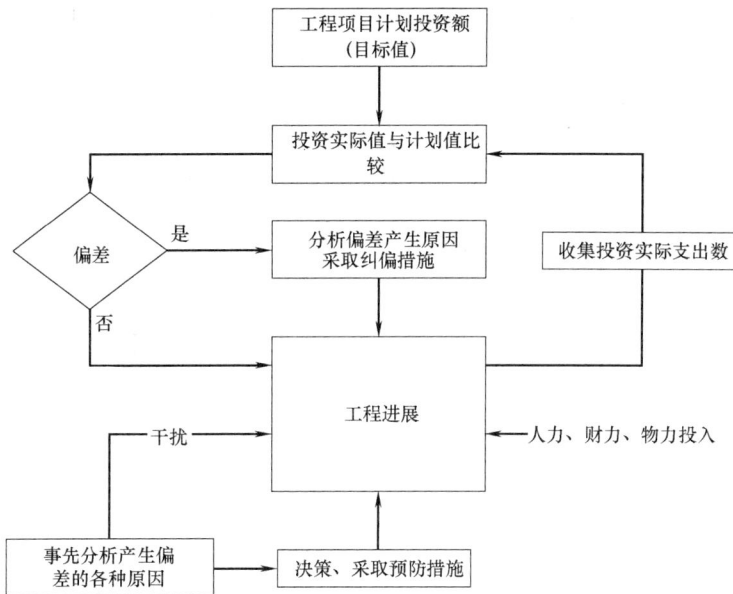

图 8-2　建设项目投资控制过程示意图

际的既定投资目标值进行必要的调整。当然，允许调整并不意味着可以随意改变项目投资目标值，而是必须按照有关的规定和程序进行调整。当科学的项目投资目标值确定之后，还应注意充分考虑实现项目投资目标值的有效措施。

（2）在项目施工过程中，应注意及时、全面、准确地收集汇总费用实际支出值，把实际支出值与投资目标值相比较，根据比较的结果分析原因，及时采取有效的投资控制措施，同时可以对项目费用支出总额进行预测。

（3）加强对项目建设过程中干扰因素及其影响程度的调查和预测，做到了解情况，以尽早采取防范措施，保证项目投资目标的实现。

三、前期决策和设计阶段投资控制重要意义

项目前期决策和设计阶段对项目投资具有决定作用，其影响程度符合经济学中的"二八定律"。"二八定律"也叫帕累托定律，由意大利经济学家帕累托提出。该定律认为，在任何一组事物中，最重要的只占其中一小部分，约为 20％；其余 80％尽管是多数，却是次要的。在人们的日常生活中尤其是经济领域中，到处呈现出"二八定律"现象。"二八定律"的重点不在于百分比是否精确，而在于"不平衡"，正因为这些不平衡的客观存在，才能产生强有力的和出乎人们想象的结果。

项目前期决策和设计阶段投资控制的重要作用，反映在工程项目前期决策和设计工作对投资费用的巨大影响上，这种影响也可以由两个"二八定理"来说明：建设项目规划和设计阶段决定了项目全寿命周期内 80％左右的费用；而设计阶段尤其是初步设计阶段决定了项目 80％左右的投资。

（一）工程项目前期决策和设计对投资的影响

建设项目 80％左右的全寿命周期费用在项目前期决策和设计阶段就已经被确定，而其他阶段只能影响项目总费用的 20％左右，产生这种情况的主要原因是每一个项目都是

根据项目业主自身的特殊考虑进行建设的。在项目前期决策阶段，项目业主就会大致作出拟建项目的项目定义，决定建设项目投资需要的很多内容，比如会依据各种因素确定拟建项目的功能、规模、标准和生产能力等。而这些对拟建项目的项目定义，就大致给出了项目的投资定义，框定了项目的投资额。一旦项目前期决策通过论证之后准备实施，工程项目的建设内容和运营内容均得到确定，工程项目实施就必然按照认定的规划内容及其投资值来执行，这将直接影响建设项目的设计、施工和运营使用。

由于方案设计或初步设计阶段较为具体地明确了工程项目的建设内容、设计标准和设计的基本原则，施工图设计只是根据初步设计确定的设计原则进行细部设计，是初步设计的深化和细化。而项目的采购和施工，通常只是严格按照施工图纸和设计说明进行，因此，拟建项目的初步设计完成之后，项目投资费用的80％左右也就被确定下来了。

从表面上看，工程项目的投资费用主要是集中在施工阶段发生的，在施工阶段，大量的人力、物力和财力的消耗会导致工程实际费用支出的迅速增长。正因为如此，在工程实践中往往容易造成误解，认为只要控制住施工阶段的投资费用，整个建设项目的投资也就得到良好控制。而实际上，工程施工阶段发生的投资费用主要是由前期决策和设计阶段所决定的。

（二）项目前期决策和设计阶段外在因素对项目投资的影响

外界因素在工程项目全寿命周期内对投资影响程度的变化特点决定了设计阶段投资控制的重要性。工程项目的建设特别是重大基础设施建设周边地区的社会、经济、资源和自然环境等多种因素，对项目投资的影响有着明显的阶段性变化，即如果能够经过对拟建项目的科学论证、规划和设计，外界因素的不确定性会随着时间的推移而逐渐减小，而在项目的前期决策阶段，这类因素对建设项目投资的影响程度最集中，可以占到80％左右。

（三）项目前期决策工作和设计对项目使用和运营费用的影响

工程设计不仅影响项目建设的一次性投资，而且还影响拟建项目运营阶段的运营费用，如能源费用、清洁费用、保养费用和维修费用等。在工程项目建设完成投入运营期间，项目的运营费用将持续平稳地发生。虽然运营费用的变化趋势并不十分明显，但项目运营期一般都很长，这就使得相应的总运营费用支出量会很大。通常情况下，项目前期决策和设计阶段确定的项目投资费用的少量增加反而会使项目运营费用大量减少；反之，前期决策和设计阶段确定的项目投资费用略有减少，则有可能导致项目运营费用大量增加。工程项目一次性投资与经常性费用有一定的反比关系，但通过项目前期决策和设计阶段的工作可以寻求两者尽可能好的结合点，使工程项目全寿命周期费用达到最低。

综上所述，工程项目及其投资费用在其全寿命周期内有独特的发展规律，这些规律决定了项目前期决策和设计阶段在项目全寿命周期中的重要地位。

第二节　前期决策阶段投资控制

工程项目前期决策阶段的投资控制是对投资活动的事前控制，对项目投资构成及控制有着极其重要的作用。因此，必须针对工程项目前期决策阶段影响投资的关键因素，综合采取多种措施，做好此阶段投资控制。

一、前期决策阶段投资控制内涵

前期决策阶段的投资控制包括两层含义：一是指对前期决策阶段本身发生成本的控制。对于这一部分用于实地调查、科学研究、决策咨询等方面的费用要本着对科学决策有利的原则，舍得投入；二是指对项目前期决策阶段所确定的工程投资规模的控制。工程投资规模是由建设方案、建设标准、对建设期宏观经济环境的预测等因素综合决定的，是按照工程项目建设目标进行整体优化的结果，本节主要是指第二层含义。

在前期决策阶段，业主或其委托机构对项目进行全面分析论证，按照可持续发展和全寿命周期费用最低的原则，合理确定投资规模，做好多方案比选和定量研究，提供详细的技术、经济、环境等多方面指标，为科学决策提供可靠依据。如果决策失误，后续的投资控制目标本身就有问题，控制得再好也只是实现了一个错误目标。前期决策是决定工程项目投资的基础，对项目投资及项目建成后的经济效益起着决定性的影响，前期决策阶段是工程投资控制的重点阶段。

二、前期决策阶段影响投资关键因素

前期决策阶段影响项目投资的关键因素包括项目建设规模、建设标准、建设地区及建设地点的选择、生产工艺、设备选型等。

（一）建设规模

项目建设规模直接决定投资支出的有效性，规模过小，则资源得不到有效配置，经济效益低下；规模过大，超过市场需求量，经济效益也会低下。因此，必须考虑规模效益，综合市场、技术、环境等因素，合理确定建设规模。

1. 规模效益

当项目单位产品的报酬一定时，项目经济效益与生产规模成正比。规模效益的客观存在对项目规模的合理选择意义重大而深远，可以充分利用规模效益合理确定和有效控制工程投资，提高项目的经济效益。但同时也需要注意，规模扩大所产生的效益不是无限的，它受技术进步、管理水平、项目经济技术环境等多种因素制约。超过一定限度，规模效益将不再出现，甚至可能出现规模报酬递减。

2. 制约项目规模合理化的因素

（1）市场因素。市场因素是确定项目规模需考虑的首要因素。其中，项目产品的市场需求状况是确定项目生产规模的前提。

（2）技术因素。先进的生产工艺及技术装备是项目规模效益赖以存在的基础，而相应的管理水平则是实现规模的保证。若与经济规模生产相适应的先进技术及其装备来源没有保障，或获取技术的成本过高，管理水平跟不上，则不仅预期的规模效益难以实现，还会给项目的生存和发展带来危机，导致项目投资效益低下，工程投资严重浪费。

（3）环境因素。项目建设、生产和经营离不开一定的社会经济环境，项目规模确定中需要的主要环境因素有：政策因素，燃料动力供应，协作及土地条件，运输及通信条件等。

（二）建设标准

建设标准是指工艺装备、建设标准、配套工程、劳动定员等方面的标准或指标。建设标准的确定、评估、审批是项目可行性研究的重要依据，是衡量工程投资是否合理及监督检查项目建设的客观尺度。建设标准能否起到控制投资、指导建设的作用，关键在于标准

水平定的是否合理。因此，建设标准水平应从我国目前经济发展水平出发，区别不同地区、不同规模、不同等级、不同功能，合理确定。

（三）建设地区及建设地点

建设地区及建设地点的选择对工程项目总投资及项目运营费用也会产生影响。建设地区及建设地点的选择不仅要符合国家工业布局总体规划和地方规划，而且要靠近原料、燃料和消费地，并要考虑工业基地适当聚集的原则。

1. 靠近原料、燃料提供地和产品消费地的原则

项目满足这一要求，在建成后可避免原料、燃料和产品长期运输，减少费用，降低生产成本，并且缩短流通时间，加快流动资金的周转速度。

2. 工业基地适当聚集的原则

在工业布局中，通常是一系列相关的行业产业项目形成适当规模的工业基地和城镇，从而有利发挥"集聚效益"。集聚效益形成的客观基础有三方面：第一，现代化生产是一个复杂的分工合作体系，只有相关企业集中配置，对各种资源和生产要素充分利用，才能便于形成综合生产能力，尤其对那些具有密切投入产出链环关系的项目，集聚效益尤为明显；第二，现代产业需要有相应的生产线和社会性基础设施相配合，其能力和效率才能充分发挥，企业布点适当集中，才可能统一建设比较齐全的基础设施，避免重复建设，节约投资，提高基础设施的效益；第三，企业布点适当集中，才能为不同类型的劳动者提供多种就业机会。

另外，建设地点的选择应满足以下要求：

1. 节约用地，项目的建设应尽可能节约土地，尽量把厂址放在荒地和不可耕种的地点，避免大量占用耕地，节约土地补偿费用；

2. 应尽量选在工程地质、水文地质条件好的地段；

3. 厂区土地面积与外形能满足厂房和构筑物的需要，并适合按科学的工艺流程布置厂房和构筑物；

4. 应靠近铁路、公路、水路，以缩短运输距离，减少建设投资；

5. 应便于供电和其他协作条件的取得；

6. 应尽量减少对环境的污染。

以上条件不仅关系到建设投资的高低和建设期限长短，对项目投产后的运营状况也有很大的影响。因此，在确定厂址时，也应进行方案的技术经济分析、比较，选择最佳厂址。

（四）生产工艺

生产工艺的选择，既要"先进适用"，又要"经济合理"，从而优选出最佳方案，达到控制投资的目的。先进与适用，是对立统一的。保证工艺的先进性是首先要满足的，它能够带来产品质量、产品生产的优势，但是不能单独强调先进而忽视适用，还要考察工艺是否符合我国国情和管理是否符合我国的技术发展政策。经济合理是指，在可行性研究中可能提出几个不同的工艺方案，各方案的劳动需要量、能源消耗量、投资数量等可能不同，在产品质量和产品成本等方面也有差异，因而应反复进行比较，从中挑选出最经济合理的工艺。

（五）设备选型

在设备的选用中，处理好以下问题，能降低工程投资和产品成本。

1. 要尽量选用国产设备。凡国内能够制造并能够保证质量、数量和按期供货的设备，或者通过进口技术资料能仿制的设备，原则上必须国内生产；

2. 要注意进口设备之间以及国内设备之间的行业配套问题；

3. 要注意进口设备与原有国产设备、仓库之间的配套问题；

4. 要注意进口设备原材料、部品部件及维修能力之间的配套问题。

三、前期决策阶段投资控制措施

（一）做好基础资料收集

要做好项目的投资预测，需要很多资料，如工程所在地的用水用电状况、交通状况、地质情况、主要材料设备的价格资料及采购地、已建类似工程资料。工程相关人员要对资料的准确性、可靠性认真分析，保证投资预测、经济分析的准确。

（二）进行充分的市场调研

市场调研指对拟建设项目所提供的产品或服务的市场占有情况进行分析，包括国内外市场在项目计算期内对拟建项目需求情况、类似项目建设情况、国家对该产业的政策。市场调研在前期决策阶段投资控制中扮演重要角色。通过市场调研获得的市场信息，对项目建设的必要性进行充分论证，确定项目定义与定位，进而决定项目建设规模、标准、生产工艺、设备选型等，决策者可根据市场调研情况对初步方案和投资进行优化调整。

（三）进行充分严密的技术经济论证

技术与经济相结合是控制投资最有效的手段。完成市场调查研究后，结合项目的实际情况，在满足使用功能和生产要求的前提下，遵循"效益至上"的原则，将技术和经济有机结合，进行多方案比较，力求在技术先进条件下的经济合理，在经济合理基础上的技术先进。具体如下：

1. 设计人员提早参与项目前期决策阶段，同时要求设计人员牢固树立经济意识，克服重技术、轻经济、设计保守浪费的倾向；

2. 提高工程技术和工程经济人员综合素质，由既懂技术又懂经济的复合型人才牵头进行项目前期决策。

3. 工程经济人员应充分了解设计意图，熟悉工艺技术方案，与设计人员密切配合，对各方案进行技术经济比较，精简工艺流程，优化设备选型，减少项目投资。

（四）编制高质量投资估算

在项目前期决策过程中，要对工程项目投资进行估算，在此基础上研究是否投资建设。投资估算编制应从实际出发，充分考虑施工过程中可能出现的各种情况及不利因素对投资的影响，考虑市场情况，预留建设期间价格浮动系数，使投资基本符合实际并留有余地，使投资估算真正起到控制项目投资的作用。

编制投资估算分两部分：编写项目建议书时应编制初步投资匡算，编写可行性研究报告时应编制投资估算。为避免在工程项目实施过程中出现超支和补充投资的情况，确定投资额应由工程经济人员进行，按科学的方法，根据掌握的大量已完成工程数据，结合建筑市场和材料市场的发展趋势，力求把投资打足。

第三节　设计阶段投资控制

工程项目完成前期决策后，设计就成为投资控制的关键。设计质量直接影响项目建设质量和效果，并直接影响项目投资。在工程项目设计阶段通过设计招标、设计方案竞赛，以及运用限额设计和标准化设计等方法制定和优化设计方案，可以有效控制工程总投资，取得良好的经济效益。

一、设计阶段投资控制含义与内容

（一）设计阶段投资控制的含义

设计阶段的投资控制，是指在设计阶段，工程设计人员和工程经济人员密切配合，运用一系列科学方法和手段对设计方案进行选择和优化，正确处理好技术与经济对立统一关系，从而主动影响工程项目投资，以达到有效控制投资的目的。

（二）设计阶段投资控制工作内容

1. 设计准备阶段

设计准备阶段投资控制工作内容主要有以下几个方面：

（1）对项目建议书和可行性研究报告内容分析，明确设计总体思路并兼顾项目利益相关者的不同要求。

（2）充分了解并掌握相关外部条件和客观情况，包括资金能力、施工材料、施工技术和施工装备等条件；地形、气候、地质、自然环境等自然条件；城市规划对建筑物的要求；交通、水、电、气、通信等基础设施状况。

2. 方案设计阶段

方案设计阶段投资控制工作内容主要有以下几个方面：

（1）方案设计文件中有投资控制的内容；

（2）对设计单位设计方案提出投资评价要求及建议；

（3）根据优化设计方案编制项目修正投资估算；

（4）编制方案设计阶段资金使用计划并控制其执行；

（5）比较修正投资估算与投资估算，编制相关投资控制报表和报告。

3. 初步设计阶段

初步设计阶段是设计阶段的一个关键阶段，也是整个设计构思基本形成的阶段。初步设计阶段投资控制工作内容主要有以下几个方面：

（1）编制、审核初步设计要求文件中有关投资控制的内容；

（2）审核项目设计总概算，并控制在总投资计划范围内；

（3）采用价值工程方法，挖掘节约投资的可能性；

（4）编制本阶段资金使用计划并控制其执行；

（5）比较设计概算与修正投资估算，编制相关投资控制报表和报告。

4. 施工图设计阶段

施工图设计阶段是设计工作与施工工作的桥梁，施工图设计阶段投资控制工作内容主要有以下几个方面：

（1）根据批准的总概算，提出施工图设计的投资控制目标；

（2）编制施工图设计阶段资金使用计划并控制其执行；

（3）跟踪审核施工图设计成果，对设计从施工、材料、设备等多方面作出必要的市场调查和技术经济论证，如发现设计可能会突破投资目标，则协助设计人员提出解决办法；

（4）审核施工图预算，如有必要调整总投资计划，则采用价值工程的方法，在充分考虑满足项目功能的条件下进一步挖掘节约投资的可能性；

（5）比较施工图预算与初步设计概算，提交相关投资控制报表和报告；

（6）编制施工图设计阶段投资控制总结报告。

二、设计阶段影响投资关键因素

(一) 设计方案直接影响工程投资

工程项目投资控制的关键在于前期决策和设计阶段，而在项目作出投资决策后，其关键就在于设计。其总平面设计、工艺设计和建筑设计方案选择对投资有较大影响。

1. 总平面设计

总平面设计是指总图运输设计和总平面配置。总平面设计的内容主要包括：厂址方案、占地面积和土地利用情况；总图运输、主要建筑物和构筑物及公用设施的配置；外部运输、水、电、气及其他外部协作条件等。正确合理的总平面设计可以大大减少工程量，加快建设进度，节约项目运行后的使用维护成本。

（1）现场条件

地质、水文、气象条件等对基础的形式、埋深（持力层、冻土线）等均会产生影响；地形地貌对平面及室外标高的确定会产生很大影响；场地大小、邻近建筑物、地上附着物等对平面布置、建筑层数、基础形式及埋深等产生影响。这些都直接关系到建设投资。

（2）占地面积

在满足项目基本使用功能的基础上，应注重对占地面积的控制。一方面运用全过程投资管理理论，通过控制建设项目占地面积，可以降低土地费用，降低管线布局成本；另一方面，要运用全寿命周期投资控制思想，考虑占地面积对未来运营成本的影响，如运营阶段的运输成本、占地的使用成本等。

（3）功能分区

通过对工程项目进行合理的功能分区，既可以使建筑物相互联系、相互制约的功能充分发挥作用，又可以使总平面布置紧凑、安全，并降低建设及运营成本。如在施工阶段可以避免大挖大填，减少土石方量和节约用地，降低工程投资。在项目运营期，可以使生产工艺流程顺畅，运输简便，降低运营成本。

（4）运输方案的选择

针对不同工程项目可以有不同的运输方案选择，不同运输方案效率及成本不同。例如，有轨运输运量大，运输安全，但需一次性投入大量资金；无轨运输无需一次性大规模投资，但运量小，运输安全性较差。如果仅仅从降低工程前期建设投资的角度，则应尽可能选择无轨运输，以减少占地，节约投资。但是如果考虑项目运营需要或者运输量较大情况，则有轨运输往往比无轨运输成本低。

2. 工艺设计

工艺设计部分影响投资的主要因素包括建设规模、标准和产品方案；工艺流程和主要设备的选型；主要原材料、燃料的供应；"三废"治理及环保措施；生产组织及生产过程中的劳动定员情况。项目的工艺流程在可行性研究阶段已经确定，设计阶段的任务就是严格按照批准的可行性研究报告的内容进行工艺技术方案的设计，确定具体工艺流程和生产技术。

3. 建筑设计

建筑设计首先要考虑建筑标准。建筑标准一般应根据建筑物、构筑物的使用性质、使用功能以及业主经济实力等因素进行确定。对于重要或标志性建筑，建筑标准可适当提高。同时，在确定建筑标准时，要运用全寿命周期投资的思想，设计人员与工程经济人员不仅要考虑建设投资，也要考虑项目全寿命周期的维护和运营费用，使之在整体上达到最优。其次，设计人员要在考虑施工组织和施工条件的基础上，决定工程的立体平面设计和结构方案的工艺要求。

（二）设计质量间接影响工程投资

据统计，在工程质量事故的众多原因中，设计责任事故占相当大的比例。不少建筑产品由于缺乏优化设计，而出现功能设置不合理的情况，影响正常使用。有的设计图纸质量差，专业设计之间相互矛盾，造成施工返工、停工现象，有的造成质量缺陷和安全隐患，给国家和人民带来巨大损失，造成极大的投资浪费。

（三）其他影响工程投资的因素

1. 设计人员的知识水平

设计人员的知识水平对工程投资的影响是客观存在的。设计人员要能够充分利用现代设计理念，运用科学的设计方法优化设计成果，而且要善于将技术和经济相结合，运用价值工程理论优化设计方案，并能够有效兼顾项目利益相关者的不同利益，从而达到通过设计阶段的成果有效降低工程投资的目的。设计人员应及时与工程经济人员进行沟通，使得工程经济人员真正参与到设计工作中来，防止只注重技术性，不注重经济效果的情况发生。

2. 建筑材料

建筑材料费用一般占项目总投资比重较高，在设计中一般应优先考虑采用当地材料以控制工程投资。当地没有或不生产的材料在不影响质量安全前提下，应充分考虑其经济性。适当采用新材料可以有效降低工程费用，从而控制投资。

3. 项目利益相关者

在设计过程中，不应仅注重业主对于项目投资的要求，还应考虑项目利益相关者的利益诉求，例如政府要求新建民用建筑修建防空地下室、民众要求部分工程项目和居民区保持安全距离等诉求都会影响项目投资。

设计过程是具体实现技术与经济统一的过程。因此，在总平面设计、建筑空间和平面设计、工艺技术方案以及设备的选型与设计、建筑结构和建材的选择等主要过程中，要加强技术经济分析和多方案比选，从而实现设计产品技术先进、稳定可靠、经济合理，进而达到控制工程投资的目的。

三、设计阶段投资控制措施

设计方案优选和优化是设计阶段投资控制的首要内容。设计方案优选主要采用设计招投标、设计方案竞赛等方式从众多设计单位提供的设计方案中选择最佳设计方案；设计方案优化是指通过推行限额设计、标准化设计，运用价值工程理论，认真做好技术经济分析和评价，对选定的设计方案进行改进。

（一）设计招投标

实行工程设计招投标，可促使设计人员增强风险意识，提高设计水平和控制项目投资，从而达到优化设计的目的。

1. 设计招投标的概念

设计招投标是招标人以公开或邀请招标方式提出招标项目的指标要求、投资限额和指标条件等，由符合要求的潜在投标人按照招标文件的条件和要求，分别报出工程项目构思方案和实施计划，然后由招标人开标、评标并确定中标人的过程。

2. 设计招投标的优点

（1）设计招投标有利于方案的选择和竞争

投标方案要想在竞争中取胜，就得有独到之处，要安全、适用、技术先进、造型新颖，打破千篇一律的呆板格局。

（2）设计招投标有利于控制项目建设投资

设计招标可以让建设单位择优选用设计方案优秀、工程造价低的设计单位进行设计，为投资控制奠定坚实基础。中标项目所作出的投资估算一般能控制在或接近招标文件规定的投资范围内。

（3）设计招投标有利于缩短设计周期，降低设计费

缩短设计周期是设计方案投标中极具竞争力的一环。在设计收费中可以允许按国家目前收费标准上下浮动，但一般向下浮动设计费投标才有吸引力。除非设计方案突出或设计周期明显缩短，才可以适当提高设计收费而不至于影响中标。

（二）设计方案竞赛

设计方案竞赛是建设单位以设计方案竞赛公告的方式邀请符合要求的参赛人，按照公告的条件和要求，分别报出工程项目的构思方案和实施计划，然后由建设单位组织评审委员会对方案进行评审，优选出最佳方案的过程。

设计方案竞赛评审委员会进行评审后，可以由第一名承担项目的设计任务，也可以将前几名方案的优点综合起来，作为最终设计方案的基础，再以一定的方式委托设计，这一点也正是设计方案竞赛与设计招投标的不同之处。

设计方案竞赛的实施能够集思广益，吸取众多设计方案优点，优化设计。同时，选中的设计方案投资概算符合投资者给定的投资范围，有利于控制投资。

（三）限额设计

1. 限额设计的概念

设计阶段投资控制应基于动态分析和控制，编制出满足设计任务书要求、投资受控于投资决策的设计文件，限额设计就是据此提出的。所谓限额设计就是按照批准的可行性研究报告及投资估算控制初步设计，按照批准的初步设计概算控制技术设计和施工图设计，同时各专业在保证达到使用功能的前提下，按分配的投资控制设计，严格控制不合理的变更，保证总投资不被突破。限额设计的投资额一般指静态的建筑安装工程费用，确定投资限额时，要充分考虑不同时间投资额的可比性，即考虑资金的时间价值。

2. 限额设计的意义

（1）有利于有效地控制工程投资

设计工作是在限定的投资额度之内进行，通过许多行之有效的措施，层层限额。在设计过程中，进行多方案比较，使其既能够满足项目功能要求，又确保投资合理，通过全过程跟踪管理，对设计过程中发生的投资变化迅速作出决断，保证设计限额不被突破，从而达到有效控制投资的目的。

（2）有利于增强建设单位和设计单位的经济意识

限额设计贯穿于设计全过程，要求建设单位人员和设计单位人员参与工程项目投资控

制。推行限额设计有利于增强建设单位和设计单位人员的经济意识。

（3）有利于明确各方投资控制的责权利

限额设计条件下，建设单位和设计单位签订设计承包合同，以合同形式明确双方共同遵守的条款和各自权利义务，并互相约束，共同完成项目投资控制。

（4）有利于科学合理的节约建设投资

限额设计并不是单纯节约投资，盲目追求低投资，而是坚持科学，坚持实事求是，采用优化设计，使技术和经济紧密结合，通过技术比较、经济分析和效果评价，力求在技术先进条件下的经济合理，在经济合理条件下的技术先进，以最少的投入创造最大效益，从而节省项目投资。

3. 限额设计的实现

（1）合理确定限额设计目标

限额设计目标是在初步设计开始前，根据批准的可行性研究报告及其投资估算确定的。限额设计指标经项目经理或总设计师提出，经主管院长审批下达，其总额度一般只下达直接工程费的 90%，以便项目经理或总设计师和室主任留有一定的调节指标，限额指标用完后，必须批准才能调整。专业间或专业内部节约下来的单项费用，未经批准，不能相互调用。虽说限额设计是设计阶段控制投资的有效方法，但设计是一个从概念到实施不断认知的过程，控制限额的提出也难免会产生偏差或错误，因此限额设计应以合理的限额为目标。如果限额设计的目标值缺乏合理性，一方面目标值过低会造成这个目标值被突破，限额设计无法实施；另一方面目标值过高会造成投资浪费现象严重。限额设计目标值的提出绝不是建设单位领导机关或权力部门随意提出的限额，而是对整个工程项目进行投资分解后，依据各单项工程、单位工程、分部分项工程的各技术经济指标提出科学、合理、可行的控制额度。在设计过程中一方面要严格按照限额控制目标，选择合理设计标准进行设计；另一方面要不断分析限额合理性，若设计限额确定不合理，必须重新进行投资分解，调整限额设计目标值。

（2）采用优化设计，确保限额目标的实现

优化设计是以系统工程理论为基础，应用现代数学方法对工程设计方案、设备选型、参数匹配、效益分析等方面进行优化的设计方法，是控制投资的重要措施。进行优化设计时，必须根据问题性质，选择不同优化方法。一般来说，对于一些确定性问题，如投资、资源消耗、时间等有关条件已确定的，可采用线性规划、非线性规划、动态规划等理论和方法进行优化；对于一些非确定性问题，可以采用排队论、决策论等方法进行优化；对于设计流量的问题，可以采用图与网络理论进行优化。

（四）标准化设计

标准化设计是指按照建设工程有关标准、规范等设计具有通用性的建筑物、构筑物、构配件、零部件、工程设备等，绘制出附有说明书的施工图。标准化设计是工程建设标准化的组成部分，只要有条件的都应使用标准化设计。

推广标准化设计有利于大幅度降低工程投资。标准设计是成熟的设计产品，可供大量重复使用，既经济又优质。其优点是：

1. 可以节约设计费用，大大加快提供设计图纸的速度，缩短设计周期，且能较好地执行国家的技术经济政策。

2. 有利于构件预制厂生产标准件，能使工艺定型，容易提高工人技术，而且容易使生产均衡、提高劳动生产率以及统一配料、节约材料，容易提高生产质量，有利于构配件成本的大幅度降低。

3. 可以使施工准备工作和定制预制构件等工作提前，使施工速度大大加快，缩短工期，降低成本。

（五）价值工程

价值工程（Value Engineering，VE），也称价值分析（Value Analysis，VA），是指以产品或作业的功能分析为核心，以提高产品或作业的价值为目的，力求以最低寿命周期成本实现产品或作业使用所要求的必要功能的一项有组织的创造性活动。

价值工程把"价值"定义为："对象所具有的功能与获得该功能的全部费用之比"，即 $V = F/C$，式中，V 为"价值"，F 为"功能"，C 为"成本"。

价值工程以提高价值为目标，以建设单位要求为重点，以功能分析为核心，以集体智慧为依托，以创造精神为支柱，以系统观点为指针，实现技术分析与经济分析的结合，在工程设计中其主要作用体现在以下几个方面：

1. 既提高工程功能又降低工程投资；

2. 在保证工程功能不变的情况下降低工程投资；

3. 在工程投资不变的情况下提高工程功能；

4. 在工程功能略有下降的情况下使工程投资大幅度降低；

5. 在工程投资略有上升的情况下使工程功能大幅度提高。

在设计阶段应用价值工程，对项目的设计方案进行功能与费用分析和评价，可以节约投资，提高项目投资效益。价值工程也可用于设计方案的选择，即通过严密的分析，从功能和投资两个角度综合考虑，根据不同工程的实际情况和类似工程的参考资料，确定功能及投资的单项及综合评价系数，并根据评分的结果，获得价值系数最大的设计方案。

第四节　施工招投标及施工阶段投资控制

施工招投标阶段是确定工程施工合同价款的重要阶段，施工阶段是形成工程项目实体的阶段，这两个阶段的投资控制是工程项目投资控制实质性操作阶段，其成效决定了工程项目投资目标能否实现。

一、施工招投标阶段投资控制

（一）施工招投标对工程项目投资的影响

施工招投标通过竞争确定工程价格，使其趋于合理或下降，对招标方而言，这将有利于节约投资，提高投资效益。

施工招投标便于供求双方更好地相互选择，使工程价格更加符合价值基础，即通过择优选择报价较低、工期较短、具有良好业绩和管理水平的供给者，为合理控制工程造价奠定基础。

实行施工招投标有利于规范价格行为，使公平、公开、公正的原则得以贯彻。能够避免盲目、过度竞争和营私舞弊现象的发生，对腐败现象是强有力的遏制，使价格形成过程变得透明而规范。

（二）施工招投标阶段投资控制具体措施

1. 完善招标文件，合理编制工程量清单和招标控制价

施工招投标阶段的投资控制首先应从招标文件的编制开始，包括投标须知、拟签订合同的主要条款、招标技术要求、工程量清单等内容，应明确拟建项目功能质量标准。

作为招标文件的重要组成部分，工程量清单编制必须以《建设工程工程量清单计价规范》GB 50500—2013 为原则，统一项目编码及名称、计量单位以及计算规则，全面描述每个清单子目的特征和内容，并准确计算其工程量，降低工程实施阶段追加合同价的可能性和变更工程的处理难度。清单编制完成后应通过第三方的校核保证其无漏项、重项，且准确合理，避免后续阶段可能出现的争议。

招标控制价作为招标工程的最高投标限价，可以预防恶性哄抬报价带来的投资风险，利于业主投资控制。编制招标控制价应以《建设工程工程量清单计价规范》GB 50500—2013，国家、省级、行业建设主管部门颁发的计价定额和计价办法，建设工程设计文件及相关资料等为依据，最大限度地反映并接近建设工程的实际造价。

2. 注重标底的编制审核工作

目前标底在评标时只起参考作用且参与度越来越低，但并不是可有可无。标底仍然是评价投标人所报单价和总价合理性的主要参考依据，是建设单位对生产建筑产品所消耗的社会必要劳动的估值，是核算工程成本价的参考依据，是合同管理中确定合同变更、价格调整、索赔和额外工程的费率和价格的参考依据。因此正确计算和审查标底，对控制工程投资具有重要的意义。

3. 合同形式及内容的确定

订立严密的合同也是控制工程造价的关键之一，工程项目施工合同的主要功能是明确建设方与施工方的利益分配和风险分担，招标方必须合理选用合同类型，并在合同中明确约定有关工程结算条款，如通过综合考虑设计图纸深度、工程规模和复杂程度等工程特点，选择适宜的合同计价形式；在合同中应明确合同价款结算方式、计量支付条款、合同价款调整方式以及风险责任条款等内容。这对于保证项目目标的顺利实现和投资控制具有重要影响。

4. 采用适宜的评标办法

评标办法是招标文件不可缺少的一部分，而且评标办法对业主最终选择承包商起着很大的作用，招标方要制定合理的对自己有利的评标办法，目前国内各地区常用的评标办法有两种：经评审的最低投标价法和综合评估法。

利用经评审的最低投标价法进行评标的风险相对比较大，有可能造成投标方盲目压价，施工过程中以用劣质的材料、低劣的施工技术等方法压低成本，造成工程质量低劣，违背了最低报价法的初衷。而且，国内大多数企业并不具备个体成本的真实数据，进行最低投标价法报价时，往往会比较盲目，甚至报出自己无法承受的低价，导致招标失败，造成招标人的损失。所以，在不具备相关条件支持的情况下，不建议采用这种评标方法。当工程项目规模较大，工程技术比较复杂的时候，也不建议采用此法。而当工程项目规模较小，施工技术要求一般时，采用此法可以简化评标过程，降低工程造价。

综合评估法的商务标部分采用的办法一般为：先确定评标基准价，评标时将所有投标单位的报价与基准价作比较，按招标文件给出的公式计算投标单位报价部分得分。当工程

项目规模较大，造价较高并且施工技术相对较复杂时，要综合考虑造价和施工技术以保证工程质量，这时就应该采用综合评估法进行评标。但是并不是造价越高就越能够保证工程质量，要严格地审核技术标部分对商务标的影响。工程量清单招标环境下进行评标的一个重要思路就是，评标办法需要关注细节，在制定评标办法时要根据具体的工程特点和招标人的选择条件，制定足够细致的评标办法。

5. 重视在招投标过程中的回标分析

回标分析是开标后、评标前一个十分重要的工作环节，回标分析是由业主（或招标代理机构）按相关法规及招标文件的要求，协助评标委员会对各家投标书进行审查和分析，对发现的疑问和需要澄清、说明和补正的事项，由评标委员会向投标人作出澄清、说明和补正要求，最后经评标委员会认可的报价即为"经评审的投标报价"，作为评标委员会评标的依据。回标分析的内容包括对招标文件符合性的实质性响应初步检查、技术标回标分析、商务标回标分析等。

重视回标分析，特别是作好商务标回标分析可以避免或降低投标人恶意低价竞标或哄抬投标价格的可能性，以利于业主的投资控制。从业主投资控制的角度，作好商务标回标分析可从以下几方面进行：

（1）检查投标文件是否完全按照招标文件提供的工程量清单填报价格，并按照招标文件规定的方法和标准，对存在问题的投标报价进行换算，统一计算口径；

（2）校核各投标报价，列明各投标报价存在的算术计算错误，初步判断其偏差属性并提出修正意见；

（3）检查各投标报价的完整性，列明存在的错项、漏项、缺项等，并逐项提出处理或修正意见；

（4）对分部分项工程量清单中综合单价明显低于平均报价或市场平均水平的单价进行重点分析，并提出处理或修正意见；

（5）对措施项目清单报价，依据招标文件的规定按措施费用总价或分别按各单项措施费用，对其完整性以及价格合理性进行分析，提出处理或修正意见；

（6）检查暂列金额、暂估价等其他项目与招标文件其他项目清单规定的金额是否一致；

（7）审查规费、税金等项目是否按招标文件相关规定进行报价。

二、施工阶段投资控制

施工阶段是资金投放量最大的阶段，同时也是问题暴露最多、合同双方利益冲突最多的阶段。施工阶段投资控制的重点包括：加强对大宗材料采购与使用管理；做好工程计量和进度款支付；做好工程变更、工程索赔控制等。

（一）加强对大宗材料采购与使用管理

工程项目中的大宗材料是指消耗数量大的材料，包括钢筋、钢板、管材以及水泥等材料，一般由业主提供。大宗材料费用在施工阶段的投资中所占的比重很大，其采购和使用管理是否科学，不仅直接影响工程项目质量，而且影响业主在施工阶段的投资控制。

大宗材料的采购一般应进行公开招标，从而选择满足质量条件下价格最低的供货商。此外，应对大宗材料的货源、价格建立信息网络，掌握市场行情。在施工过程中，严格控制材料发料数量，对余料进行及时回收，加强材料存储管理，实现对材料使用的有效管制，减少材料浪费，以节约投资。

（二）做好工程计量和进度款支付

工程计量和进度款支付是施工阶段投资控制的重要环节，若工程计量和进度款计算不准确，将直接影响业主支付的价款数额，不利于业主在施工阶段的投资控制。

1. 做好工程计量

工程计量是指根据施工图纸、工程量清单和其他文件，监理工程师对承包商申报的合格工程的工程量进行核验。通过监理工程师计量的工程量是向承包商支付工程价款的凭证。做好工程计量应注意：

（1）监理工程师对照设计图纸，只对承包商完成的永久工程合格工程量进行计量。对承包商超出设计图纸范围的工程量，不予以计量；

（2）由于承包商的原因造成超出合同范围或返工的工程量，不应予以计量。

2. 做好进度款支付

工程进度款是指在施工过程中，按逐月（或形象进度，或控制界面等）完成的工程量计算的各项费用总和。业主收到承包商递交的工程进度款支付申请及相应证明文件后，应在合同约定时间内核对和支付工程进度款。做好进度款支付应注意：

（1）应付工程价款与实际完成工程量是否相符，计算是否符合招投标文件及合同文件的规定，计算是否合理准确等；

（2）累计支付的工程价款与累计已完工程是否相符，若不相符应及时纠正；

（3）合同剩余价款与未完工程是否相符，若不相符要及时找出原因予以纠正。

（4）工程进度款的支付，要与工程质量紧密挂钩。对不合格的工程不能支付进度款，严重者要在进度款中进行惩罚，直至返工合格为止。

（5）工程进度款一般累计支付到90%～95%停付，待工程竣工验收及保修期满后，再付清其尾款。

（三）工程变更及其控制

工程变更控制是业主在施工阶段进行投资控制的重要手段之一，要做好工程变更控制，应严格按照《建设工程施工合同（示范文本）》(GF—2017—0201)的规定，根据变更估价原则，确定变更价款。

除专用合同条款另有约定外，变更估价按照以下原则处理：

（1）已标价工程量清单或预算书有相同项目的，按照相同项目单价认定；

（2）已标价工程量清单或预算书中无相同项目，但有类似项目的，参照类似项目的单价认定；

（3）变更导致实际完成的变更工程量与已标价工程量清单或预算书中列明的该项目工程量的变化幅度超过15%的，或已标价工程量清单或预算书中无相同项目及类似项目单价的，按照合理的成本与利润构成的原则，由合同当事人按照"商定或确定"条款中的规定确定变更工作的单价。

因变更引起的价格调整应计入最近一期的进度款中支付。

变更估价程序见第七章第四节。

（四）工程索赔及其控制

1. 工程索赔的定义

工程索赔是在工程合同履行中，当事人一方由于另一方为履行合同所规定的义务或者出现了应当由对方承担的风险而遭受损失时，向另一方提出索赔要求的行为。根据《建设工程施工合同（示范文本）》(GF—2017—0201)，索赔是双向的，既包括承包商向业主的索赔，也包括业主向承包商的索赔。但在工程实践中，业主索赔数量通常较小，而且处理方便，可以通过冲账、扣拨工程款、扣保证金等实现对承包商的索赔；而承包商对业主的索赔则比较困难。通常情况下，索赔是指承包商在合同实施过程中，对非自身原因造成的工期延期、费用增加而要求业主给予补偿损失的一种权利要求。

按索赔目的可以将工程索赔分为工期索赔和费用索赔。

1) 工期索赔。由于非承包商责任的原因而导致施工进度延误，要求批准顺延合同工期的索赔，称之为工期索赔。工期索赔形式上是对权力的要求，以避免在原定合同竣工日不能完工时，被业主追究拖期违约责任。一旦获得批准合同工期顺延后，承包商不仅免除了拖期违约赔偿的风险，而且可能因提前工期得到奖励，最终仍反映在经济收益上。

2) 费用索赔。费用索赔的目的是要求经济补偿。当施工的客观条件改变导致承包商增加开支，承包商有权要求业主对超出计划成本的附加开支给予补偿，以挽回不应由承包商承担的经济损失。

2. 工程索赔控制措施

（1）做好索赔要求评审工作

1) 业主应及时对承包商所提出的索赔要求进行评审，审定其索赔要求有无合同依据，即有没有该项索赔权。审定过程中要全面参阅合同文件中的所有有关合同条款，客观评价，实事求是，慎重对待。对承包商的索赔要求不符合合同文件规定的，即被认为没有索赔权，应予以拒绝；

2) 索赔报告中引用的索赔证据是否真实全面，是否有法律效力；

3) 索赔事项的发生是否为承包商的责任，属于双方都有一定责任的情况，确定责任的比例；

4) 在索赔事项初发时，如果承包商没有采取任何措施防止事态扩大，应拒绝对损失扩大部分进行补偿；

5) 承包商是否在合同规定的时限内向发包人和工程师报送索赔意向通知。

（2）认真核定索赔价款

1) 业主和监理工程师要对承包商提出的索赔报告进行详细审核，对索赔款组成的各个部分逐项审核；

2) 查对单据和证明文件，确定不能列入索赔款的索赔项目。

（3）熟悉索赔价款组成及计算

索赔价款通常由人工费、材料费、施工机具使用费、利息、现场管理费、利润组成。

常用的索赔价款计算方法有实际费用法、总费用法和修正的总费用法。

1) 实际费用法

实际费用法，即根据索赔事件所造成的损失或成本增加，按费用项目逐项进行分析、计算索赔金额的方法。这种方法比较复杂，但能客观地反映承包商的实际损失，比较合理，易于被当事人接受，在国际工程中被广泛采用。

2) 总费用法

总费用法即总成本法，是指当发生多次索赔事件以后，重新计算该工程的实际总费用，实际总费用减去投标报价时的估算总费用，即为索赔金额。由于实际发生的总费用中可能包括了承包商自身原因，如施工组织不善而增加的费用，同时投标报价估算的总费用因为期望中标而过低，所以这种方法只有在难以采用实际费用法时才应用。

3）修正的总费用法

修正的总费用法原则上与总费用法相同，通过对某些方面作出修正，以使结果更趋合理，修正的内容主要有：一是计算索赔金额的时期仅限于受索赔事件影响的时段，而不是整个工期；二是只计算在该时期内受影响项目（科目）的费用，而不是全部工作项目（科目）的费用；三是不直接采用原合同报价，而是采用在该时期内如未受事件影响而完成该项目的合理费用。通过以上修正，可比较合理地计算出由于索赔事件影响而实际增加的费用。

第五节　竣工验收阶段投资控制

工程项目竣工验收阶段对投资的影响虽然不及项目决策阶段和设计阶段，但在竣工阶段，区分不合理的投资支出，特别是做好工程结算审核，对节省投资、积累投资经验都有重要意义。

一、竣工验收阶段投资控制重点

竣工验收阶段是投资成果转入生产或使用的标志阶段，竣工验收阶段投资控制是工程项目全过程投资控制的最后一个环节，是全面考核投资控制效果好坏的重要环节。竣工验收阶段投资控制的重点工作在于竣工结算审核和竣工决算的编制与审计两部分内容。

加强对竣工结算的审查目的在于消除施工单位高估冒算等情况，严格控制工程价款支付，以控制项目总投资。进行竣工决算的编制与审计工作，可以清晰地反映工程项目自筹建开始到竣工决算完成的全部投资情况、工程概（预）算执行情况、投资效果和财务状况。由于工程项目投资规模大、工期长、项目管理复杂、建设单位未引起足够重视等多种原因，有的项目并未能按期办理竣工结算和竣工决算，未能准确及时反映工程成本，影响后续的投资评价、计算资产价值和折旧等。因此加强工程项目竣工阶段投资控制已成为工程项目管理中的重要方面。

二、工程项目竣工结算审核

竣工结算是项目建设的必然程序和重要环节，它不仅直接关系到业主与承包商之间的利益关系，同时也是合理确定工程实际投资的重要依据。按照国家有关政策和规定，承包商须实事求是地进行工程竣工结算书的编制，但在实际中却往往出现经审查后的工程结算与承包商编制上报的工程结算价款相差较大的情况。因而认真准确地做好竣工结算的审查工作对节约工程投资、做好竣工验收阶段投资控制工作有着重要作用，业主方应认真、细致地依照合同及有关法规做好工程结算的审核把关工作，以确保项目投资最终得到合理控制。

业主在对竣工结算进行审核时应注意以下几个方面：

1. 做好审核工程结算的准备工作，清理好结算的有关资料。

2. 核对合同条款，首先应对竣工工程内容是否符合合同条件要求，工程是否验收合格进行审核，只有按合同验收合格才能列入竣工结算；其次应按合同约定的结算方法、各项单价、优惠条款等对竣工结算进行审核，工程结算的编制内容和依据必须合规合法。

3. 检查隐蔽工程验收记录，审核竣工结算时应该对隐蔽工程施工记录和验收签证进行核对，审核其手续是否完整。

4. 落实设计变更签证，审核设计变更是否经过业主和原设计单位认可，哪些项目是合同内的，哪些项目是合同外的，哪些工作内容已在投标单价中包含，对不符合规定的变更应予以否定。

5. 按图核实工程数量，竣工结算的工程量应根据竣工图、设计变更单和现场签证等进行核算，并按国家统一规定的计算规则，复核工程量计算是否准确、有无重复计算、错误计算等。

6. 核实各分项工程使用的综合单价是否与投标时或合同签订时的综合单价一一对应，审核竣工结算的汇总金额，如果经签证认可增加的分项工程在招标时的工程量清单中无相应的综合单价，则须重点核实增加项目的综合单价是否按招标文件及施工合同进行编制，编制是否合理等。

7. 有效控制工程变更和设计变更所发生的工程增加费用。

在审核竣工结算时，主要加强对以下两个方面的控制：

（1）对建设成本的控制。重点对竣工结算的真实性、可靠性、合理性进行审查，防止不应列入成本的计划外费用计入建设成本。

（2）对工程结算编制依据进行控制。包括对施工合同、协议，使用的预算定额、费用定额、材料价差计算方法，设计变更及图纸会审纪录，施工现场变更签证单的审核。在审核时要重点查看设计变更及图纸会审纪录是否经设计单位盖章，施工变更签证是否由甲乙双方共同签字盖章确认。通过审查合同查看工程结算取费标准与合同签订的标准是否相符。

三、竣工决算的编制与审查

工程竣工决算是指在工程竣工验收交付使用阶段，由建设单位编制的建设项目从筹建到竣工验收、交付使用全过程中实际支付的全部建设费用。竣工决算是整个建设工程项目的最终价格，是作为建设单位财务部门汇总固定资产的主要依据。通过竣工决算，一方面能够正确反映建设工程的实际投资；另一方面可以通过竣工决算与概算、预算的对比分析，考核投资控制的工作成效，总结经验教训，积累技术经济方面的基础资料，提高未来建设工程的投资效益。

（一）竣工决算的内容及编制依据

竣工决算应包括从项目策划到竣工投产全过程的全部实际费用。竣工决算的内容包括竣工财务决算说明书、竣工财务决算报表、工程竣工图和工程造价对比分析等四个部分。其中竣工财务决算说明书和竣工财务决算报表又合称为竣工财务决算，是竣工决算的核心内容。

竣工决算的编制依据主要有：

1. 经批准的可行性研究报告及其投资估算书；

2. 经批准的初步设计或扩大初步设计及其概算书或修正概算书；

3. 经批准的施工图设计及其施工图预算书；

4. 设计交底或图纸会审会议纪要；

5. 招标标底、承包合同、工程结算资料；

6. 施工记录或施工签证单及其他施工发生的费用记录；

7. 竣工图及各种竣工验收资料；

8. 历年基建资料、财务决算及批复文件；

9. 设备、材料等调价文件和调价记录；

10. 有关财务核算制度、办法和其他有关资料、文件等。

（二）做好工程项目竣工决算的具体思路

1. 加强竣工决算的组织与协调，明确各部门职责

竣工决算编制工作时间紧、任务重。从以往项目竣工决算编制情况来看，建设单位对竣工决算的重视程度对竣工决算报告编制的及时性、准确性具有较大影响。竣工决算编制是一个系统工程，任何一个部门都不可能独立完成竣工决算的编制工作，需要各单位、各部门的密切配合和通力合作。因此，竣工决算的组织协调工作显得尤为重要。为加强竣工决算报告编制工作的领导和沟通协调，以便按时、保质、保量地完成竣工决算编制任务，在项目初期需要明确各部门在竣工决算编制中的职责，将竣工决算报告所需文件和资料的准备任务分到各责任部门，在施工开始阶段就按照竣工决算要求准备，最终实现按时保质完成竣工决算。

2. 竣工决算准备工作日常化

加强工程项目全过程管理，做好项目可行性研究、工程设计、工程施工以及竣工验收的全过程管理，将竣工决算落实到工程日常管理中。从工程筹建开始，在日常会计核算中全面考虑编制竣工决算报告的要求，提早筹划安排竣工决算事宜。注重基础资料收集整理，了解项目相关信息，督促施工单位及时按要求上报竣工结算，为竣工决算的及时完成打好基础。

3. 引入咨询机构，弥补专业人员力量不足

加强工程投资和造价控制，建设单位如自身人员不足，可考虑委托有资质的专业机构进行造价咨询与全过程跟踪审计，对建设项目前期、招投标、实施、竣工结（决）算的各阶段工程造价进行全面、全过程咨询、监督和控制，让竣工决算编制单位提前进驻，便于及时编制完成竣工决算报告。

4. 做好竣工决算编制前的各项基础工作

将历年决算数据，各个工程项目的投资完成额，资本金（拨款）、各种借款、应交款项，结余资金等财务收支情况，进行全面的整理、核对，特别是对投资完成额，财务部门要与计划统计部门配合，结合工程项目建设的情况进行细致的核对，做到工程价款结算清楚，建筑、安装及设备投资不漏列，不多列。工程项目竣工后，进行一次全面的仓库盘点和现场清理工作，对工程项目建设过程中领用的多余设备、物资要全部退库，债权债务要逐项核对、落实并及时清理，防止工程项目结束后无人处理。清理核对工程项目建设过程中的各种协议、合同并及时兑现和办理价款结算。做好其他费用项目的分析分摊工作，其他费用项目因其性质不同，有些直接形成各项资产，有些直接记入某一受益对象。有些不能区分具体受益对象的公共费用，在竣工决算编制过程中，需要采用不同的方法，分配记入有关的受益对象。做好"未完工程"工作，依据工程、计划部门提供的预计未完工程明细表，按概算项目或预计施工费用，直接纳入"基建工程支出"科目核算并结转入"固定

"资产"的预留资金，该部分费用将在施工完毕后，按实际发生的费用，调整固定资产价值。

（三）竣工决算的审查

竣工决算编制完成后，在建设单位或委托咨询单位自查的基础上，应及时上报主管部门并抄送有关部门审查。大中型建设项目的竣工决算，必须报该建设项目的批准机关审查，并抄送省、自治区、直辖市财政厅、局或国家财政部审查。

竣工决算的审查一般从以下几方面进行：

1. 竣工决算资料的完整性

建设、施工等与建设项目相关的单位应提供的资料：

（1）经批准的可行性研究报告，初步设计、投资概算、设备清单；

（2）工程预算（投标报价）、结算书；

（3）同级财政审批的各年度财务决算报表及竣工财务决算报表；

（4）各年度下达的固定资产投资计划及调整计划；

（5）各种合同及协议书；

（6）已办理竣工验收的单项工程的竣工验收资料；

（7）施工图、竣工图和设计变更、现场签证，施工记录；

（8）项目设备、材料采购及入、出库资料；

（9）财务会计报表、会计账簿、会计凭证及其他会计资料；

（10）工程项目交点清单及财产盘点移交清单；

（11）其他资料，如收尾工程、遗留问题等。

2. 竣工财务决算报表和说明书完整性、真实性

（1）大、中型建设项目财务决算报表包括基本建设项目竣工决算审批表、大、中型建设项目竣工工程概况表、竣工工程财务决算表、交付使用资产总表和交付使用资产明细表。

（2）小型基建项目财务决算报表包括竣工工程决算总表，交付使用资产明细表。

3. 各项建设投资支出的真实性、合规性

包括建安工程投资审计；设备投资审计；待摊投资列支的审计；其他投资支出的审计，待核销基建支出的审计；转出投资审计。

4. 工程竣工结算的真实性、合规性

包括约定的合同价款及合同价款调整内容以及索赔事项是否规范；工程设计变更价款调整事项是否约定；施工现场造价控制是否真实合规；工程进度款结算与支付是否合规；工程造价咨询机构出具的工程结算文件是否真实合规。

5. 概算执行情况

包括实际完成投资总额的真实合规性审计；概算总投资、投入实际金额、实际投资完成额的比较；分析超支或节余的原因。

6. 交付使用资产真实性、完整性

包括是否符合交付使用条件；交接手续是否齐全；应交使用资产是否真实、完整。

7. 结余资金及基建收入审计

包括结余资金管理是否规范，有无小金库；库存物资管理是否规范，数量、质量是否

存在问题，库存材料价格是否真实；往来款项、债权债务是否清晰，是否存在转移挪用问题，债权债务清理是否及时；基建收入是否及时清算，来源是否核实，收入分配是否存在问题。

8. 尾工工程审计

包括未完工程工程量的真实性和预留投资金额的真实性。

第六节　案例分析

SYC 项目开发商是具备甲级资质的房地产开发企业 ZGTJ，项目位于 CS 市中心繁华地段，占地 180 余亩，建筑面积 32.26 万 m^2，定位为高档社区，分三期建设：一期工程包括会所、幼儿园、1 号、2 号、3 号、4 号楼、2 号地下车库，建筑面积为 68560m^2；二期工程有 16 栋楼，建筑面积为 185400m^2；三期工程有八栋楼，建筑面积为 68640m^2。一期工程于 2012 年 3 月开工，2013 年 9 月竣工，计划总投资为 16273.24 万元，实际投资 14108.25 万元。

房地产开发企业 ZGTJ 聘请甲级工程造价咨询企业 XZ 公司开展全过程咨询业务，XZ 公司依据国家及项目所在省政府有关工程建设的法律法规、定额、消耗量标准、施工图设计文件、工程施工承包合同、工程实施过程中的变更设计文件，并结合市场实际情况，对项目实行全过程控制，合理使用建设投资，确保项目投资得到有效控制，取得了良好的效果。

一、SYC 项目前期决策阶段及设计阶段投资控制

（一）项目功能定位及投资估算

XZ 公司根据周密而详细的市场调查与可行性研究，得出这样的结论：SYC 项目所在地块位于城市，主干道旁，毗邻南三环，项目交通便利，项目所处地区绿化率高、环境优美、空气质量优，周围配套设施齐全，管委会、商务中心、国际会展中心、国际会议中心、三甲医院等就在附近，步行可至，并且该地块占地 180 余亩，规模较大，综合考虑政府的规划后，将项目功能定位为高档社区，配有专用幼儿园，地下车库为小区居民地下停车场，小区景观为坡地式园林景观，容积率 2.69，小区绿化率 40%。此结论报 ZGTJ 公司之后，经 ZGTJ 公司董事长决议获得批准。

后在报建过程中，通过利用 CS 市 KF 区政府招商引资的优惠政策及对区政府关于项目按时开竣工，严格遵守区政府整体规划开发进度的承诺，获得区政府给予城市配套费的全减免优惠，为本项目节约大量投资。

根据项目规模和功能设置，按 CS 市 2012 年 1 月建筑市场行情和建筑材料价格，测算该项目一期工程投资估算为 16273.24 万元。

（二）加强设计阶段投资控制

在项目设计阶段，开发商希望选定知名的设计院和设计师，通过招标确定由 ZYCT 设计研究院设计。设计人员仔细进行户型方案研究，设计实用户型，为销售收回投资打好基础。开发商成立了以开发商、咨询企业、设计院有关人员为核心的投资控制小组。小组根据 SYC 项目的功能设置和投资估算，对项目的初步设计和施工图设计进行优化。针对项目的实际情况，根据价值工程原理确定地基处理方案，应用控制理论原理对钢筋用量进行优化设计。

1. 应用价值工程原理优化基础设计

由于地段条件的限制，原初步设计桩基处理采用钢筋混凝土灌注桩基础。但采用钢筋混凝土灌注桩施工时间较长并且还受雨季的影响，工程造价会随地下地质情况的不同而变化较大，经过反复的筛选和比较确定了五套方案：V1 人工挖孔桩基础方案、V2 静压桩、V3 复合地基方案、V4 冲积成孔灌注桩、V5 箱形基础。投资控制小组应用价值工程原理，建立了功能指标体系，对以上五个方案进行分析，各指标需要具体考虑的因素见表 8-1。

基础设计方案各指标考虑内容   表 8-1

指标	具体内容
U1 对上部结构的影响	对上部结构设计的影响；对上部结构造价的影响
U2 技术性	施工技术是否成熟；施工是否容易进行；有无熟练工人和技术人员
U3 工期	施工时间；检测时间
U4 环保费	施工期间对环境的影响；对地下水质和水位的影响
U5 安全性	施工期间的安全；施工结束后公路的安全（主要是沉降）
U6 功能性	抗震性；实用功效性

确定各功能指标权重，组织有相关专家和技术人员对方案进行功能评价，评价结果见表 8-2。

基础设计方案功能评价结果   表 8-2

方案	U1 （20%）	U2 （20%）	U3 （20%）	U4 （10%）	U5 （20%）	U6 （10%）	得分	功能系数 得分/合计
V1	100	70	60	60	80	85	76.5	0.179
V2	90	80	85	100	90	90	88	0.205
V3	85	90	100	90	85	100	91	0.213
V4	95	85	90	85	60	95	84	0.196
V5	90	100	85	80	80	95	88.5	0.207
合计							428	

根据算术平均分别计算出 5 个方案的功能系数，根据 5 个方案的初步设计概算，计算出价值系数，结果见表 8-3。

价值系数计算表   表 8-3

方案	功能系数	成本报价 （万元）	成本系数 （报价/合计）	价值系数 （功能系数/成本系数）	等级
V1	0.179	330	0.194	0.923	5
V2	0.205	340	0.199	1.030	1
V3	0.213	356	0.209	1.019	3
V4	0.196	335	0.196	1.000	4
V5	0.207	345	0.202	1.025	2
合计		1706			

通过价值系数计算表得出 V2 方案最好，专家和相关技术人员得出结论将 V2 方案作为初步设计方案。

2. 应用控制论原理对结构和钢筋含量进行控制

为了在设计阶段更有效地控制工程造价，ZYCT 设计研究院在编制施工图预算时，对施工图预算中的钢筋指标和混凝土指标进行分析，对不合理的指标及时与设计人员沟通，对施工图进行修正。

首先，ZYCT 设计研究院预算人员计算出准确的钢筋用量，根据各分项钢筋含量的分析和与类似工程含量的对比，针对钢筋含量异常的分项工程和部位，与设计人员进行分析反馈，对施工图提出修改意见。

其次，ZYCT 设计研究院预算人员统计各部位混凝土构件平方米指标，针对指标超出常规范围的部位与设计人员进行分析反馈，若因设计保守所致，则要求设计人员进行修正。

二、SYC 项目施工招投标及施工阶段投资控制

（一）招投标阶段投资控制

项目招标阶段是确定工程成本造价，甄选施工单位的重要环节，标底和工程量清单编制的好坏直接影响后续合同签订、施工管理、投资控制等工作，因此，投资控制小组对招投标阶段投资控制尤为重视。

1. 招标文件的编制

招标文件是选择施工单位、确定工程合同价的纲领性文件，建设工程招标文件既是投标单位编制投标文件的依据，也是业主与未来中标单位签订工程承包合同的基础，招标文件中提出的各项要求，对整个招标工作乃至承发包双方都有约束力，同时也是招标阶段投资控制的原则性文件。针对项目各分部工程的特点，XZ 公司在编制招标文件时重点对以下几个方面的内容进行特别的研究和说明：

（1）针对工程项目的结构复杂程度、工期要求等，确定计价方式；

（2）施工措施的合理估价与条款设置；

（3）暂定材料价、暂定金额的合理估价与条款设置；

（4）工程量发生较大变化时，对中标单价的修正方法；

（5）变更估价确定方法；

（6）工程结算条款的确定。

2. 标底的编制

XZ 公司在编制标底过程中，坚持以下原则。

（1）遵循客观、公正、科学、合理的原则。严格依据设计图纸和资料、工程量计算规则以及相关建设工程技术规范编制，避免人为提高或降低工程量，以保证标的的客观公正性。在编制过程中，对于设计图纸材料或设备规格型号等内容交代不够清楚的地方，及时向设计单位反映，并建议采用暂定金额方式列入标底，确保标底内容全面符合实际，科学合理。

（2）认真细致逐项计算工程量，保证工程量计算准确性和标底合理性。熟悉设计图纸及说明，根据工程现场情况，考虑合理施工方法和施工机械，逐项计算工程量，明确标底定额子目。对于定额中缺项需补充子目的情况，根据图纸内容做好相应的补充，补充子目特征描述尽量详细。依据指定的信息价、市场价，合理套用定额，做好每项标底子目的单价分析。

（3）认真进行全面复核，确保标底内容符合实际、科学合理。所有编制人员计算工程量都要有清楚的底稿。标底编制完成后，先由编制人自查，再由编制人之间进行相互校对；然后由经验丰富的专业项目负责人进行全面认真地复核；再由项目技术总负责人进行最后审核。在复核和审核时采用技术经济指标复核法以及相关工程量之间的关系进行复核，针对设计说明及各节点详图，如发现疏忽和遗漏，及时补足。

3. 合同的签订

签订各施工合同过程中，XZ 公司建议采取以下投资控制手段：

（1）充分分析合同条款中承发包双方的权利、义务和可能发生的费用；

（2）明确项目实施过程中计价原则；

（3）明确项目价格变动调整方法；

（4）确定工程款的支付原则；

（5）确定项目预留款、保证金、履约保函、支付保函等支付变动原则；

（6）明确索赔的范围以及索赔事件发生后的处理原则。

（二）SYC 项目施工阶段的投资控制

1. 材料及设备选定

设备费及材料费在建设投资中占有很大比重，在 SYC 项目材料及设备选用过程中，着重做好以下几方面的工作。

（1）根据工程量清单及设计文件，参考施工招投标期间 CS 市有关造价文件及相应的市场价格列出项目的主要材料、设备清单，做好提前采购的准备。

（2）充分调查市场供应的情况，提供材料、设备的价格信息，供货渠道等。

（3）对材料、设备进行询价，在预选供货商时，一般选出 4 家以上的供货商，分别对其信誉、产品质量、供货周期、产品价格等进行考察和谈判，确定采购性价比最高的材料和设备。

（4）在招标文件及承包合同中明确主要材料、设备的采购、运输、保管方式以及双方的责任和义务，作为投资控制的依据。

2. 工程设计变更及现场签证的投资控制

在市场环境等多种复杂因素制约下，施工过程中不可避免地发生变更和索赔，对变更及索赔控制的好坏，很大程度上影响最终投资控制目标的实现。SYC 项目施工过程中，组建了一个较强的项目管理班子，抓好合同管理，减少工程索赔，尽量减少设计变更，严格现场签证管理。

在设计变更控制中，规定设计变更通知书必须由原设计单位下达，并要有设计人员的签名和设计单位的印签。造价人员尽量提前介入审查设计变更及现场签证，避免不必要的返工造成成本上升。严格把关、合理计量、充分询价、及时分析设计变更及现场签证对造价的影响，保存好变更资料，为处理可能发生的索赔提供依据。加强对索赔资料审查，强调处理索赔的及时性，加强预见性，尽量减少索赔发生，以免索赔过大引起投资失控。

三、SYC 项目竣工验收阶段投资控制

1. 工程结算书的编制

工程竣工后，根据施工情况和实际材料价格，结合每月的签证、变更及结算资料确认单，编制工程结算。根据施工合同，SYC 项目工程结算书由相应施工单位编制，报业主审核。

2. 工程结算审核

结算审核工作虽然繁琐，却能有效控制施工单位高估冒算，是实现造价控制目标的重要手段。

按项目施工承包合同约定的结算方法、计价定额、取费标准、材料价格和优惠条款等，对工程结算进行审核。在此过程中，重点对以下几个方面进行审核：

（1）现场竣工的建筑产品是否与施工图要求相符，工序是否符合要求，质量是否达到标准，确认单价是否符合。

（2）现场竣工的建筑产品数量是否与结算数量相符，手续是否齐全。

（3）现场变更手续是否齐全，每一变更项目是否由原设计单位变更设计，现场监理变更指令和业主相关人员签字是否在有效时间内签署。

（4）变更单价是否符合合同规定。

（5）认真审核施工索赔，检查索赔事件是否成立，是否有原始凭证，根据合同规定审核索赔金额是否合适。

（6）特别注意不同施工单位承包范围之间的衔接和划分，避免在结算中超承包范围计算。

四、案例总结

SYC 项目一期工程通过全过程投资控制，在保证项目建设进度和建设质量的前提下，项目投资降低了近 2165 万元，约占项目总投资的 13.30%，取得了较好的投资控制效果。其主要成功经验是在项目决策阶段和设计阶段进行了周密而详尽的市场调查、可行性研究，利用公司实力与政府优惠政策，优化基础形式，合理降低的钢筋用量和减少混凝土用量，在施工阶段通过对招标合同价的控制，加强对设计变更和现场签证管理。

习　题

1. 什么是决策阶段投资控制？决策阶段投资控制措施和方法主要有哪些？
2. 设计阶段投资控制流程是怎样的？设计阶段影响投资关键因素有哪些？
3. 设计招投标在投资控制方面的优点有哪些？
4. 设计方案竞赛与设计招投标的异同点？
5. 施工招投标阶段投资控制注意事项有哪些？
6. 结算审核的内容有哪些？
7. 简述竣工决算的编制程序。
8. 本章案例中，SYC 项目投资控制还有哪些待改进的措施？

第九章 工程项目质量管理

质量是工程项目管理主要控制目标之一。工程项目质量管理需要有效地应用质量管理思想，按照质量管理基本原则，建立和运行质量管理体系，落实项目参与各方质量责任，严格控制项目设计质量、施工质量，有效预防工程质量事故，正确处理工程质量问题，在政府和社会的监督下实现工程项目的质量目标。

第一节 工程项目质量管理概述

质量管理是为达到质量目标所展开的各项活动，质量管理的发展经历一个从质量检验到统计质量管理再到全面质量管理的过程。工程项目中，参与各方职能不同，各方质量责任和义务也不尽相同。由于工程项目实施过程不同于一般的制造业，故工程项目质量管理有其特殊性，需项目参与各方根据实际，共同开展质量活动，实现工程项目质量目标。

一、工程项目质量管理内涵

（一）质量

《质量管理体系基础和术语》GB/T 19000—2016/ISO 9000：2015 中对质量的定义为：客体的一组固有特性满足要求的程度。其中，"客体"是可感知或可想象到的任何事物；"固有特性"是指满足顾客和其他相关方要求的特性；"要求"是明示的、隐含的或必须履行的需求或期望，是动态的、发展的和相对的。该定义可理解为：

1. 质量不仅是指产品质量，也包括产品生产活动过程中的工作质量，还包括质量管理体系的运行质量；

2. 产品质量取决于满足顾客的能力，以及对相关方的影响；

3. 产品质量不仅包括其预期功能，还涉及顾客对其价值和收益的感知；

4. 客体质量的好坏，以其固有特性满足质量要求的程度来衡量。

（二）工程项目质量

工程项目质量是指通过项目实施所形成工程实体的质量，反映建筑工程满足相关标准规定或合同约定的要求。工程项目从本质上说是一项拟建或在建的建筑产品，具有一般产品的质量内涵，即一组固有特性满足要求的程度。这些特性是指产品的适用性、可靠性、安全性、耐久性、经济性及与环境的协调性等。由于建筑产品一般是采用单件性筹划、设计和施工的生产组织方式，因此，其具体的质量特性指标是在工程项目的策划和设计过程中定义的。工程项目质量的基本特性可以概括如下：

1. 反映使用功能的质量特性

工程项目功能性质量特性，主要表现为满足项目使用功能的一系列特性指标，如房屋建筑工程的平面空间布局、通风采光性能；工业建筑工程的生产能力和工艺流程；道路交通工程的路面等级、通行能力等。按照现代质量管理理念，功能性质量必须以顾客关注为焦点，满足顾客需求或期望。

237

2. 反映安全可靠的质量特性

建筑产品不仅要满足使用功能要求，而且在正常使用条件下应达到安全可靠的标准，如建筑结构自身安全可靠，使用过程防腐蚀、防坠、防火、防盗、防辐射，设备系统运行与使用安全等。安全可靠性质量必须在满足功能性质量需求的基础上，结合技术标准、规范（特别是强制性条文）的要求进行确定与实施。

3. 反映文化艺术的质量特性

建筑产品具有深刻的社会文化背景，历来人们都把具有某种特定历史文化的建筑产品视同艺术品。其个性的艺术效果，包括建筑造型、立面外观、文化内涵、时代表征以及装修装饰、色彩视觉等，不仅使用者关注，社会其他成员也关注；不仅现在关注，未来的人们也会关注和评价。工程项目文化艺术特性的质量来自于设计者的设计理念、创意和创新以及施工者对设计意图的领会与精益施工。

4. 反映工程项目环境的质量特性

工程项目环境质量包括项目用地范围内的规划布局、交通组织、绿化景观、节能环保，以及与周边环境的协调性。

（三）质量管理

质量管理是指确定质量方针、目标和职责，通过质量策划、控制、保证和改进使其实现的全部活动。

质量方针是由最高管理者发布的该组织的质量宗旨和方向，其制定需要与组织的经营方针保持一致，为质量目标的制定提供框架。

质量目标是组织在质量方面所追求的目标，是一定时间范围内组织规定的质量预期应达到的具体要求、标准或结果，应是可测量的。

质量策划致力于制定质量目标并规定必要的运行过程和相关资源以实现质量目标。质量策划应从构建整个组织的质量管理体系入手，根据质量方针和质量目标的要求，确定产品实现过程以及支持性过程，并配备必要的资源以实现各个过程。

质量控制致力于满足质量要求，其控制范围涉及产品质量形成过程各个环节，目的是为了使控制对象满足规定的质量要求。

质量保证致力于提供质量要求能够得到满足的信任，包括内部保证和外部保证。内部保证是指向组织内部管理者和内部顾客提供信任；外部保证是指通过合同或其他方式向外部顾客或相关方提供信任。

质量改进致力于增强满足质量要求的能力，是一个持续的过程。

（四）工程项目质量管理

工程项目质量管理是指在工程项目实施过程中，指挥和控制项目参与各方关于质量的相互协调的活动，围绕质量要求开展策划、组织、计划、实施、检查、监督和审核等管理活动的总和，是工程项目建设、勘察、设计、施工、监理等单位的共同职责。其目的是为项目用户（顾客）和其他相关者提供高质量的工程和服务，使工程项目达到要求的质量标准。参与各方的项目经理必须调动与项目质量有关的所有人员的积极性，做好本职工作，完成项目质量管理任务，实现项目质量管理目标，建成高质量的工程。

二、质量管理的发展阶段

质量管理的发展，按照其所依据的手段和方式划分，大致经历了质量检验阶段、统计质量管理阶段和全面质量管理阶段。

（一）质量检验阶段

在质量检验阶段，人们对质量管理的理解还仅限于质量的检验，即通过严格检验来控制和保证转入下道工序的质量和出厂产品的质量。

1. 操作者的质量管理

20 世纪以前，产品的质量检验主要依靠手工操作者的手艺和经验，对产品质量进行鉴别、把关。

2. 工长的质量管理

1918 年，美国出现了以泰勒为代表的科学管理运动。强调工长在保证质量方面的作用。质量管理职责就由操作者转移到工长。

3. 检验员的质量管理

1940 年，由于企业生产规模不断扩大，质量管理职责由工长转移到专职检验员。大多数企业都设置了专门检验部门，配备有专职检验人员，用一定的检测手段负责全厂的产品检验工作。

专职检验的特点是"三权分立"，即有人专职制定标准，有人负责制造，有人专职检验产品质量。这种做法的实质就是在产品中挑废品、划等级。

（二）统计质量管理阶段

由于第二次世界大战对军需品的特殊需要，单纯的质量检验已不能适应战争的需要。因此，美国组织了数理统计专家在国防工业中解决实际问题。这些数理统计专家在军工生产中广泛应用数理统计方法进行生产过程的工序控制，并产生了非常显著的效果，保证和改善了军工产品质量。后来人们又把它推广到民用产品中，给企业带来了巨额利润。

这一阶段的特点是利用数理统计原理在生产工序间进行质量控制，预防产生不合格品并检验产品质量。在方式上，责任者也由专职的检验员转为专业的质量控制工程师和技术人员。这标志着事后检验的观念转变为预测质量事故发生并事先加以预防的观念。

（三）全面质量管理阶段

全面质量管理最先起源于美国，后来在一些工业发达国家开始推行。20 世纪 60 年代后期，日本又有了新的发展。所谓全面质量管理，就是企业全体人员及有关部门同心协力，把专业技术、经营管理、数理统计和思想教育结合起来，建立起产品的研究设计、生产制造、售后服务等活动全过程的质量保证体系，从而用最经济的手段，生产出用户满意的产品。

全面质量管理是在统计质量管理的基础上进一步发展起来的，重视人的因素，强调企业全员参加，对全过程各项工作都要进行质量管理：运用系统的观点，综合而全面地分析质量问题。其方法、手段更加丰富、完善，从而能把产品质量真正地管理起来，产生更高的经济效益。在全面质量管理阶段形成的全面质量管理思想是质量管理的基本思想。

三、工程项目质量管理责任和义务

《中华人民共和国建筑法》和《建设工程质量管理条例》规定，建筑工程项目的业主、勘察单位、设计单位、施工单位、工程监理单位都要依法对建筑工程质量负责。

（一）业主的质量责任和义务

1. 应当将工程发包给具有相应资质等级的勘察、设计单位和施工单位，不得将建设工程肢解发包。在相应的合同中必须有质量条款，明确质量责任，并真实、准确、齐全地提供与建设工程有关的原始资料。

2. 应当依法对工程项目的勘察、设计、施工、监理以及与工程建设有关的重要设备、材料等的采购进行招标。不得迫使承包方以低于成本的价格竞标，不得任意压缩合理工期。不得明示或者暗示设计单位或者施工单位违反工程建设强制性标准，降低建设工程质量。

3. 应当将施工图设计文件报县级以上人民政府建设行政主管部门或者其他有关部门审查。施工图设计文件未经审查批准的，不得使用。

4. 应根据工程特点，配备相应的质量管理人员，对国家规定强制实行监理的工程项目，应委托具有相应资质等级的工程监理单位进行监理，也可以委托具有工程监理相应资质等级并与被监理工程的施工承包单位没有隶属关系或者其他利害关系的该工程的设计单位进行监理。

5. 在工程开工前，负责办理有关施工图设计文件审查、工程施工许可证和工程质量监督手续，组织设计和施工单位认真进行设计交底和图纸会审；在施工中，应按国家现行相关工程建设法规、技术标准及合同规定，对工程质量进行检查，涉及建筑主体和承重结构变动的装修工程，业主应当在施工前委托原设计单位或者具有相应资质等级的设计单位提出设计方案。没有设计方案的，不得施工。房屋建筑使用者在装修过程中，不得擅自变动房屋建筑主体和承重结构；工程项目竣工后，应当及时组织设计、施工、监理等有关单位进行竣工验收。建设工程经验收合格后，方可交付使用。

6. 应当严格按照国家有关档案管理的规定，及时收集、整理工程项目各环节的文件资料，建立、健全建设项目档案，并在工程项目竣工验收后，及时向建设行政主管部门或者其他有关部门移交工程项目档案。

（二）勘察、设计单位的质量责任和义务

1. 应当依法取得相应等级的资质证书，并在其资质等级许可的范围内承揽工程。禁止承揽超越其资质等级许可范围的工程或者以其他勘察、设计单位的名义承揽工程；禁止允许其他单位或者个人以本单位的名义承揽工程。不得转包或者违法分包所承揽的工程。

2. 必须按照国家现行有关规定、工程建设强制性标准和合同要求进行勘察、设计工作，并对其勘察、设计的质量负责。

3. 勘察单位提供的地质、测量、水文等勘察成果必须真实、准确。设计单位应当根据勘察成果文件进行建设工程设计。

4. 设计文件应当符合国家规定的设计深度要求，注明工程合理使用年限。注册建筑师、注册结构工程师等注册执业人员应当在设计文件上签字，对设计文件负责。

5. 设计单位在设计文件中选用的建筑材料、建筑构配件和设备，应当注明规格、型号、性能等技术指标，其质量要求必须符合国家规定的标准。除有特殊要求的建筑材料、专用设备、工艺生产线等外，设计单位不得指定生产厂、供应商。

6. 设计单位应当就审查合格的施工图设计文件向施工单位做出详细说明，解决施工中对设计提出的问题，负责设计变更。

7. 设计单位应当参与建设工程质量事故分析，并对因设计造成的质量事故提出相应的技术处理方案。

（三）施工单位的质量责任和义务

1. 应当依法取得相应等级的资质证书，并在其资质等级许可的范围内承揽工程；禁止超越本单位资质等级许可的业务范围或者以其他施工单位的名义承揽工程。禁止允许其他单位或者个人以本单位的名义承揽工程。不得转包或者违法分包工程。

2. 对工程项目的施工质量负责。应当建立质量责任制，确定工程项目的项目经理、技术负责人和施工管理负责人。建设工程实行总承包的，总承包单位应当对其承包的建设工程或者采购的设备的质量负责。

3. 总承包单位依法将建设工程分包给其他单位的，分包单位应当按照分包合同的约定对其分包工程的质量向总承包单位负责，总承包单位对分包工程的质量承担连带责任。

4. 必须按照工程设计图纸和施工技术标准施工，不得擅自修改工程设计，不得偷工减料。在施工过程中发现设计文件和图纸有差错的，应当及时提出意见和建议。

5. 必须按照工程设计要求、施工技术标准和合同约定，对建筑材料、建筑构配件、设备和商品混凝土进行检验，检验应当有书面记录和专人签字；未经检验或者检验不合格的，不得使用。

6. 必须建立、健全施工质量的检验制度，严格控制工序质量，做好隐蔽工程的质量检查和记录。隐蔽工程在隐蔽前，应当通知业主和建设工程质量监督机构。

7. 施工人员对涉及结构安全的试块、试件以及有关材料，应当在业主或者工程监理单位监督下现场取样，并送具有相应资质等级的质量检测单位进行检测。

8. 对施工中出现质量问题的建设工程或竣工验收不合格的建设工程，应当负责返修。

9. 应当建立、健全教育培训制度，加强对职工的教育培训；未经教育培训或者考核不合格的人员，不得上岗作业。

（四）工程监理单位的质量责任和义务

1. 应当依法取得相应等级的资质证书，并在其资质等级许可的范围内承担工程监理业务。禁止超越本单位资质等级许可的范围或者以其他工程监理单位的名义承担工程监理业务。禁止允许其他单位或者个人以本单位的名义承担工程监理业务。不得转让工程监理业务。

2. 与被监理工程的施工承包单位以及建筑材料、建筑构配件和设备供应单位有隶属关系或者其他利害关系的，不得承担该项目建设工程的监理业务。

3. 应当依照法律、法规以及有关技术标准、设计文件和建设工程承包合同，代表业主对施工质量实施监理，并对施工质量承担监理责任。

4. 应当选派具备相应资格的总监理工程师和监理工程师进驻施工现场。未经监理工程师签字，建筑材料、建筑构配件和设备不得在工程上使用或者安装，施工单位不得进行下一道工序的施工。未经总监理工程师签字，业主不拨付工程款，不进行竣工验收。

5. 监理工程师应当按照工程监理规范的要求，采取旁站、巡视和平行检验等形式，对建设工程实施监理。

四、工程项目质量管理的特点

（一）工程项目质量的特点

1. 影响因素多

工程项目质量主要由施工阶段决定，受到决策、设计、材料、机械设备等多个方面的因素影响，主要受到"人（Man）、材料（Material）、机械（Machine）、方法（Method）及环境（Environment）"等五个方面的因素影响，即 4M1E。

（1）人（Man）

对工程项目而言，人的因素起决定性的作用。工程项目质量控制应以控制人的因素为基本出发点。影响工程项目质量的人的因素，包括两个方面：一是指直接履行项目质量职能的决策者、管理者和作业者个人的质量意识及质量活动能力；二是指承担项目策划、决策或实施的业主、勘察设计单位、咨询服务单位、工程承包单位等实体组织的质量管理体系及其管理能力。

（2）材料（Material）

材料包括工程材料和施工用料，是工程建设的物质条件，是工程项目质量的基础。材料选用是否合理、材质是否经过检验、保管使用是否得当等，都会直接影响工程项目质量。所以，加强对材料的质量控制，是保证工程项目质量的重要基础。

（3）机械（Machine）

机械包括工程设备、施工机械和各类施工工器具。工程设备是指组成工程实体的工艺设备和各类机具，如各类生产设备、装置和辅助配套的电梯、泵机，以及通风空调、消防、环保设备等，它们是工程项目的重要组成部分，其质量优劣，直接影响工程使用功能的发挥。施工机械和各类工器具是指施工过程中使用的各类机具设备，包括运输设备、吊装设备、操作工具、测量仪器、计量器具以及施工安全设施等。

（4）方法（Method）

工程项目中的方法是指勘察、设计、施工所采用的技术和方法，以及工程检测、试验技术和方法等。比如在工程施工中，施工方案是否合理、施工工艺是否先进、施工操作是否正确，都将对工程质量产生重大影响。大力推广使用新技术、新工艺、新方法，不断提高工艺技术水平，是保证工程质量稳步提高的重要因素。

（5）环境（Environment）

影响工程项目质量的环境因素包括工程技术环境、工程作业环境、工程管理环境和周边环境。工程技术环境主要指工程地质、水文、气象等；工程作业环境主要指施工环境作业面大小、防护设施、通风照明和通信条件等；工程管理环境主要指工程实施的合同结构与管理关系的确定，组织体制及管理制度等；周边环境主要指与工程邻近的地下管线、建（构）筑物等。

2. 容易产生质量波动和变异

由于生产的单件性、流动性，工程质量容易产生较大波动，同时由于影响工程质量的偶然性因素和系统性因素比较多，其中任何一个因素发生变化，都会使工程质量产生波动甚至变异。工程项目所用材料性能的微小差异、施工机械的正常磨损、施工操作的微小变化、环境微小的波动等，都会引起偶然性因素的质量波动；当工程项目使用的材料规格、品种有误，施工方法不妥，不按规程操作，施工机械出现故障，设计计算出现错误等，都会引起系统性因素的质量变异，造成工程质量事故。因此，要严防出现系统性因素的质量变异，要把质量波动控制在偶然性因素范围之内。

3. 质量的隐蔽性

工程项目在施工阶段，产生的中间产品较多，各分部分项工程之间交接也多，比如基础工程完成后，必须进行回填，才能进行下一个分部工程的施工，钢筋在安装完成后进行混凝土浇筑等，一个工序完成被覆盖之后，若不及时检查并发现存在的质量问题，事后只能看表面质量，很难判断其是否合格。因此，工程质量具有一定的隐蔽性，必须加强对每一个工序的质量检查与控制。

4. 终检的局限性

工程项目建成完工后，不可能通过拆卸或解体来检查其内在的质量，项目施工阶段出现的中间产品、分部工程交接、供需交接、隐蔽工程等都比较多，施工质量需要进行严格检查确认并留下可证实的验收记录，才能防止质量事故的产生。

（二）工程项目质量管理的特殊性

由于工程项目质量有其固有的特点，因而工程项目质量管理有其特殊性：

1. 工程项目质量管理是项目相关者共同参与的过程

对一般制造业，用户在市场上直接购买最终产品，不介入该产品的生产过程。而一个工程项目的建设过程十分复杂且涉及的相关方众多，其用户（业主、投资方）直接介入整个建设过程，参与全过程、各个环节的质量管理，做出决策或者变更指令。工程项目所在地安全生产监督部门、质量监督站等单位对工程的实施过程会有许多干预。因此，工程项目质量管理是多个方面共同参与的过程，同时又是一个不断变化的过程。

2. 工程项目质量管理具有社会性

工程项目质量出现问题，不仅影响项目产品的使用效果和项目经济性问题，而且会涉及工程的安全性和稳定性。重大工程质量问题和事故常常会造成人员伤害和财产损失，造成资源的极大浪费，对社会产生不良影响。

3. 合同对工程项目质量管理起决定作用

工程项目是根据业主要求进行建设的，业主的意图通过合同方式体现，质量要求、组织责任、质量控制过程、质量承诺等都是通过合同规定的。因此，合同是进行工程项目质量管理的主要依据。不同的合同，承包商质量管理积极性不同。既要利用合同对质量进行有效控制，又要在合同范围内进行质量管理，超过合同范围的质量要求和管理措施会导致赔偿问题。

4. 工程项目质量管理应着眼于质量管理体系的建立

工程项目质量管理的技术性很强，但它又不同于一般技术性工作，不能过于注重质量技术方面的问题，而忽视管理方面的问题。项目质量管理应着眼于质量管理体系的建立，质量控制程序的编制，质量、工期和投资三大项目管理基本目标的协调和平衡，以及工作监督、检查、跟踪、诊断，以保证技术工作的有效性和完备性。

第二节　质量管理体系

为了实现工程项目质量目标，需要有效地应用 PDCA 循环、"三阶段"质量管理思想、全面质量管理思想，按照质量管理的基本原则，编制质量管理体系文件，建立和运行工程项目质量管理体系，全面控制工程项目质量。

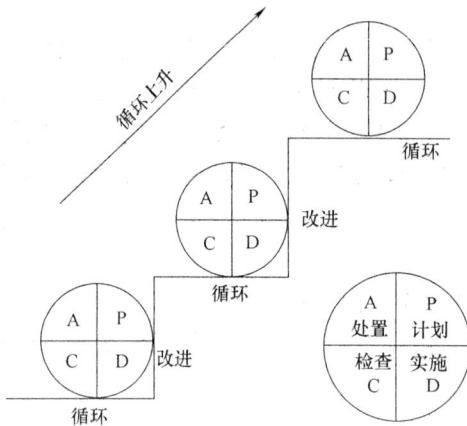

图 9-1 PDCA 循环图

一、质量管理思想

（一）PDCA 循环

PDCA 循环是在长期的生产实践和理论研究中形成的。PDCA 循环的含义是将质量管理分为四个阶段，即计划或策划（Plan）、执行（Do）、检查（Check）、处理（Action）。PDCA 循环示意图如图 9-1 所示。

PDCA 循环每运行一次，工程项目质量就提高一步。PDCA 循环具有大环套小环、互相衔接、互相促进、螺旋上升，最终形成完整的循环和不断推进等特点。它是质量目标控制的基本方法。

1. 计划（Plan）

计划是质量管理的首要环节。质量管理的计划职能，包括确定质量目标和制定质量保证工作计划两方面。质量管理目标的确定，就是根据项目自身特点，针对可能发生的质量问题、质量通病，以及与国家规范规定的质量标准的差距，或者用户提出的更新、更高的质量要求，确定项目施工应达到的质量标准。质量保证工作计划是为实现上述质量管理目标所采取的具体措施和实施步骤，由项目参与各方根据其在项目实施中所承担的任务、责任范围和质量目标，分别制定质量计划而形成的质量计划体系。其中，业主的工程项目质量计划，包括确定和论证项目总体质量目标，建立项目质量管理的组织、制度，制定项目质量管理的工作程序、方法和要求。项目其他参与各方，则根据国家法律法规和工程合同规定的质量责任和义务，在明确各自质量目标的基础上，制定实施相应范围质量管理的行动方案，包括技术方法、业务流程、资源配置、检验试验要求、质量记录方式、质量不合格处理方法及相应管理措施等，同时亦须对其实现预期目标的可行性、有效性、经济合理性进行分析论证，并按照规定的程序与权限，经过审批后执行。

2. 实施（Do）

实施职能在于将质量的目标值，通过生产要素的投入、作业技术活动和产出过程，转换为质量的实际值。实施包含两个环节，即计划行动方案交底和按计划规定的方法及要求展开施工作业技术活动。为保证工程质量产出或形成过程能够达到预期结果，在各项质量活动实施前，要根据质量管理计划进行行动方案的部署和交底，使基层操作者和管理者明确计划的意图和要求，掌握质量标准及其实现的程序与方法；在按计划进行施工作业技术活动中，依靠质量保证工作体系，保证质量计划的执行。具体地说，就是要依靠思想工作体系，做好思想教育工作；依靠组织体系，完善组织机构，落实责任制、规章制度等；依靠产品形成过程的质量控制体系，做好施工过程的质量控制工作等。在质量活动的实施过程中，要求严格执行计划的行动方案，规范行为，把质量管理计划的各项规定和安排落实到具体的资源配置和作业技术活动中去。

3. 检查（Check）

检查就是对照计划，检查计划执行情况和效果，及时发现计划执行过程中的偏差和问题，包括作业者的自检、互检和专职管理者专检。检查一般包括两个方面：一是检查是否严格执行了计划的行动方案，检查实际条件是否发生了变化，总结成功执行的经验，查明没按计划执行的原因；二是检查计划执行的结果，即产出质量是否达到标准要求，并对此进行评价和确认。

4. 处置（Action）

处置是在检查的基础上，总结成功经验，形成标准，作为今后工作的参考；对于质量检查所发现的质量问题，及时进行原因分析，采取必要措施，予以纠正；对于暂时未能解决的问题，可记录在案，留到下一次循环加以解决。处置有纠偏和预防两个方面。前者是采取有效措施，解决当前的质量偏差、问题或事故；后者是将目前质量状况信息反馈到质量管理部门，反思问题症结，确定改进目标和措施，为今后类似质量问题的预防提供借鉴。

（二）"三阶段"控制

"三阶段"控制是指对质量的事前控制、事中控制和事后控制，三者构成了质量控制的系统控制过程。

1. 事前控制

事前控制要求预先编制周密的质量计划。尤其是在工程项目施工阶段，质量计划的制定、施工组织设计的编制或施工项目管理实施规划的编制，都必须建立在切实可行、有效实现预期质量目标的基础上，作为一种行动方案进行施工部署。事前控制主要强调质量目标的计划预控和按质量计划进行质量活动前准备工作状态的控制。

2. 事中控制

事中控制首先是对质量活动的行为约束，即在相关制度的管理下，对质量产生过程中各项技术作业活动操作者自我行为约束的同时，充分发挥其技术能力，完成预定质量目标的作业任务；其次是参建各方对质量活动过程和结果的监督控制，包括来自企业内部管理者的检验和来自企业外部的工程监理和政府质量监督部门等的监控。

事中控制虽然包含自控和监控两大环节，但事中质量控制的关键还是增强质量意识，发挥操作者自我约束和自我控制，即操作者坚持质量标准是根本，监控或他人控制是必要补充，这两个环节缺一不可。因此在进行质量活动时，充分发挥操作者的自我控制能力，通过监督机制和激励机制相结合的管理方法，建立和实施质量体系，有利于提高质量控制效果。

3. 事后控制

事后控制包括对质量活动结果的评价认定和对质量偏差的纠正。质量计划过程所制订的行动方案考虑得越周密，事中约束监控越严格，实现质量预期目标的可能性就越大。由于系统因素和偶然因素的存在，质量实际值与目标值之间超出允许偏差时，必须分析原因，采取措施纠正偏差，保证工程项目质量始终处于受控状态。

（三）全面质量管理

全面质量管理（Total Quality Control，TQC）是一个组织以质量为中心，以全员参与为基础，目的在于通过让顾客满意和本组织所有成员及社会受益而达到长期成功的管理途径。我国从20世纪80年代开始引进并推广全面质量管理。全面质量管理的基本原理就是强调在企业或组织最高管理者确定的质量方针指引下，实行全面、全过程和全员参与的质量管理。

1. 全面质量管理

这里的全面质量管理是指对产品质量、工作质量以及人的质量的全面控制。工作质量是产品质量的保证，工作质量直接影响产品质量的形成，而人的质量直接影响工作质量的形成。因此提高人的质量（即操作者、管理者的素质）是关键。工程项目中任何一方、任何环节的疏忽或质量责任不到位都会造成对工程项目质量的影响。

2. 全过程质量管理

全过程质量管理是指根据工程质量的形成规律，从源头抓起，全过程推进。将活动和相关资源作为过程进行管理，可以更高效地得到期望的结果。任何使用资源的生产活动和将输入转化为输出的一组相关联的活动都可视为过程。因此必须掌握识别过程和应用"过程方法"进行全过程质量控制。工程项目建设的主要过程有：项目策划与决策过程、勘察设计过程、施工采购过程、施工组织与准备过程、检测设备控制与计量过程、施工生产的检验试验过程、工程质量评定过程、工程竣工验收与交付过程和工程回访维修过程等。

3. 全员参与管理

按照全面质量管理的思想，组织内部的每个部门和工作岗位都承担相应的质量管理职能。组织的最高层管理者确定了质量方针和目标，就应组织和动员全体员工参与到实施质量方针的系统活动中去，发挥自己的角色作用。开展全员参与质量管理活动的重要手段就是运用目标管理的方法，将组织的质量总目标逐级进行分解，形成自上而下的质量目标分解体系和自下而上的质量目标保证体系，充分发挥组织内部每个工作岗位、部门或团队在实现质量总目标过程中的作用。

二、质量管理原则

质量管理七项原则是ISO 9000：2015质量管理体系族标准的编制基础，是世界各国质量管理成功经验的科学总结，其中，很多内容与我国全面质量管理的经验相吻合。七项质量管理原则具体内容如下：

（一）以顾客为关注焦点

1. 释义

质量管理的主要关注点是满足顾客要求并且努力超越顾客的期望。

2. 理论依据

组织只有赢得和保持顾客和其他相关方的信任才能获得持续成功。与顾客互动的每个方面都提供了为顾客创造更多价值的机会。理解顾客和其他相关方当前和未来的需求有助于组织的持续成功。

3. 主要益处

主要益处有：增加顾客价值；提高顾客满意度；增进顾客忠诚；增加重复性业务；提高组织声誉；扩展顾客群；增加收入和市场份额。

4. 可开展的活动

可开展的活动包括：辨识从组织获得价值的直接和间接顾客；理解顾客当前和未来的

需求和期望；将组织目标与顾客需求和期望联系起来；在整个组织内沟通顾客的需求和期望；对产品和服务进行策划、设计、开发、生产、支付和支持，以满足顾客需求和期望；测量和监视顾客满意度，并采取适当措施；针对有可能影响到顾客满意度的相关方需求和期望，确定并采取措施；积极管理与顾客的关系，以实现持续成功。

（二）领导作用

1. 释义

各层领导建立统一的宗旨及方向，并创造全员积极参与的环境，以实现组织的质量目标。

2. 理论依据

统一的宗旨和方向的建立以及全员参与，能够使组织将战略、方针、过程和资源保持一致，以实现其目标。

3. 主要益处

主要益处有：提高实现组织质量目标的有效性和效率；组织的过程更加协调；改善组织各层次和职能间的沟通；开发和提高组织及其人员的能力，以获得期望的结果。

4. 可开展的活动

可开展的活动包括：在整个组织内，就其使命、愿景、战略、方针和过程进行沟通；在组织的所有层级创建并保持共同的价值观、公平道德的行为模式；创建诚信和正直的文化；鼓励全组织对质量的承诺；确保各级领导者成为组织人员中的楷模；为组织人员提供履行职责所需的资源、培训和权限；激发、鼓励和认可人员的贡献。

（三）全员参与

1. 释义

整个组织内各级人员的胜任、被授权和积极参与是提高组织创造价值和提供价值能力的必要条件。

2. 理论依据

为了有效和高效地管理组织，尊重并使各级人员积极参与是极其重要的。认可、授权和能力提升会促进人员积极参与实现组织质量目标的活动。

3. 主要益处

主要益处有：增进组织内人员对质量目标的理解并提高实现目标的积极性；提高人员的参与程度；促进个人发展、主动性和创造力；提高员工的满意度；增强整个组织内的信任和协作；促进整个组织对共同价值观和文化的关注。

4. 可开展的活动

可开展的活动包括：与员工沟通，以提升其对个人贡献重要性的理解；促进整个组织内部协作；提倡公开讨论，分享知识和经验；授权员工确定工作中的制约因素并积极采取应对措施；赞赏和表彰员工的贡献、学识和改进；针对个人目标进行绩效的自我评价；进行调查以评估员工满意度，沟通结果并采取适当的措施。

（四）过程方法

1. 释义

只有将活动作为相互关联的连贯过程进行系统管理时，才能更加有效、高效地得到预期的结果。

2. 理论依据

质量管理体系是由相互关联的过程组成。理解体系如何产生结果，能够优化组织体系，提升组织绩效。

3. 主要益处

主要益处有：提高洞察关键过程和改进机会的能力；通过协调一致的过程体系，得到一致的、可预知的结果；通过过程有效管理、资源高效利用及职能交叉障碍的减少，尽可能提高绩效；使组织能够向相关方提供关于其稳定性、有效性和效率方面的信任。

4. 可开展的活动

可开展的活动包括：确定体系的目标和实现目标所需的过程；确定管理过程的职责、权限和义务；了解组织的能力，事先确定资源约束条件；确定过程相互依赖的关系，分析每个过程的变更对整个体系的影响；将过程及其相互关系作为体系进行管理，以有效和高效地实现组织的质量目标；确保获得过程运行和改进的必要信息，并监视、分析和评价整个体系的绩效；对能影响过程输出和质量管理体系整个结果的风险进行管理。

（五）改进

1. 释义

成功的组织致力于持续改进。

2. 理论依据

改进对于组织保持当前的业绩水平，对其内、外部条件变化作出反应并创造新的机会都是极其重要的。

3. 主要益处

主要益处有：改进过程绩效、组织能力和顾客满意度；增强对调查和根本原因及后续预防和纠正措施的关注；提高对内、外部风险和机会的预测和反应能力；增加对渐进性和突破性改进的考虑；通过加强学习实现改进、增加创新驱动力。

4. 可开展的活动

可开展的活动包括：促进组织所有层级建立改进目标；对各层级员工进行培训，使其懂得如何应用基本工具和方法实现改进目标；确保员工有能力成功地制定和完成改进目标；跟踪、评审和审核改进目标的计划、实施和结果；在新的产品、服务开发中融入改进时的考虑因素；赞赏和表彰改进。

（六）循证决策

1. 释义

基于数据和信息的分析和评价的决策更有可能产生期望的结果。

2. 理论依据

决策是一个复杂的过程，并且包含一些不确定因素。决策经常涉及多种类型和来源的输入及其解释，而这些解释可能是主观的。重要的是理解因果关系和潜在非预期后果。对事实、证据和数据的分析可促使决策更加客观和可信。

3. 主要益处

主要益处有：改进决策过程；改进对过程绩效和实现目标能力的评估；改进运行的有效性和效率；提高评审、挑战权威意见和决策的能力；提高证实以往决策有效性的能力。

4. 可开展的活动

可开展的活动包括：确定、测量和监视证实组织绩效的关键指标；使相关人员能够获得所需的全部数据；确保数据和信息准确、可靠和安全；使用适宜方法分析、评价数据和信息；确保人员有能力分析、评价所需的数据；依据证据，权衡经验和直觉进行决策，并采取措施。

（七）关系管理

1. 释义

为了持续成功，组织需要管理与相关方（如供方、投资者等）的关系。

2. 理论依据

相关方影响组织的绩效。管理与所有相关方的关系，以最大限度地发挥其在组织绩效方面的作用。因此，管理合作伙伴关系网是极其重要的。

3. 主要益处

主要益处有：通过对每一个和相关方有关的机会以及制约因素的响应，提高组织及相关方的绩效；和相关方对目标和价值观有共同的理解；通过资源共享，管理与质量有关的风险，提高为相关方创造价值的能力；具有良好和稳定的产品、服务供应链。

4. 可开展的活动

可开展的活动有：确定相关方的对象以及组织与其的关系；确定需要优先管理的相关方的关系；建立权衡短期收益与长远因素的关系；与相关方共享信息、专业知识和资源；与相关方共同开展开发和改进活动；鼓励和认可相关方的改进和成绩。

三、质量管理体系文件

质量管理标准所要求的质量管理体系文件一般由形成文件的质量方针和质量目标、质量手册、程序性文件、质量记录等构成，这些文件的详略程度无统一规定，以适合企业使用、使过程受控为准则。

（一）质量方针和质量目标

质量方针和质量目标一般都以简明的文字来表述，是企业或组织质量管理的方向目标，反映用户及社会对工程质量的要求及企业或组织相应的质量水平和服务承诺，也是企业质量经营理念的反映。

（二）质量手册

质量手册是规定企业或组织质量管理体系的文件，对企业质量体系进行系统、完整的描述。其内容一般包括：企业的质量方针、质量目标；组织机构及质量职责；体系要素或基本控制程序；质量手册的评审、修改和控制的管理方法。

质量手册作为质量管理系统的纲领性文件应具备指令性、系统性、协调性、先进性、可行性和可检查性。

（三）程序性文件

各种生产、工作和管理的程序文件是质量手册的支持性文件，是企业各职能部门为落实质量手册的要求而规定的细则，企业为落实质量管理工作而建立的各项管理标准、规章制度都属于程序文件范畴。各企业程序文件的内容及详略可视企业情况而定。通常，以下6个方面的程序为通用性管理程序，各类企业都应该在程序文件中制定：

1. 文件控制程序；

2. 质量记录管理程序；

3. 内部审核程序；

4. 不合格品控制程序；

5. 纠正措施控制程序；

6. 预防措施控制程序。

除以上6个程序外，涉及产品质量形成过程各环节控制的程序文件，如生产过程、服务过程、管理过程、监督过程等管理程序文件，可视企业质量控制的需要来制定，不作统一规定。

为确保过程的有效运行和控制，在程序文件的指导下，还可按管理需要编制相关文件，如作业指导书、具体工程的质量计划等。

(四) 质量记录

质量记录是产品质量水平和质量体系中各项质量活动及其结果的客观反映，对质量体系程序文件所规定的运行过程及控制测量检查的内容如实加以记录，用以证明产品质量达到合同要求及质量保证的满足程度。如在控制体系中出现偏差，则质量记录不仅需要反映偏差情况，而且应反映出针对不足之处所采取的纠正措施及纠正效果。

质量记录应完整地反映质量活动实施、验证和评审的情况，并记载关键活动的过程参数，具有可追溯性的特点。质量记录以规定的形式和程序进行，并包含实施、验证、审核等签署意见。

四、质量管理体系的建立和运行

(一) 质量管理体系的结构

由于工程项目实施任务委托方式和合同结构的特点，工程项目质量管理体系一般是多层级、多单元的结构形态。

1. 多层次结构

多层次结构是对应于项目工程系统纵向垂直分解的单项、单位工程质量管理体系。在大中型工程项目特别是群体工程项目中，第一层级的质量管理体系应由业主的工程项目管理机构负责建立；在委托代建、委托项目管理或实行交钥匙工程总承包的情况下，应由相应的代建方项目管理机构、受托项目管理机构或工程总承包企业项目管理机构负责建立。第二层级的质量管理体系，通常是指分别由项目设计总负责单位、施工总承包单位等建立相应管理范围内的质量控制体系。第三层级及其以下层级，是指承担工程设计、施工安装、材料设备供应等各承包单位的现场质量自控体系，或称各自的施工质量保证体系。系统纵向层次结构的合理性是项目质量目标、控制责任和措施分解落实的重要保证。

2. 多单元结构

多单元结构是指在项目质量管理总体系下，第二层级及其以下的质量自控或保证体系可能有多个。这是项目质量目标、责任和措施分解的必然结果。

(二) 质量管理体系的建立

质量管理体系的建立，是在确定市场及顾客需求的前提下，按照七项质量管理原则制定企业或组织的质量方针、质量目标、质量手册、程序文件及质量记录等体系文件，并将质量目标分解落实到相关层次、相关岗位的职能和职责中，形成企业或组织质量管理体系的执行系统。质量管理体系的建立还包含对企业或组织不同层次的员工进行培训，使体系的工作内容和执行要求为员工所了解，为形成全员参与的企业或组织质量管理体系的运行创造条件。

质量管理体系的建立需识别并提供实现质量目标和持续改进所需的资源，包括人员、基础设施、环境、信息等。

（三）质量管理体系的运行

质量管理体系的建立为工程项目质量管理提供了组织制度方面的保证。质量管理体系的运行，是发挥质量管理体系功能的过程，也是控制质量活动效果的过程。有效地运行质量管理体系，依赖于质量管理体系内部运行环境和运行机制的完善。

1. 运行环境

质量管理体系的运行环境，主要是指为管理体系运行提供支持的管理关系（合同结构）、资源配置和组织制度的条件。

（1）项目的合同结构

工程项目合同是联系项目参与各方的纽带，只有合同结构合理、质量标准和责任条款明确、严格进行履约管理，项目参与各方才能自觉地运行质量管理体系。

（2）质量管理的资源配置

质量管理的资源配置包括：专职的工程技术人员和质量管理人员的配置；实施技术管理和质量管理所必需的设备、设施、器具、软件等物质资源的配置。人员和资源的合理配置是质量管理体系得以运行的基础条件。

（3）质量管理的组织制度

工程项目质量管理体系内部各项管理制度和程序性文件的建立，为质量管理体系各个环节的运行提供必要的行动指南、行为准则和评价依据，是质量管理体系有序运行的基本保证。

2. 运行机制

质量管理体系的运行机制，是由一系列质量管理制度安排所形成的内在动力。运行机制缺陷是造成质量管理体系运行无序、失效和失控的重要原因。因此，必须重视质量管理制度设计，防止重要管理制度缺失、制度本身缺陷、制度之间矛盾等现象出现，为质量管理体系运行注入动力机制、约束机制、反馈机制和持续改进机制。

（1）动力机制

动力机制是质量管理体系运行的核心机制，来源于公正、公开、公平的竞争机制和利益机制的制度设计或安排。这是因为工程项目实施过程是由多主体参与的价值增值链，只有保持合理的各方关系，才能形成合力，推动工程项目质量管理体系运行。

（2）约束机制

没有约束机制的管理体系是无法使工程质量处于受控状态的。约束机制取决于各质量责任主体内部的自我约束能力和外部的监控效力。约束能力表现为组织及个人的经营理念、质量意识、职业道德及技术能力的发挥；监控效力取决于项目实施主体外部（如政府部门）对质量工作的推动和检查监督。两者相辅相成，构成了质量控制过程的制衡关系。

（3）反馈机制

运行状态和结果的信息反馈，是评价质量管理体系运行效果的依据。因此，必须有相关的制度安排，保证及时和准确反馈质量信息；坚持质量管理者深入生产第一线，掌握第一手资料，形成有效的质量信息反馈机制。

（4）持续改进机制

在工程项目实施的各个阶段，应用 PDCA 循环原理，即计划、实施、检查和处置不断循环的方式展开质量控制，不断寻求改进机会、研究改进措施，保证工程项目质量管理系统不断完善和持续改进，不断提高质量控制能力和控制水平。

第三节　设计质量控制

工程项目设计使项目决策阶段已确定的质量目标和水平具体化。设计在技术上是否可行，工艺是否先进，是否经济合理，设备是否配套，结构是否安全可靠，都将决定工程项目建成后的使用价值和功能。因此，严格控制设计质量，是顺利实现工程建设质量、投资、进度三大目标的主要措施之一。

一、设计质量控制的概念

工程项目设计质量就是在严格遵守技术标准、法规的基础上，正确处理和协调资金、技术、环境条件的制约，使工程项目设计能更好地满足业主所需要的功能和使用价值，充分发挥项目投资效益。

工程的设计质量不仅直接决定工程最终所能达到的质量水准，而且决定了工程实施的秩序程度和费用水平。在现代工程中，要求设计提供的信息越来越多。设计的任何错误都会在计划、制造、施工、运行中扩展、放大，进而引起更大的失误。所以，需要进行严格的设计质量控制。

工程项目设计质量控制是指为达到设计质量要求所采取的作业技术和活动。由于设计质量是在设计文件形成过程中逐渐形成的，因此质量控制也必须贯穿于质量形成的全过程。

工程项目设计质量控制要从满足项目建设需求入手，包括国家相关法律法规、强制性标准和合同规定的明确需求以及潜在需求，以使用功能和安全可靠性为核心，进行项目功能性、可靠性、观感性、经济性、施工可行性等综合控制。

二、设计质量控制目标、依据和任务

（一）设计质量控制目标

项目设计首先应满足业主所需的功能和使用价值，符合业主投资的意图。而业主所需的功能和使用价值必然受到资金、资源、技术、环境等因素的制约，例如，资金有无限额，来源是否可靠；材料、设备、动力等资源是否充足，有无缺口；工艺、设备是否先进、配套；技术的复杂性和可行性；社会环境和自然环境对项目建设和营运的利弊等。而所有工程设计必须遵守有关城市规划、环保、质量、防灾、抗灾、安全等一系列的技术标准和技术规程，这是保证设计质量的基础。实践证明，不遵守有关技术标准、法规，不但业主所需的功能和使用价值得不到保障，而且有可能造成危害和损失。因此，工程项目设计质量控制应以相关技术标准、规范为基础，以业主所需功能和使用价值为控制总目标，以资金、资源、技术、环境等方面的约束为子目标，构成一个多层级控制目标体系。设计质量控制目标体系示意图如图 9-2 所示。

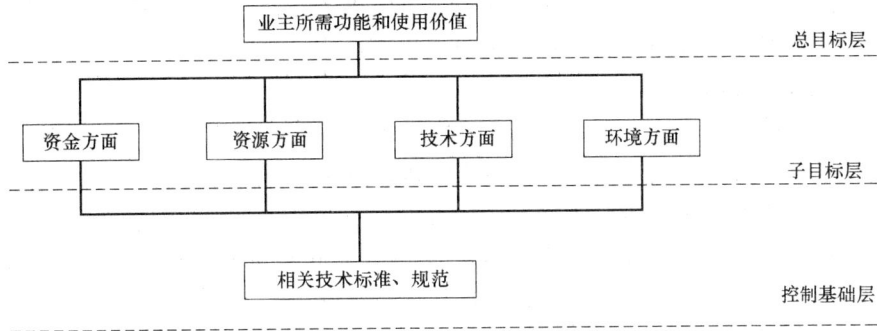

图 9-2 设计质量控制目标体系图

(二）设计质量控制依据

1. 有关工程建设及质量管理方面的法律、法规，城市规划，国家规定的建设工程设计深度要求；

2. 有关工程建设的技术标准，如工程建设强制性标准规范及规程、设计参数、定额指标等；

3. 项目批准文件，如项目可行性研究报告、项目评估报告和选址报告等；

4. 体现业主建设意图的勘察、设计规划大纲、纲要和合同文件。

(三）设计质量控制任务

1. 项目功能性质量控制

功能性质量控制的目的是保证工程项目使用功能的符合性，其内容包括项目内部的平面空间组织、生产工艺流程组织，如满足使用功能的建筑面积分配以及宽度、高度、净空、通风、保暖、日照等物理指标和节能、环保、低碳等方面的符合性要求。

2. 项目可靠性质量控制

项目可靠性质量控制主要是指工程项目建成后，在规定的使用年限和正常使用条件下，保证使用安全，保证建筑物、构筑物及其设备系统性能稳定、可靠。

3. 项目观感性质量控制

项目观感性质量控制主要是使建筑物的总体格调、外部形体及内部空间观感效果与整体环境相适应、相协调，文化内涵的韵味及其魅力等得以体现。

4. 项目经济性质量控制

工程项目设计经济性质量有两层含义：一是在满足使用功能及各项要求的前提下，通过设计方案优化减少资源的投入；二是不同设计方案的选择对建设投资的影响。设计经济性质量控制目的在于强调设计过程的多方案比较，通过价值工程、优化设计，不断提高工程项目的性价比。

5. 项目施工可行性质量控制

任何设计意图都要通过施工来实现，设计意图不能脱离现实的施工技术和装备水平，质量控制目的项目施工可行性是充分考虑施工的可行性，做到方便施工，使施工顺利进行并保证施工质量。

三、保证设计质量的措施

设计质量的优劣直接影响工程项目的使用价值和功能，是工程项目质量的决定性环节。由于设计质量不合格引发的问题，在施工阶段难以弥补，甚至影响整个工程项目目标的实现。因此，保证设计质量，是顺利实现工程项目质量目标的关键。

（一）严格执行设计标准

标准是对设计中的重复性事物和概念所作的统一规定，是以科学技术和先进经验的综合结果为基础，经有关方面协商一致，由主管机构制定、批准和发布，为设计提供共同遵守的技术准则和依据。它也是科研成果转化为生产力、推广应用国内外先进技术的有效途径。在促进技术进步、科技创新、保证设计质量方面起着重要作用。按其法律约束力划分，标准文献可分为强制性标准和推荐性标准；按标准级别划分，可分为国家标准、行业标准、地方标准和企业标准。

（二）把好设计方案选择与审核关

设计方案的合理性和先进性是工程项目设计质量的基础。好的设计方案可使项目进展有条不紊，减少后期设计过程中的设计偏差及返工。因此，把好设计方案选择与审核关是保证工程项目设计质量的基本手段。

设计方案选择包括总体方案选择和专业设计方案选择。总体方案的选择应考虑工程项目的设计规模、生产工艺及技术水平等。专业设计方案选择应考虑设计参数、设计标准、设备和结构选型、功能和使用价值等方面是否满足适用、经济、美观、安全、可靠等要求。

设计方案审核包括工程项目总体审核和相关专业的专业审核。总体审核主要是指对工程项目所要实现的设计目标及要求、设计步骤安排及各项工作的划分进行审核；各专业审核主要是指从各专业设计的经济技术指标、施工难度等方面进行方案论证。

（三）加强设计接口控制

设计接口是指工程项目设计中不同设计单位、不同专业、设计不同环节之间的组织接口和技术接口。设计接口按接口涉及双方是否为同一单位可分为内部设计接口和外部设计接口；若为同一家设计单位，就是内部设计接口；若为不同设计单位，则为外部设计接口。相对于内部接口而言，外部接口管理和协调的难度更大，需在更高管理层次上协调。

大型工程项目中的设计接口问题众多，为了保证设计质量，必须切实做好不同设计单位之间、设计单位内部各专业间、设计不同环节间的接口控制。加强设计接口控制一般可通过协调会和设计文件会签等方式实现。协调会是专门为解决某一特定问题而召开的多方参加的非常规会议。通过协调会，设计接口涉及双方明确各自设计边界、责任边界等接口界限问题；设计文件会签是指各专业在完成设计成果的审核后，由设计总体及各专业负责人共同对设计文件进行审查的过程。设计文件会签可以避免专业设计人员对其他专业设计条件的误解，保证设计成果技术标准统一、接口协调一致，是各专业设计相互配合和正确衔接的必要手段。

（四）加强设计监理

设计监理是指监理单位受业主委托和授权对工程项目设计进行监督管理的活动。通过设计监理，业主把对工程设计的监督委托给专业监理单位，实现对工程项目设计质量的有效控制。

工程项目设计往往涉及多种专业，各专业都有其特定的规范要求，在设计过程中需要各专业设计监理工程师紧密配合，确保施工图中无"错、漏、缺"等现象发生。

（五）严格执行设计成果校审制度

校审是对设计成果逐级检查和验证检查，以保证设计满足规定的质量要求。设计校审应按设计过程中规定的每一个阶段进行。对阶段性成果和最终成果的质量，按规定程序进行严格校审，具体包括对计算依据的可靠性，成果资料的数据和计算结果的准确性，论证证据和结论的合理性，现行标准规范的执行情况，各阶段设计文件内容的校审。注册建筑师、注册结构工程师等注册执业人员应当在设计文件上签字，对设计文件负责。对检查、验收或审核不符合质量要求的设计成果都要推倒重来，不得盖章出图。设计人员必须按校审意见进行修改。没有校审记录和质量评定的设计文件不得入库。

第四节　施工质量控制

施工质量控制包括施工准备质量控制、施工过程质量控制和施工验收质量控制。施工准备质量控制，是指工程项目开工前的全面施工准备和施工过程中各分部分项工程施工作业前的施工准备过程中的质量控制；施工过程的质量控制，是施工作业技术活动的投入与产出过程的质量控制，包括全过程施工生产及其中各分部分项工程的施工作业过程质量控制；施工验收质量控制，是对已完成工程验收时的质量控制，即工程产品质量控制，包括隐蔽工程验收、检验批验收、分项工程验收、分部工程验收、单位工程验收、单项工程验收和整个建设工程项目竣工验收过程的质量控制。

一、施工准备阶段质量控制

（一）施工技术准备工作质量控制

施工技术准备是指在正式开展施工作业活动前进行的技术准备工作。施工技术准备工作的质量控制主要包括图纸会审、设计交底、施工组织设计的编制等内容。施工准备工作出错，必然影响施工进度和作业质量，甚至直接导致质量事故。

1. 图纸会审

图纸会审是指由施工监理单位组织业主、设计单位、施工单位以及其他相关单位，在收到审查合格的施工图设计文件后，在设计交底前进行的全面细致的熟悉和审查施工图的活动。其目的有两个方面：一是使施工单位和其他相关单位熟悉设计图纸，了解工程特点和设计意图，找出需要解决的技术难题，并制定解决方案；二是通过图纸审查，及时发现存在的问题和矛盾，提出修改与洽商意见，帮助设计单位减少差错，提高设计质量，避免产生技术事故或工程质量问题。

图纸会审由业主或监理单位主持，设计单位、施工单位参加，并形成会审纪要。图纸会审要形成图纸审查与修改文件，作为档案保存。

2. 设计交底

设计交底是指在施工图完成并经审查合格后，设计单位在设计文件交付施工时，按法律规定的义务就施工图设计文件向施工单位和监理单位作出详细的说明。其目的是对施工单位和监理单位贯彻设计意图，使其加深对设计文件特点、难点、疑点的理解，掌握关键工程部位的质量要求，确保工程质量。

设计交底的主要内容一般包括：施工图设计文件总体介绍，设计意图说明，特殊工艺要求，建筑、结构、工艺、设备等各专业在施工中难点、疑点的说明，对施工单位、监理单位、业主等对设计图疑问的解释等。

设计交底由承担设计阶段监理任务的监理单位或业主负责组织，设计单位向施工单位和施工监理单位等相关参建单位进行交底。

设计交底的程序：设计文件完成后，设计单位将设计图纸移交业主，业主发给施工监理单位和施工单位。施工监理单位组织参建各方进行图纸会审，并整理成会审问题清单，在设计交底前一周交与设计单位。设计监理单位组织设计单位做交底准备，并对图纸会审问题清单拟定解答。设计交底一般以会议形式进行，先进行设计交底，再对图纸会审问题解释，通过业主、设计、监理、施工等参建方研究协商，确定各种技术问题的解决方案。设计交底应在施工开始前完成。

设计交底应由业主整理会议纪要，与会各方会签。设计交底中涉及设计变更的应按规定办理设计变更手续。设计交底会议纪要一经各方签认，即成为施工和监理的依据。

3. 编制施工组织设计

施工组织设计是承包商对施工各项活动的全面构思和安排、指导施工全过程的技术经济文件。根据施工组织设计编制的广度、深度和作用的不同，大致可分为施工组织总设计、单位工程施工组织设计和难度较大、技术复杂或新技术项目的分部分项工程施工方案三大类。施工组织设计通常包括工程概况、施工部署和施工方案、施工准备工作计划、施工进度计划、技术质量措施、安全文明施工措施、各项资源需要量计划及施工平面图、技术经济指标等基本内容。

施工组织设计中，对质量控制起主要作用的是施工方案，主要包括施工程序的安排、流水段的划分、主要施工方法、施工机械的选择，以及保证质量、安全施工、冬季和雨季施工、防止污染等方面的预控方法和针对性的技术组织措施。

编制施工组织设计时，应注意：

（1）应按照工程特点、环境条件、现场施工条件状况编制，不能随意拷贝其他项目的方案；

（2）对施工组织设计文件应进行审查，确保施工技术文件在技术上可行；

（3）合理安排施工顺序；

（4）采用模拟方法，预先了解施工过程，如利用 BIM 技术使施工过程可视化。这对于科学地进行施工组织、优化施工方案、防范施工风险有重要作用。

（二）现场施工准备工作的质量控制

1. 做好计量控制准备工作

这是施工质量控制的一项重要基础工作。施工过程中的计量，包括施工生产时的投料计量、施工测量、监测计量以及对项目、产品或过程的测试、检验、分析计量等。开工前要建立和完善施工现场计量管理的规章制度；明确计量控制责任者和配置必要的计量人员；严格按规定对计量器具进行维修和校验。统一计量单位、组织量值传递，保证量值统一，从而保证施工过程中计量的准确。

2. 保证测量放线工作质量

工程测量放线是建设工程产品由设计转化为实物的第一步。施工测量质量的好坏，直接影响工程的定位和标高是否正确，并且制约施工过程有关工序的质量。因此，施工单位在开工前应编制测量控制方案，经项目技术负责人批准后实施。要对业主提供的原始坐标点、基准线和水准点等测量控制点进行复核，并将复测结果上报监理工程师审核，经批准后施工单位才能建立施工测量控制网，进行工程定位和标高基准的控制。

3. 合理设计施工现场平面图

业主应按照合同约定并充分考虑施工的实际需要，事先划定并提供施工用地和现场临时设施用地范围，协调平衡和审查批准各施工单位的施工平面设计。施工单位要严格按照批准的施工平面布置图，科学合理地使用施工场地，正确安放施工机械设备和建设其他临时设施，维护现场施工道路畅通无阻和通信设施完好，合理控制材料的进场与堆放，保持良好的防洪排水能力，保证充分的给水和供电。建设（监理）单位应会同施工单位制定严格的施工场地管理制度、施工纪律和相应的奖惩措施，严禁乱占场地和擅自断水、断电、断路，及时制止和处理各种违纪行为，并做好施工现场的质量检查记录。

（三）工程质量检查验收的项目划分

一个工程项目从施工准备开始到竣工交付使用，要经过若干工序、工种的配合施工。施工质量优劣取决于各施工工序、工种的管理水平和操作质量。因此，为了便于控制、检查、评定和监督每个工序和工种的工作质量，要把整个项目逐级划分为若干个子项目，并分级进行编号，在施工过程中据此进行质量控制和检查验收。这是进行施工质量控制的一项重要准备工作。项目划分越合理、明确，越有利于分清质量责任，便于施工人员进行质量自控和检查监督人员检查验收，也有利于质量记录等资料的填写、整理和归档。

根据《建筑工程施工质量验收统一标准》GB 50300—2013 的规定，建筑工程质量验收应逐级划分为单位（子单位）工程、分部（子分部）工程、分项工程和检验批。室外工程可根据专业类别和工程规模划分单位（子单位）工程。一般室外单位工程可划分为室外建筑环境工程和室外安装工程。

1. 单位工程划分的原则

（1）具备独立施工条件并能形成独立使用功能的建筑物及构筑物为一个单位工程；

（2）建筑规模较大的单位工程，可将其能形成独立使用功能的部分划为一个子单位工程。

2. 分部工程划分的原则

（1）分部工程的划分应按专业性质、建筑部位确定，例如，一般的建筑工程可划分为地基与基础、主体结构、建筑装饰装修、建筑屋面、建筑给水排水及采暖、建筑电气、智能建筑、通风与空调、电梯、建筑节能工程等分部工程；

（2）当分部工程较大或较复杂时，可按材料种类、施工特点、施工程序、专业系统及类别等划分为若干子分部工程。

3. 分项工程划分的原则

分项工程应按主要工种、材料、施工工艺、设备类别等进行划分。

4. 检验批划分的原则

一个或若干个检验批可组成分项工程，检验批可根据施工及质量控制和专业验收需要按楼层、施工段、变形缝等进行划分。

二、施工阶段质量控制

工程项目施工由一系列相互关联、相互制约的作业（工序）过程构成。

（一）施工阶段质量控制的要点

施工阶段质量控制的要点是指在施工过程中进行质量控制时应特别注意的地方，主要有：

1. 强化施工质量管理人员质量意识。施工单位要积极主动地加强对施工质量控制工作的宣传力度，保证有关工作人员真正了解施工质量控制的关键作用，以保证施工质量控制水平。

2. 严格执行工序施工标准。施工人员应严格按照工序施工标准进行施工，使每一道工序质量达到合同和相应规范要求，避免返工。特别是隐蔽工程施工完成后，质量问题不容易被发现，若不严格按照施工标准施工，会为整个工程埋下质量隐患。

3. 做好工序交接检查。对于重要的工序或对工程质量有重大影响的工序，应严格执行"三检"制度，即自检、互检、专检。未经监理工程师（或业主方技术负责人）检查认可，不得进行下道工序施工。

（二）施工阶段质量控制措施

1. 严格进行材料、构配件试验和施工试验

对进入现场的物料，包括甲方供应的物料以及施工过程中的半成品，如钢材、水泥、钢筋连接接头、混凝土、砂浆、预制构件等，必须按规范、标准和设计要求，根据对质量的影响程度和使用部位的重要程度，在使用前采用抽样检验或全数检查等形式，对涉及结构安全的应由业主或监理单位现场见证取样，送有法定资格的单位检测，判断其质量的可靠性。严禁将未经检验和试验或检验和试验不合格的材料、构配件、设备、半成品等投入使用和安装。检验和试验的方法有书面检验、外观检验、理化检验和无损检验等4种。

（1）书面检验。通过对提供的材料质量保证资料、试验报告等进行审核，取得认可后方可使用。

（2）外观检验。对材料从品种、规格、标志、外形尺寸等进行直观检查，看其有无质量问题。

（3）理化检验。借助试验设备和仪器对材料样品的化学成分、机械性能进行科学鉴定。

（4）无损检验。在不破坏材料样品的前提下，利用各种检测仪器检测。

2. 严格控制工序施工质量

工序是人、材料、机械设备、施工方法和环境因素对工程质量综合起作用的过程，所有对施工过程的质量控制必须以工序作业质量控制为基础和核心。因此，工序的质量控制是施工阶段质量控制的重点。只有严格控制工序质量，才能确保施工项目的实体质量。工序施工质量控制主要包括工序施工条件控制、工序施工效果控制和工序质量监控。

（1）工序施工条件控制

工序施工条件是指从事工序活动的各生产要素质量及生产环境条件。工序施工条件控制就是控制工序活动的各种投入要素质量和环境条件质量。控制的手段主要有检查、测试、试验、跟踪监督等。控制的依据主要包括设计质量标准、材料质量标准、机械设备技术性能标准、施工工艺标准以及操作规程等。

（2）工序施工效果控制

工序施工效果是工序产品的质量特性和特性指标能否达到设计质量标准以及施工质量验收标准的要求。工序施工效果控制属于事后控制，其控制的主要途径是：实测获取数据、统计分析所获取数据、判断认定质量等级和纠正质量偏差。

（3）工序质量监控

工序质量监控的对象是影响工序质量的因素，特别是对主导因素的监控，其核心是管因素、管过程，而不是单纯地管结果，其重点内容包括：设置工序质量控制点；严格遵守工艺规程；控制工序活动条件的质量；及时检查工序活动效果的质量。

3. 做好施工过程质量验收

《建筑工程施工质量验收统一标准》GB 50300—2013与各个专业工程施工质量验收规范，明确规定了各分项工程的施工质量验收基本要求，规定了分项工程检验批量的抽查办法和抽查数量，规定了检验批主控项目、一般项目的检查内容和允许偏差，规定了对主控项目、一般项目的检查方法，规定了各分项工程验收方法和需要的技术资料等，同时对涉及人民生命财产安全、人身健康、环境保护和公共利益的内容以强制性条文作出规定，要求必须坚决、严格遵照执行。

施工过程的质量验收包括检验批质量验收、分项工程质量验收和分部工程质量验收，通过验收后留下完整的质量验收记录和资料，为工程项目竣工质量验收提供依据。

（1）检验批质量验收

检验批是指按同一生产条件或按规定的方式汇总起来供检验用的，由一定数量样本组成的检验体。检验批是工程验收的最小单位，是分项工程乃至整个建筑工程质量验收的基础。检验批应由专业监理工程师组织施工单位项目专业质量检查员、专业工长等进行验收。

（2）分项工程质量验收

分项工程质量验收在检验批验收的基础上进行。一般情况下，两者具有相同或相近的性质，只是批量的大小不同而已。分项工程可由一个或若干检验批组成。分项工程应由专业监理工程师组织施工单位项目专业技术负责人等进行验收。

（3）分部工程质量验收

分部工程质量验收在其所含各分项工程验收的基础上进行。分部工程应由总监理工程师组织施工单位项目负责人和项目技术责任人等进行验收；勘察、设计单位项目负责人和施工单位技术、质量部门负责人应参加地基与基础分部工程验收；设计单位项目负责人和施工单位技术、质量部门负责人应参加主体结构、节能分部工程验收。由于分部工程所含的各项工程性质不同，分部工程质量验收并不是在所含分项验收基础上的简单相加，即所含分项验收合格且质量控制资料完整，只是分部工程质量验收的基本条件，必须在分项验收的基础上对涉及安全、节能、环境保护和主要使用功能的地基基础、主体结构和设备安装分部工程进行见证取样试验或抽样检测；而且还需要对其观感质量进行验收，并综合给出质量评价，对于评价差的检查点应通过返修处理等进行补救。

（4）施工过程质量验收不合格处理

施工过程质量验收是以检验批为基本验收单位。检验批质量不合格可能是由于使用的材料不合格，或施工作业质量不合格，或质量控制资料不完整等原因所致，其处理方法有：

1）在检验批验收时，发现存在严重缺陷的应推倒重做，有一般缺陷的可经过返修或更换器具、设备消除缺陷，经返工或返修后应重新进行验收；

2）个别检验批发现某些项目或指标（如试块强度等）不满足要求难以确定是否验收时，应请有资质的检测单位检测鉴定，当鉴定结果能够达到设计要求时，应予以验收；

3）当检测鉴定达不到设计要求，但经原设计单位核算认可能够满足结构安全和施工功能的检验批，可予以验收。

严重质量缺陷或超过检验批范围的缺陷，经法定检测单位检测鉴定以后，不能满足最低限度的安全储备和使用功能，则必须进行加固处理，经返修或加固处理的分项分部工程，满足安全使用功能要求时，可按技术处理方案和协商文件的要求予以验收，责任方应承担经济责任；通过返修或加固处理后仍不能满足安全使用要求的分部分项工程及单位工程，严禁验收。

4. 做好隐蔽工程验收

隐蔽工程就是被后续施工所覆盖的施工内容，如地基基础工程、钢筋工程、预埋管线等。加强隐蔽工程质量验收，是施工质量控制的重要环节，其程序要求施工方首先应完成自检并合格，然后填写《隐蔽工程验收单》。验收单所列验收内容应与已完隐蔽工程实物相一致，并事先通知监理机构及有关方面，按约定时间进行验收。验收合格的隐蔽工程由各方共同签署验收记录；验收不合格的隐蔽工程，应按验收整改意见进行整改后重新验收。严格隐蔽工程验收程序和记录，对于预防工程质量隐患，提供可追溯质量记录具有重要作用。

5. 重视设计变更管理

设计变更须经业主、设计、监理、施工单位各方同意，共同签署设计变更洽商记录，由设计单位负责修改，并向施工单位签发设计变更通知书。对建设规模、投资方案有较大影响的变更，须经原批准初步设计单位同意，方可进行修改。接到设计变更，施工单位应立即按要求改动，避免发生重大差错，影响工程质量和使用。

6. 加强施工成品质量保护

加强工程项目已完施工成品保护，目的是避免已完施工成品受到来自后续施工以及其他方面的污染或损坏。已完施工的成品保护问题和相应措施，在工程施工组织设计与计划阶段就应该从施工顺序上进行考虑，防止施工顺序不当或交叉作业造成相互干扰、污染和损坏；成品形成后可采取防护、覆盖、封闭、包裹等相应措施进行保护。

三、竣工验收阶段质量控制

（一）严格执行竣工验收标准

单位工程是工程项目竣工验收的基本对象。单位工程验收合格应符合下列规定：

1. 所含分部工程的质量均应验收合格；

2. 质量控制资料应完整；

3. 所含分部工程有关安全、节能、环境保护和主要使用功能的检验资料应完整；

4. 主要使用功能的抽查结果应符合相关专业质量验收规范的规定；

5. 观感质量应符合要求。

（二）严格遵守竣工验收程序

工程项目竣工验收按验收范围可以分为：单位工程竣工验收、单项工程竣工验收和全面工程竣工验收。单位工程竣工验收是指以单位工程达到竣工条件后，业主根据竣工验收的依据和标准，按合同约定的工程内容组织的竣工验收；单项工程竣工验收又称为交工验收，是指施工承包商按照合同和设计文件要求，在其承建的单项工程全部完成、达到竣工标准后，向业主递交竣工验收申请，接受项目业主对单项工程的验收；全面工程竣工验收是指整个建设工程项目已经按照设计要求全部建设完成，并已符合竣工验收的条件，由业主组织设计、施工、监理等单位和档案部门进行全部工程的竣工验收。全面工程的竣工验收一般是在单项工程竣工验收的基础上进行的。

1. 单位工程竣工验收程序

单位工程完工后，施工单位应组织有关人员进行自检。总监理工程师应组织各专业监理工程师对工程质量进行竣工预验收。存在施工质量问题时，应由施工单位及时整改。单位工程竣工验收由业主负责组织实施，分包单位负责人应参加验收。竣工验收应当按以下程序进行：

（1）工程竣工并对存在的质量问题整改完毕后，施工单位向业主提交工程竣工报告，申请工程竣工验收。实行监理的工程，工程竣工报告必须经总监理工程师签署意见；

（2）业主收到工程竣工报告后，对符合竣工验收要求的工程，组织勘察、设计、施工、监理等单位组成验收组，制定验收方案。对于重大工程技术和技术复杂工程，根据需要可邀请有关专家参加验收组；

（3）业主应当在工程验收7个工作日前将验收的时间、地点及验收组名单书面通知负责监督该工程的工程质量监督机构；

（4）业主组织工程竣工验收。

1）建设、勘察、设计、施工、监理单位分别汇报工程合同履约情况以及在工程建设各个环节执行法律、法规和工程建设强制性标准的情况；

2）审阅建设、勘察、设计、施工、监理单位的工程档案资料；

3）实地查验工程质量；

4）对工程勘察、设计、施工、设备安装质量和各管理环节等方面作出全面评价，形成经验收组人员签署的工程竣工意见。当参与工程竣工验收的建设、勘察、设计、施工、监理等各方不能形成一致意见时，应当协商提出解决办法，待意见一致后，重新组织工程竣工验收。

2. 单项工程竣工验收程序

单项工程竣工验收主要分为承包商提出竣工验收申请和业主进行验收两个环节。

（1）承包商提出竣工验收申请

单项工程达到竣工验收条件后，承包商可向总监理工程师报送竣工验收申请报告。总监理工程师审查后认为尚不具备验收条件的，应在收到竣工验收申请报告后28天内通知承包商，指出承包商还需进行的工作内容。承包商完成总监理工程师通知的全部内容后，再次提交竣工验收申请报告，直至总监理工程师同意为止；总监理工程师审查后认为已具备竣工验收条件的，应在28天内提请业主进行工程验收。

（2）业主进行验收

业主接到总监理工程师的通知后，按以下程序对单项工程进行验收：

1）检查承包商所提交的文件资料是否齐全；

2）组织现场检查；

3）对合格的项目签署验收合格证；

4）办理移交手续。

验收合格的单项工程在全面竣工验收时，原则上不再验收，只将单项工程的验收报告作为全面工程竣工验收的附件加以说明。

3. 全面工程竣工验收程序

全面工程竣工验收可分为验收准备、竣工预验收和正式验收三个环节。

（1）验收准备

为了顺利开展全面竣工验收工作，业主要做好验收准备，核实已完成工程量和未完尾工的工程量；及时做好专项验收，确保顺利投产；整理档案资料，全部归档；编制竣工决算，提出财务决算分析；编写竣工验收报告等。

（2）竣工预验收

对于工程规模和技术复杂程度大的项目，为保证项目顺利通过验收，在验收准备工作基本就绪后，可由上级主管部门或业主会同施工、设计、监理、使用单位及有关部门组成小组，进行一次预验。其主要内容有竣工项目的资料是否完整；是否符合建设标准；财务账表、数据是否真实；支出是否合理等。预验收合格后，业主向政府投资主管部门或投资方提出正式验收申请报告。

（3）正式竣工验收

正式验收的主要工作包括：提出正式验收申请报告；筹建竣工验收小组，由政府投资主管部门或项目上级主管部门与投资方组成工程项目验收小组；召开会议，对所验收的工程进行全方位检查（包括竣工验收报告、工程档案资料、工程质量、生产调试、遗留尾工等），最终通过仔细核查，工程竣工验收全面结束。

（三）做好施工质量缺陷的处理

根据《质量管理体系　基础和术语》GB/T 19000—2016/ISO 9000：2015 规定，凡工程产品没有满足某个与预期或规定用途有关的要求，称为质量缺陷。做好施工质量缺陷处理，可以采取以下措施：

1. 返修处理

返修是指为使不合格品满足预期用途而对其采取的措施，返修后的产品可以满足预期用途。当工程某些部位的质量虽未达到规范、标准或设计规定的要求，存在一定的缺陷，但经过采取整修等措施后可以达到要求的质量标准，又不影响使用功能或外观的要求时可采取返修处理的方法。

2. 加固处理

加固处理主要是针对危及结构承载力的质量缺陷的处理。通过加固处理，可使建筑结构恢复或提高承载力，重新满足结构安全性与可靠性的要求，使结构能继续使用或改作其他用途。

3. 返工处理

当工程质量缺陷经过返修、加固处理后仍不能满足规定的质量标准要求，或不具备补救可能性，则必须采取重新制作、重新施工的返工处理措施。

4. 限制使用

当工程质量缺陷按修补方法处理后无法保证达到规定的使用要求和安全要求，而又无返工处理的情况下，不得已时可作出诸如结构卸荷或减荷以及限制使用的决定。

5. 不作处理

某些工程质量问题虽然达不到规定的要求或标准，但其情况不严重，对结构安全或使用功能影响很小，经过分析、论证、法定检测单位鉴定和设计单位等认可后，可不作专门处理。

6. 报废处理

出现质量事故的项目，通过分析或实践，采取上述处理方法后仍不能满足规定的质量要求或标准，则必须予以报废处理。

（四）严格执行竣工验收备案制度

我国实行建设工程竣工验收备案制度。新建、扩建和改建的各类房屋建筑工程和市政基础设施工程的竣工验收，均应按《建设工程质量管理条例》（国务院令第279号）的规定进行备案。

1. 业主应当自建设工程竣工验收合格之日起15日内，将建设工程竣工验收报告和规划、公安消防、环保等部门出具的认可文件或准许使用文件，报建设行政主管部门或者其他相关部门备案。

2. 备案部门在收到备案文件资料后的15日内，对文件资料进行审查，符合要求的工程，在验收备案表上加盖"竣工验收备案专用章"，并将一份退业主存档。如审查中发现业主在竣工验收过程中有违反国家有关建设工程质量管理规定行为的，责令停止使用，重新组织竣工验收。

第五节　案例分析

【某高速铁路工程项目质量管理】

（一）项目概况

A高铁属于H省沿海城际铁路的重要组成部分，为北部湾地区主要铁路运输通道及H省和G地区重要的出海通道，同时也是我国沿海铁路网中重要的一段。正线长度约100km，全线桥梁112座（含框架桥31座），总共32km，占正线长度的35%，工期3年，国铁Ⅰ级，双线电气化铁路，基础设施设计速度250km/h，本线以客为主、兼顾货运，是我国南部沿海铁路的重要一段。

（二）质量管理体系

A高速铁路工程项目重视质量计划编制工作的开展和实施，以质量管理思想为指导，按照质量管理基本原则，制定了一套质量方针和目标、质量管理组织结构和质量责任制度。

1. 质量方针和目标

A高速铁路工程项目的建设坚持以科学发展观为指导，坚持"以人为本、服务运输、强本简末、系统优化、着眼发展"的建设新理念，正确处理好质量与进度的关系，不断强化质量自控体系建设，夯实工程质量管理基础，并在此质量管理指导思想的基础上，确定了该工程项目的质量方针和质量目标。

（1）A 高速铁路工程项目的质量方针

依法管理，强化合同；坚持标准，落实责任；优化设计，规范施工；健全机制，强化咨询、监理职能。坚持三个一流目标，严格执行质量标准；优化设计集成，规范施工管理；借鉴先进经验，发挥咨询作用；加强过程控制，强化监理职能；硬化合同管理，建设一流工程。

（2）A 高速铁路工程项目的总体质量目标

按照验收标准，各检验批、分项、分部工程施工质量检验合格率达到单位工程一次验收合格率，主体工程质量零缺陷，确保工程设计使用寿命；有效控制工后沉降、差异沉降及结构变形，确保设计开通速度，一次开通成功；全段综合性整体工程争创国优。此外，还分别制定了针对路基工程、桥涵工程、隧道工程、轨道工程、站场工程等方面的质量目标。

2. 质量管理组织机构

为确保 A 高速铁路工程项目建设质量，实现标段创优目标，促进铁路工程指挥部更好地开展质量控制、监督、管理工作，按照"分层管理、逐级负责"的原则，指挥部设立质量管理领导小组、项目部成立相应的质量管理领导小组。

（1）指挥部成立以指挥长为组长，副指挥长、总工程师为副组长，相关部门负责人和质量检查工程师为成员的质量管理领导小组，设安全质量部为常设质量管理机构。安全质量部是指挥部质量监督管理主管部门，在安全质量领导小组的指导下，依据国家有关法律、法规、条例、规范、规程及标准等规定，对项目部质量工作行使指导服务、监督检查的职能。

（2）项目部相应成立以项目经理为组长，总工程师、专职质检员为副组长，各职能部门人员组成的质量管理领导小组。

3. 质量责任制

项目部层面，A 高速铁路工程项目的质量责任划分如下：

指挥部负责制定指挥长、副指挥长、总工程师、指挥部各部门负责人、质量工程师、专业工程师的质量职责。指挥长是质量总负责人，对工程质量和工作质量全面负责，对承建的工程质量负主要领导责任，主管生产的副指挥长对工程质量负直接领导责任，总工程师对工程质量负技术管理责任，相关管理负责人对工程质量负相应的管理责任。

项目部负责制定经理、副经理、总工程师及其各部门相关人员、各生产岗位的质量职责。项目部的行政和技术负责人对工程质量负直接管理责任，各工种工人对本岗位的工作质量、工程及相关产品质量负责。

（三）设计质量控制

A 高铁的设计工作由专业负责人负责开展，专业负责人及时召开技术会议协调解决专业之间接口问题、综合性技术问题，对于出现的重大技术问题及时向设计总工程师汇报并尽快协调处理。设计总工程师组织集团公司的技术评审会议，解决出现的重大技术问题、审定总说明书、专业文件和主要设计图纸。专业负责人组织开展本专业的各项设计工作，解决设计中的专业技术问题，审查专业文件图纸，组织开展设计验证工作。专业设计小组成员按照专业设计原则和分工，做好专项设计工作，确保设计过程质量。复核人员要对设计者提供的设计成果，进行全面复核，发现问题提交原设计者重新进行设计、计算。科技处组织对项目质量抽查，组织集团公司设计评审会议，解决设计中专业分工和接口，组织对设计成果进行质量评定。

设计单位对主体工程的施工工艺设计方案加强审查，对关键或重要工程的质量技术保证措施进行咨询。积极推广采用新技术、新工艺、新材料、新设备，以一流的工艺水平保证一流的工序质量。编制轨道工程、路基工程、桥梁工程、隧道工程等设计说明书以指导施工。

(四) 施工质量控制

1. 加强图纸自审和现场核对

施工图到后，项目部总工程师召集工程部负责人、相关专业技术人员，全面熟悉图纸，领会设计意图，明确质量要求，进行自审，汇总意见，并做好记录。项目部做好自审工作后，及时把审查意见报送指挥部。指挥部总工程师组织工程部和技术人员进行会审，并将会审意见及时报送建设、设计、监理单位。

实行施工图现场核对制度，通过对施工图纸的审核活动，完善施工图设计，使参与施工有关人员深入了解设计意图和设计要点，澄清疑点，消除设计缺陷。施工图审核的依据是国家有关法律、法规、强制性标准。指挥部总工程师承担本工作的领导责任，指挥部工程部负责本项工作的实施与控制。

2. 优化施工组织方案

各重点工点施工方案的编制做到科学、可行、可控，重点先行、分段实施，合理确定工期，杜绝赶工期现象。配齐配强管理人员、技术人员、质量检查人员、试验人员及各工种人员，配齐满足工程质量控制需要的各种施工设备，提高机械化施工水平，以一流的施工设备保证施工工艺质量。

3. 强化施工过程质量控制

A 高速铁路工程项目为进一步完善工程质量自控体系、强化自控体系运行，认真做好质量管理的基础工作，明确质量管控重点，强化现场过程控制，杜绝重大及以上质量事故的发生。

(1) 抓好站前工程关键环节质量重点的过程控制。突出抓好路基填筑、过渡段施工、桥梁支架、隧道防排水施工等方面的工作，落实各项质量管理措施，确保工程质量管理持续有序、可控。

(2) 高度重视并做好接口工作，认真执行相关规定，完善相关管理制度和执行程序，确保接口管理满足高速铁路的建设需要。

(3) 加强试验检测工作，保证试验检测频次和精度，试验检测设备足量配置，人员上岗前进行专门的培训和考核，考核合格后方能开展有关试验检测工作。

(4) 项目经理部领导中确定一名质量负责人和一名技术负责人（总工程师），专门负责创优工程的质量和技术工作，强化创优工程施工过程的检查。

(5) 及时将"四新"技术成果纳入施工作业指导书，提高工艺水平，提高工装水平，确保施工质量；强化过程质量管理，提高自控能力，确保每道工序合格，确保工程质量内实外美，确保每项工程质量指标达到优质标准。

(6) 做好施工过程质量记录、技术文档、影像资料的编制、收集与归档，保证资料齐全、影像资料清晰。

4. 实行质量管理"四化"

（1）质量管理标准化

1）根据标准化管理要求，结合现场实际，全面开展标准化建设管理。制定质量管理规章制度，明确各级质量责任，规范质量管理程序；

2）实施全员培训，提高参建人员素质，严格持证上岗制度；

3）制定合格供应商条件，严格物资设备准入制度；

4）制定主体工程施工实施细则，统一技术标准，规范施工程序，提高工艺和工装水平；

5）编制作业指导书，使现场操作和质量保证规范化。

（2）质量管理数据化

设一个中心试验室，并在项目部、梁场设工地试验室；确保检测频率符合要求，做到用数据控制质量，用数据判定质量。

（3）质量管理信息化

共享指挥部的信息管理系统，完善质量管理模块功能，提高质量管理信息化程度。

（4）质量管理专业化

混凝土全部采用自动计量、集中拌和生产工艺，确保混凝土质量全面受控，混凝土拌和站原材料检验、自动计量系统和拌和自控系统均实行专人管理，保证混凝土生产质量。此外，重要材料和重大设备实行驻厂监造。

5. 严格执行质量保证制度

（1）工程材料质量监控制度。实行市场准入制度，在合格供应商厂家范围内进行招标，重要材料和半成品实行驻厂监造。按规定分别进行材料进场和过程检验，并提供检测报告，杜绝不合格材料进入工地。

（2）工程质量"三检"制度。施工过程严格执行工程质量"三检"制度，即自检、互检、交接检，真实填写检查记录，及时报检。

（3）工程施工质量验收制度。监理单位及时组织对检验批、分项、分部工程施工质量进行验收；每道工序完成后，及时报告监理工程师到现场检查和签字认可；凡是工程质量验收标准中规定需设计人员参加的工序检查或验收，监理工程师会同设计人员一并参加。

（4）工程质量事故调查处理制度。质量事故按"四不放过"（即事故原因不查清不放过、责任者和群众没有受到教育不放过、没有纠正和预防措施并未落实到位不放过、责任者没有受到处理不放过）的原则进行处理。

（5）质量保证资料定期归档制度。为保证质量资料及时、真实地反映施工过程质量情况，杜绝人为更改，工程质量资料实行定期集中封存保管。

习　题

1. 什么是质量？质量管理的含义是什么？

2. 工程项目中业主的质量责任和义务是什么？

3. 简述 PDCA 循环架构。

4. 简述全面质量管理思想。

5. 工程项目质量事前控制、事中控制和事后控制的内容是什么？

6. 什么是设计质量？保证设计质量的措施有哪些？

7. 现场施工准备工作质量控制的内容包括哪些？

8. 施工工序控制的要求是什么？

9. 质量控制点的选择有哪些要求？

10. 竣工验收的程序是什么？

第十章　工程项目进度管理

工程项目进度管理是工程项目管理中"三大目标"之一，是一个综合性的管理过程。一个工程项目能否在预定时间内交付使用，直接关系整个项目投资效益的发挥。通过编制项目进度计划，在项目实施过程中对比实际进度与项目进度计划的偏差，并对其进行修正，根据具体情况采取相关措施进行进度控制，从而实现对工程项目进度的有效管理。

第一节　工程项目进度管理概述

工程项目是一个动态实施的过程，在实施过程中各参与方的任务、责任和工作内容各不相同，进度管理也是一个动态、循环、复杂的过程。进度管理必须坚持的原则是：在确保安全和质量的前提下，控制工程的进度。

一、工程项目进度管理含义及目标

（一）进度

1. 进度的概念

进度是指工程项目实施结果的进展情况。在现代工程项目管理中，人们已赋予进度以综合的含义——将工程项目任务、工期和成本有机地结合起来，形成一个综合的指标，能全面反映项目的实施状况。

工期是与进度相关的概念。工期是指建设一个项目或一个单项工程从正式开工到全部建成投产时所经历的时间。施工工期是建筑企业重要的核算指标之一，工期的长短直接影响建筑企业的经济效益，并关系到国民经济新增生产能力动用计划的完成和经济效益的发挥。工期控制的目的是使工程实施活动与工期计划在时间上吻合，由工期计划得到各项目单元的计划工期的各时间参数，作为项目的进度目标之一，即保证各工程活动按计划及时开工，按时完成，保证总工期不推迟。

进度控制的总目标与工期控制是一致的，但其不仅追求时间上的吻合，还追求在一定的时间内工作量的完成程度（劳动效率和劳动成果）或消耗的一致性。因此，进度控制已不只是传统、单一的工期控制，而且还将工期与工程实物、成本、劳动消耗、资源等统一起来。所以，项目进度控制是目的，工期控制是实现进度控制的手段之一。

2. 进度的指标

项目进度一般是通过对各工程活动完成程度（百分比）逐层统计汇总得到的。常见的工程项目进度指标有以下 4 种：

（1）持续时间

持续时间即某项工作或整个工程项目从开始到完成的时间。其估算方法主要有以下 4 种。

1）类比估算：以从前类似工作的实际持续时间为基本依据，估算将来计划工作的持续时间。

2）利用历史数据：如定额（施工定额或企业定额）、项目档案、商业化的时间估算数据库、项目成员的经验积累等。

3）专家判断估算：常采用三时估算法，即首先估算出三个时间值，即最乐观时间 a、最可能时间 m 和最保守时间 b。则持续时间 d_{ij} 可按公式（10-1）计算：

$$d_{ij}=\frac{a+4m+b}{6} \qquad (10\text{-}1)$$

4）模拟法：最常用的是蒙特卡罗分析法、标准离差概率分布曲线。

（2）工程活动完成的可交付成果数量

主要针对专门领域的生产对象简单、工程简单的项目。可交付成果数量需要按一定规则进行计量，例如：

1）混凝土工程（如墙、柱）可按体积计；

2）管道、道路的铺设可按长度计；

3）设备安装按吨位计。

（3）工程活动完成的价值量

即用已完成的工作量与相应的合同价格（单价）计算，可将不同种类的分项工程统一起来，是常用的进度指标。

（4）资源消耗

最常用的有劳动工日、机械台班、成本消耗等。

（二）进度管理

1. 工程项目进度管理的概念

工程项目进度管理是指在时间、成本与质量等目标相互协调的基础上，分析工程项目各项工作内容、逻辑关系和持续时间，编制符合项目实际、切实可行的进度计划，在项目实施过程中对比实际进度和计划进度，若实际进度与计划进度不一致，则采取有效的措施纠正偏差的管理过程。

2. 工程项目进度管理的目标

工程项目总进度目标指整个项目的进度目标，是在项目决策阶段项目定义时确定的，进度管理的重点是在项目的实施阶段对项目的进度目标进行控制。

工程项目进度管理是一项动态的管理过程，其目的是通过编制项目进度计划在内的一系列进度管理工作，使人力、材料、机械设备等各种资源在项目实施过程中按照进度计划得到合理分配，确保工程项目按时完成。

3. 工程项目进度管理的影响因素

对于大中型工程项目，由于施工周期长，影响进度的因素纷繁复杂，使得工程项目进度计划在执行过程中变得多变和不均衡。

（1）人员的因素

人永远是工程项目的核心，不论机械化程度多高，仍离不开人来操作和管理。管理人员在项目实施过程中处于核心地位，人力分配、材料进出场、机械进出场以及各类分包作业的协调都会影响到进度计划，管理人员协调管理水平的高低以及决策的精准性，很大程度上决定了进度目标能否实现；施工人员的专业水平和作业效率将直接影响工程项目进度。

（2）机械设备的因素

机械设备能否及时进出场对项目进度管理有重大影响。机械设备若没能及时进场，将导致当前工作进度落后，也会影响后续工作；若机械设备没能及时退场，将会占用其他工作的作业面，导致不能正常作业，从而影响项目整体进度。因此，合理配置机械设备及合理安排进出场时间有利于有效的进度管理。

（3）材料的因素

工程项目中涉及的材料复杂多样，不同阶段需要的材料种类和数量也不一样。所需材料能否按质、按量并按时抵达现场，都会影响项目的进度。

（4）管理方法的因素

工程项目进度管理方法多种多样，选用工程项目进度管理方法时，要根据项目实际情况，结合方法的优缺点及适用范围，采取切实、合适的管理方法。

（5）环境的因素

环境因素包括自然环境、政治环境等。气候、气温、施工地形地貌等是影响项目施工进度的最大外部因素，需要针对性地做好预防措施，合理安排和调整进度计划；政治事件、战争等也影响项目进度，甚至导致项目终止，在编制进度计划时都要结合项目所在地的实际情况，提前编制应急预案。

二、工程项目进度管理的任务

工程项目的参与方既包括业主，也包括其他各参与方，如设计方、施工方、供货方等，由于所站角度不同，各参与方进度管理的任务不尽相同，实现工程项目的进度目标离不开各参与方的协同。

（一）业主方进度管理的任务

业主方的进度管理主要是控制整个项目的进度，主要任务包括：

1. 项目总进度目标的论证和控制；

2. 控制设计准备阶段的工作进度；

3. 控制设计工作进度；

4. 控制招标工作进度；

5. 控制施工准备工作进度；

6. 控制工程施工和设备安装工作进度；

7. 控制工程物资采购工作进度；

8. 控制项目动工前准备阶段工作进度。

业主方应重视分析和论证项目总进度目标实现的可能性。大型工程项目通过编制总进度纲要论证总进度目标，进度纲要的主要内容包括：

1. 项目实施的总体部署；

2. 总进度规划；

3. 各子系统进度规划；

4. 确定里程碑事件的计划进度目标；

5. 总进度目标实现的条件和应采取的措施。

总进度目标论证的主要工作步骤如下：

1. 调查研究和收集资料；

2. 项目结构分析；

3. 进度计划系统的结构分析；

4. 确定项目的工作编码；

5. 编制各层级进度计划；

6. 协调各层级进度计划并编制总进度计划；

7. 若总进度计划不符合工程项目的进度目标则需调整；

8. 若经多次调整后进度目标仍无法实现，则报告项目决策者。

经过论证后，明确整个项目的总进度目标，在此基础上进行目标分解，从而确定各阶段性目标（里程碑）。业主方需编制整个项目实施的控制性进度计划，以此为依据控制项目实施过程各参与方的进度计划。业主方必须定期检查进度计划的执行情况，若有偏差采取纠偏措施，业主通常委托监理单位对项目进度计划跟踪和检查。

（二）设计方进度管理的任务

设计方进度管理的任务主要是依据设计合同对设计工作进度的要求控制设计工作进度，首先应确定项目设计工期总目标及分解的阶段性目标等，并在此基础上制定项目设计进度计划（出图计划），并在项目设计过程中实施进度控制，按设计合同要求的时间交付图纸。设计方应尽可能使设计工作的进度与招标、施工、物资采购等工作进度相协调。

（三）施工方进度管理的任务

施工方进度管理的任务主要是依据施工合同对施工进度的要求控制施工进度，实现合同约定的工期目标。施工方进度管理的主要任务有：

1. 根据总进度目标，科学合理地确定工程项目的进度目标。

2. 了解影响建设工程项目进度目标实现的主要因素。

3. 确定符合合同工期要求的计划工期目标及分解的工期控制目标。

4. 在分析项目特点和实际施工进度需要的基础上，编制不同深度、不同周期的进度计划及相关的资源需求计划。

5. 按施工进度计划要求组织人力、物力等进行施工活动，应注意正确处理工程进度与工程安全和质量的关系。

6. 进度计划实施的检查与调整，检查的主要内容：工程量完成情况、工作时间的执行情况、资源使用与进度保证情况、前一次进度计划问题的整改情况。

（四）供货方进度管理的任务

供货方（材料供应商、设备供应商等）进度管理的任务主要是依据供货合同对供货的要求控制供货进度，主要包括供货的各个环节，如采购、加工制造、运输等的供货时间目标、供货计划及控制措施。

三、工程项目进度管理的过程

工程项目进度管理是一个动态的管理过程，符合"PDCA"循环，各参与方进度管理的工作程序均应包含以下 4 个步骤：

（一）确定进度目标并制定进度计划

工程项目各参与方进度管理的首要工作即明确进度目标，应在充分收集资料的基础上，展开全面的分析和论证，确定科学、合理的进度目标。若经过论证，目标无法实现，则必须调整目标。然后，根据进度总目标、合同文件和资源优化配置原则，编制不同层次的可行的进度计划。

各类进度计划均应包含编制说明、进度计划表和资源需求量及供应平衡表。编制进度计划的一般步骤如下：

1. 确定进度计划的目标和使用者；
2. 进行工作分解（WBS）；
3. 收集编制依据；
4. 确定工作的起止时间及里程碑；
5. 处理各工作直接的搭接关系；
6. 编制进度表；
7. 编制进度说明书；
8. 编制资源需求量及供应平衡表；
9. 报相关部门审批。

（二）实施项目进度计划

首先应建立以项目负责人为首的进度计划管理组织机构，将项目进度目标落实到人。其次，建立完善的进度考核管理制度。由于项目实施过程中存在诸多影响因素，在项目实施阶段需对影响进度的可能的风险事件进行识别，制定和采取必要的预控措施，从而减少实际进度与计划进度的偏差。

（三）项目进度情况检查

项目实施过程中必须定期跟踪检查进度计划的执行状况，主要工作步骤是：

1. 跟踪检查，收集实际进度数据；
2. 汇总和分析得到的资料和数据，将实际进度数据与计划进度对比；
3. 分析判断进度计划的执行情况。

（四）项目进度分析、调整与处理

运用比较分析方法或计算机进行偏差分析，若执行有偏差则采取相应的纠偏措施，跟踪检查措施的落实情况；寻找进度调整的可行方案，论证采取的调整措施和新的可行方案；对工程进展趋势作分析及预测；如有必要，调整原进度计划。

第二节　工程项目进度计划编制

通常，建设工程项目都有严格的时间期限要求，编制进度计划则是控制和节约时间的有效手段，对于进度管理具有重要作用。根据不同的分类标准，进度计划可进行不同的划分。常用的进度计划编制方法有横道图、网络计划等。

一、工程项目进度计划系统

建设工程项目进度计划系统是由多个相互关联的进度计划组成的系统。由于各种进度计划编制所需的必要资料是在项目进展过程中逐步形成的，因此，项目进度计划系统的建立和完善也是逐步完成的。图10-1是某大型工程项目进度计划系统的示例，共有5个层次。

根据项目进度管理的不同需要和用途，工程项目各参与方可编制多个不同的进度计划系

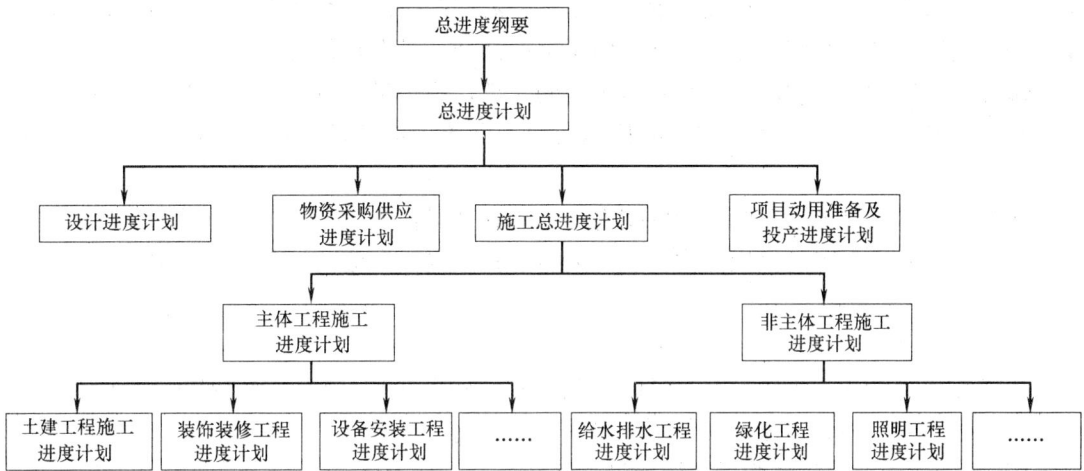

图 10-1 某大型工程项目进度计划系统示例

统，在进度计划系统中，必须注意各进度计划相互之间编制和调整的协调性。

(一) 不同深度的计划构成的进度计划系统

1. 总进度计划

总进度计划是对项目总的进展情况进行的时间安排，其综合性强，反映施工项目的总体进度安排和部署，是各个分进度目标的有机结合，主要作用是：确定总进度目标，确定里程碑事件的进度目标，作为编制各子系统和项目子系统中的单项工程进度计划的依据。

2. 项目子系统进度计划

项目子系统进度计划具有指导性，一般包括：设计进度计划、物资采购供应进度计划、施工总进度计划、项目动用准备及投产进度计划等，是项目子系统中的单项工程进度计划的编制依据。

3. 项目子系统中的单项工程及细分进度计划

项目子系统中的单项工程及细分进度计划更具有实施性和操作性，可以根据项目特点和实际需求细分各层次进度计划。如某住宅小区建设施工进度计划，该住宅小区某栋楼的建设施工进度计划、主体工程进度计划等。

(二) 不同参与方的计划构成的进度计划系统

1. 业主方的进度计划

业主方需编制总进度纲要及上述不同深度的进度计划，其中，最主要的是编制整个项目的总进度计划和实施计划，对工程项目进行全过程部署，组织各方面协作，保证各项建设任务完成。主要包括：进度计划编制说明，工程项目一览表，工程项目总进度计划表，投资计划年度分配表和工程项目进度平衡表。

2. 设计方的进度计划

设计方的进度计划主要是根据总进度纲要和设计合同要求，编制从工程项目设计准备工作至施工图设计完成的各阶段出图计划，并将各阶段时间目标分解和具体化，应充分考虑设计工作的时间、设计分析和评审时间、设计文件报批时间、图纸交付时间。

3. 施工方的进度计划

施工方的进度计划主要用来确定工程项目中包含的各单位工程的施工顺序、施工时间及相互衔接关系，除施工总进度计划外，通常还需编制单位工程施工进度计划、分部分项工程施工进度计划、某些工作（活动）施工进度计划，具有较强的实施性。

施工总进度计划的编制依据有：施工合同文件，施工进度目标，各类工期定额，项目所在地的自然条件、社会状况和经济技术资料，资源供应条件，施工部署与主要施工方案等。

单位工程施工进度计划的编制依据有：项目管理目标责任书，施工总进度计划，施工方案，主要材料和设备的供应能力，施工人员的技术素质和劳动效率，施工现场条件，工程进度及经济指标等。

4. 供货方的进度计划

供货方的进度计划主要指项目各阶段的材料、设备供应计划，如：技术准备、采购、加工制造、质量检验、运输、安装调试等的进度计划。

（三）不同周期的计划构成的进度计划系统

1. 5 年（多年）进度计划；

2. 年度进度计划；

3. 季度进度计划；

4. 月度进度计划；

5. 旬进度计划。

二、工程项目进度计划的编制方法

工程项目进度计划常用的编制方法有横道图法和网络计划技术。根据我国《工程网络计划技术规程》JGJ/T 121—2015，常用的网络计划有 4 种：双代号网络计划，单代号网络计划，双代号时标网络计划，单代号搭接网络计划。

（一）横道图

横道图，也称甘特图，是一种最简单并运用最广的传统计划方法，由于其简单、明了、直观且易编制，尽管有许多新的计划技术，横道图在建设领域中的应用还是非常普遍。

通常，横道图的左侧为工作名称或内容，右侧为工作的持续时间，横道线显示了每项工作的开始时间、结束时间及持续时间，如图 10-2 所示。横道图时间轴的单位决定着项目计划的粗略程度，时间单位可以为小时、天、周、月等。

序号	工作内容	持续时间(d)	开始日期	结束日期	2017年6月						2017年7月						
					5	10	15	20	25	30	5	10	15	20	25	31	5
1	施工前准备	2	2017.6.1	2017.6.2													
2	拆除人行道毁损路面	18	2017.6.3	2017.6.20													
3	混凝土路面修复	6	2017.6.4	2017.6.9													
4	更换花岗岩卧石	28	2017.6.11	2017.7.8													
5	调升检查井	18	2017.6.9	2017.6.26													
6	快车道沥青混凝土摊铺	10	2017.6.23	2017.7.2													
7	人行道及花坛施工	60	2017.6.3	2017.8.1													
8	工程完工收尾	3	2017.8.2	2017.8.4													

图 10-2　某市政道路改造项目横道图示例（持续时间的单位是天，用 d 表示）

为使横道图显示更多信息，还可以将工作的简要说明放在横道上，横道图也可将最重要的逻辑关系标注在内，如图10-3所示。但如果将所有逻辑关系均标注在图上，将损失横道图的简洁直观性。

序号	工作内容	持续时间(d)	开始日期	结束日期	2017年6月						2017年7月						
					5	10	15	20	25	30	5	10	15	20	25	31	5
1	施工前准备	2	2017.6.1	2017.6.2													
2	拆除人行道毁损路面	18	2017.6.3	2017.6.20													
3	混凝土路面修复	6	2017.6.4	2017.6.9													
4	更换花岗岩卧石	28	2017.6.11	2017.7.8													
5	调升检查井	18	2017.6.9	2017.6.26													
6	快车道沥青混凝土摊铺	10	2017.6.23	2017.7.2													
7	人行道及花坛施工	60	2017.6.3	2017.8.1													
8	工程完工收尾	3	2017.8.2	2017.8.4													

关键活动 　　　　非关键活动

图10-3　带有逻辑关系的某市政道路改造项目横道图

横道图通常用于小型项目或大型项目的子项目上，或用于计算资源需要量、概要预示进度等。

横道图中的进度线（横道）与时间坐标相对应，这种表达方式较直观，易看懂计划编制的意图。但是，横道图进度计划法也存在一些问题，如：

1. 工序（工作）之间的逻辑关系可以设法表达，但不易表达清楚各项工作直接的相互关系，执行过程中进度发生提前或拖延时不便于分析对其他工作和总工期的影响；

2. 没有通过严谨的进度计划时间参数计算，不能确定计划的关键工作、关键路线与时差，不便于进度管理人员抓主要矛盾和工作重点；

3. 计划调整工作量较大，十分繁琐；

4. 难以适应工程规模较大、工艺关系复杂的项目和较大的进度计划系统。

（二）网络计划技术

1. 双代号网络计划

（1）双代号网络计划的概念

双代号网络计划是以箭线及其两端节点编号表示工作的网络图，如图10-4所示。

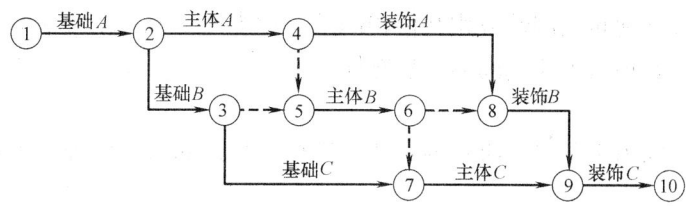

图10-4　双代号网络计划表示方法

1）箭线（工作）

工作泛指一项需要消耗人力、物力和时间的具体活动过程，也称工序、活动、作业。双代号网络图中，每一条箭线表示一项工作。箭线的箭尾节点 i 表示该工作的开始，箭线的箭

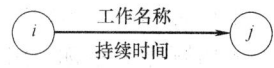

图10-5　双代号网络图工作的表示方法

头节点 j 表示该工作的完成。工作名称标注在箭线的上方，完成该项工作所需要的持续时间标注在箭线的下方，如图 10-5 所示。

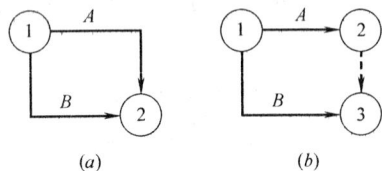

图 10-6　虚箭线的区分作用

在双代号网络图中，为了正确地表达图中工作之间的逻辑关系，往往需要应用虚箭线。虚箭线是实际工作中并不存在的一项虚设工作，既不占用时间，也不消耗资源，一般起着工作之间的联系、区分和断路三个作用（图 10-6）。

在双代号网络图中，通常将被研究的工作用 $i—j$ 工作表示。紧排在本工作之前的工作称为紧前工作；紧排在本工作之后的工作称为紧后工作；与之平行进行的工作称为平行工作。

2）节点（又称结点、事件）

节点是网络图中箭线之间的连接点，反映前后工作的交接瞬间，有三种类型：

① 起点节点

即网络图第一个节点，只有外向箭线，一般表示一项任务或一个项目开始。

② 终点节点

即网络图最后一个节点，只有内向箭线，一般表示一项任务或一个项目完成。

③ 中间节点

即网络图中既有内向箭线，又有外向箭线的节点。

3）线路

网络图中从起始节点开始，沿箭头方向顺序通过一系列箭线与节点，最后达到终点节点的通路称为线路。在一个网络图中可能有很多条线路，线路中各项工作持续时间之和就是该线路的长度，即线路所需要的时间。一般网络图有多条线路，可依次用该线路上的节点代号来记述，例如，图 10-7 所示的线路有①—②—③—⑤—⑥、①—②—④—⑤—⑥、①—②—③—④—⑤—⑥。

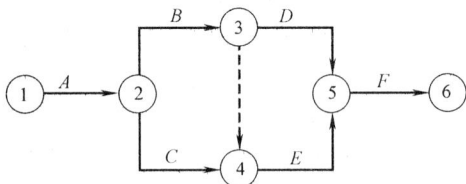

图 10-7　双代号网络计划

在各条线路中，有一条或几条线路的总时间最长，称为关键路线，一般用双线或粗线标注。其他线路长度均小于关键线路，称为非关键线路。

4）逻辑关系

网络图中工作之间相互制约或相互依赖的关系称为逻辑关系，包括工艺关系和组织关系，在网络中均应表现为工作之间的先后顺序。

① 工艺关系

生产性工作之间由工艺过程决定的，非生产性工作之间由工作程序决定的先后顺序称为工艺关系。

② 组织关系

工作之间由于组织安排需要或资源（人力、材料、机械设备和资金等）调配需要而规定的先后顺序关系称为组织关系。

（2）双代号网络计划的绘图规则

1）双代号网络图必须正确表达已定的逻辑关系。网络图中常见的各种工作逻辑关系表示方法见表 10-1。

2）双代号网络图中，严禁出现循环回路，在节点之间严禁出现带双向箭头或无箭头的连线，严禁出现没有箭头节点或没有箭尾节点的箭线。

3）当双代号网络图的某些节点有多条外向箭线或多条内向箭线时，可用母线法绘制（但应满足一项工作用一条箭线和相应的一对节点表示），如图 10-8 所示。

4）箭线不宜交叉。当交叉不可避免时可用过桥法或指向法，如图 10-8 所示。

5）双代号网络图中应只有一个起点节点和一个终点节点（多目标网络计划除外），而其他所有节点均应是中间节点。

6）双代号网络图应条理清楚，布局合理。例如，网络图中的工作箭线不宜画成任意方向或曲线形状，尽可能用水平线或斜线；关键线路、关键工作安排在图面中心位置，其他工作分散在两边；避免倒回箭头等。

网络图中常见的各种工作逻辑关系表示方法 表 10-1

序号	工作之间的逻辑关系	网络图中的表示方法
1	A 工作完成后进行 B、C 工作	
2	A、B 工作均完成后进行 C 工作	
3	A、B 工作均完成后 C、D 工作才开始	
4	A 工作完成后进行 C 工作，A、B 工作均完成后进行 D 工作	
5	A、B 工作均完成后进行 D 工作，A、B、C 工作均完成后进行 E 工作，D、E 工作均完成后进行 F 工作	
6	A 工作完成后 B、C、D 工作才开始，B、C、D 工作均完成后进行 E 工作	

序号	工作之间的逻辑关系	网络图中的表示方法
7	A、B 工作均完成后 D 工作才开始，B、C 工作均完成后进行 E 工作	
8	A、B 两项工作分成三个施工段流水施工：a_1 工作完成后进行 a_2、b_1 工作，a_2 工作完成后进行 a_3、b_2 工作，a_2、b_1 工作完成后进行 b_2 工作，a_3、b_2 工作完成后进行 b_3 工作。有两种表示方法	

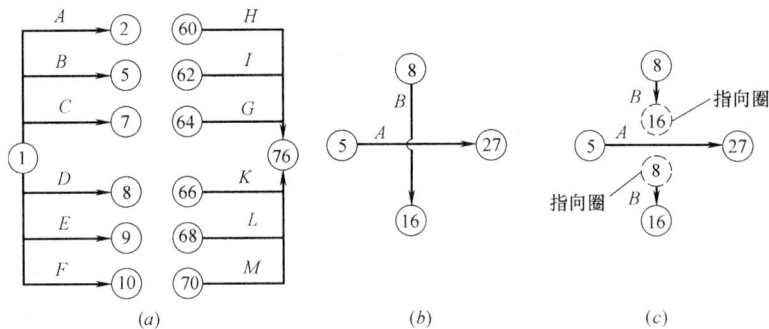

图 10-8　母线法、过桥法和指向法
(a) 母线法；(b) 过桥法；(c) 指向法

（3）双代号网络计划时间参数的计算

双代号网络计划时间参数计算的目的在于通过计算各项工作的时间参数，确定网络计划的关键工作、关键线路和计算工期，为网络计划的优化、调整和执行提供明确的时间参数。双代号网络计划时间参数的计算方法很多，常用的有按工作计算法和按节点计算法。以下只讨论按工作计算法在图上进行计算的方法。

1）时间参数的概念及其符号

① 工作持续时间（D_{i-j}）

工作持续时间是一项工作从开始到完成的时间。

② 工期（T）

工期泛指完成任务所需要的时间，一般有以下三种：

计算工期，根据网络计划时间参数计算出来的工期，用 T_c 表示；

要求工期，任务委托人所要求的工期，用 T_r 表示；

计划工期，根据要求工期和计算工期所确定的作为实施目标的工期，用 T_p 表示。

网络计划的计划工期 T_p 应按下列情况分别确定：

当已规定了要求工期 T_r 时，$T_p \leqslant T_r$。

当未规定要求工期时，可令计划工期等于计算工期，$T_p = T_c$。

2）网络计划中工作的六个时间参数

最早开始时间（ES_{i-j}），是指在各紧前工作全部完成后，工作 i—j 有可能开始的最早时刻。

最早完成时间（EF_{i-j}），是指在各紧前工作全部完成后，工作 i—j 有可能完成的最早时刻。

最迟开始时间（LS_{i-j}），是指在不影响整个任务按期完成的前提下，工作 i—j 必须开始的最迟时刻。

最迟完成时间（LF_{i-j}），是指在不影响整个任务按期完成的前提下，工作 i—j 必须完成的最迟时刻。

总时差（TF_{i-j}），是指在不影响总工期的前提下，工作 i—j 可以利用的机动时间。

自由时差（FF_{i-j}），是指在不影响其紧后工作最早开始的前提下，工作 i—j 可以利用的机动时间。

按工作计算法计算网络计划中各时间参数，其计算结果应标注在箭线之上，如图 10-9 所示。

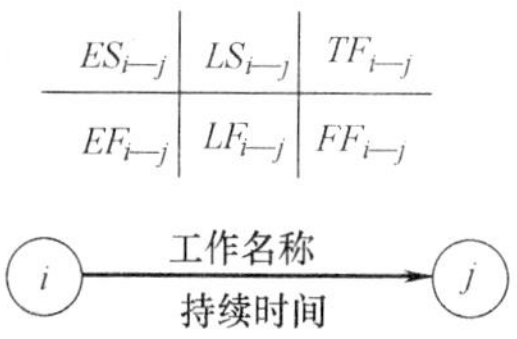

3）时间参数计算

按工作计算法在网络图上计算 6 个工作时间参数，必须在清楚计算顺序和计算步骤的基础上，列出必要的公式，以加深对时间参数计算的理解。时间参数的计算步骤如下。

图 10-9 按工作计算
法的标注内容

① 最早开始时间和最早完成时间的计算

工作最早时间参数受到紧前工作的约束，故其计算顺序应从起点节点开始，顺着箭线方向依次逐项计算。

以网络计划的起点节点为开始节点的工作，其最早开始时间为零。如网络计划起点节点的编号为 1，则：

$$ES_{i-j} = 0 (i=1) \tag{10-2}$$

工作的最早完成时间等于最早开始时间加上其持续时间。

$$EF_{i-j} = ES_{i-j} + D_{i-j} \tag{10-3}$$

其他工作的最早开始时间等于各紧前工作的最早完成时间 EF_{h-i} 的最大值。

$$ES_{i-j} = \max\{EF_{h-i}\} \tag{10-4}$$

$$或\ ES_{i-j} = \max\{ES_{h-i} + D_{h-i}\} \tag{10-5}$$

② 确定计算工期 T_c

计算工期等于以网络计划的终点节点为箭头节点的各个工作的最早完成时间的最大值。当网络计划终点节点的编号为 n 时，计算工期：

$$T_c = \max\{EF_{i-n}\} \tag{10-6}$$

当无要求工期的限制时，取计划工期等于计算工期，即取 $T_p = T_c$

③ 最迟开始时间和最迟完成时间的计算

工作的最迟时间参数受到紧后工作的约束，故其计算顺序应从终点节点起，逆着箭线方向依次逐项计算。

以网络计划的终点节点（$j = n$）为箭头节点的工作的最迟完成时间等于计划工期，即：

$$LF_{i-n} = T_p \tag{10-7}$$

最迟开始时间等于最迟完成时间减去其持续时间：

$$LS_{i-n} = LF_{i-n} - D_{i-n} \tag{10-8}$$

其他工作的最迟完成时间等于各紧后工作的最迟开始时间 LS_{j-k} 的最小值：

$$LF_{i-j} = \min\{LS_{j-k}\} \tag{10-9}$$

$$或 \ LF_{i-j} = \min\{LF_{j-k} - D_{j-k}\} \tag{10-10}$$

④ 计算工作总时差

总时差等于工作的最迟开始时间减去最早开始时间，或等于最迟完成时间减去最早完成时间，即：

$$TF_{i-j} = LS_{i-j} - ES_{i-j} \tag{10-11}$$

$$或 \ TF_{i-j} = LF_{i-j} - EF_{i-j} \tag{10-12}$$

⑤ 计算工作自由时差

网络计划的终点节点（$j = n$）为箭头节点的工作，其自由时差 FF_{i-n} 按网络计划的计划工期 T_p 确定，即：

$$FF_{i-n} = T_p - EF_{i-n} \tag{10-13}$$

其他工作 $i-j$ 有紧后工作 $j-k$ 时，其自由时差应为：

$$FF_{i-j} = ES_{j-k} - EF_{i-j} \tag{10-14}$$

$$或 \ FF_{i-j} = ES_{j-k} - ES_{i-j} - D_{i-j} \tag{10-15}$$

4）关键工作和关键线路的确定

① 关键工作

网络计划中总时差最小的工作是关键工作。

② 关键线路

自始至终全部由关键工作组成的线路为关键线路，或线路上总的工作持续时间最长的线路为关键线路。网络图上的关键线路可用双线或粗线标注。

【例 10-1】 已知某绿化工程相关工作的有关资料见表 10-2，试绘制双代号网络计划并计算各工作的 6 个时间参数。若计算工期等于计划工期，确定关键线路并在网络图上标出。

某绿化工程相关工作的逻辑关系及持续时间　　　　　　　　表 10-2

工作名称	A	B	C	D	E	F	G	H
紧前工作	/	/	A	A	BC	BC	DE	DEF
持续时间	1	5	3	2	6	5	5	3

【解】 根据表中网络计划的有关资料，按照网络计划的绘制规则，绘制双代号网络计划如图 10-10 所示。

（1）计算各项工作的最早开始时间和最早完成时间。

从起点节点（①节点）开始顺着箭线方向依次逐项计算到终点节点（⑥节点）。

1）以网络计划起点节点为开始节点的各工作的最早开始时间为零。

工作 1—2，1—3 都是从起点节点开始，因未规定其最早开始时间，故令最早开始时间为零，即 $ES_{1-2}=0$，$ES_{1-3}=0$。

2）计算各项工作的最早开始时间和最早完成时间。

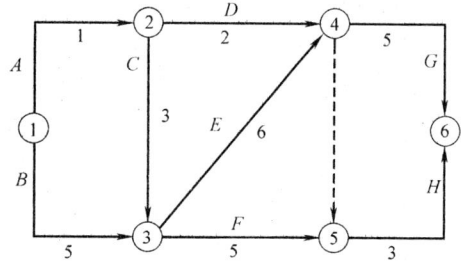

图 10-10 初始双代号网络计划

如：$EF_{1-2}=ES_{1-2}+D_{1-2}=0+1=1$，$EF_{1-3}=ES_{1-3}+D_{1-3}=0+5=5$，

$ES_{2-3}=\max\{ES_{1-2}+D_{1-2}\}=0+1=1$，$EF_{2-3}=ES_{2-3}+D_{2-3}=1+3=4$，

$ES_{2-4}=\max\{ES_{1-2}+D_{1-2}\}=0+1=1$，$EF_{2-4}=ES_{2-4}+D_{2-4}=1+2=3$，

$ES_{3-4}=\max\{EF_{1-3}, EF_{2-3}\}=\max\{5, 4\}=5$，$EF_{3-4}=ES_{3-4}+D_{3-4}=5+6=11$，

$ES_{3-5}=\max\{EF_{1-3}, EF_{2-3}\}=\max\{5, 4\}=5$，$EF_{3-5}=ES_{3-5}+D_{3-5}=5+5=10$，

$ES_{4-6}=\max\{EF_{2-4}, EF_{3-4}\}=\max\{3, 11\}=11$，

$EF_{4-6}=ES_{4-6}+D_{4-6}=11+5=16$，

$ES_{5-6}=\max\{EF_{2-4}, EF_{3-4}, EF_{3-5}\}=\max\{3, 11, 10\}=11$，

$EF_{5-6}=ES_{5-6}+D_{5-6}=11+3=14$

（2）确定计算工期 T_c 及计划工期 T_p。

已知计划工期等于计算工期，即网络计划的计算工期 T_c 取以节点⑥为箭头节点的工作 4—6 和工作 5—6 的最早完成时间中的较大值。

$$T_c=\max\{EF_{4-6}, EF_{5-6}\}=\max\{16, 14\}=16$$

（3）计算各项工作的最迟开始时间和最迟完成时间。

从终点节点（⑥节点）开始逆着箭线方向依次逐项计算到起点节点（①节点）。

1）以网络计划终点节点为箭头节点的工作的最迟完成时间等于计划工期。

$$LF_{4-6}=T_p=16$$
$$LF_{5-6}=T_p=16$$

2）计算各项工作的最迟开始时间和最迟完成时间。

网络计划工作的最迟完成时间 LF_{i-j} 和最迟开始时间 LS_{i-j} 均按公式计算：

$LF_{2-4}=\min\{LF_{4-6}-D_{4-6}\}=16-5=11$

$LF_{3-4}=\min\{LF_{4-6}-D_{4-6}\}=16-5=11$

$LF_{3-5}=\min\{LF_{5-6}-D_{5-6}\}=16-3=13$

$LF_{2-3}=\min\{LF_{3-4}-D_{3-4}, LF_{3-5}-D_{3-5}\}=\min\{11-6, 13-5\}=\min\{5, 8\}=5$

$LF_{1-3}=\min\{LF_{3-4}-D_{3-4}, LF_{3-5}-D_{3-5}\}=\min\{11-6, 13-5\}=\min\{5, 8\}=5$

$LF_{1-2}=\min\{LF_{2-4}-D_{2-4}, LF_{2-3}-D_{2-3}\}=\min\{11-2, 5-3\}=\min\{9, 2\}=2$

$LS_{1-2}=LF_{1-2}-D_{1-2}=2-1=1$；$LS_{1-3}=LF_{1-3}-D_{1-3}=5-5=0$

$LS_{2-3}=LF_{2-3}-D_{2-3}=5-3=2$；$LS_{2-4}=LF_{2-4}-D_{2-4}=11-2=9$

$LS_{3-4}=LF_{3-4}-D_{3-4}=11-6=5$；$LS_{3-5}=LF_{3-5}-D_{3-5}=13-5=8$

$LS_{4-6}=LF_{4-6}-D_{4-6}=16-5=11$；$LS_{5-6}=LF_{3-4}-D_{3-4}=16-3=13$

（4）计算各项工作的总时差。

工作总时差 TF_{i-j} 等于工作的最迟开始时间减去最早开始时间或用工作的最迟完成时间减去最早完成时间。

$TF_{1-2}=LS_{1-2}-ES_{1-2}=1-0=1$；$TF_{1-3}=LS_{1-3}-ES_{1-3}=0-0=0$

$TF_{2-3}=LS_{2-3}-ES_{2-3}=2-1=1$；$TF_{2-4}=LS_{2-4}-ES_{2-4}=9-1=8$

$TF_{3-4}=LS_{3-4}-ES_{3-4}=5-5=0$；$TF_{3-5}=LS_{3-5}-ES_{3-5}=8-5=3$

$TF_{4-6}=LS_{4-6}-ES_{4-6}=11-11=0$；$TF_{5-6}=LS_{5-6}-ES_{5-6}=13-11=2$

（5）计算各项工作的自由时差。

网络中工作的自由时差 FF_{i-j} 等于紧后工作的最早开始时间减去本工作的最早完成时间。

$FF_{1-2}=\min\{ES_{2-3}, ES_{2-4}\}-EF_{1-2}=\min\{1, 1\}-1=1-1=0$

$FF_{1-3}=\min\{ES_{3-4}, ES_{3-5}\}-EF_{1-3}=\min\{5, 5\}-5=5-5=0$

$FF_{2-3}=\min\{ES_{3-4}, ES_{3-5}\}-EF_{2-3}=\min\{5, 5\}-4=5-4=1$

$FF_{2-4}=\min\{ES_{4-6}, ES_{5-6}\}-EF_{2-4}=\min\{11, 11\}-3=11-3=8$

$FF_{3-4}=\min\{ES_{4-6}, ES_{5-6}\}-EF_{3-4}=\min\{11, 11\}-11=11-11=0$

$FF_{3-5}=ES_{5-6}-EF_{3-5}=11-10=1$

$FF_{4-6}=T_p-EF_{4-6}=16-16=0$

$FF_{5-6}=T_p-EF_{5-6}=16-14=2$

将计算出来的时间参数标注在网络图上，如图 10-11 所示。

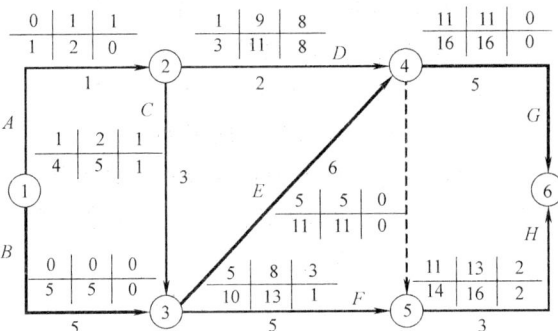

图 10-11　最终双代号网络计划

（6）确定关键工作及关键线路。

在图 10-11 中，凡是总时差为 0 的工作均为关键工作，由关键工作首尾相接而形成的线路就是关键线路。本例中的关键工作是：B、E、G，关键线路是①—③—④—⑥，在图中已用粗箭线标注。

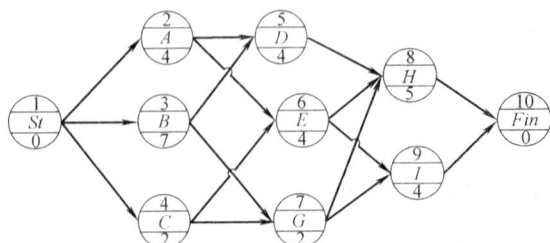

图 10-12　单代号网络计划

2. 单代号网络计划

单代号网络计划是以节点及其编号表示工作，以箭线表示工作之间逻辑关系的网络图，并在节点中加注工作代号、名称和持续时间，如图 10-12 所示。

（1）单代号网络计划的特点

单代号网络计划与双代号网络计划相比，具有以下特点：

1）工作之间的逻辑关系容易表达，且不用虚箭线，故绘图较简单；

2）网络图便于检查和修改；

3）由于工作持续时间表示在节点之中，没有长度，故不够形象直观；

4）表示工作之间逻辑关系的箭线可能产生较多的纵横交叉现象。

（2）单代号网络计划的基本符号

1）节点

单代号网络图中的每一个节点表示一项工作，节点宜用圆圈或矩形表示。节点所表示的工作名称、持续时间和工作代号等应标注在节点内，如图10-13所示。

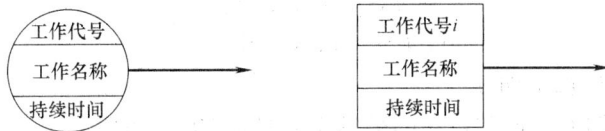

图 10-13 单代号网络计划中工作的表示方法

单代号网络图中的节点必须编号。编号标注在节点内，其号码可间断，但严禁重复；箭线的箭尾节点编号应小于箭头节点的编号。一项工作必须有唯一的一个节点及相应的一个编号。

2）箭线

单代号网络图中的箭线表示紧邻工作之间的逻辑关系，既不占用时间，也不消耗资源。箭线应画成水平直线、折线或斜线。箭线水平投影的方向应自左向右，表示工作的行进方向。工作之间的逻辑关系包括工艺关系和组织关系，在网络图中均表现为工作之间的先后顺序。

3）线路

单代号网络图中，各条线路应用该线路上的节点编号从小到大依次表述。

（3）单代号网络计划的绘图规则

单代号网络计划的绘制规则大部分与双代号网络计划的绘制规则相同，故这里不再赘述。需注意的一点是：单代号网络图中只应有一个起点节点和一个终点节点。当网络图中有多项起点节点或多项终点节点时，应在网络图的两端分别设置一项虚工作，作为该网络图的起点节点（St）和终点节点（Fin）。

（4）单代号网络计划时间参数的计算

单代号网络计划时间参数的计算应在确定各项工作的持续时间之后进行。时间参数的计算顺序和计算方法基本上与双代号网络计划时间参数的计算相同。单代号网络图中时间参数的标注形式如图10-14所示。

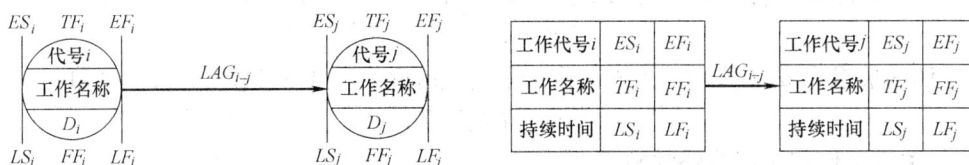

图 10-14 单代号网络图中参数标注形式

单代号网络计划时间参数的计算步骤如下。

1）计算最早开始时间和最早完成时间

网络计划中各项工作的最早开始时间和最早完成时间的计算应从网络计划的起点节点开始，顺着箭线方向依次逐项计算。

网络计划的起点节点的最早开始时间为零。如起点节点的编号为1，则：

$$ES_i = 0 (i=1) \tag{10-16}$$

工作的最早完成时间等于该工作最早开始时间加上其持续时间，即：

$$EF_i = ES_i + D_i \tag{10-17}$$

其他工作的最早开始时间等于该工作的各个紧前工作的最早完成时间的最大值，如工作 j 的紧前工作的代号为 i，则：

$$ES_j = \max\{EF_i\} \tag{10-18}$$

$$或 \ ES_j = \max\{ES_i + D_i\} \tag{10-19}$$

2）网络计划的计算工期 T_c

T_c 等于网络计划的终点节点 n 的最早完成时间 EF_n，即：

$$T_c = EF_n \tag{10-20}$$

3）计算相邻两项工作之间的时间间隔 LAG_{i-j}

相邻两项工作 i 和 j 之间的时间间隔 LAG_{i-j} 等于紧后工作 j 的最早开始时间 ES_j 与本工作的最早完成时间 EF_i 之差，即：

$$LAG_{i-j} = ES_j - EF_i \tag{10-21}$$

4）计算工作总时差 TF_i

总时差应从网络计划的终点节点开始，逆着箭线方向依次逐项计算。

网络计划终点节点的总时差 TF_n，如计划工期等于计算工期，其值为零，即：

$$TF_n = 0 \tag{10-22}$$

其他工作的总时差 TF_i 等于该工作的各个紧后工作 j 的总时差 TF_j 加该工作与其紧后工作之间的时间间隔 LAG_{i-j} 之和的最小值，即：

$$TF_i = \min\{TF_j + LAG_{i-j}\} \tag{10-23}$$

5）计算工作自由时差

终点节点的自由时差 FF_n 等于计划工期 T_p 减该工作的最早完成时间 EF_n，即：

$$FF_n = T_p - EF_n \tag{10-24}$$

其他工作的自由时差 FF_i 等于该工作与其紧后工作 j 之间的时间间隔 LAG_{i-j} 的最小值，即：

$$FF_i = \min\{LAG_{i-j}\} \tag{10-25}$$

6）计算工作的最迟开始时间和最迟完成时间

工作的最迟开始时间 LS_i 为该工作最早开始时间 ES_i 与其总时差 TF_i 之和：

$$LS_i = ES_i + TF_i \tag{10-26}$$

工作的最迟完成时间 LF_i 为该工作最早完成时间 EF_i 与其总时差 TF_i 之和：

$$LF_i = EF_i + TF_i \tag{10-27}$$

7）关键工作和关键线路的确定

① 关键工作：总时差最小的工作是关键工作。即从网络计划的终点节点开始，逆着

箭线方向依次找出相邻两项工作之间时间间隔为零的线路。

② 关键线路的确定按以下规定：从起点节点开始到终点节点均为关键工作，且所有工作的时间间隔为零的线路为关键线路。

【例 10-2】 已知某道路修复工程相关工作的有关资料见表 10-3，试绘制单代号网络计划并计算各工作的 6 个时间参数。若计算工期等于计划工期，确定关键线路并在网络图上标出。

某道路修复工程相关工作的逻辑关系及持续时间   表 10-3

工作名称	A	B	C	D	E	G	H	I
紧前工作	/	/	/	AB	AC	BC	DEG	EG
持续时间	4	7	2	4	4	2	5	4

【解】 （1）根据表中网络计划的有关资料，按照网络计划的绘制规则，绘制单代号网络计划，如图 10-15 所示。

（2）计算最早开始时间和最早完成时间。

因为未规定其最早开始时间，可令 $ES_1=0$；其他工作的最早开始时间和最早完成时间按公式依次计算，如：

$EF_1=0+0=0$；$ES_6=\max\{EF_2, EF_4\}=\max\{4, 2\}=4$；$EF_6=ES_6+D_6=4+4=8$

已知计划工期等于计算工期，故有 $T_p=T_c=EF_{10}=16$

（3）计算相邻两项工作之间的时间间隔 LAG_{i-j}，如：

$LAG_{9-10}=T_p-EF_9=16-13=3$；$LAG_{8-10}=T_p-EF_8=16-16=0$

$LAG_{5-8}=ES_8-EF_5=11-11=0$

（4）计算工作的总时差 TF_i

已知计划工期等于计算工期 $T_p=T_c=16$，故终点节点⑩的总时差为零，即：

$TF_{10}=T_p-EF_{10}=16-16=0$

计算其他工作的总时差，如：$TF_9=TF_{10}+LAG_{9-10}=0+3=3$

$TF_7=\min\{TF_8+LAG_{7-8}, TF_9+LAG_{7-9}\}=\min\{0+2, 3+0\}=\min\{2, 3\}=2$

（5）计算工作的自由时差 FF_i

已知计划工期等于计算工期 $T_p=T_c=16$，计算自由时差，如：

$FF_{10}=T_p-EF_{10}=16-16=0$；$FF_9=LAG_{9-10}=3$；$FF_8=LAG_{8-10}=0$

$FF_7=\min\{LAG_{7-8}, LAG_{7-9}\}=\min\{2, 0\}=0$

（6）计算工作的最迟开始时间 LS_i 和最迟完成时间 LF_j，如：

$LS_1=ES_1+TF_1=0+0=0$；$LS_2=ES_2+TF_2=0+3=3$；

$LF_2=EF_2+TF_2=4+3=7$

$LS_6=ES_6+TF_6=4+3=7$；$LF_6=EF_6+TF_6=8+3=11$

（7）关键工作和关键线路的确定

根据计算结果，总时差为零的工作 B、D、H 为关键工作。从起点节点①开始到终点节点⑩之间为关键工作且工作之间时间间隔为零的线路即为关键线路，此网络计划的关键线路为①—③—⑤—⑧—⑩，用粗箭线标在图 10-16 中。

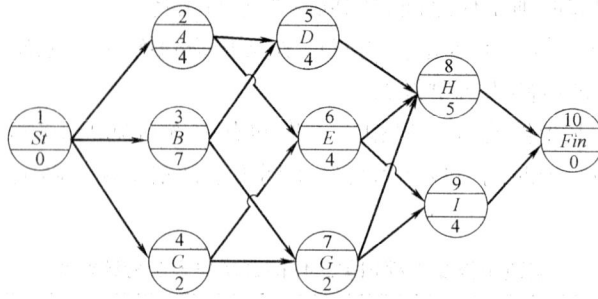

图 10-15　初始单代号网络计划

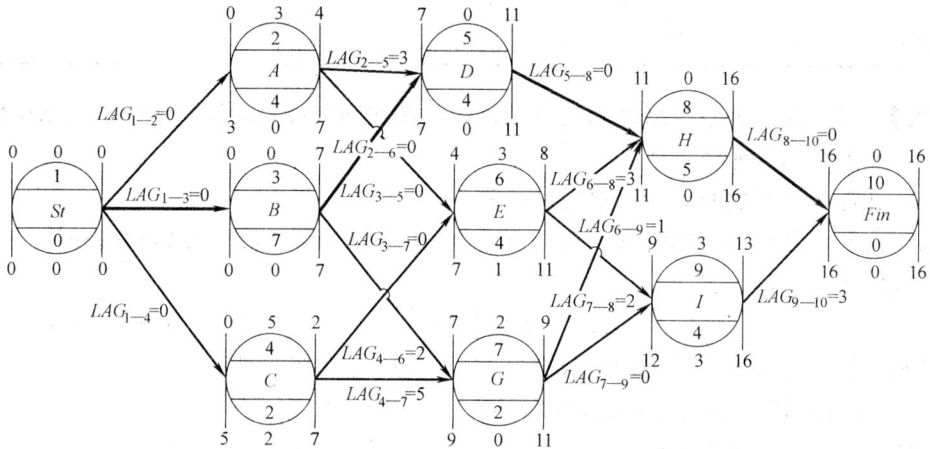

图 10-16　最终单代号网络计划

3. 双代号时标网络计划

（1）双代号时标网络计划的概念

双代号时标网络计划是以时间坐标为尺度编制的网络计划，如图 10-17 所示。时标网络计划中应以实箭线表示工作，以虚箭线表示虚工作，以波形线表示工作的自由时差。

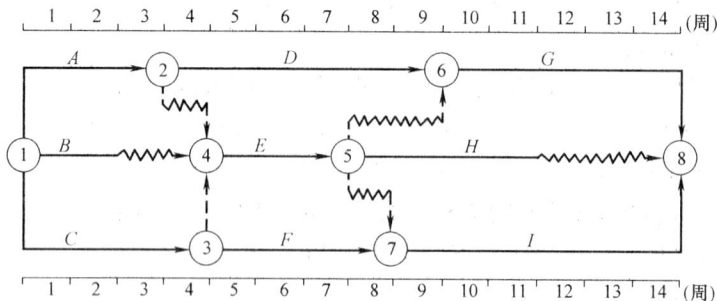

图 10-17　双代号时标网络计划示例

（2）双代号时标网络计划的特点

双代号时标网络计划是以水平时间坐标为尺度编制的双代号网络计划，其主要特点如下：

1）双代号时标网络计划兼有网络计划与横道计划的优点，能够清楚地表明计划的时间进程，使用方便；

2）双代号时标网络计划能在图上直接显示出各项工作的开始与完成时间、工作的自由时差及关键线路；

3）在双代号时标网络计划中可以统计每一个单位时间对资源的需要量，以便进行资源优化和调整；

4）由于箭线受到时间坐标的限制，当情况发生变化时，对网络计划的修改比较麻烦，往往要重新绘图。但在使用计算机以后，这一问题已较容易解决。

（3）双代号时标网络计划的一般规定

1）双代号时标网络计划必须以水平时间坐标为尺度表示工作时间。时标的时间单位应根据需要在编制网络计划之前确定，可为时、天、周、月或季。

2）双代号时标网络计划应以实箭线表示工作，以虚箭线表示虚工作，以波形线表示工作的自由时差。

3）双代号时标网络计划中所有符号在时间坐标上的水平投影位置，都必须与其时间参数相对应。节点中心必须对准相应的时标位置。

4）双代号时标网络计划中虚工作必须以垂直方向的虚箭线表示，有自由时差时加波形线表示。

（4）双代号时标网络计划的编制

双代号时标网络计划宜按各工作的最早开始时间编制，其绘制方法有两种。

1）间接法绘制

先绘制出时标网络计划，计算各工作的最早时间参数，再根据最早时间参数在时标计划表上确定节点位置，连线完成，某些工作箭线长度不足以到达该工作的完成节点时，用波形线补足。

2）直接法绘制

根据网络计划中工作之间的逻辑关系及各工作的持续时间，直接在时标计划表上绘制双代号时标网络计划。绘制步骤如下：

① 将起点节点定位在时标表的起始刻度线上；

② 按工作持续时间在时标计划表上绘制起点节点的外向箭线；

③ 其他工作的开始节点必须在其所有紧前工作都绘出以后，定位在这些紧前工作最早完成时间最大值的时间刻度上，某些工作的箭线长度不足以到达该节点时，用波形线补足，箭头画在波形线与节点连接处。

用上述方法从左至右依次确定其他节点位置，直至终点节点定位，绘图完成。

4. 单代号搭接网络计划

单代号搭接网络计划中，以节点表示工作，两节点之间的箭线表示工作之间的逻辑顺序和搭接关系，见表 10-4。由于搭接关系的存在，关键线路上工作的持续时间总和不一定等于该网络计划的计算工期。

（1）结束到开始（FTS）搭接关系

如修筑堤坝时，一定要等到土堤自然沉降后才能护坡，筑土堤与修护坡之间的等待时间就是 FTS 时距。当 FTS 时距为 0 时，说明本工作与其紧后工作紧密衔接。当网络计划所有相邻工作只有 FTS 一种搭接关系且其时距为 0 时，整个搭接网络计划就成为前述的单代号网络计划。

搭接关系的种类及表示方式　　　　　　　表 10-4

逻辑关系类型	图示	网络计划中表达方式	说明
结束到开始（FTS）			相邻两工作，前项工作 i 结束后，经过时距 FTS_{i-j}，后面工作 j 才能开始
开始到开始（STS）			相邻两工作，前项工作 i 开始后，经过时距 STS_{i-j}，后面工作 j 才能开始
结束到结束（FTF）			相邻两项工作，前项工作 i 结束后，经过时距 FTF_{i-j}，后面工作 j 才能结束
开始到结束（STF）			相邻两工作，前项工作 i 开始后，经过时距 STF_{i-j}，后面工作 j 才能结束
混合搭接关系			

（2）开始到开始（STS）搭接关系

如道路工程中，当路基铺设工作开始一段时间为路面浇筑工作创造一定条件后，路面浇筑工作即可开始，路基铺设工作的开始时间和路面浇筑工作的开始时间之间的差值就是 STS 时距。

（3）结束到结束（FTF）搭接关系

道路工程中，若路基铺设工作的进展速度小于路面浇筑工作的进展速度，须考虑为路面浇筑工作留有充分的工作面，否则，路面浇筑工作就将因为没有工作面而无法进行。此时，路基铺设工作的完成时间与路面浇筑工作的完成时间之间的差值就是 FTF 时距。

（4）开始到结束（STF）搭接关系

如扎钢筋工作持续时间为 10 天，扎钢筋开始第二天后，才开始铺电线管，且铺电线管三天结束，此时扎钢筋工作仍需进行。扎钢筋工作的开始时间和铺电线管完成时间之间的差值就是 STF 时距。

（5）混合搭接关系

搭接网络计划中除四种基本搭接关系外，可能同时存在两种以上的基本搭接关系，即混合搭接关系。

单代号搭接网络计划时间参数的计算与前述单代号网络计划和双代号网络计划时间参数计算原理基本相同，其计算步骤如下：

（1）计算工作的最早开始时间和最早完成时间

网络计划的起点节点的最早开始时间为零。如起点节点的编号为 1，则：

$$ES_i = 0 (i=1) \tag{10-28}$$

工作最早完成时间等于该工作最早开始时间加上其持续时间，即：

$$EF_i = ES_i + D_i \tag{10-29}$$

其他工作的最早开始时间和最早完成时间应根据时距按下列公式计算：

1）相邻时距为 FTS 时，$ES_j = EF_i + FTS_{i-j}$ $\tag{10-30}$

2）相邻时距为 STS 时，$ES_j = ES_i + STS_{i-j}$ $\tag{10-31}$

3）相邻时距为 FTF 时，$EF_j = EF_i + FTF_{i-j}$ $\tag{10-32}$

4）相邻时距为 STF 时，$EF_j = ES_i + STF_{i-j}$ $\tag{10-33}$

$$或\ EF_j = ES_j + D_j \tag{10-34}$$

$$或\ ES_j = EF_j - D_j \tag{10-35}$$

（2）计算相邻两项工作的时间间隔

1）若搭接网络计划中出现 $ES_j > EF_i + FTS_{i-j}$ 时，则工作 i 和 j 之间存在间隔 LAG_{i-j}：

$$LAG_{i-j} = ES_j - (EF_i + FTS_{i-j}) \tag{10-36}$$

2）若搭接网络计划中出现 $ES_j > ES_i + STS_{i-j}$ 时，则工作 i 和 j 之间存在间隔 LAG_{i-j}：

$$LAG_{i-j} = ES_j - (ES_i + STS_{i-j}) \tag{10-37}$$

3）若搭接网络计划中出现 $EF_j > EF_i + FTF_{i-j}$ 时，则工作 i 和 j 之间存在间隔 LAG_{i-j}：

$$LAG_{i-j} = EF_j - (EF_i + FTF_{i-j}) \tag{10-38}$$

4）若搭接网络计划中出现 $EF_j > ES_i + STF_{i-j}$ 时，则工作 i 和 j 之间存在间隔 LAG_{i-j}：

$$LAG_{i-j} = EF_j - (ES_i + STF_{i-j}) \tag{10-39}$$

5）混合搭接网络计划中，应分别计算出时间间隔，然后取其中的最小值。

（3）计算工作的时差

工作 i 的总时差 TF_i 应从网络计划的终点节点开始，逆着箭线方向依次计算。

网络计划终点节点的总时差 TF_n，如计划工期等于计算工期，其值为零，即：

$$TF_n = 0 \tag{10-40}$$

其他工作的总时差 TF_i 等于该工作的各个紧后工作 j 的总时差 TF_j 加该工作与其紧后工作之间的时间间隔 LAG_{i-j} 之和的最小值，即：

$$TF_i = \min\{TF_j + LAG_{i-j}\} \tag{10-41}$$

终点节点的自由时差 FF_n 等于计划工期 T_p 减该工作的最早完成时间 EF_n，即：

$$FF_n = T_p - EF_n \tag{10-42}$$

其他工作的自由时差 FF_i 等于该工作与其紧后工作 j 之间的时间间隔 LAG_{i-j} 的最小值，即：

$$FF_i = \min\{LAG_{i-j}\} \tag{10-43}$$

（4）计算工作的最迟完成时间和最迟开始时间

工作的最迟开始时间 LS_i 为该工作的最早开始时间 ES_i 与其总时差 TF_i 之和：

$$LS_i = ES_i + TF_i \tag{10-44}$$

工作的最迟完成时间 LF_i 为该工作的最早完成时间 EF_i 与其总时差 TF_i 之和：

$$LF_i = EF_i + TF_i \tag{10-45}$$

（5）确定关键线路

1）关键工作：总时差最小的工作是关键工作，也可从网络计划的终点节点开始，逆着箭线方向依次找出相邻两项工作之间时间间隔为零的工作。

2）关键线路的确定：从起点节点开始到终点节点均为关键工作，且所有工作的时间间隔为零的线路为关键线路。

三、工程项目网络计划优化

工程项目网络计划优化是指在一定约束条件下，按预定目标对初始网络计划不断改进以寻求最满意进度计划的过程。网络计划优化应满足预定的目标要求；不得影响工程的质量和安全；经多次修改和调整仍不能达到预定目标，应对预定目标重新审定。根据网络计划优化的目标不同，工程项目网络计划优化分为工期优化、费用优化、资源优化三种。

（一）工期优化

工期优化也称时间优化，是指当初始网络计划的计算工期大于要求工期时，通过压缩关键线路上工作的持续时间或调整工作关系，以满足工期要求的过程。

工期优化需理解以下 4 点：

1. 工期优化是压缩计算工期以达到要求工期目标，或在一定约束条件下使工期最短的过程。

2. 工期优化一般通过压缩关键工作的持续时间来达到优化目标。

3. 在优化过程中，不能将关键工作压缩成非关键工作，但关键工作可以不经压缩而变成非关键工作。

4. 在优化过程中，当出现多条关键线路时，必须将各条关键线路的持续时间压缩至同一数值。否则，不能有效地缩短工期。

工期优化的具体步骤如下：

1. 计算并找出初始网络计划的计算工期、关键工作及关键线路。

2. 按要求工期计算应缩短的时间（ ΔT ）。应缩短的时间等于计算工期与要求工期之差。即：

$$\Delta T = T_c - T_r \tag{10-46}$$

3. 确定各关键工作能缩短的持续时间，选择应优先缩短持续时间的关键工作（或一组关键工作），选择时应考虑下列因素：

（1）缩短持续时间对质量和安全影响不大的工作；

（2）有充足备用资源的工作；

（3）缩短持续时间所需增加的费用最少的工作。

综合考虑上述质量、安全、费用增加情况，通常采用优选系数表示选择的优先次序。选择关键工作压缩其持续时间时，应选择系数最小的关键工作；若同时压缩多个关键工作的持续时间，则优先选择这些关键工作的优选系数之和（组合优选系数）最小者作为压缩对象。

4. 将应优先缩短的关键工作压缩至最短持续时间，并找出关键线路。若被压缩的关键工作变成了非关键工作，则应将其持续时间再适当延长，使之仍为关键工作。

5. 若计算工期仍超过要求工期，则重复以上步骤，直到满足工期要求或工期不能再缩短为止。

6. 当所有关键工作或部分关键工作已达最短持续时间，但此时已没有能继续压缩工期的方案且工期仍不能满足要求工期时，应对原计划的技术、组织方案进行调整，或对要求工期重新审定。

（二）费用优化

费用优化又称工期-费用优化，是指寻求工程总费用最低时的工期安排，或按照工期寻求最低费用的计划安排的过程。

各项工作的直接费用率按下列公式计算：

$$\Delta C_{i-j} = \frac{CC_{i-j} - CN_{i-j}}{DN_{i-j} - DC_{i-j}} \tag{10-47}$$

式中　　ΔC_{i-j}——工作 $i—j$ 的直接费用率；

　　CC_{i-j}——按最短持续时间完成工作 $i—j$ 时所需的直接费；

　　CN_{i-j}——按正常持续时间完成工作 $i—j$ 时所需的直接费；

　　DN_{i-j}——工作 $i—j$ 的正常持续时间；

　　DC_{i-j}——工作 $i—j$ 的最短持续时间。

工期-费用优化应按下列步骤进行：

1. 按工作的正常持续时间确定关键工作、关键线路和计算工期；

2. 在压缩关键工作的持续时间以达到缩短工期的目的时，应将直接费用率最小的关键工作作为压缩对象；当有多条关键线路出现而需要压缩多个关键工作的持续时间时，应选择直接费用率之和（组合直接费用率）最小者作为压缩对象。

对选定的压缩对象（一项关键工作或一组关键工作），比较其直接费用率或组合直接费用率与工程间接费用率的大小：

（1）若被压缩对象的直接费用率或组合直接费用率＜工程间接费用率，说明压缩关键工作的持续时间会使工程总费用减少，应缩短关键工作的持续时间；

（2）若被压缩对象的直接费用率或组合直接费用率＝工程间接费用率，说明压缩关键工作的持续时间不会使工程总费用增加，应缩短关键工作的持续时间；

（3）若被压缩对象的直接费用率或组合直接费用率＞工程间接费用率，说明压缩关键工作的持续时间会使工程总费用增加，应停止缩短关键工作的持续时间，而在此之前的方案即为优化方案。

3. 被压缩对象的缩短值的确定必须符合下列两条原则：

（1）缩短后工作的持续时间不能小于其最短持续时间；

（2）缩短持续时间的关键工作不能变成非关键工作。

4. 计算被压缩对象持续时间缩短后相应增加的直接费用；

5. 根据间接费的变化，计算工程总费用；

6. 重复上述步骤，直到计算工期满足要求工期或被压缩对象的直接费用率或组合直接费用率大于工程间接费用率为止。

（三）资源优化

资源是指为完成一项计划任务所需投入的人力、材料和机械设备、资金等。完成一项工程任务所需的资源量基本上是不变的，不可能通过资源优化将其减少。资源优化是指通过改变工作的开始时间和完成时间，使资源按照时间的分布符合优化目标。

进行资源优化需满足以下前提条件：

1. 优化过程中不改变网络计划中各项工作之间的逻辑关系；

2. 优化过程中不改变网络计划中各项工作的持续时间；

3. 网络计划中各项工作的资源强度（单位时间所需资源数量）为常数，而且是合理的；

4. 除规定可中断的工作外，一般不允许中断工作，应保持其连续性。

资源优化一般分为两种："资源有限，工期最短"的优化和"工期固定，资源均衡"的优化。

（1）"资源有限，工期最短"的优化

"资源有限，工期最短"的优化是通过调整计划安排，在满足资源限制条件下，使工期延长最少。其一般步骤如下：

1）按照各项工作的最早开始时间安排进度计划，根据初始网络计划绘制时标网络计划或横道图，并计算网络计划每个"时间单位"的资源需用量；

2）从计划的开始日期起，逐段检查各个时段（每个单位时间资源需用量相同时间段）的资源需用量和所能供应的资源限量。如能满足资源限量的要求，则可行优化方案编制完成，否则，必须进行资源优化调整。

3）分析超过资源限量的时段，如果在该时段有几项工作平行作业，则将一项工作安排在与其平行的另一项工作之后进行，以降低该时段资源需用量。如：对于两项平行作业的工作 m 和工作 i，为降低相应时段的资源需用量，可将工作 i 安排在工作 m 之后进行，计算工期延长值 ΔT_{m-i} 的值，并确定新的顺序。

在超过资源限量的时段中，工作 i 排在工作 m 之后工期的延长 ΔT_{m-i}：

$$\Delta T_{m-i} = EF_m - LS_i \tag{10-48}$$

在各种顺序安排中，工期延长的最小值 $\Delta T_{m'-i'}$：

$$\Delta T_{m'-i'} = \min\{\Delta T_{m-i}\} \tag{10-49}$$

这样，在有资源冲突的时段中对平行的作业进行两两排序，即可得到若干个 ΔT_{m-i}；选择其中最小的 ΔT_{m-i}，将相应的工作 i 安排在工作 m 之后进行，既可降低该时段的资源需用量，又可使网络计划的工期延长最短。

4）绘制调整后的网络计划，重复上述步骤，直到满足要求。

（2）"工期固定，资源均衡"的优化

"工期固定，资源均衡"的优化是指通过调整计划安排，在工期保持不变的条件下，使资源需用量尽可能均衡的过程。其优化方法有多种，如削高峰法、方差值最小法、极差值最小法等，这里仅介绍削高峰法。

所谓"削高峰法"，直观反映在资源需用量的动态曲线上，即尽可能不出现短时期的高峰和低谷，力求每个时段的资源需用量接近于平均值，其步骤如下：

1）计算网络计划每个"时间单位"资源需用量；

2）确定削高峰目标，其值等于每个"时间单位"资源需用量的最大值减一个单位资源量；

3）找出高峰时段的最后时间 T_h 及有关工作的最早开始时间 ES_i 和总时差 TF_i；

4）按下列公式计算有关工作的时间差值 ΔT_i：

$$\Delta T_i = TF_i - (T_h - ES_i) \tag{10-50}$$

应优先以时间差值最大的工作 i' 为调整对象，令

$$ES_{i'} = T_h \tag{10-51}$$

5）当峰值不能再减少时，即得到优化方案。否则，继续重复以上步骤。

第三节　工程项目进度控制

工程项目进度控制是一个动态循环过程，主要表现在设计阶段和施工阶段的进度控制。通过运用进度检查方法，掌握实际进度和计划进度偏差情况，为进度分析和进度计划的调整提供依据，从而采取有效的纠偏措施，保证项目实现进度目标。

一、工程项目进度控制概述

（一）工程项目进度控制内涵

由于工程项目是一个动态实施过程，进度控制也是一个动态管理过程。

工程项目进度控制是指各参与方（业主、设计单位、施工单位、供货方及其他参与方）对工程项目进展各阶段的工作内容、工作程序、衔接关系和持续时间等计划的执行、检查、调整及信息反馈等一系列活动的统称。各参与方通过运用检查方法检查实际进度是否按计划要求进行，对出现的偏差情况进行分析及信息反馈，采取补救措施或调整原进度计划后再付诸实施，对工程项目进行全过程动态控制，以确保工程项目按预定时间交付使用，及时发挥投资效益，确保工程项目管理目标（进度、费用、质量等目标）乃至工程项目总目标的顺利实现。

（二）工程项目进度控制流程

1. 设计阶段的进度控制流程

业主或其委托的监理单位按合同要求对设计工作进行进度监控，设计单位需将实际进度进展情况表定期或不定期报送业主或其委托的监理单位审查。

设计阶段进度控制流程如图 10-18 所示。

（1）设计准备阶段进度控制

此阶段主要由业主或其委托的监理单位，对建设工程进度总目标进行论证，确认其可行性后，根据建设总工期要求确定合理的设计工期，执行设计准备阶段的进度计划；比较实际进度与计划进度，编制本阶段进度控制报告。

（2）初步设计阶段或扩大初步设计阶段进度控制

此阶段由设计单位动态控制。设计过程中，收集实际出图进展情况并与计划进度比较，对发生的进度拖延采取有针对性措施，编制本阶段进度控制报告。

（3）技术设计阶段和施工图设计阶段进度控制

这两个阶段由设计单位动态控制。比较实际进度与计划进度，对发生的进度拖延采取有针对性的纠偏措施，协调各设计单位（委托多个设计单位的情况下）的进度，在保证质量的前提下按时完成设计；编制本阶段进度控制报告。

2. 施工阶段的进度控制流程

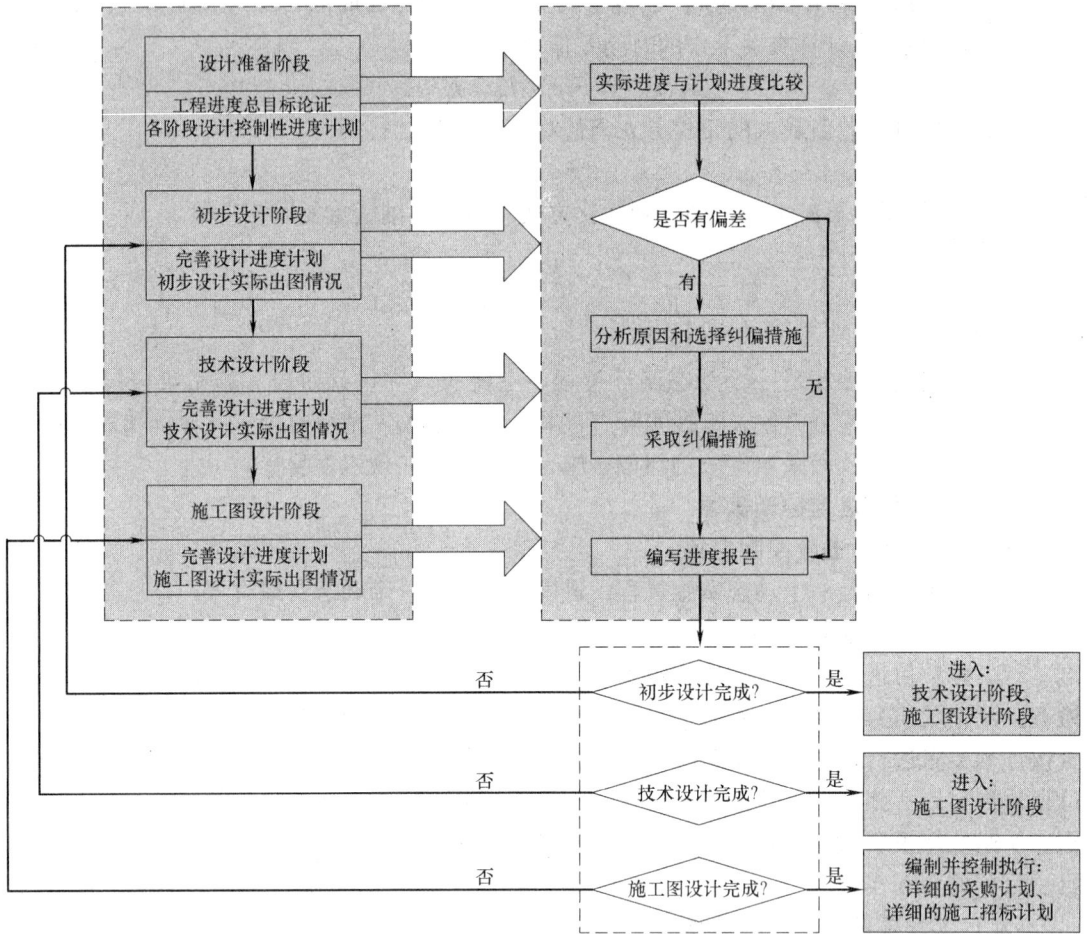

图 10-18　设计阶段进度控制流程

工程项目施工过程可以看作项目进度计划的执行过程，施工阶段进度控制流程如图 10-19 所示。

施工阶段是工程实体的形成阶段，对其进行控制是整个工程项目建设进度控制的重点。在项目施工阶段，主要由施工单位对项目施工进度进行控制，最终目标是确保项目如期竣工。

施工阶段进度控制是一个不断进行的动态控制过程，也是一个循环过程，它是指在限定工期内，编制出合理的施工进度计划，并将该计划付诸实施，在施工过程中需经常检查实际施工进度是否按计划进行；若出现偏差，及时分析偏差产生的原因和对工期的影响程度，采取必要的补救措施调整或修改原计划，不断地如此循环，直至工程竣工验收。施工

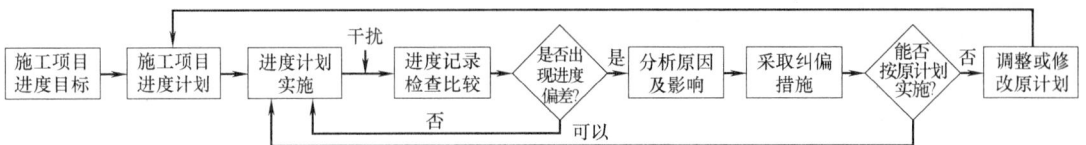

图 10-19　施工阶段进度控制流程

阶段进度控制的流程如图 10-19 所示。

（三）工程项目进度控制措施

进度控制措施主要包括组织措施、管理措施、经济措施和技术措施。

1. 进度控制的组织措施

组织是目标能否实现的决定性因素，因此，为实现项目的进度目标，应充分重视健全项目管理的组织体系。

（1）在项目组织结构中应有专门的工作部门和符合进度控制岗位资格的专人负责进度控制工作，明确职责分工。

（2）编制进度控制的任务分工表及管理职能分工表。进度控制主要工作环节，如进度检查、进度调整等的工作任务和相应管理职能应在项目管理组织设计的任务分工表和管理职能分工表中标示并落实。

（3）应编制施工进度控制工作流程，如：

1）定义施工进度计划系统（存在多个相互关联的进度计划组成的系统时）。

2）明确各类进度计划的编制程序、审批程序和计划调整程序等。

3）建立进度协调会议制度。如进度控制会议类型；各类会议的主持人和参加单位及人员；召开时间、地点；文件的整理、分发和确认等。

4）建立进度计划审核制度和进度计划实施中的检查分析制度。

5）建立图纸审查、工程变更和设计变更管理制度。

2. 进度控制的管理措施

进度控制的管理措施涉及管理思想、管理方法、管理手段、风险管理等。在理顺组织的前提下，科学严谨的管理十分重要。

（1）用工程网络计划方法编制进度计划必须很严谨地分析和考虑工作之间的逻辑关系。通过时间参数计算可发现关键工作和关键路线，也可知道非关键工作可利用的时差。工程网络计划方法有利于实现进度控制科学化。

（2）注意分析影响工程进度的风险，并采取风险管理措施，以减少进度失控的风险量。常见的影响工程进度的风险包括组织风险、管理风险、合同风险、资源（人力、物力和财力）风险、技术风险等。

（3）应重视信息技术（包括相应软件、局域网、互联网以及数据处理设备等）在进度控制中的应用，有利于提高进度信息处理的效率、提高进度信息的透明度、促进进度信息的交流和项目各参与方的协同工作。

3. 进度控制的经济措施

促使工程项目进度朝有利方向发展，经济杠杆是行之有效的手段之一，工程项目进度控制的经济措施涉及资金需求计划、进度款支付和奖罚激励措施等。

（1）编制合理的资金需求计划

为确保进度目标的实现，应编制与进度计划相适应的资源需求计划（资源进度计划），包括资金需求计划和其他资源（人力和物力资源）需求计划，以反映工程施工的各时段所需要的资源。通过资源需求的分析，发现所编制的进度计划实现的可能性，若资源条件不具备，则应调整进度计划。

（2）严控工程进度款支付

工程进度控制和工程进度款支付密不可分，工程进度款既是对设计单位、施工单位等履约情况的量化，又是推动项目运行的动力。因此，业主和设计、施工等单位之间应协商建立工程进度款付款程序、明确进度款计量方式和支付方式。如：采用形象进度计量，将总体进度目标分解为若干阶段性目标，及时审核施工单位提交的进度付款申请，每阶段验收合格后支付进度款，不仅使工程进度款支付准确明了，还能提高施工单位优化施工组织和进度计划的主观能动性，避免做到哪算哪、做多少算多少的情况出现。

（3）引入经济责任制和奖罚机制

业主、设计单位和施工单位内部可以建立工作经济责任制，将各单位人员的经济利益与完成任务的数量和质量结合起来；再者，采取一定的奖罚措施，如：对提前竣工，可给予物质和经济奖励；对工程拖期，则采取一定的经济处罚。从而调动人员的积极性，也促成工程项目各参与方诚信合作的良性循环。

4. 进度控制的技术措施

进度控制的技术措施涉及对实现施工进度目标有利的设计技术和施工技术的选用。

（1）不同的设计理念、设计技术路线、设计方案会对工程进度产生不同影响，在工程进度受阻时，应分析是否存在设计技术的影响因素，为实现进度目标有无设计变更的必要和是否可能变更。

（2）施工方案对工程进度有直接影响，在选择施工方案时，不仅应分析技术的先进性和经济合理性，还应考虑其对进度的影响。在工程进度受阻时，应分析是否存在施工技术的影响因素，为实现进度目标有无改变施工技术、施工方法和施工机械的可能性。

二、工程项目进度检查方法

时间是重要的资源，工程项目实施过程中，外部环境和条件变化以及其他影响因素都将对工程计划的执行产生影响，因此，必须掌握工程进度动态，对实际进度进行跟踪检查，将实际进度与计划进度比较，从而为进度分析和调整提供可靠的数据资料。常用的工程项目进度检查方法主要有五种：横道图比较法、S 曲线比较法、列表比较法、香蕉图比较法、前锋线比较法。

（一）横道图比较法

将项目实施过程中收集到的实际数据，经加工处理后直接用横道线平行绘于原计划的横道线处，进行实际进度和计划进度的比较。

根据工程项目中各项工作实际进度是否匀速进行，横道图比较法分为匀速进展横道图比较法和非匀速进展横道图比较法。

1. 匀速进展横道图比较法

匀速进展指在工程项目实施过程中进展速度固定不变，即：每项工作累计完成的任务量与时间呈线性关系，如图 10-20 所示。

匀速进展横道图比较法操作步骤如下：

（1）编制横道图进度计划。

（2）在进度计划上标出检查日期。

（3）将检查收集到的实际进度数据经加工处理后按比例用涂黑的粗线标于计划进度

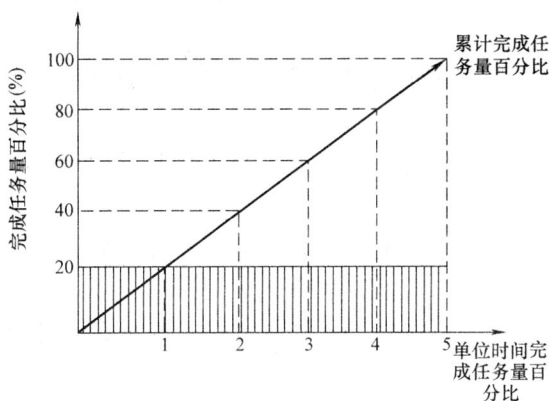

图 10-20 工作匀速进展时累计完成任务量与时间关系

（细实线）的下方，如图 10-21 所示。

（4）对比分析实际进度与计划进度。

1）涂黑的粗线右端落在检查日期的左侧，表明实际进度拖后。

2）涂黑的粗线右端落在检查日期的右侧，表明实际进度超前。

3）涂黑的粗线右端与检查日期重合，表明实际进度与计划进度一致。

从图 10-21 中可以看出，在检查日期（第 14 天），施工准备工作按计划进度完成，拆除毁损路面工作拖后 2 天，调升检查井工作超前 2 天。

序号	施工项目	2	4	6	8	10	12	14	16
1	施工准备								
2	拆除毁损路面								
3	调升检查井								

图 10-21　匀速进展横道图比较法

2. 非匀速进展横道图比较法

工作在不同单位时间里进展速度不相等时，累计完成任务量与时间不是线性关系。在用涂黑粗线表示工作实际进度的同时，还要标出其对应时刻完成任务量的累计百分比，并将该百分比与其同时刻计划完成任务量的累计百分比相比较，判断工作实际进度与计划进度之间的关系，如图 10-22 所示。

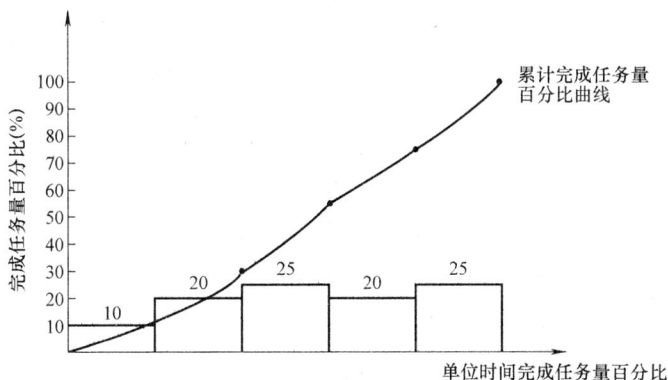

图 10-22　工作非匀速进展时累计完成任务量与时间关系

非匀速进展横道图比较法操作步骤如下：

（1）编制横道图进度计划。

（2）在横道线上方标出各主要工作时间的计划累计完成任务量百分比。

（3）在横道线下方标出相应时间的实际累计完成任务量百分比。

（4）用涂黑粗线标出工作的实际进度，从开始之日标起，同时反映出该工作在实施过程中的连续与间断情况。

（5）比较同一时刻实际累计完成任务量百分比和计划累计完成任务量百分比，判断工作实际进度与计划进度之间的关系，如图10-23所示。

1）若同一时刻横道线上方累计百分比大于横道线下方累计百分比，表明实际进度拖后，二者之差为拖后的任务量。

2）若同一时刻横道线上方累计百分比小于横道线下方累计百分比，表明实际进度超前，二者之差为超前的任务量。

3）若同一时刻横道线上方累计百分比等于横道线下方累计百分比，表明实际进与计划进度一致。

从图10-23中可以看出，在检查日期，计划累计进度完成百分比为65%，而实际累计进度完成百分比为50%，说明实际进度拖后15%。

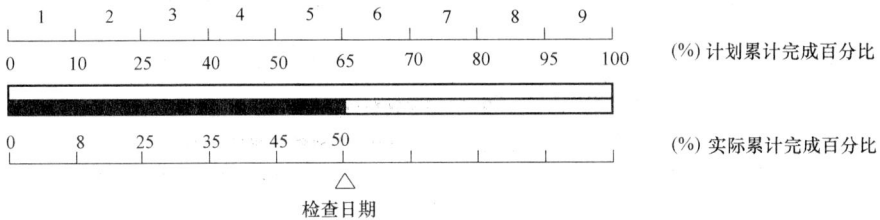

图10-23 非匀速进展横道图比较

横道图比较法具有形象、直观的特点，其在工程项目实践应用较广泛，但也受到横道图本身的局限，主要用于某些工作实际进度和计划进度的局部比较。

（二）S曲线比较法

1. 基本原理

S曲线比较法是以横坐标表示时间，纵坐标表示累计完成任务量，绘制一条按计划时间累计完成任务量的S曲线；然后将工程项目实施过程中各检查时间实际累计完成任务量的S曲线也绘制在同一坐标系中，进行实际进度与计划进度比较，如图10-24所示。

S曲线比较法适用于以横道图法编制的工程项目进度计划。

2. 操作步骤与应用

（1）确定单位时间计划完成任务量。根据单位时间内完成的实物工程量、投入的资源（人力、物力、财力等），整个工程项目实际进展过程通常是开始和结束投入较少，中间阶段较多，呈离散型，绘制如图10-25（a）。

（2）计算出规定时间内计划累计完成任务量，并绘制成计划S曲线，如图10-25（b）所示。

（3）收集规定时间内实际累计完成任务量，并绘制在原计划S曲线图上，得到实际进度S曲线，如图10-24所示。

（4）比较实际进度与计划进度，如图10-24所示。

1）若工程实际进度S曲线上点a落在计划S曲线左侧，表明此时实际进度比计划进度超前，ΔT_a表示T_a时刻实际进度超前的时间，ΔQ_a表示T_a时刻超额完成的工作量。

2）若工程实际进度S曲线上点b落在计划S曲线右侧，表明此时实际进度比计划进度拖后，ΔT_b 表示 T_b 时刻实际进度拖后的时间，ΔQ_b 表示 T_b 时刻拖后的工作量。

3）若工程实际进度 S 曲线与计划 S 曲线相交于一点 c，表明此时实际进度与计划进度一致。

（5）后期工程进度预测。若后期工程按原计划速度进行，可作出后期工程预测曲线，如图 10-24 中 b 点后的虚线所示，从而据此确定工期拖后预测值 ΔT。

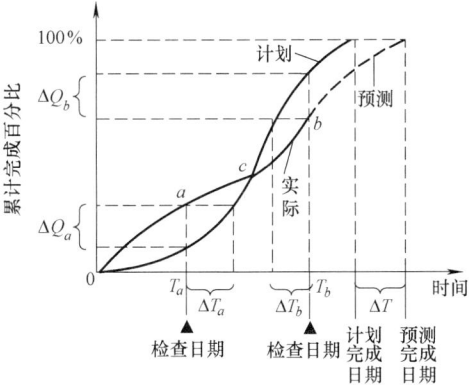

图 10-24　S 曲线比较图　　　　　图 10-25　S 曲线时间与完成任务量曲线

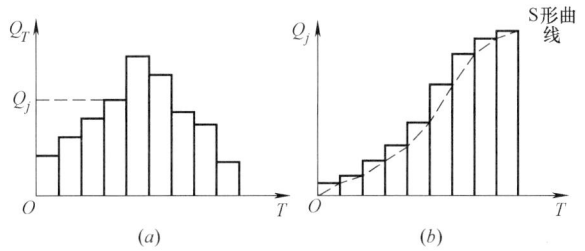

【例 10-3】　某天棚抹灰工程，抹灰总量为 2000m²，计划 5 个月完成，每月计划完成的混凝土浇筑量见表 10-5，至第 4 个月底，每月实际完成的抹灰量见表 10-5，试用 S 曲线比较实际进度与计划进度。

每月完成工程量汇总表　　　　　　　　　　　　　　　　表 10-5

时间（月）	1	2	3	4	5
每月计划完成量（m²）	350	400	470	470	310
每月实际完成量（m²）	310	360	450	470	—

【解】　（1）计算每月计划累计完成量和每月实际累计完成量，见表 10-6。

每月计划累计完成量和每月实际累计完成量计算表　　　　　　表 10-6

时间（月）	1	2	3	4	5
每月计划完成量（m²）	350	400	470	470	310
每月计划累计完成量（m²）	350	750	1220	1690	2000
每月计划累计完成百分比	17.5%	37.5%	61%	84.5%	100%
每月实际完成量（m²）	310	360	450	470	—
每月实际累计完成量（m²）	310	670	1120	1590	—
每月实际累计完成百分比	15.5%	33.5%	56%	79.5%	—

（2）根据上表数据和 S 曲线绘制操作步骤，得到本项目 S 曲线，如图 10-26 所示。

（3）从图 10-26 可以看出，第 4 个月底检查时，实际进展点落在计划 S 曲线右侧，表明此时实际进度拖后，拖后任务量 5%，实际进度拖后约 0.2 个月。

（三）列表比较法

1. 基本原理

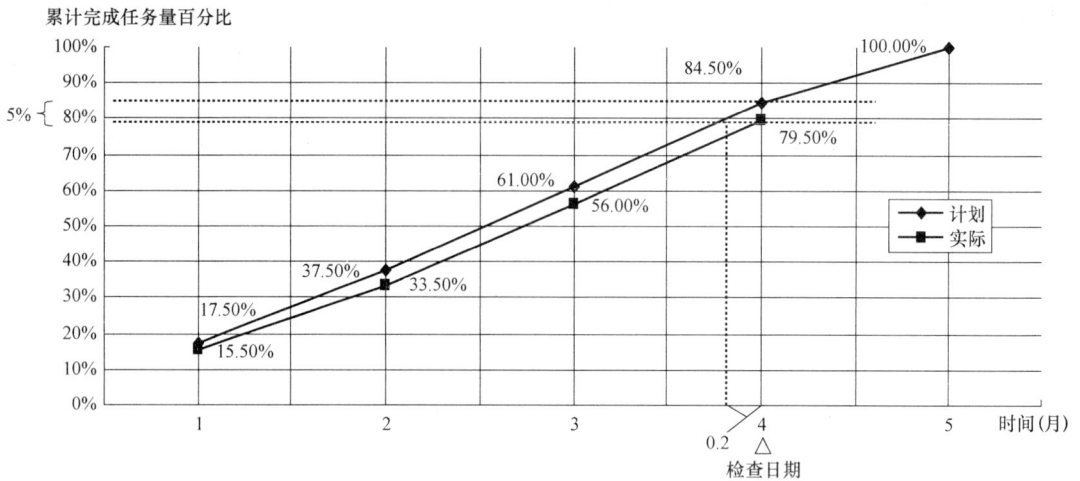

图 10-26 某抹灰工程 S 曲线比较图

列表比较法是首先记录检查时正在进行的工作名称和已进行的天数，然后列表计算有关时间参数，根据原有总时差和尚有总时差判断实际进度与计划进度。

列表比较法适用于采用非时标网络计划的情况。

2. 操作步骤与应用

（1）检查时尚需作业时间 T'_{i-j}

$$T'_{i-j}=D_{i-j}-T_{i-j} \tag{10-52}$$

式中　D_{i-j}——工作 $i-j$ 的计划持续时间；

　　　T_{i-j}——工作 $i-j$ 检查时已经进行的时间。

（2）计算工作从检查日期至原计划最迟完成时间的尚需时间 T''_{i-j}

$$T''_{i-j}=LF_{i-j}-T \tag{10-53}$$

式中　LF_{i-j}——工作 $i-j$ 的最迟完成时间；

　　　T——检查时间。

（3）计算工作尚有总时差

$$TF_{i-j}=T''_{i-j}-T'_{i-j} \tag{10-54}$$

（4）比较实际进度与计划进度

1）若工作尚有总时差大于原有总时差，说明该工作实际进度超前，超前的时间为二者之差；

2）若工作尚有总时差小于原有总时差，说明该工作实际进度拖后，拖后的时间为二者之差。此时分两种情况：若尚有总时差为非负值，不影响总工期；若尚有总时差为负值，实际进度偏差将影响总工期。

3）若工作尚有总时差等于原有总时差，说明该工作实际进度与计划进度一致。

【例 10-4】　某精装修工程网络计划如图 10-27 所示，在第 7 周末检查时，发现 A、B、C、D 工作已完成，E 工作已进行 1 周，F 工作已进行 2 周，试用列表比较法比较实际进度与计划进度的偏差。

300

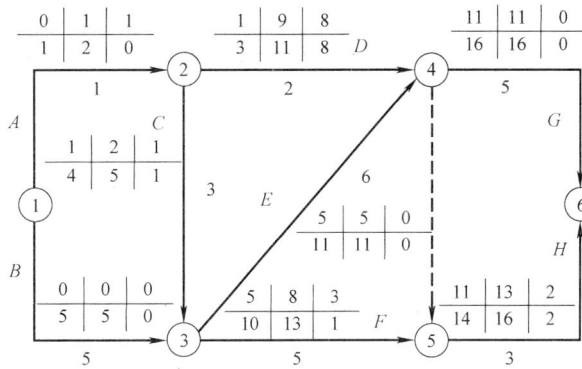

图 10-27 某精装修工程网络计划

第 7 周末实际进度与进度计划的比较结果及判断见表 10-7。

第 7 周末实际进度与计划进度比较　　　　　　　　　　　　　　表 10-7

工作代号	工作名称	检查计划时尚需作业周数 T'_{i-j}	检查时至原计划最迟完成时间的尚需时间 T''_{i-j}	原有总时差	尚有总时差	判断
3—4	E	5	4	0	—1	实际进度拖后 1 周，将影响总工期
3—5	F	3	6	3	3	实际进度与计划进度一致

（四）香蕉图比较法

1. 基本原理

香蕉图曲线是由两条 S 型曲线组合而成的闭合曲线。一条 S 型曲线是工作按最早开始时间安排进度所绘制的 S 型曲线，简称 ES 曲线；而另一条 S 型曲线是工作按最迟开始时间安排进度所绘制的 S 型曲线，简称 LS 曲线。除了项目的开始和结束点外，ES 曲线在 LS 曲线的上方，同一时刻两条曲线所对应完成的工作量是不同的，如图 10-28 所示。实际中，工程项目中各项工作均按其最早开始时间安排将导致项目投资加大；而均按其最迟开始时间安排又会导致进度拖延，不利于进度控制。理想的状况是任一时刻的实际进度曲线 R 在图 10-28 中 ES 曲线与 LS 曲线所包区域内。

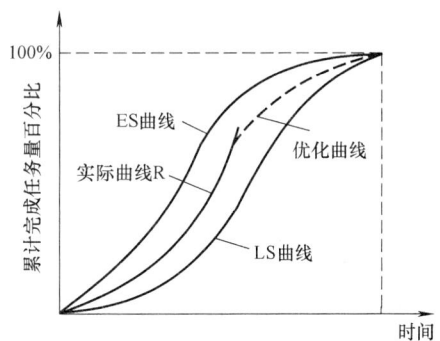

图 10-28 香蕉曲线图

香蕉图比较法可以直观地反映工程项目的实际进展情况，适用于采用网络计划编制的工程项目进度计划。

2. 操作步骤与应用

（1）计算网络计划中各项工作的最早开始时间和最迟开始时间。

（2）确定各项工作在各单位时间的计划完成任务量。

1）确定工作数目和计划检查次数；

2）确定各项工作按最早开始时间和最迟开始时间安排的进度计划，确定各项工作在各单位时间的计划完成任务量；

3）对所有工作在各单位时间计划完成的任务量累加求和，计算总任务量；

4）计算到 j 时刻计划完成的累计任务量；

5）计算到 j 时刻计划完成的累计任务量百分比；

6）绘制香蕉曲线。描绘各点，连接各点分别得到 ES 和 LS 曲线。

（3）根据 j 时刻实际完成的累计任务量及其百分比，绘制实际进度 S 型曲线。

（4）实际进度与计划进度相比较

若实际进度 S 型曲线上的点落在 ES 曲线左侧，表明此刻实际进度比各项工作按其最早开始时间安排的计划进度超前；

若实际进度 S 型曲线上的点落在 LS 曲线右侧，表明此刻实际进度比各项工作按其最早开始时间安排的计划进度拖后。

（五）前锋线比较法

1. 基本原理

前锋线比较法主要用于双代号时标网络计划。在原双代号时标网络计划上，从检查时刻的时标点出发，用点画线依次将各项工作实际进展位置点连接成折线，通过实际进度前锋线与进度计划中各工作箭线交点位置来判断实际进度与计划进度的偏差。

2. 操作步骤与应用

（1）绘制双代号时标网络计划图。双代号时标网络计划绘制规则见本章第二节。

（2）绘制实际进度前锋线。从双代号时标网络计划图上方时间坐标的检查日期开始绘制，依次连接相邻工作的实际位置进展点，最后与双代号时标网络计划图下方时间坐标的检查日期相连接。工作中实际进展位置点的标定方法有两种：

1）按该工作已完成任务量比例标定。假设工程项目中各项工作均为匀速进展，根据实际进度检查某时刻该工作已完成任务量占其计划完成总任务量的比例，在工作箭线上从左至右按相同的比例标定其实际进展位置点。

2）按尚需作业时间标定。当某些工作的持续时间难以按实物工程量计算而只能凭经验估算时，可先估算出某时刻到该工作全部完成尚需作业时间，然后在该工作箭线上逆向标定其实际进展位置点。

（3）实际进度与计划进度相比较

1）工作实际进展位置点落在检查日期的左侧，表明该工作的实际进度拖后，拖后的时间为二者之差；

2）工作实际进展位置点落在检查日期的右侧，表明该工作的实际进度超前，超前的时间为二者之差；

3）工作实际进展位置点与检查日期重合，表明该工作的实际进度与计划进度一致。

【例 10-5】 图 10-29 中，用两条前锋线分别检查记录了第 6 天和第 12 天两次检查的结果。分析可知：

第 6 天末，工作 A、B 已经全部完成，工作 C 完成了 57.1%，工作 D 完成了 20%，工作 E 完成了 50%；

第 12 天末，工作 F 完成了 40%，工作 J 完成了 25%，工作 H 尚需 1 天完成。

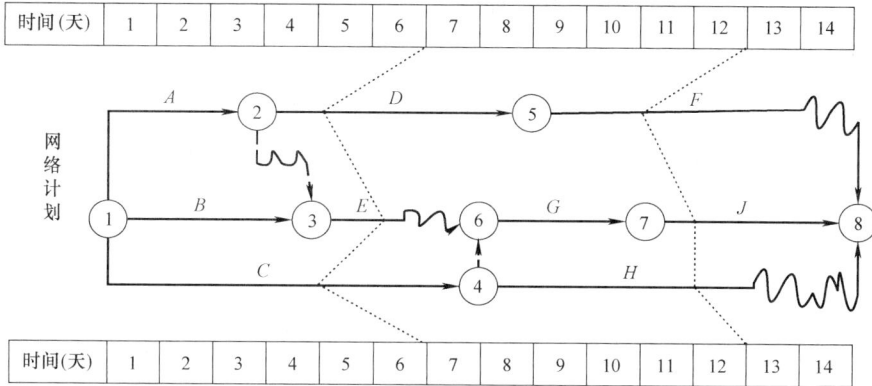

图 10-29 双代号时标网络计划图（前锋线标记第 6 天末和第 12 天末）

三、工程项目进度调整

依据工程项目进度检查结果，首先要分析实际进度产生偏差的原因，然后分析该偏差将对后续工作及总工期产生的影响，最后根据分析结果和项目进度管理目标采取相应的调整措施。

（一）工程项目进度分析

1. 分析产生进度偏差的原因

引起进度偏差的原因可能有：

（1）设计方因素，如设计图纸不及时；

（2）供应商原因，如材料供应不及时；

（3）施工单位原因，如施工组织措施不当、施工机械生产能力不满足要求；

（4）业主方原因，如业主未按时支付进度款、业主提供的施工条件不符合要求、业主方要求设计变更、监理工程师指令错误等；

（5）工程项目所在地自然条件、社会环境、政治因素等。

2. 分析进度偏差对后续工作及总工期的影响

（1）分析进度偏差的工作是否为关键工作

若发生进度偏差的工作为关键工作，则必将对后续工作和总工期产生影响，该工作进度偏差的数值就是对总工期造成延误的时间，此种情况必须采取相应的调整措施；若发生进度偏差的工作为非关键工作，需根据进度偏差值与总时差和自由时差的关系作进一步分析和判断。

（2）分析进度偏差是否大于总时差

若工作的进度偏差大于该工作的总时差，则此偏差必将影响其紧后工作和总工期，必须采取相应的调整措施；若工作的进度偏差小于该工作的总时差，说明此偏差对总工期无影响，但对紧后工作的影响程度，需根据此偏差与自由时差的比较进一步分析确定。

（3）分析进度偏差是否大于自由时差

若工作的进度偏差大于该工作的自由时差，则此偏差会影响其紧后工作，应根据其紧后工作允许影响的程度进行调整；若工作的进度偏差小于或等于该工作的自由时差，说明此偏差对其紧后工作无影响，原进度计划可不作调整。

上述对进度偏差对后续工作和总工期影响分析的情况汇总见表 10-8，相应的进度偏差调整措施也在表 10-8 中一并列出。

项目进度偏差分析判断及调整措施 表 10-8

进度要求	进度偏差(Δ)分析		调整措施
按期完工，总工期为 T	$\Delta=0$		执行原计划即可
	$TF>0$	$\Delta<0$	无需调整
		$0<\Delta\leq FF$	无需调整
		$FF<\Delta\leq TF$	按后续工作机动时间确定允许拖延时间，局部调整后续工作；移动工作起止时间，压缩后续工作持续时间。
		$\Delta>TF$	非关键线路上，按后续工作机动时间确定允许拖延时间，局部调整后续工作；移动工作起止时间，压缩后续工作持续时间；关键线路上，后续工期压缩工期 $\Delta-TF$。
	$TF=0$	$\Delta<0$	将提前的 Δ 分配给耗资大的后续关键工作，以降低成本。
		$\Delta>0$	后续关键工作压缩 Δt。
允许工期延长 Δt	$TF=0$	$\Delta>\Delta t>0$	新工期 $T+\Delta$，后续关键工作压缩 $\Delta-\Delta t$。
		$\Delta t>\Delta>0$	新工期 $T+\Delta$，后续关键工作不必压缩工期、不必改变工作关系，只需按照实际进度数据修改原网络计划的时间参数。
工期提前 Δt	$TF=0$	$\Delta=0$	后续关键工作压缩 $|\Delta t|$
		$\Delta>0$	后续关键工作压缩 $|\Delta t|+\Delta$
		$0>\Delta>\Delta t$	后续关键工作压缩 $|\Delta t|-|\Delta|$
		$0>\Delta=\Delta t$	新工期 $T+\Delta$，后续关键工作不必压缩工期、不必改变工作关系，只需按照实际进度数据修改原网络计划的时间参数。

（二）工程项目进度调整方法

在计划执行过程中，由于资源、环境等因素的影响，往往会造成工程实际进度与计划进度产生偏差，若这种偏差不能及时纠正，可能会影响工程进度目标的实现。因此，网络计划执行过程中，应检查并掌握工程实际进展情况，分析产生进度偏差的主要原因，并确定相应的纠偏措施或调整方法。

工程项目进度调整的方法主要有以下几种。

1. 调整工作之间的逻辑关系

如果检查的实际进度偏差影响总工期，且实际情况允许工作逻辑关系调整时，可通过改变关键线路或改变超过计划工期的非关键线路上的有关工作之间的逻辑关系从而缩短工期。如：将顺序施工改为平行施工、搭接施工或分段流水施工，调整后需确保单位时间资源供应并做好相关的施工协调工作。

【例 10-6】 某工作初始进度计划如图 10-30 所示。

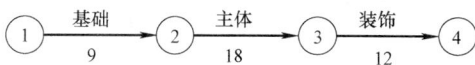

图 10-30　初始的工作进度计划（原工期：39 周）

改变工作的逻辑关系：将顺序施工改为分三段组织流水施工，双代号网络计划如图 10-31 所示。调整后，工期缩短为 25 周。

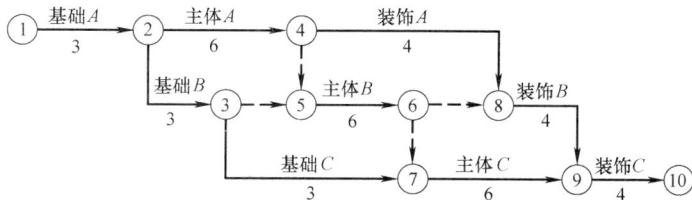

图 10-31　调整逻辑关系后的双代号网络计划（调整后工期：25 周）

2. 重新估计某些工作的持续时间

发现某些工作的原持续时间估计有误或实现条件不充分时，应重新估算其持续时间，并重新计算时间参数，尽量使原计划工期不受影响。

在不改变工作之间逻辑关系的前提下，缩短某些工作的持续时间，使工作进度加快。即：压缩因实际进度拖后而引起总工期增加的且允许压缩持续时间的关键线路和非关键线路上的某些工作。

工程项目实践中缩短工作持续时间可采用的方法通常有：组织更多的施工队伍、延长每天的施工时间、增加施工机械数量、增加工作面；改进施工工艺、缩短施工间歇时间、采用新的施工技术；提前完工奖金激励等。

3. 调整关键线路的长度

当关键线路的实际进度比计划进度拖后时，应在尚未完成的关键工作中，选择资源强度小或费用低的工作缩短其持续时间，并重新计算未完成部分的时间参数，将其作为一个新计划实施。

当关键线路的实际进度比计划进度提前时，若不打算提前工期，应选用资源占用量大或者直接费用高的后续关键工作，适当延长其持续时间，以降低资源强度或费用；若需提前完成进度计划时，应将计划尚未完成的部分作为一个新计划，重新确定关键工作的持续时间，按新计划实施。

4. 增、减工作项目

增、减工作项目时应符合以下原则：不打乱原网络计划总的逻辑关系，只对局部逻辑关系进行调整。增加工作项目即对原遗漏或不具体的逻辑关系进行补充；减少工作项目，即对提前完成的项目或原不应设置而设置的工作项目予以消除。在增减工作后应重新计算时间参数，分析对原网络计划的影响，当对工期有影响时，应采取调整措施，以保证计划工期不变。

5. 调整资源投入

当资源供应发生异常时，即因资源供应不能满足需要（中断或强度降低）而影响计划工期实现时，应采用此方法对计划进行调整，以使其对工期的影响最小，如：根据工期要求合理分配资源的投入量、投入时间。

第四节 案 例 分 析

【背景资料】

某实施监理的城市给水排水工程，合同工期 15 个月，总监理工程师批准的施工进度网络计划如图 10-32 所示。

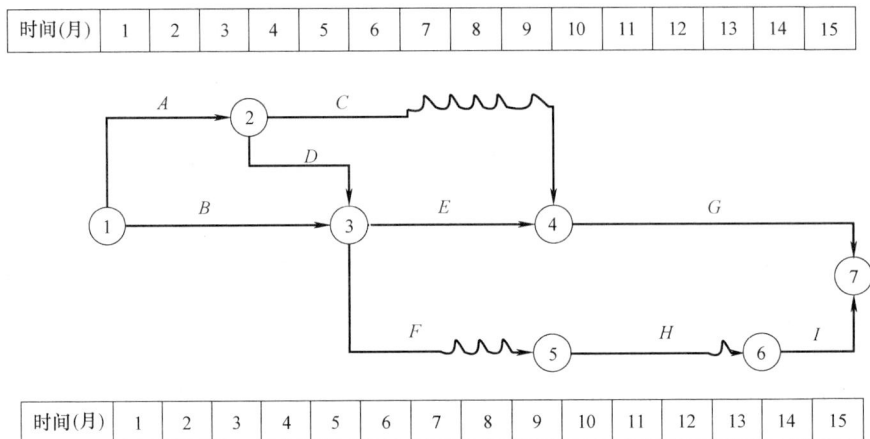

图 10-32　某城市给水排水工程双代号时标网络计划

根据已绘制的时标网络计划，很直观地显示了该工程的关键线路及关键工作。即：从终点节点⑦开始，逆向沿着箭线方向判定，自始至终不出现波形线的线路即为关键线路，该工程的关键线路有两条：①—②—③—④—⑦和①—③—④—⑦。该工程施工进度计划中关键工作为 A、B、D、E、G、I，非关键工作为 C、F、H。

该工程关键工作的自由时差和总时差均为 0，非关键工作的总时差和自由时差可以从图中得到，即：某工作的总时差为该工作到终点节点的所有线路中波形线长度和的最小值；某工作的自由时差为该工作到终点节点的线路中波形线的长度，见表 10-9。

某城市给水排水工程非关键工作总时差与自由时差　　　　　　　表 10-9

工作代号	工作名称	总时差	自由时差
2—4	C	3 个月	3 个月
3—5	F	3 个月	2 个月
5—6	H	1 个月	1 个月

在第 5 个月初到第 8 个月末的施工过程中，由于业主提出工程变更，使工程进度受到较大影响，并且业主要求本工程仍按原合同工期完成。

施工单位不得不调整施工进度计划，加快后续工程进度，确定了截至第 8 个月末，未完工作尚需的作业时间和可缩短的持续时间，初步预测了缩短工期所需的费用，见表 10-10。

工作名称	C	E	F	G	H	I
尚需作业时间(月)	1	3	1	4	3	2
可缩短的持续时间(月)	0.5	1.5	0.5	2	1.5	1
缩短持续时间所增加的费用(万元/月)	28	18	30	26	10	14

　　施工单位逐项分析了第 8 个月末 C、E、F 工作的拖后时间及对总工期和后续工作的影响程度，分析依据和结果如下：

　　1. C 工作拖后时间为 3 个月，对工期和后续工作均无影响。

　　依据：C 工作应该在 6 月末完成，现在需要在 9 月末完成，因此，C 工作拖后时间为 3 个月；C 工作的总时差为 3 个月，不会影响总工期；C 工作的自由时差为 3 个月，不会影响后续工作。

　　2. E 工作拖后时间为 2 个月，使工期和后续工作均延期 2 个月。

　　依据：E 工作应该在 9 月末完成，现在需要在 11 月末完成，因此，E 工作拖后时间为 2 个月；由于 E 工作为关键工作，所以会使总工期和后续工作均延期 2 个月。

　　3. F 工作拖后时间为 2 个月，对总工期和后续工作均无影响。

　　依据：F 工作应该在 7 月末完成，现在需要在 9 月末完成，因此，F 工作拖后时间为 2 个月；F 工作总时差为 3 个月，拖后 2 个月不会影响总工期，自由时差为 2 个月，拖后 2 个月不影响后续工作。

　　分析之后，为争取更多宽裕时间同时也为了降低赶工成本，施工单位按索赔程序向项目监理机构提出了工程延期 4 个月的要求。

　　最终项目监理机构批准工程延期时间 2 个月。依据是：位于关键线路上的 E 工作拖后 2 个月，影响总工期 2 个月，其他工作没有影响工期。

　　施工单位接受监理机构的工程延期回复后，综合考虑工期、资源和成本因素，最终决定加快施工进度而采取的最佳调整方案：I 工作缩短 1 个月，E 工作缩短 1 个月。相应增加费用为：14+18＝32 万元。

习　　题

　　一、简答题

　1. 简要分析"工期"和"进度"的联系与区别。

　2. 工程项目进度管理的含义和目标是什么？

　3. 影响工程项目进度管理的因素主要有哪些？分别举例简要说明它们是如何影响进度管理的。

　4. 工程项目进度计划的编制方法有哪些？各有何优缺点？

　5. 简述网络图的绘制规则。

　6. 网络进度计划中工作的总时差和自由时差的意义是什么？二者有何关系？

　7. 导致工期拖延的原因有哪些？你认为解决工期拖延有哪些主要措施？

　　二、计算分析题

　1. 某绿化工程工作的有关资料见表 10-11，试绘制双代号网络计划，在图中标注各工作的 6 个时间参数，并用双箭线在图上标出关键路线。

某绿化工程工作的逻辑关系及持续时间 　　　　　　　表 10-11

工作	A	B	C	D	E	F	G	H	I	J
持续时间(天)	3	2	5	4	6	3	7	2	5	3
紧前工作	—	A	A	B	B	CD	D	CE	HG	G

2. 某网络计划的有关参数见表 10-12，试绘制单代号网络计划，在图中标注各工种的 6 个时间参数及相邻两项工作之间的时间间隔，并用双箭线在图上标出关键路线。

某网络计划中工作的逻辑关系及持续时间 　　　　　　　表 10-12

工作	A	B	C	D	E	F	G
持续时间(天)	9	10	5	7	4	6	3
紧前工作	—	—	A	B	B	CE	D

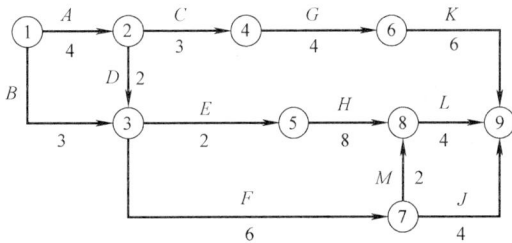

图 10-33　某综合楼工程施工进度网络计划

工 2 个月。

事件 2：因业主供应的建筑材料未按时进场，致使工作 H 延期 1 个月。

事件 3：因不可抗力原因致使工作 F 停工 1 个月。

事件 4：因施工单位原因工程发生质量事故返工，致使工作 M 实际进度延迟 1 个月。

【问题】

(1) 指出该网络计划的关键线路，并指出由哪些关键工作组成。

(2) 针对本案例上述各事件，施工单位是否可以提出工期索赔的要求？并分别说明理由。

(3) 上述事件发生后，本工程网络计划的关键线路是否发生改变？如有改变，指出新的关键线路。

(4) 对于索赔成立的事件，工期可以顺延几个月？实际工期是多少？

2. 某工程进度计划的双代号网络图如图 10-34 所示。

(1) 计算该网络图中各工作的时间参数。

(2) 本计划是否存在虚工作？何谓虚工作？虚工作起何作用？

(3) 请将该双代号网络图改画为时标网络图。

(4) 若在第五天末检查进度，实际进度为工作①—②已完成，工作②—③已完成 1/2，工作②—④完成 2/3，请画出前锋线。

(5) 按第五天末的检查结果，该计划的执行是否已拖延工期？若已拖延，拖延了几天？

三、综合分析题

1. 某综合楼工程，地下 1 层，地上 10 层，钢筋混凝土框架结构，建筑面积为 28500m²。某施工单位与业主签订了工程施工合同，合同工期约定为 20 个月。施工单位根据合同工期编制了该工程项目的施工进度计划，并且绘制出施工进度网络计划如图 10-33 所示。

在工程施工中发生了如下事件。

事件 1：因业主修改设计，致使工作 K 停

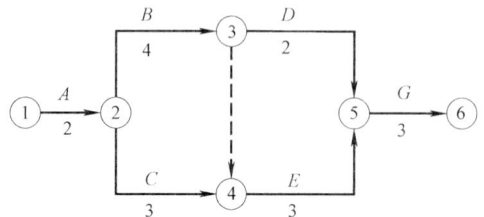

图 10-34　工程施工进度网络计划

第十一章　工程项目职业健康安全与环境管理

随着人类社会进步和科技发展，职业健康安全与环境问题越来越受到关注。为了保证劳动者在劳动过程中的健康安全和保护人类的生存环境，必须加强职业健康安全与环境管理。这不仅是工程项目的社会责任和历史责任，也是工程项目发挥更大价值的突破口。

第一节　职业健康安全管理体系与环境管理体系

在现代工程项目中，职业健康安全与环境虽然各有管理对象、内容及标准体系，但是两者之间具备高度关联性，其管理目标、原理相似，许多组织、程序、资源、技术措施也都是统一的。工程项目组织在遵循国家标准的基础上，形成系统化、结构化、程序化的职业健康安全与环境管理体系，对职业健康安全与环境实行综合管理，有助于提升工程项目管理绩效。

一、职业健康安全管理体系标准与环境管理体系标准

职业健康安全管理体系和环境管理体系都是工程项目组织需要关注的重要内容，均有国家出台的推荐性标准可以参考借鉴。两个管理体系管理原理基本相同，体系的结构和运行模式也具有相似的框架和内在机理。

（一）职业健康安全管理体系标准与环境管理体系标准

1. 职业健康安全管理体系标准

职业健康安全管理体系是企业总体管理的一部分，作为我国推荐性标准的职业健康安全管理体系，目前被企业普遍采用。该标准覆盖了国际上的 OHSAS 18000 体系标准，即《职业健康安全管理体系 要求》GB/T 28001—2011 和《职业健康安全管理体系 实施指南》GB/T 28002—2011。

根据《职业健康安全管理体系 要求》GB/T 28001—2011 的定义，职业健康安全是指影响或可能影响工作场所内的员工或其他工作人员（包括临时工和承包方员工）、访问者或其他人员的健康安全的条件和因素。

2. 环境管理体系标准

随着全球经济的发展，人类赖以生存的环境不断恶化。20 世纪 80 年代，联合国组建了世界环境与发展委员会，提出了"可持续发展"的观点。国际标准化组织制定的 ISO14000 体系标准，被我国等同采用。即《环境管理体系 要求及使用指南》GB/T 24001—2016 和《环境管理体系 原则、体系和支持技术通用指南》GB/T 24004—2004。

在《环境管理体系 要求及使用指南》GB/T 24001—2016 中，环境是指"组织运行活动的外部存在，包括空气、水、土地、自然资源、植物、动物、人，以及它（他）们之间的相互关系"。这个定义是以组织运行活动为主体，其外部存在主要是指人类认识到的、直接或间接影响人类生存的各种自然因素及其相互关系。

3. 职业健康安全管理体系与环境管理体系的比较

根据《职业健康安全管理体系 要求》GB/T 28001—2011 和《环境管理体系 要求及使用指南》GB/T 24001—2016，职业健康安全管理和环境管理都是组织管理体系的一部分，其管理的主体是组织，管理的对象是一个组织的活动、产品或服务中能与职业健康安全发生相互作用的不健康、不安全的条件和因素，以及能与环境发生相互作用的要素。两个管理体系所需要满足的对象和管理侧重点有所不同，但管理原理基本相同。

(1) 相同点

1) 管理目标基本一致

上述两个管理体系均为组织管理体系的组成，管理目标一致。一是分别从职业健康安全和环境方面改进管理绩效；二是增强顾客和相关方的满意程度；三是减小风险降低成本；四是提高组织的信誉和形象。

2) 管理原理基本相同

职业健康安全和环境管理体系标准均强调了预防为主、系统管理、持续改进和 PDCA 循环原理；都强调了为制定、实施、实现、评审和保持响应的方针所需要的组织活动、策划活动、职责、程序、过程和资源。

3) 不规定具体绩效标准

这两个管理体系标准都不规定具体的绩效标准，他们只是组织实现目标的基础、条件和组织保证。

(2) 不同点

1) 需要满足的对象不同

建立职业健康安全管理体系的目的是"消除或尽可能降低可能暴露于与组织活动有关的职业健康安全危险源中的员工和其他相关方所面临的风险"，即主要目标是使员工和相关方对职业健康安全条件满意。

建立环境管理体系的目的是"针对众多相关方和社会对环境保护的不断的需要"，即主要目标是使公众和社会对环境保护满意。

2) 管理的侧重点有所不同

职业健康安全管理体系通过对危险源的辨识、评价风险、控制风险、改进职业健康安全绩效，满足员工和相关方的要求。

环境管理体系通过对环境产生不利影响的因素的分析，进行环境管理，满足相关法律法规的要求。

(二) 职业健康安全管理体系和环境管理体系的结构

1. 职业健康安全管理体系的结构

《职业健康安全管理体系 要求》GB/T 28001—2011 有关职业健康安全管理体系的结构如图 11-1 所示，从中可以看出，该标准由"范围"、"规范性引用文件"、"术语和定义"和"职业健康安全管理体系要求"四部分组成。

"范围"中规定了管理体系标准中的一般要求，指出"本标准中的所有要求旨在被纳入到任何职业健康安全管理体系中。其应用程度取决于组织的职业健康安全方针、活动性质、运行的风险与复杂性等因素。本标准旨在针对职业健康安全，而非诸如员工健身或健康计划、产品安全、财产损失或环境影响等其他方面的健康和安全。"

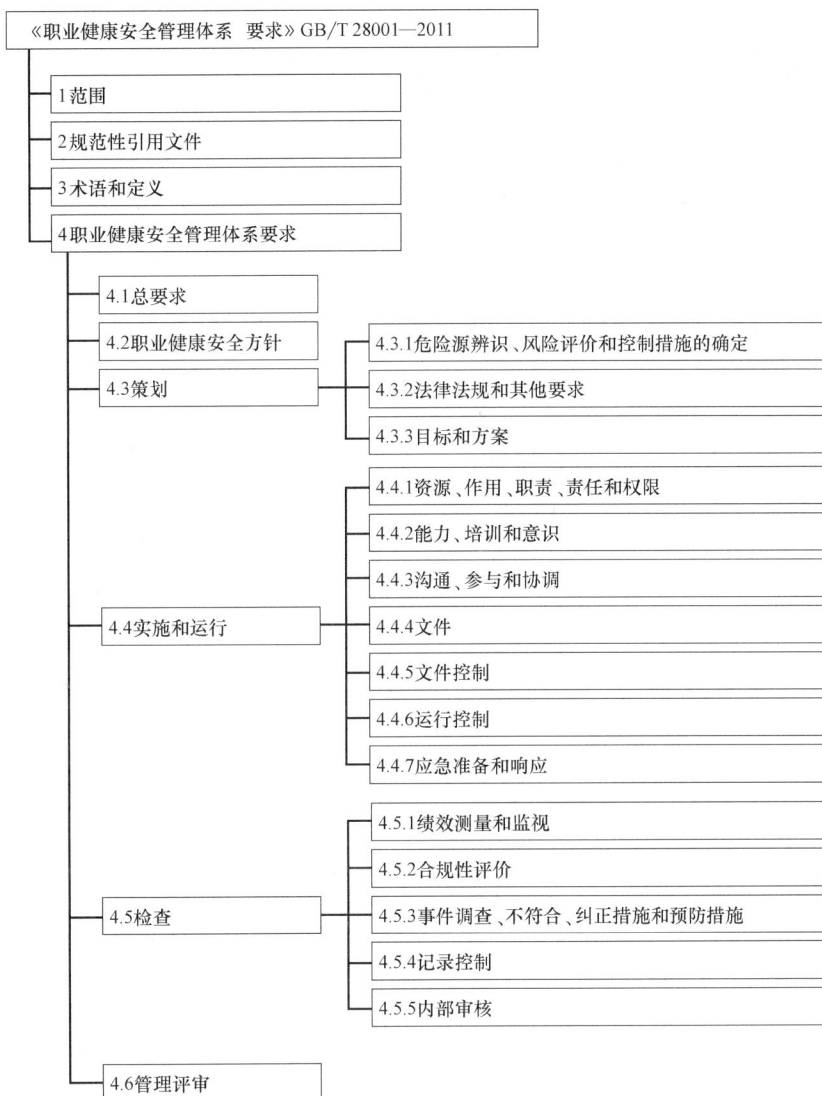

图 11-1　职业健康安全管理体系总体架构

2. 环境管理体系的结构

组织在环境管理中，应建立环境管理方针和目标，识别与组织运行活动有关的危险源及危险，通过环境影响评价，对可能产生重大环境影响的环境因素采取措施进行管理和控制。

根据《环境管理体系　要求及使用指南》GB/T 24001—2016，组织应根据本标准的要求建立环境管理体系，形成文件，实施、保持和持续改进环境管理体系，并确定它将如何实现这些要求。组织应确定环境管理体系覆盖的范围并形成文件。

《环境管理体系　要求及使用指南》GB/T 24001—2016 的结构如图 11-2 所示。该标准由"范围"、"规范性引用文件"、"术语和定义"、"组织所处的环境"、"领导作用"、"策划"、"支持"、"运行"、"绩效评价"和"改进"十部分组成。

"范围"中指出"本标准适用于任何规模、类型和性质的组织，并适用于组织基于生

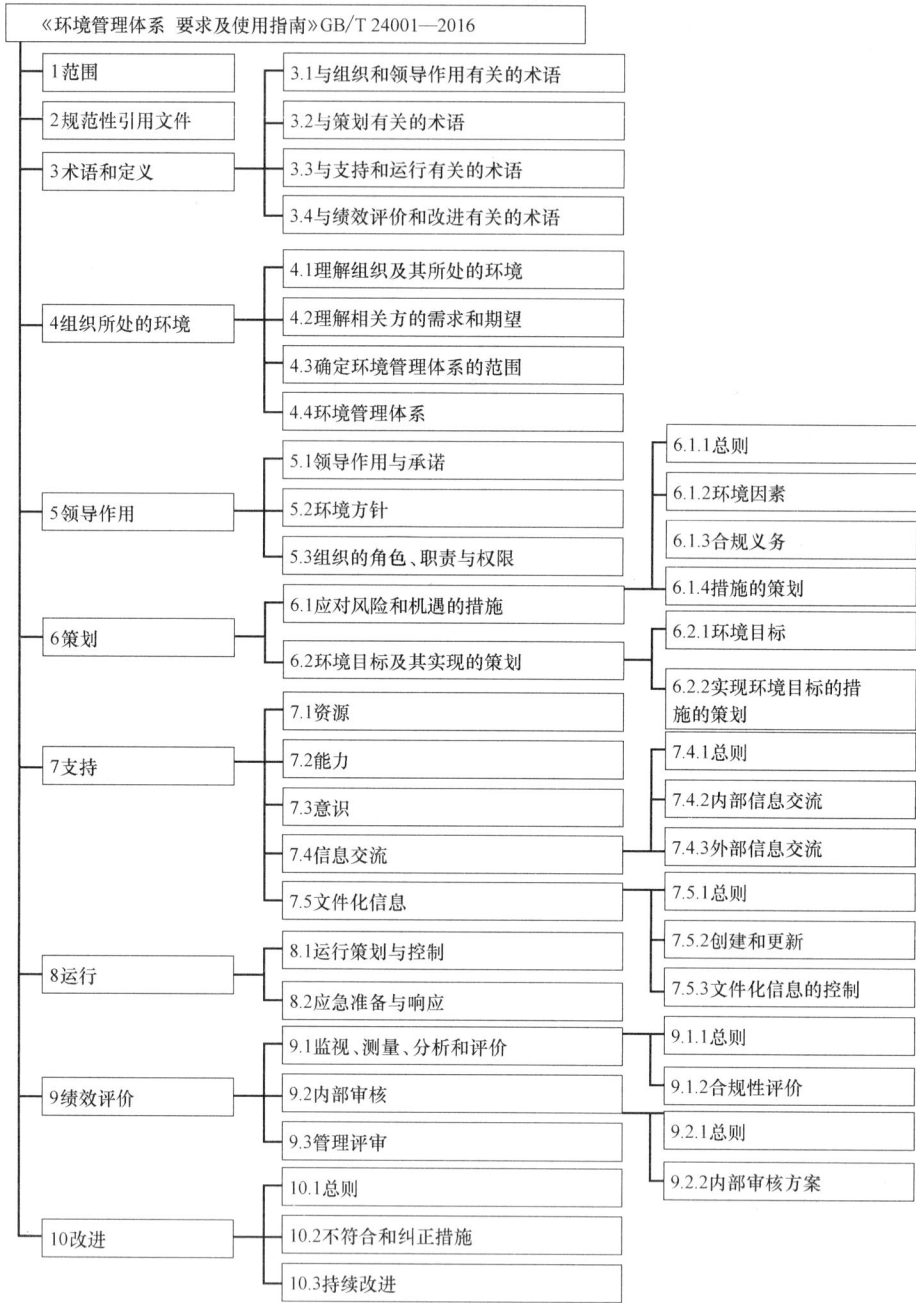

图 11-2 《环境管理体系 要求及使用指南》结构

命周期观点所确定的其活动、产品和服务中能够控制或能够施加影响的环境因素。本标准并未提出具体的环境绩效准则。本标准能够全部或部分地用于系统地改进环境管理,然而,只有当本标准所有要求都被包含在组织的环境管理体系中且得到满足,组织才能声明符合本标准"。

二、职业健康安全管理体系与环境管理体系的建立

根据职业健康安全管理体系与环境管理体系标准的基本框架,综合考虑两者策划阶段重点内容，建立职业健康安全管理体系与环境管理体系。体系主要包括领导决策，成立工作组，人员培训，初始状态评审，制定方针、目标、指标和管理方案，管理体系策划与设计，体系文件编写，文件的审查、审批和发布等。

（一）领导决策

最高管理者亲自决策，以便获得各方面的支持，有助于获得体系建立过程中所需的资源。组织应明确各级领导的职业健康安全与环境管理责任，保障职业健康安全与环境管理体系的建立与运行。最高管理者应对组织建立、实施、检查和持续改进职业健康安全与环境管理体系提供强有力的领导和明确的承诺，建立和维护企业健康、安全与环境文化。

（二）成立工作组

工程项目组织应确定与职业健康安全与环境风险有关的各级职能部门和管理层次及岗位的作用、职责和权限，形成文件，便于职业健康安全与环境管理。最高管理者或授权管理者代表组建工作小组负责建立体系。工作小组成员要覆盖组织的主要职能部门，组长最好由管理者代表担任，以保证小组对人力、资金、信息的获取。

（三）人员培训

培训的目的是使有关人员具有完成对职业健康安全与环境有影响的任务的相应能力，了解建立体系的重要性，了解标准的主要思想和内容。

（四）初始状态评审

初始状态评审是对工程项目组织过去和现在的职业健康安全与环境的信息、状态进行收集、调查、分析、识别，获取现行法律法规要求和其他要求，进行危险源辨识和风险评价、环境因素识别和重要环境因素评价。评审结果将作为确定职业健康安全与环境方针、制定管理方案、编制体系文件的基础。初始状态评审的内容包括：

1. 辨识工作场所中的危险源和环境因素；
2. 明确适用于职业健康安全与环境管理的法律、法规和其他要求；
3. 评审组织现有的管理制度，并与标准进行对比；
4. 评审过去的事故，进行分析评价，检查组织是否建立了处罚和预防措施；
5. 了解相关方对组织职业健康安全与环境管理工作的看法和要求。

（五）制定方针、目标、指标和管理方案

方针是组织对其职业健康安全与环境行为的原则和意图的声明，也是组织自觉承担其责任和义务的承诺方针。方针不仅为组织确定了总的指导方向和行为准则，而且是评价一切后续活动的依据，并为更加具体的目标和指标提供一个框架。

职业健康安全及环境目标、指标的制定是组织为了实现其在职业健康安全与环境方针中所体现出的管理理念及其对整体绩效的期许与原则，与企业的总目标相一致，目标和指标制定的依据和准则为：

1. 依据并符合方针；
2. 考虑法律、法规和其他要求；
3. 考虑自身潜在的危险和重要环境因素；
4. 考虑商业机会和竞争机遇；
5. 考虑可实施性；
6. 考虑监测考评的现实性；

7. 考虑相关方的观点。

管理方案是实现目标、指标的行动方案。为保证职业健康安全与环境管理体系目标的实现，需结合年度管理目标和企业客观实际情况，策划制定职业健康安全与环境管理方案，方案中应明确旨在实现目标、指标的相关部门的职责、方法、时间表以及资源要求。

（六）管理体系策划与设计

体系策划与设计是依据制定的方针、目标和指标、管理方案确定组织机构职责和筹划各种运行程序。策划与设计的主要工作有：

1. 确定文件结构；

2. 确定文件编写格式；

3. 确定各层文件名称及编号；

4. 制定文件编写计划；

5. 安排文件的审查、审批和发布工作。

（七）体系文件编写

体系文件包括管理手册、程序文件、作业文件三个层次。

1. 体系文件编写的原则

职业健康安全与环境管理体系是系统化、结构化、程序化的管理体系，是遵循 PDCA 管理模式并以文件为支撑的管理制度和管理办法。

体系文件编写和实施应遵循以下原则：标准要求的要写到、文件写到的要做到、做到的要有有效记录。

2. 管理手册的编写

管理手册是对工程项目组织整个管理体系的整体性描述，为体系的进一步展开以及后续程序文件的制定提供了框架要求和原则规定，是管理体系的纲领性文件。手册可使组织的各级管理者明确体系概况，了解各部门的职责权限和相互关系，以便统一分工和协调管理。

管理手册除了反映了组织管理体系需要解决的问题所在，也反映了组织的管理思路和理念，同时也向组织内外部人员提供了查询所需文件和记录的途径，相当于体系文件的索引。其主要内容包括：

（1）方针、目标、指标、管理方案；

（2）管理、运行、审核和评审工作人员的主要职责、权限和相互关系；

（3）关于程序文件的说明和查询途径；

（4）关于管理手册的管理、评审和修订工作的规定。

3. 程序文件的编写

程序文件的编写应符合以下要求：

（1）程序文件要针对需要编制程序文件体系的管理要素；

（2）程序文件的内容可按"4W1H"的顺序和内容来编写，即明确程序中管理要素由谁做（Who），什么时候做（When），在什么地点做（Where），做什么（What），怎么做（How）；

（3）程序文件一般格式可按照目的和适用范围、引用的标准及文件、术语和定义、职责、工作程序、报告和记录的格式以及相关文件的顺序来编写。

4. 作业文件的编写

作业文件是指管理手册、程序文件之外的文件，一般包括作业指导书（操作规程）、管理规定、监测活动准则及程序文件引用的表格。其编写内容和格式与程序文件的要求基本相同。在编写之前应对原有的作业文件进行清理，进行内容筛选和更换。

（八）文件的审查、审批和发布

文件编写完成后应进行审查，经审查、修改、汇总后进行审批，然后发布。职业健康安全与环境管理手册经审定合格后，应由最高管理者批准和颁布，使之成为组织法规性文件，各相关部门及人员必须严格遵守。相关程序文件经审定合格后，应按规定程序由职业健康安全与环境管理者代表批准和颁布，各相关部门及人员必须严格遵守和实施。作业文件由相关部门批准与颁布。

三、职业健康安全管理体系与环境管理体系的运行

根据职业健康安全管理体系与环境管理体系标准的基本框架，综合考虑两者实施阶段以及持续改进的重点内容，实施和维持职业健康安全管理体系与环境管理体系。其中管理体系的实施主要包括培训意识和能力，信息交流，文件管理，执行控制文件程序文件的规定，监测，不符合、纠正和预防措施，记录等；管理体系的维持主要包括内部审核，管理评审，合规性评价等。

（一）管理体系的实施

1. 培训意识和能力

组织应明确与职业健康安全风险、环境管理风险及体系相关的培训需求，应提供培训或采取其他措施来满足这些需求，评价培训或采取的措施的有效性，并保存相关记录。

2. 信息交流

信息交流是确保各要素构成一个完整、动态、持续改进体系的基础，应关注信息交流的内容和方式。信息交流主要包括：工程项目组织内各职能部门和管理层次间的内部沟通；与外部相关方联络的接收、文件形成和答复；考虑对涉及职业健康安全与环境重要危害因素信息的处理，并记录其决定。

3. 文件管理

文件管理主要包括：对现有有效文件进行整理编号，方便查询索引；对适用的规范、规程等行业标准应及时购买补充，对适用的表格要及时发放；对在内容上有抵触的文件和过期文件要及时作废并妥善处理。

4. 执行控制文件程序文件的规定

体系的运行离不开程序文件的指导，程序文件及相关的作业文件在组织内部都具有法定效力，必须严格执行，才能保证体系正常运行。

5. 监测

为保证体系正常有效运行，必须严格监测体系运行情况。监测中应明确监测对象和监测方法。

6. 不符合、纠正和预防措施

体系在运行过程中，不符合的出现是不可避免的，包括事故也难免要发生，关键是相应的纠正与预防措施是否及时有效。组织应建立、实施并保持程序，以处理实际和潜在的不符合，并采取纠正措施和预防措施。

7. 记录

在体系运行过程中及时按文件要求进行记录，如实反映体系运行情况。职业健康安全

与环境管理体系记录应字迹清楚、标识明确，并具有可追溯性；记录的保存和管理应便于查阅，避免损坏、变质或遗失。

（二）管理体系的维持

1. 内部审核

内部审核是组织对其自身的管理体系进行的审核，是对体系是否正常运行以及是否达到了规定目标所做的独立检查和评价，是管理体系自我保证和自我监督的一种机制。

内部审核前要明确审核方式方法和步骤，形成审核计划，并发至相关部门。

2. 管理评审

管理评审是由组织最高管理者对管理体系的系统评价，判断组织的管理体系面对内部情况和外部环境的变化是否充分适应、有效，由此决定是否对管理体系做出调整，包括方针、目标、机构和程序等。

管理评审中应注意以下问题：

（1）信息输入的充分性和有效性；

（2）评审过程应该清晰严谨，应明确评审内容和对相关信息的收集、整理，并进行充分讨论和分析；

（3）评审结论应该清楚明了，表达准确；

（4）评审中提出的问题应认真进行整改，不断持续改进。

3. 合规性评价

为了履行遵守法律法规和其他要求的承诺，组织应建立、实施和保持程序，以定期评价组织对现行适用法律法规和其他要求的遵守情况，并保存对上述定期评价结果的记录。合规性评价可分为项目组级和公司级评价两个层次进行。

项目组级评价，由项目经理组织有关人员对施工中应遵守的法律法规和其他要求的执行情况进行一次合规性评价。当某个阶段施工时间超过半年时，合规性评价不少于一次，项目结束时应针对整个项目进行系统的合规性评价。

公司级评价每年进行一次，制定计划后由管理者代表组织企业相关部门和项目组，对公司应遵守的法律法规和其他要求的执行情况进行合规性评价。

各级合规性评价后，对不能充分满足要求的相关活动或行为，通过管理方案或纠正措施等方法进行逐步改进。上述评价和改进的结果，应形成必要的记录和证据，作为管理评审的输入。

管理评审时，最高管理者应结合上述合规性评价结果、企业的客观管理实际、相关法律法规和其他要求，系统评价体系运行过程中对适用法律法规和其他要求的遵守执行情况，并由相关部门或最高管理者提出改进要求。

第二节　安全生产管理

由于工程项目规模大、周期长、参与人数多、环境条件复杂，安全生产的难度很大。工程项目安全生产管理就是通过建立各项制度，采取有效施工安全技术措施和安全生产检查方法，规范工程项目生产行为，消除安全隐患，减少事故发生，通过制定事故应急预案、做好事故处理，减少事故发生带来的损失，提高工程项目安全生产水平。

一、安全生产管理制度

安全生产管理制度是一系列为了保障安全生产而建立的制度。建立安全生产管理制度可有效控制安全生产风险，减少生产安全事故。安全生产管理制度主要包括以下方面的制度。

（一）安全生产责任制度

安全生产责任制是根据我国"安全第一，预防为主，综合治理"的安全生产方针和安全生产法律、法规建立的各级领导、职能部门、工程技术人员、岗位操作人员在劳动生产过程中对安全生产层层负责的制度。安全生产责任制是最基本的安全生产管理制度，是所有安全生产管理制度的核心。

安全生产责任制度主要包括企业主要负责人的安全责任，负责人或其他副职的安全责任，项目负责人（项目经理）的安全责任，生产、技术、材料等各职能管理负责人及其工作人员的安全责任，技术负责人（工程师）的安全责任，专职安全生产管理人员的安全责任，施工员的安全责任，班组长的安全责任和岗位人员的安全责任等。

（二）安全生产许可证制度

《安全生产许可证条例》（国务院令第 397 号）规定国家对建筑施工单位实施安全生产许可证制度。其目的是严格规范安全生产条件，进一步加强安全生产监督管理，防止和减少生产安全事故。省、自治区、直辖市人民政府建设主管部门负责建筑施工单位安全生产许可证的颁发和管理，并接受国务院建设主管部门的指导和监督。

企业进行生产前，应当依照《安全生产许可证条例》的规定向安全生产许可证颁发管理机关申请领取安全生产许可证，并提供《安全生产许可证条例》规定的相关文件、资料。安全生产许可证颁发管理机关应当自收到申请之日起 45 日内审查完毕，经审查符合《安全生产许可证条例》规定的安全生产条件的，颁发安全生产许可证；不符合《安全生产许可证条例》规定的安全生产条件的，不予颁发安全生产许可证，书面通知企业并说明理由。

（三）政府安全生产监督检查制度

政府安全生产监督检查制度是指国家法律、法规授权的行政部门，代表政府对企业的安全生产过程实施监督管理。根据《建设工程安全生产管理条例》（国务院令第 393 号）的规定，国务院负责安全生产监督管理的部门依照《中华人民共和国安全生产法》的规定，对全国建设工程安全生产工作实施综合监督管理。县级以上地方人民政府负责安全生产监督管理的部门依照《中华人民共和国安全生产法》的规定，对本行政区域内建设工程安全生产工作实施综合监督管理。

国务院建设行政主管部门对全国建设工程安全生产实施监督管理。国务院交通、水利等有关部门按照国务院规定的职责分工，负责有关专业建设工程安全生产的监督管理。县级以上地方人民政府建设行政主管部门对本行政区域内的建设工程安全生产实施监督管理。县级以上地方人民政府交通、水利等有关部门在各自的职责范围内，负责本行政区域内专业建设工程安全生产的监督管理。

（四）安全生产教育培训制度

安全生产教育培训制度是为认真贯彻"安全第一，预防为主"的安全生产方针，结合施工单位生产实际，制定的安全教育培训制度，旨在加强员工安全教育培训工作，增强员工的安全意识和安全防护能力，减少伤亡事故的发生。

安全教育的基本内容包括安全思想教育、安全知识教育和安全技能教育。

安全思想教育是为安全生产奠定思想基础，使全体员工真正认识到安全生产的重要性和必要性，懂得安全生产和文明施工的科学知识，树立"安全第一"的思想，自觉遵守各项安全生产法律法规和规章制度。通常从加强方针政策教育、劳动纪律教育两个方面进行。安全知识教育的主要内容包括：施工（生产）流程、方法；施工（生产）危险区域及其安全防护的基本知识和注意事项；机械设备、场内动力的有关安全知识；有关电器设备（动力照明）的基本安全知识；高处作业安全知识；施工（生产）中使用的有毒有害原材料的安全防护基本知识；消防制度及灭火器材应用的基本知识；个人防护用品的正确使用知识等。安全技能是比较专业、细致和深入的知识，包括安全技术、劳动卫生和安全操作规程。

（五）安全措施计划制度

安全措施计划制度是施工单位为了保护作业人员在生产过程中的安全和健康，在当年度或一定时期内根据需要而确定改善劳动条件的措施计划的制度。安全措施计划的范围应包括改善劳动条件、防止事故发生、预防职业病等内容，具体包括：安全技术措施、职业卫生措施、安全宣传教育措施。

（六）特种作业人员持证上岗制度

根据《建设工程安全生产管理条例》（国务院令第 393 号）规定，垂直运输机械作业人员、起重机械安装拆卸工、爆破作业人员、起重信号工、登高架设作业人员等特种作业人员，必须按照国家有关规定经过专门的安全作业培训，并取得特种作业操作资格证书后，方可上岗作业。

（七）专项施工方案专家论证制度

根据《建设工程安全生产管理条例》规定，施工单位应当在施工组织设计中编制安全技术措施和施工现场临时用电方案，对下列达到一定规模的危险性较大的分部分项工程编制专项施工方案，并附安全验算结果，经施工单位技术负责人、总监理工程师签字后实施，由专职安全生产管理人员进行现场监督，包括基坑支护与降水工程；土方开挖工程；模板工程；起重吊装工程；脚手架工程；拆除、爆破工程；国务院建设行政主管部门或其他有关部门规定的其他危险性较大的工程。对上述所列工程中涉及深基坑、地下暗挖工程、高大模板工程的专项施工方案，施工单位还应当组织专家进行论证、审查。

（八）危及施工安全的工艺、设备、材料淘汰制度

危及施工安全的工艺、设备、材料是指不符合生产安全要求，极有可能导致生产安全事故发生，致使人民生命和财产遭受重大损失的工艺、设备和材料。根据《建设工程安全生产管理条例》规定，国家对严重危及施工安全的工艺、设备、材料实行淘汰制度。

危及施工安全的工艺、设备、材料淘汰制度有利于保障安全生产；也体现了优胜劣汰的市场经济规律，有利于提高生产经营单位的工艺水平，促进设备更新。

（九）施工起重机械使用登记制度

根据《建设工程安全生产管理条例》规定，施工单位应当自施工起重机械和整体提升脚手架、模板等自升式架设设施验收合格之日起三十日内，向建设行政主管部门或者其他有关部门登记。登记标志应当置于或者附着于该设备的显著位置。

施工起重机械使用登记制度是对施工起重机械使用进行监督和管理的一项重要制度，能够有效防止不合格机械和设施投入使用；有利于监管部门及时掌握施工起重机械和整体提升脚手架、模板等自升式架设设施的使用情况，以利于监督管理。

（十）安全检查制度

安全检查制度是清除隐患、防止事故发生、改善劳动条件的重要手段，是安全生产管理工作的一项重要内容。通过安全检查可以发现生产过程中的危险因素，以便有计划地采取措施，保证安全生产。

安全检查的主要内容包括：查思想、查制度、查管理、查隐患、查整改、查伤亡事故处理等。安全检查的重点是检查"三违"和安全责任制的落实。检查后应编写安全检查报告，报告应包括：已达标项目、未达标项目、存在问题、原因分析、纠正和预防措施等内容。

（十一）生产安全事故报告和调查处理制度

生产安全事故报告和调查处理制度是根据《中华人民共和国安全生产法》、《中华人民共和国建筑法》、《建设工程安全生产管理条例》（国务院令第 393 号）等法律法规制定的，用以规范生产安全事故的报告和调查处理，落实生产安全事故责任追究制度，防止和减少生产安全事故的一种安全生产管理制度。

（十二）"三同时"制度

"三同时"制度是指凡是我国境内新建、改建、扩建的基本建设项目（工程），技术改建项目（工程）和引进的建设项目，其安全生产设施必须符合国家规定的标准，必须与主体工程同时设计、同时施工、同时投入生产和使用。安全生产设施主要是指安全技术方面的设施、职业卫生方面的设施、生产辅助性设施。

（十三）安全预评价制度

安全预评价制度是在工程项目前期，应用安全评价的原理和方法对工程项目的危险性、危害性进行预测性评价。

开展安全预评价工作，是贯彻落实"安全第一，预防为主"方针的重要手段，是施工单位实施科学化、规范化安全管理的工作基础。科学、系统地开展安全评价工作，不仅直接起到了消除危险有害因素、减少安全事故发生的作用，有利于全面提高施工单位的安全管理水平，而且有利于系统地、有针对性地加强对不安全状况的治理、改造，最大限度地降低安全生产风险。

（十四）意外伤害保险制度

《中华人民共和国建筑法》规定，建筑施工单位应当依法为职工参加工伤保险缴纳工伤保险费；鼓励企业为从事危险作业的职工办理意外伤害险，支付保险费。这条规定明确了建筑施工单位作为用人单位，为职工参加工伤保险缴纳工伤保险费是其应尽的义务，但为从事危险作业的职工投保意外伤害险并非强制性规定，是否投保意外伤害险由建筑施工单位自主决定。

二、施工安全技术措施与安全技术交底

施工安全技术措施是在工程项目施工中，根据工程项目特点，对施工中存在的不安全因素进行预测和分析，为消除安全隐患，从技术和管理上制定的措施。项目开工前，工程技术负责人应将施工安全技术措施向现场施工负责人和施工人员进行安全技术交底，以保

证施工安全技术措施的执行。

（一）施工安全技术措施的一般要求

1. 施工安全技术措施必须在开工前制定

施工安全技术措施是施工组织设计的重要组成部分，应在工程项目开工前与施工组织设计一同编制。在工程图纸会审时，就应特别注意安全施工的问题，并在开工前制定好安全技术措施，使得用于该工程的各种安全设施有较充分的时间进行采购、制作和维护等准备工作。

2. 施工安全技术措施要有针对性

施工安全技术措施是针对每项工程的特点制定的，编制安全技术措施的技术人员必须掌握工程概况、施工方法、施工环境、施工条件等一手资料，并熟悉安全法规、标准等，才能制定有针对性的安全技术措施。

3. 施工安全技术措施应力求全面、具体、可靠

施工安全技术措施应把可能出现的各种不安全因素考虑周全，制定的对策措施方案应力求全面、具体、可靠，这样才能真正做到预防事故的发生。但是，全面具体不等于罗列通常的操作工艺、施工方法以及日常安全工作制度、安全纪律等这些制度性规定，安全技术措施中不需要再做抄录，但必须严格执行。对大型群体工程或一些面积大、结构复杂的重点工程，除必须在施工组织设计中编制施工安全技术总体措施外，还应编制单位工程或分部分项工程安全技术措施，详细制定出有关安全方面的防护要求和措施，确保该单位工程或分部分项工程的安全施工。对爆破、拆除、起重吊装、水下、基坑支护和降水、土方开挖、脚手架、模板等危险性较大的作业，必须编制专项安全施工技术方案。

4. 施工安全技术措施必须包括应急预案

由于施工安全技术措施是在相应的工程施工之前制定的，所涉及的施工条件和危险情况大都是建立在预测的基础上，而工程项目施工过程是开放的过程，施工期间变化是经常发生的，还可能出现预测不到的突发事件或灾害（如地震、火灾、台风、洪水等）。所以，施工技术措施计划必须包括面对突发事件或紧急状态的各种应急设施、人员逃生和救援预案，以便在紧急情况下，能及时启动应急预案，减少损失，保护人员安全。

5. 施工安全技术措施要有可操作性

施工安全技术措施应能够在每个施工工序之中得到贯彻实施，既要考虑保证安全要求，又要考虑现场环境条件和施工技术条件。

（二）施工安全技术措施的主要内容

施工安全技术措施主要包括：

1. 进入施工现场的安全规定；

2. 地面及深槽作业的防护；

3. 高处及立体交叉作业的防护；

4. 施工用电安全；

5. 施工机械设备的安全使用；

6. 在采取"四新"技术（新技术、新工艺、新材料、新设备）时，有专门的安全技术措施；

7. 有针对自然灾害预防的安全措施；

8. 预防有毒、有害、易燃、易爆等作业造成危害的安全技术措施；

9. 现场消防措施等。

（三）安全技术交底

1. 安全技术交底的内容

安全技术交底是一项技术性很强的工作，对于贯彻设计意图、严格实施技术方案、按图施工、保证施工质量和施工安全至关重要。安全技术交底的主要内容包括：工程项目的施工作业特点和危险点；针对危险点的具体预防措施；应注意的安全事项；相应的安全操作规程和标准；发生事故后应及时采取的避难和急救措施。

2. 安全技术交底的要求

（1）项目经理部必须实行逐级安全技术交底制度，纵向要延伸到全体作业人员；

（2）安全技术交底必须具体、明确，针对性强；

（3）安全技术交底的内容要针对分部分项工程施工中给作业人员带来潜在危险的因素和存在问题；

（4）应优先采用新的安全技术措施；

（5）对于涉及"四新"项目或技术含量高、技术难度大的单项技术设计，必须经过两阶段技术交底，即初步设计技术交底和实施性施工图设计技术交底；

（6）应将工程概况、施工程序、施工方法、安全技术措施向工长、班组长进行详细交底；

（7）定期向两个以上作业队和多个工种进行交叉施工的作业队进行书面交底；

（8）保存书面安全技术交底签字记录。

3. 安全技术交底的作用

（1）让一线作业人员了解和掌握该作业的安全技术操作规程和注意事项，减少因违章操作而导致事故的可能；

（2）是安全管理人员在项目安全管理工作中的重要环节；

（3）是安全管理内业的内容要求；

（4）做好安全技术交底是安全管理人员自我保护的手段。

三、安全生产检查

工程项目安全生产检查的目的是为了清除隐患、防止事故发生、改善劳动条件及提高员工安全生产意识，是安全控制工作的一项重要内容。通过安全检查可以发现工程中的危险因素，以便有计划地采取措施，保证安全生产。

（一）安全生产检查的类型

1. 全面安全检查

全面安全检查应包括职业健康安全管理方针、管理组织机构及其安全管理的职责、安全设施、操作环境、防护用品、卫生条件、运输管理、危险品管理、火灾预防、安全教育和安全检查制度等内容。对全面安全检查的结果必须进行汇总分析，详细探讨所出现的问题和相应对策。

2. 经常性安全检查

工程项目应经常开展安全检查，及时排除事故隐患。工作人员必须在工作前，对所用的机械设备和工具进行仔细检查，发现问题立即上报。下班前，还必须进行班后检查，做好设备的维修保养和清整场地等工作，保证交接安全。

3. 专业或专职安全管理人员的专业安全检查

操作人员往往是根据其自身的安全知识和经验对设备进行检查做出主观判断，有很大的局限性，不能反映出客观情况，流于形式。专业或专职安全管理人员则有较丰富的安全知识和经验，通过其认真检查就能够得到较为理想的效果。专业或专职安全管理人员在进行安全检查时，必须不徇私情，按章检查，发现违章操作情况要立即纠正，发现隐患及时指出并提出相应防护措施，及时上报检查结果。

4. 季节性安全检查

要对防风防沙、防涝抗旱、防雷电、防暑防害等工作进行季节性的检查，根据各个季节自然灾害的发生规律，及时采取相应的防护措施。

5. 节假日检查

节假日内上班人员往往容易放松警惕，发生意外，而且一旦发生意外事故，也难以进行有效的救援和控制。因此，节假日必须安排专业安全管理人员进行安全检查，对重点部位要进行巡视。同时配备一定数量的安全保卫人员，搞好安全保卫工作。

6. 要害部门重点安全检查

对于要害部门和重要设备必须进行重点检查。由于其重要性和特殊性，一旦发生意外，会造成巨大伤害，产生不好的经济和社会影响。为确保安全，对设备运转和零件状况要定时进行检查，发现损伤立刻更换，决不能"带病"作业；一过有效年限即使没有故障，也应该予以更新，不能因小失大。

(二) 安全生产检查的主要内容

1. 查思想

查思想是指检查领导和员工对安全生产方针的认识程度；对建立健全安全生产管理和安全生产规章制度的重视程度；对安全检查中发现的安全问题或安全隐患的处理态度等。

2. 查制度

为了实施安全生产管理制度，工程承包单位应结合自身的实际情况，建立健全一整套安全生产规章制度，并落实到具体工程项目的施工任务中。在安全检查时，应对施工安全生产规章制度进行检查。

3. 查管理

主要检查安全生产管理是否有效，安全生产管理和规章制度是否真正落实。

4. 查隐患

主要检查生产作业现场是否符合安全生产要求。检查人员应深入作业现场，检查工人的劳动条件、卫生设施、安全通道、零部件存放、防护设施状况、电气设备、压力容器、化学用品储存、粉尘及有毒有害作业部位点的达标情况、车间内的通风照明设施、个人劳动防护用品的使用是否符合规定等。要特别注意对一些要害部位和设备加强检查，如锅炉房，变电所，各种剧毒、易燃、易爆等场所。

5. 查整改

主要检查对过去提出的安全问题、发生的生产安全事故及安全隐患是否采取安全技术措施和安全管理措施，进行整改的效果如何。

6. 查事故处理

检查是否及时报告伤亡事故，对责任人是否已经做出严肃处理。安全检查必须成立一个适应安全检查工作需要的检查组，配备适当的人力物力。检查结束后应编写安全检查报告，说明已达标项目、未达标项目、存在问题、原因分析，给出纠正和预防措施的建议。

（三）安全隐患处理

工程项目建设过程中，安全事故隐患是难以避免的，但要根据安全隐患的类型，按照一定原则，采用有效的隐患处理方法，尽可能预防和消除安全事故隐患。

1. 安全隐患类型

工程项目安全隐患包括人的不安全因素、物的不安全状态和组织管理上的不安全因素。

（1）人的不安全因素

人的不安全因素包括：能够使系统发生故障或发生性能不良的个人不安全因素和违背安全要求的不安全行为。个人不安全因素包括人员的心理、生理、能力等方面具有不能适应工作、作业岗位要求的影响安全的因素；人的不安全行为指造成事故的人为错误，是人为地使系统发生故障或发生性能不良事件，是违背设计和操作规程的错误行为。

（2）物的不安全状态

物的不安全状态是指能导致事故发生的物质条件，包括机械设备或环境所存在的不安全因素。

1）物的不安全状态的内容

物的不安全状态的内容包括：物本身存在的缺陷；防护保险方面的缺陷；物的放置方法不当；作业环境场所的缺陷；外部的和自然界的不安全状态；作业方法导致的物的不安全状态；保护器具信号、标志和个体防护用品的缺陷。

2）物的不安全状态类型

物的不安全状态类型有：防护等装置缺陷；设备、设施等缺陷；个人防护用品缺陷；生产场地环境缺陷。

（3）组织管理上的不安全因素

组织管理上的缺陷，也是事故潜在的不安全因素，作为间接原因有以下几方面：

1）技术上的缺陷；

2）教育上的缺陷；

3）生理上的缺陷；

4）心理上的缺陷；

5）管理工作上的缺陷；

6）学校教育和社会、历史原因造成的缺陷。

2. 隐患治理原则

（1）单项隐患综合治理原则

人、机、料、法、环境五者任一环节产生安全隐患，都要从五者安全匹配的角度考虑，调整匹配的方法，提高匹配的可靠性。一件单项隐患问题的整改需综合（多角度）处理。人的隐患，既要治人也要治机具及生产环境等各个环节。

（2）直接隐患与间接隐患并治原则

对人、机、环境系统等直接隐患进行安全治理的同时，还需对安全管理措施等间接隐患进行治理。

（3）动态治理原则

动态治理就是对生产过程进行动态随机安全化治理，生产过程中发现问题及时治理，既可以及时消除隐患，又可以避免小隐患发展成大隐患。

（4）冗余安全治理原则

为确保安全，在治理安全隐患时应考虑设置多道防线，即使有一两道防线无效，还有冗余的防线可以控制事故隐患。例如，道路上有一个坑，既要设防护栏及警示牌，又要设照明及夜间警示红灯。

（5）预防与减灾并重治理原则

治理安全事故隐患时，需尽可能减少事故发生的可能性，如果不能完全控制事故发生，也要设法降低事故等级。但是不论预防措施如何完善，都不能保证事故绝对不会发生，还必须对事故减灾做好充分准备，研究应急技术操作规范。

（6）重点治理原则

按对隐患分析的评价结果实行危险点分级治理，也可用安全检查表打分对隐患危险程度分级。

3. 隐患处理方法

（1）当场指正，限期纠正，预防隐患发生

对于违章指挥和违章作业行为，检查人员应当场指出，并限期纠正，预防事故的发生。

（2）做好记录，及时整改，消除安全隐患

对检查中发现的各类安全事故隐患，做好记录，分析安全隐患产生的原因，制定消除隐患的纠正措施，报相关方审查批准后进行整改，及时消除隐患。对重大安全事故隐患排除前或者排除过程中无法保证安全的，责令从危险区域内撤出作业人员或者暂时停止施工，待隐患消除再行施工。

（3）分析统计，查找原因，制定预防措施

对于反复发生的安全隐患，应通过分析统计，若属于多个部位存在的同类型隐患，就是"通病"；若属于重复出现的隐患，则是"顽症"。查找生产"通病"和"顽症"的原因，修订和完善安全管理措施，制定预防措施，从源头上消除安全隐患。

（4）跟踪验证，保存记录，确保整改效果

检查单位应对受检单位纠正和预防措施的实施过程和实施效果进行跟踪验证，并保存验证记录。

四、生产安全事故应急预案和事故处理

（一）生产安全事故应急预案

《生产经营单位生产安全事故应急预案编制导则》GB/T 29639—2013 中应急预案的定义是："为有效预防和控制可能发生的事故，最大程度减少事故及其造成损害而预先制定的工作方案"。应急预案是对特定的潜在事件和紧急情况发生时所采取措施的计划安排，是应急响应的行动指南。编制应急预案的目的是防止紧急情况发生时出现混乱，能够按照合理的响应流程采取适当救援措施，预防和减少可能随之引发的职业健康安全和环境影响。

应急预案的制定必须与重大环境因素和重大危险源相结合，与环境因素和危险源控制失效而导致的后果相适应，还要考虑在实施应急救援过程中可能产生新的伤害和损失。

1. 生产安全事故应急预案体系

根据《生产经营单位生产安全事故应急预案编制导则》GB/T 29639—2013，应急预案应形成体系，针对各种可能发生的事故和所有危险源制订专项应急预案和现场应急处置方案，并明确事前、事中、事后各个过程中相关部门和有关人员的职责。生产经营单位的应急预案体系包括综合应急预案、专项应急预案和现场处置方案。生产规模小、危险因素少的生产经营单位，其综合应急预案和专项应急预案可以合并编写。

（1）综合应急预案

综合应急预案是从总体上阐述事故的应急方针、政策，应急组织机构及相关应急职责、应急行动、措施和保障等基本要求和程序，是应对各类事故的综合性文件。

（2）专项应急预案

专项应急预案是应对某一类型或某几种类型事故，或者针对重要生产设施、重大危险源、重大活动等内容制定的应急预案。专项应急预案是综合应急预案的组成部分，应按照综合应急预案的程序和要求组织制定，并作为综合应急预案的附件，制定明确的救援程序和具体的应急救援措施。专项应急预案主要包括事故风险分析、应急指挥机构及职责、处置程序和措施等内容。

（3）现场处置方案

现场处置方案是根据不同事故类型，针对具体的装置、岗位、场所或设施所制定的应急处置措施。主要包括事故风险分析、应急工作职责、应急处置和注意事项等内容。现场处置方案应根据风险评估、岗位操作规程以及风险控制措施，组织本单位现场作业人员及安全管理等专业人员共同编制，做到具体、简单、有针对性以及事故相关人员应知应会、熟练掌握，并通过应急演练，做到迅速反应、正确处置。

2. 生产安全事故应急预案编制的内容

（1）综合应急预案的编制内容

综合应急预案的编制内容包括：总则（编制目的、编制依据、适用范围、应急预案体系、应急工作原则）；施工单位的风险分析（施工单位概况、危险源与风险分析）；组织机构及职责；预防与预警；应急响应；信息发布；后期处置；保障措施；培训与演练；奖惩；附则（术语和定义、应急预案备案、维护和更新、制定与解释、应急预案实施）。

（2）专项应急预案的编制内容

专项应急预案的编制内容包括：事故类型和危害程度分析；应急处置基本原则；组织机构及职责；预防与预警；信息报告程序；应急处置；应急物资与装备保障。

（3）现场处置方案的编制内容

现场处置方案的编制内容包括：事故特征；应急组织与职责；应急处置；注意事项。

3. 生产安全事故应急预案编制要求

（1）符合有关法律、法规、规章和标准的规定；

（2）结合本地区、本单位、本部门的安全生产实际情况；

（3）结合本地区、本单位、本部门的风险分析情况；

（4）明确应急组织和人员的职责分工，并有具体措施；

（5）有明确、具体事故预防措施和应急程序；

（6）有明确应急保障措施，并能满足本地区、本单位、本部门的应急工作要求；

（7）预案基本要素齐全、完整，预案附件提供的信息准确；

（8）预案内容与相关应急预案相互衔接。

（二）生产安全事故处理

1. 生产安全事故分类

工程项目中，判别事故等级较多采用 2007 年 6 月 1 日起实施的《生产安全事故报告和调查处理条例》（国务院令第 493 号），该条例规定，按事故造成的人员伤亡或者直接经济损失，进行生产安全事故分级：

（1）特别重大事故。造成 30 人以上死亡，或者 100 人以上重伤（包括急性工业中毒，下同），或者 1 亿元以上直接经济损失的事故；

（2）重大事故。造成 10 人以上 30 人以下死亡，或者 50 人以上 100 人以下重伤，或者 5000 万元以上 1 亿元以下直接经济损失的事故；

（3）较大事故。造成 3 人以上 10 人以下死亡，或者 10 人以上 50 人以下重伤，或者 1000 万元以上 5000 万元以下直接经济损失的事故；

（4）一般事故。造成 3 人以下死亡，或者 10 人以下重伤，或者 1000 万元以下直接经济损失的事故。

2. 生产安全事故处理原则

（1）事故原因未查清不放过

调查、处理伤亡事故时，首先要把事故原因分析清楚，找出导致事故发生的真正原因，未找到真正原因决不轻易放过。直到找到真正原因并搞清各因素之间的因果关系才算达到事故原因分析的目的。

（2）事故责任人未受到处理不放过

对事故责任者要严格按照生产安全事故责任追究相关法律、法规的规定进行严肃处理，不仅要追究事故直接责任人的责任，同时要追究有关负责人的连带责任。

（3）事故责任人和周围群众没有受到教育不放过

使事故责任者和广大群众了解事故发生的原因及所造成的危害，并深刻认识到搞好安全生产的重要性，从事故中吸取教训，提高安全意识，改进安全管理工作。

（4）事故没有制定切实可行的整改措施不放过

针对事故发生的原因，提出防止相同或类似事故发生的切实可行的预防措施。并督促事故发生单位加以实施。

3. 生产安全事故处理措施

（1）按规定向有关部门报告事故情况

事故发生后，事故现场有关人员应当立即向本单位负责人报告；单位负责人接到报告后，应当于 1 小时内向事故发生地县级以上人民政府安全生产监督管理部门和负有安全生产监督管理职责的有关部门报告，并有组织、有指挥地抢救伤员、排除险情。工程项目施工中出现了生产安全事故，还应当向建设行政主管部门报告。情况紧急时，事故现场有关人员可以直接向事故发生地县级以上人民政府安全生产监督管理部门和负有安全生产监督管理职责的有关部门报告。

安全生产监督管理部门和负有安全生产监督管理职责的有关部门接到事故报告后，应当依照下列规定上报事故情况，并通知公安机关、劳动保障行政部门、工会和人民检察院：

1）特别重大事故、重大事故逐级上报至国务院安全生产监督管理部门和负有安全生产监督管理职责的有关部门；

2）较大事故逐级上报至省、自治区、直辖市人民政府安全生产监督管理部门和负有安全生产监督管理职责的有关部门；

3）一般事故上报至设区的市级人民政府安全生产监督管理部门和负有安全生产监督管理职责的有关部门。

安全生产监督管理部门和负有安全生产监督管理职责的有关部门依照前款规定上报事故情况，应当同时报告本级人民政府。国务院安全生产监督管理部门和负有安全生产监督管理职责的有关部门以及省级人民政府接到发生特别重大事故、重大事故的报告后，应当立即报告国务院。必要时，安全生产监督管理部门和负有安全生产监督管理职责的有关部门可以越级上报事故情况。

安全生产监督管理部门和负有安全生产监督管理职责的有关部门逐级上报事故情况，每级上报的时间不得超过2小时。若事故报告后出现新情况，应当及时补报。

（2）组织调查组，开展事故调查

特别重大事故由国务院或者国务院授权有关部门组织事故调查组进行调查；重大事故、较大事故、一般事故分别由事故发生地省级人民政府、设区的市级人民政府、县级人民政府负责调查。省级人民政府、设区的市级人民政府、县级人民政府可以直接组织事故调查组进行调查，也可以授权或者委托有关部门组织事故调查组进行调查；未造成人员伤亡的一般事故，县级人民政府也可以委托事故发生单位组织事故调查组进行调查。

事故调查组有权向有关单位和个人了解与事故有关的情况，并要求其提供相关文件、资料，有关单位和个人不得拒绝。事故发生单位负责人和有关人员在事故调查期间不得擅离职守，并应当随时接受事故调查组的询问，如实提供有关情况。事故调查中发现涉嫌犯罪的，事故调查组应当及时将有关材料或其复印件移交司法机关处理。

（3）现场勘查

事故发生后，调查组应迅速到现场进行及时、全面、准确和客观地勘查，包括现场笔录、现场拍照和现场绘图。

（4）分析事故原因

通过调查分析，查明事故经过，按受伤部位、受伤性质、起因物、致害物、伤害途径、不安全状态、不安全行为等，查清事故原因，包括人、物、生产管理和技术管理等方面的原因。通过直接和间接的分析，确定事故的直接责任者、间接责任者和主要责任者。

（5）制定预防措施

根据事故原因分析，制定防止类似事故再次发生的预防措施。根据事故后果和事故责任者应负的责任提出处理意见。

（6）提交事故调查报告

事故调查组应当自事故发生之日起60日内提交事故调查报告。特殊情况下，经负责事故调查的人民政府批准，提交事故调查报告的期限可以适当延长，但延长期限最长不超过60日。事故调查报告应当包括以下内容：

1）事故发生单位概况；

2）事故发生经过和事故救援情况；

3）事故造成的人员伤亡和直接经济损失；

4）事故发生的原因和事故性质；

5）事故责任的认定以及对事故责任者的处理建议；

6）事故防范和整改措施。

（7）事故审理和结案

对于重大事故、较大事故、一般事故，负责事故调查的人民政府应当自收到事故调查报告之日起15日内做出批复；对于特别重大事故，30日内做出批复，特殊情况下，批复时间可以适当延长，但延长时间最长不超过30日。

有关机关应当按照人民政府的批复，依照法律、行政法规规定的权限和程序，对事故发生单位和有关人员进行行政处罚，对负有事故责任的国家工作人员进行处分。事故发生单位应当按照负责事故调查的人民政府的批复，对本单位负有事故责任的人员进行处理。负有事故责任的人员涉嫌犯罪的，依法追究刑事责任。

事故处理情况由负责事故调查的人民政府或者其授权的有关部门、机构向社会公布，依法应当保密的除外。事故调查处理的文件记录应长期完整地保存。

第三节　职业健康安全与环境管理

随着工程建设的快速发展，职业健康问题和环境问题日益突出，在工程项目的生产活动中对职业健康安全和环境问题的要求也越来越严格。必须结合工程项目职业健康安全与环境管理的特点和要求，采取切实可行的措施，加强工程项目职业健康安全与环境管理。

一、建设工程职业健康安全与环境管理的目的

（一）建设工程职业健康安全管理的目的

职业健康安全管理的目的是在生产活动中，通过职业健康安全管理活动，对影响生产的具体因素进行状态控制，使生产因素中的不安全行为和状态尽可能减少或消除，且不引发事故，以保证生产活动中人员的健康和安全。对于建设工程项目，职业健康安全管理的目的是防止和尽可能减少生产安全事故、保护产品生产者的健康与安全、保障人民群众的生命和财产免受损失；控制影响或可能影响工作场所内的员工或其他工作人员（包括临时工和承包方员工）、访问者或任何其他人员的健康安全的条件和因素；避免因管理不当对在组织控制下工作的人员健康和安全造成危害。

（二）建设工程环境管理的目的

环境保护是我国的一项基本国策。环境管理的目的是保护生态环境，使社会的经济发展与人类的生存环境相协调。对于建设工程项目，环境保护主要是指保护和改善施工现场的环境。企业应当遵照国家和地方的相关法律法规以及行业和企业自身的要求，采取措施控制施工现场的各种粉尘、废水、废气、固体废弃物以及噪声、振动对环境的污染和危害，并且要注意节约资源和避免资源的浪费。

二、建设工程职业健康安全与环境管理的特点和要求

（一）建设工程职业健康安全与环境管理的特点

依据建设工程产品的特性，建设工程职业健康安全与环境管理有以下特点：

1. 复杂性

建设工程项目的职业健康安全和环境管理涉及大量的露天作业，受到气候条件、工程地质和水文地质、地理条件和地域资源等不可控因素的影响较大。

2. 多变性

建设工程产品种类繁多，每一个建筑产品都要根据其特定要求进行施工，导致工程项目建设现场材料、设备和工具的流动性大；由于技术进步，项目不断引入新材料、新设备和新工艺，不断给职业健康安全与环境管理带来新问题。因此，对于每个建设工程项目都要根据其实际情况，制定相应的职业健康安全与环境管理计划，不可相互套用。

3. 协调性

工程项目建设涉及的工种甚多，包括大量的高空作业、地下作业、用电作业、爆破作业、施工机械、起重作业等较危险的工程，并且各工种经常需要交叉或平行作业。同时，建筑产品不能像其他许多工业产品一样可以分解为若干部分同时生产，而必须在同一固定场地按严格程序连续生产，上一道工序不完成，下一道工序不能进行，而且每一道工序往往由不同的人员和单位来完成。因此，在职业健康安全与环境管理中要求各单位和各专业人员纵向和横向相互配合和协调。

4. 持续性

项目建设一般具有建设周期长的特点，从设计、实施直至投产阶段，诸多工序环环相扣。前一道工序的隐患，可能在后续的工序中暴露，酿成安全事故，必须保证管理的持续性。

5. 多样性

建设工程种类繁多，各类建设工程除了考虑使用功能和与环境相协调外，还应考虑各类工程产品的时代性和社会性要求。建设工程产品是时代政治、经济、文化、风俗的历史记录，表现了不同时代的艺术风格和科学文化水平，反映一定社会的、道德的、文化的、美学的艺术效果，成为可供人们观赏和旅游的景观，这就赋予了建筑产品时代性的品质。同时，建设工程还具有社会性，建设工程产品是否适应可持续发展的要求，工程的策划、设计、施工质量的好坏，受益和受害的不仅仅是使用者，而是整个社会。这就导致各类建设工程环境管理的不同，因此，建设工程产品的时代性、社会性决定了环境管理的多样性。

6. 经济性

建设工程产品的时代性、社会性与多样性决定环境管理的经济性。建设工程不仅应考虑建设成本的消耗，还应考虑其寿命期内的使用成本消耗及对环境的损害。环境管理注重考虑工程使用期内的成本，如能耗、水耗、维护、保养、改建更新的费用，并通过比较分析，判定工程是否符合经济要求。另外，环境管理要求节约资源，以减少资源消耗，降低环境污染，从本质上来讲，二者是完全一致的。

（二）建设工程职业健康安全与环境管理的要求

1. 项目决策阶段

建设单位应按照有关建设工程法律法规的规定和强制性标准的要求，办理各种有关安全与环境保护方面的审批手续。对需要进行环境影响评价或安全预评价的建设工程项目，应组织或委托有相应资质的单位进行建设工程项目环境影响评价和安全预评价。

2. 设计阶段

设计单位应按照有关建设工程法律法规的规定和强制性标准的要求，进行环境保护设施和安全设施的设计，防止因设计考虑不周而导致生产安全事故的发生或对环境造成不良影响。

在进行工程设计时，设计单位应当考虑施工安全和防护需要，对涉及施工安全的重点部分和环节在设计文件中应进行注明，并对防范生产安全事故提出指导意见。对于采用新结构、新材料、新工艺的建设工程和特殊结构的建设工程，设计单位应在设计中提出保障施工作业人员安全和预防生产安全事故的措施建议。

在工程总概算中，应明确工程安全环保设施费用、安全施工和环境保护措施费等。

3. 施工阶段

建设单位在申请领取施工许可证时，应当提供建设工程有关安全施工措施的资料。对于依法批准开工报告的建设工程，建设单位应当自开工报告批准之日起15日内，将保证安全施工的措施报送至建设工程所在地的县级以上人民政府建设行政主管部门或者其他有关部门备案。

对于应当拆除的工程，建设单位应当在拆除工程施工15日前，将拆除施工单位资质等级证明，拟拆除建筑物、构筑物及可能涉及毗邻建筑的说明，拆除施工组织方案，堆放、清除废弃物的措施的资料报送至建设工程所在地的县级以上的地方人民政府主管部门或者其他有关部门备案。

施工企业在其经营生产的活动中必须对本企业的安全生产负全面责任。企业的代表人是安全生产的第一负责人，项目经理是施工项目生产的主要负责人。施工企业应当具备安全生产的资质条件，取得安全生产许可证的施工企业应设立安全机构，配备合格的安全人员，提供必要的资源；要建立健全职业健康安全体系以及有关的安全生产责任制和各项安全生产规章制度。对项目要编制切合实际的安全生产计划，制定职业健康安全保障措施；实施安全教育培训制度，不断提高员工的安全意识和安全生产素质。

建设工程实行总承包的，由总承包单位对施工现场的安全生产负总责并自行完成工程主体结构的施工。分包单位应当接受总承包单位的安全生产管理，分包合同中应当明确各自的安全生产方面的权利、义务。分包单位不服从管理导致生产安全事故的，由分包单位承担主要责任，总承包单位对分包工程的安全生产承担连带责任。

4. 项目验收试运行阶段

项目竣工后，建设单位应向审批建设工程项目环境影响报告书、环境影响报告或者环境影响登记表的环境保护行政主管部门申请，对环保设施进行竣工验收。环保行政主管部门应在收到申请环保设施竣工验收之日起30日内完成验收。验收合格后，才能投入生产和使用。

对于需要试生产的建设工程项目，建设单位应当在项目投入试生产之日起3个月内向环保行政主管部门申请对其项目配套的环保设施进行竣工验收。

三、建设工程职业健康安全管理措施

职业健康安全事故分为两大类型，即职业伤害事故与职业病。

（一）工程项目职业健康安全事故

1. 职业伤害事故

职业伤害事故是指因生产过程及工作原因或与其相关的其他原因造成的伤亡事故。

（1）按照事故发生的原因分类

按照我国《企业职工伤亡事故分类》GB 6441—1986 规定，职业伤害事故分为 20 类，其中与建筑业有关的有以下 12 类。

1）物体打击：指落物、滚石、锤击、碎裂、崩块、砸伤等造成的人身伤害，不包括因爆炸而引起的物体打击。

2）车辆伤害：指被车辆挤、压、撞和车辆倾覆等造成的人身伤害。

3）机械伤害：指被机械设备或工具绞、碾、碰、割、戳等造成的人身伤害，不包括车辆、起重设备引起的伤害。

4）起重伤害：指从事各种起重作业时发生的机械伤害事故，不包括上下驾驶室时发生的坠落伤害，起重设备引起的触电及检修时制动失灵造成的伤害。

5）触电：由于电流经过人体导致的生理伤害，包括雷击伤害。

6）灼烫：指火焰引起的烧伤、高温物体引起的烫伤、强酸或强碱引起的灼伤、放射线引起的皮肤损伤，不包括电烧伤及火灾事故引起的烧伤。

7）火灾：在火灾时造成的人体烧伤、窒息、中毒等。

8）高处坠落：由于危险势能差引起的伤害，包括从架子、屋架上坠落以及平地坠入坑内等。

9）坍塌：指建筑物、堆置物倒塌以及土石塌方等引起的事故伤害。

10）火药爆炸：指在火药的生产、运输、储藏过程中发生的爆炸事故。

11）中毒和窒息：指煤气、油气、沥青、化学、一氧化碳中毒等。

12）其他伤害：包括扭伤、跌伤、冻伤、野兽咬伤等。

以上 12 类职业伤害事故中，在建设工程领域中最常见的是高处坠落、物体打击、机械伤害、触电、坍塌、中毒、火灾 7 类。

（2）按事故严重程度分类

我国《企业职工伤亡事故分类》GB 6441—1986 规定，按事故严重程度分类，事故分为：

1）轻伤事故，是指造成职工肢体或某些器官功能性或器质性轻度损伤，能引起劳动能力轻度或暂时丧失的伤害事故，一般每个受伤人员休息 1 个工作日以上（含 1 个工作日），105 个工作日以下；

2）重伤事故，一般指受伤人员肢体残缺或视觉、听觉等器官受到严重损伤，能引起人体长期存在功能障碍或劳动能力有重大损失的伤害，或者造成每个受伤人损失 105 工作日以上（含 105 个工作日）的失能伤害的事故；

3）死亡事故，其中，重大伤亡事故指一次事故中死亡 1～2 人的事故；特大伤亡事故指一次事故死亡 3 人以上（含 3 人）的事故。

（3）按事故造成的人员伤亡或者直接经济损失分类

依据 2007 年 6 月 1 日起实施的《生产安全事故报告和调查处理条例》（中华人民共和国国务院令第 493 号）规定，按生产安全事故（以下简称事故）造成的人员伤亡或者直接经济损失，事故分为特别重大事故、重大事故、较大事故和一般事故（见本章第二节）。

目前，在建设工程领域中，判别事故等级较多采用的是《生产安全事故报告和调查处理条例》。

2. 职业病

职业病是指企业、事业单位和个体经济组织等用人单位的劳动者在职业活动中，因接触粉尘、放射性物质和其他有毒、有害因素而引起的疾病。根据《职业病分类和目录》（国卫疾控发〔2013〕48号），《职业病分类和目录》包括十大类，分别是：

（1）尘肺。有硅肺、煤工尘肺等。

（2）职业性放射病。有外照射急性放射病、外照射亚急性放射病、外照射慢性放射病、内照射放射病等。

（3）职业中毒。有铅及其化合物中毒、汞及其化合物中毒等。

（4）物理因素职业病。有中暑、减压病等。

（5）生物因素所致职业病。有炭疽、森林脑炎等。

（6）职业性皮肤病。有接触性皮炎、光敏性皮炎等。

（7）职业性眼病。有化学性眼部烧伤、电光性眼炎等。

（8）职业性耳鼻喉疾病。有噪声聋、铬鼻病。

（9）职业性肿瘤。有石棉所致肺癌、间皮癌，联苯胺所致膀胱癌等。

（10）其他职业病。有职业性哮喘、金属烟热等

（二）工程项目职业健康安全管理措施

为了保障工程项目作业人员的身体健康，改善作业人员的工作与生活环境，防止各类疾病的发生，工程项目建设过程中应采取有效措施加强职业健康安全管理。

1. 劳动保护措施

（1）接触粉尘、有毒有害气体等有害、危险施工环境的作业职工，按有关规定发放个人劳动保护用品，并监督检查使用情况，以确保正常使用；

（2）加强机械保养，减少施工机械不正常运转造成的噪声；

（3）对于噪声超标的机械设备，采用消音器降低噪音。洞内运输机械行驶过程中，只许按低音喇叭，严禁长时间鸣笛；

（4）对经常接触噪声的职工，加强个人防护，佩带耳塞消除影响；

（5）按照劳动法的要求，做好劳动保护装备工作，根据每个工种的人数以及劳动性质，由物资部门负责采购，配备充足而且必要的劳动保护用品。同时加强行政管理，落实劳动保护措施。

2. 劳动保护装备要求

（1）采购劳动保护用品时，必须审核产品的生产许可证、产品合格证和安全鉴定证，确保产品的质量和使用安全；

（2）施工人员必须分工种、按规定配齐劳动保护用品，并正确配戴上岗。进入施工现场的其他人员必须配戴安全帽，闲杂人员不得出入施工现场；

（3）由安全领导小组负责对施工人员进行劳动保护方面的检查，对漏配、缺配劳动保护用品的施工人员，责令补发劳动保护用品；对不按规定配戴劳动保护用品上岗的人员，进行批评教育，并责令其改正，对屡教不改的人员，采取罚款、停岗等措施予以惩罚。

四、建设工程环境管理措施

建设工程项目必须满足有关环境保护法律法规的要求，在施工过程中注意环境保护，对企业发展、员工健康和社会文明有重要意义。

环境保护是按照法律法规、各级主管部门和企业的要求，保护和改善作业现场的环境，控制现场的各种粉尘、废水、废气、固体废弃物、噪声、振动等对环境的污染和危害。环境保护也是文明施工的重要内容之一。

（一）工程项目环境管理要求

根据《中华人民共和国环境保护法》和《中华人民共和国环境影响评价法》的有关规定，工程项目对环境保护的基本要求如下：

1. 涉及依法划定的自然保护区、风景名胜区、生活饮用水水源保护区及其他需要特别保护的区域时，应当符合国家有关法律法规及该区域内建设工程项目环境管理的规定，建设的工程项目设施的污染物排放不得超过规定的排放标准。已经建成的设施，其污染物排放超过排放标准的，限期整改。

2. 开发利用自然资源的项目，必须采取措施保护生态环境。

3. 工程项目选址、选线、布局应当符合区域、流域规划和城市总体规划。

4. 应满足工程项目所在区域环境质量、相应环境功能区划和生态功能区划标准或要求。

5. 拟采取的污染防治措施应确保污染物排放达到国家和地方规定的排放标准，满足污染物总量控制要求；涉及可能产生放射性污染的，应采取有效预防和控制放射性污染措施。

6. 工程项目应当采用节能、节水等有利于环境与资源保护的建筑设计方案、建筑材料、装修材料、建筑构配件及设备。建筑材料和装修材料必须符合国家标准。禁止生产、销售和使用有毒、有害物质超过国家标准的建筑材料和装修材料。

7. 尽量减少工程项目施工中所产生的干扰周围生活环境的噪声。

8. 应采取生态保护措施，有效预防和控制生态破坏。

9. 对环境可能造成重大影响、应当编制环境影响报告书的工程项目，可能严重影响项目所在地居民生活环境质量的工程项目，以及存在重大意见分歧的工程项目，环保部门可以举行听证会，听取有关单位、专家和公众的意见，并公开听证结果，说明对有关意见采纳或不采纳的理由。

10. 工程项目中防治污染的设施，必须与主体工程同时设计、同时施工、同时投产使用。防治污染的设施必须经原审批环境影响报告书的环境保护行政主管部门验收合格后，该工程项目方可投入生产或者使用。防治污染的设施不得擅自拆除或者闲置，确有必要拆除或者闲置的，必须征得所在地的环境保护行政主管部门同意。

11. 新建工业企业和现有工业企业的技术改造，应当采取资源利用率高、污染物排放量少的设备和工艺，采用经济合理的废弃物综合利用技术和污染物处理技术。

12. 排放污染物的单位，必须依照国务院环境保护行政主管部门的规定申报登记。

13. 禁止引进不符合我国环境保护规定要求的技术、设备、材料和产品。

14. 任何单位不得将产生严重污染的生产设备转移给没有污染防治能力的单位使用。

（二）工程项目环境管理措施

工程项目环境保护措施主要包括大气污染防治、水污染防治、噪声污染防治、固体废弃物处理等。

1. 大气污染防治措施

大气污染物的种类有数千种，已发现有危害作用的有 100 多种，其中大部分是有机物。大气污染物通常以气体状态和粒子状态存在于空气中。施工现场大气污染防治措施主要包括以下内容：

（1）施工现场垃圾渣土要及时清理出现场。

（2）高大建筑物清理施工垃圾时，要使用封闭式的容器或者采取其他措施处理高空废弃物，严禁凌空随意抛撒。

（3）施工现场道路应指定专人定期洒水清扫，形成制度，防止道路扬尘。

（4）对于细颗粒散体材料（如水泥、粉煤灰、白灰等）的运输、储存要注意遮盖、密封，防止和减少扬尘。

（5）车辆开出工地要做到不带泥沙，基本做到不洒土、不扬尘，减少对周围环境污染。

（6）除设有符合规定的装置外，禁止在施工现场焚烧油毡、橡胶、塑料、皮革、树叶、枯草、各种包装物等废弃物品以及其他会产生有毒、有害烟尘和恶臭气体的物质。

（7）工地茶炉应尽量采用电热水器。若只能使用烧煤茶炉和锅炉时，应选用消烟除尘型茶炉和锅炉，大灶应选用消烟节能回风炉灶，使烟尘降至允许排放范围为止。

（8）大城市市区的建设工程不容许搅拌混凝土，在容许设置搅拌站的工地，应将搅拌站封闭严密，并在进料仓上方安装除尘装置，采用可靠措施控制工地粉尘污染。

（9）拆除旧建筑物时，应适当洒水，防止扬尘。

2. 水污染防治措施

施工现场水污染主要包括泥浆、水泥、油漆、各种油类、混凝土添加剂、重金属、酸碱盐、非金属无机毒物等随废水流入水体或以固体废弃物的形式进入水体而造成的污染，施工现场水污染防治措施有：

（1）禁止将有毒有害废弃物作土方回填。

（2）施工现场搅拌站废水，现制水磨石的污水，电石（碳化钙）的污水必须经沉淀池沉淀合格后再排放，最好将沉淀水用于工地洒水降尘或采取措施回收利用。

（3）现场存放油料，必须对库房地面进行防渗处理，如采用防渗混凝土地面、铺油毡等措施。使用时，要采取防止油料跑、冒、滴、漏的措施，以免污染水体。

（4）施工现场 100 人以上的临时食堂，排放污水时可设置简易有效的隔油池，定期清理，防止污染。

（5）工地临时厕所、化粪池应采取防渗漏措施。中心城市施工现场临时厕所可采用水冲式厕所，并有防蝇灭蛆措施，防止污染水体和环境。

（6）化学用品、外加剂等要妥善保管，库内存放，防止污染环境。

3. 噪声污染防治措施

建筑施工的噪声按来源主要包括如打桩机、推土机、混凝土搅拌机等施工机具发出的声音。噪声妨碍人们正常休息、学习和工作，为防止噪声扰民，应控制施工现场的噪声。

根据国家标准《建筑施工场界环境噪声排放标准》GB 12523—2011 的要求，对建筑施工过程中场界环境噪声排放限值见表 11-1。

昼间	70
夜间	55

施工现场噪声污染防治可从声源、传播途径、接收者防护、控制人为噪声等方面采取措施。

（1）声源控制

从声源上降低噪声，这是防止噪声污染的最根本途径，其主要措施如下：

1）尽量采用低噪声设备和加工工艺代替高噪声设备与加工工艺，如低噪声振捣器、风机、电动空压机、电锯等。

2）在声源处安装消声器消声，即在通风机、鼓风机、压缩机、燃气机、内燃机及各类排气放空装置等进出风管的适当位置设置消声器。

（2）传播途径控制

在传播途径上控制噪声主要有以下几种方法：

1）吸声：利用吸声材料（大多由多孔材料制成）或由吸声结构形成的共振结构（金属或木质薄板钻孔制成的空腔体）吸收声能，降低噪声。

2）隔声：应用隔声结构，阻碍噪声向空间传播，将接收者与噪声声源分隔。隔声结构包括隔声室、隔声罩、隔声屏障、隔声墙等。

3）减振降噪：对来自振动引起的噪声，通过降低机械振动减小噪声，如将阻尼材料涂在振动源上，或改变振动源与其他刚性结构的连接方式等。

（3）接收者的防护

让处于噪声环境下的人员使用耳塞、耳罩等防护用品，减少相关人员在噪声环境中的暴露时间，以减轻噪声对人体的危害。

（4）严格控制人为噪声

进入施工现场不得高声喊叫、无故甩打模板、乱吹哨，限制高音喇叭的使用，最大限度地减少噪声扰民。

4. 固体废物处理措施

（1）工程项目施工过程中常见的固体废物

1）建筑渣土：包括砖瓦、碎石、渣土、混凝土碎块、废钢铁、碎玻璃、废屑、废弃装饰材料等；

2）废弃的散装大宗建筑材料：包括水泥、石灰等；

3）生活垃圾：包括炊厨废物、丢弃食品、废纸、废弃的生活用具、废电池、废日用品、陶瓷碎片、废塑料制品、煤灰渣、废交通工具等；

4）设备、材料等的包装材料

（2）固体废物的处理和处置

固体废物处理的基本思想是：采取资源化、减量化和无害化处理，对固体废物产生的全过程进行控制。固体废物的主要处理方法如下：

1）回收利用

回收利用是对固体废物进行资源化利用的重要手段之一。粉煤灰在建设工程领域的广泛应用就是对固体废弃物进行资源化利用的典型范例。又如发达国家炼钢原料中有 70% 是利用回收的废钢铁，所以，钢材可以看成是可再生利用的建筑材料。

2）减量化处理

减量化是对已经产生的固体废物进行分选、破碎、压实浓缩、脱水等减少其最终处置量，减低处理成本，减少对环境的污染。在减量化处理过程中，也包括其他工艺方法，如焚烧、热解、堆肥等。

3）焚烧

焚烧用于不适合再利用且不宜直接予以填埋处置的废物，除有符合规定的装置外，不得在施工现场熔化沥青和焚烧油毡、油漆，亦不得焚烧其他可产生有毒有害和恶臭气体的废弃物。垃圾焚烧处理应使用符合环境要求的处理装置，避免对大气的二次污染。

4）稳定和固化

稳定和固化处理是利用水泥、沥青等胶结材料，将松散的废物胶结包裹起来，减少有害物质从废物中向外迁移、扩散，使得废物对环境的污染减少。

5）填埋

填埋是将固体废物经过无害化、减量化处理的废物残渣集中到填埋场进行处置。禁止将有毒有害废弃物现场填埋，填埋场应利用天然或人工屏障。尽量使需处置的废物与环境隔离，并注意废物的稳定性和长期安全性。

第四节　案　例　分　析

举世瞩目的青藏铁路格尔木至拉萨段（以下简称格拉段）于 2001 年 6 月 29 日开工建设，2006 年 7 月 1 开通运营，数万建设者用短短 5 年时间，在世界屋脊——青藏高原上修建了海拔最高、线路最长的高原冻土铁路。由于青藏铁路建设的特殊环境，工程建设面临"多年冻土、高寒缺氧和生态脆弱"三大世界性工程难题。独特的建设环境和工程地质条件使青藏铁路建设具有不同于以往任何项目的建设管理特点。青藏铁路总公司、青藏铁路建设总指挥部（青藏总指）从生产安全、建设人员健康和生态环境保护角度，将安全、职业健康、环境保护纳入一体化管理，保证了工程建设的顺利推进，为建设世界一流高原铁路奠定了坚实基础。

一、构建一体化综合管理体系

在世界屋脊修建青藏铁路，既要具备顽强拼搏的奉献精神又要依靠科学技术的巨大威力；既要确保按期、优质完成建设任务，又要体现人文关怀，确保参建人员身体健康和生命安全；既要重视工程建设经济效益，又要强调工程建设的社会效益和环境效益，实现经济效益、社会效益和环境效益的统一。

（一）更新建设理念，科学制定建设方针

针对青藏铁路建设管理特点，原铁道部提出"以人为本、环境协调、持续创新、系统优化、服务运输"的建设理念，是实现青藏铁路工程目标的思想灵魂与关键所在。其中，以人为本是科学发展观的核心，也是青藏铁路工程建设理念的核心；环境协调体现了遵循客观规律，遵循可持续发展要求；持续创新体现了青藏铁路各个阶段持续不断开展专题研究，丰富创新成果，青藏铁路建立多年冻土、环境保护、水土保持及健康安全长期监测系统，持续深化研究；系统优化是指应用系统工程原理，统筹兼顾、协调推进，实现系统整体功能最优化；服务运输是铁路工程建设的导向和目的。"以人为本、环境协调"的管理理念为职业健康安全与环境管理体系建立确立理念，"持续创新"为职业健康与生产安全、环境管理体系建立提供动力，"系统优化"促进职业健康与生产安全、环境管理协调推进。

原铁道部在青藏铁路开工之初即提出了"拼搏奉献、依靠科技、保障健康、爱护环境、争创一流"的建设方针。这一方针体现了拼搏精神与科学态度的统一、工程建设与人文关怀的统一、优质高效与保护环境的统一，成为指导青藏铁路建设全过程的重要依据，也成为指导青藏铁路职业健康与生产安全、环境管理全过程的重要依据。

（二）首建"五大控制目标"体系，充分重视职业健康安全和环境保护

国内外建设项目管理一般都是强调质量控制、工期控制和投资控制三大目标，而青藏铁路建设改变了这一传统，在这三大目标之外，首次增加了职业健康安全和环境保护两个新目标，改变了以往其他工程建设项目质量、环境保护和职业健康与生产安全等管理脱节的状况，并通过目标的层层分解、动态控制、偏差纠正，确保建设目标的有效实施、控制和持续改进。体现了以人为本、可持续发展的时代要求，改变了一些传统工程中忽视人文和自然关怀的状况。

在健康安全方面，贯彻预防为主的方针，开工伊始就提出了要全力确保队伍上得去、站得稳、干得好的要求，制定了有效的卫生保障措施。环境保护方面，青藏铁路开工之前就制定了明确的环保原则，始终坚持依法环保、全员环保、科技环保，建设高原生态环保铁路。

（三）建立综合管理体系，将职业环境、健康安全纳入一体化管理

为了实现建设世界一流高原铁路的目标，攻克"三大难题"，青藏铁路建设期间把全面质量管理（ISO 9000）、环境保护管理（ISO 14000）、职业健康安全管理（OHSAS 18000）等三个相对独立的认证体系贯穿于整个工程管理中，实行质量、环境保护、职业健康与生产安全"一体化"综合管理，避免了质量、环境、职业健康安全管理工作的人为分割和部分管理工作的交叉重叠，彻底改变了传统工程建设中忽视环境保护和职业健康安全的状况。建立和实施质量-环境-职业健康安全一体化管理体系，在中国铁路建设史上还是第一次，是我国铁路建设管理的一个新突破。实践表明，由于质量-环境-职业健康安全一体化管理体系的有效实施，大大提高了青藏铁路建设管理效率和水平，取得了明显成效。

二、安全生产管理

青藏铁路投资规模大、参建单位及人员多、使用劳务工多、建设工期长，加之高原环境恶劣，很容易诱发生产安全事故。因此，青藏铁路公司、青藏总指及各参建单位高度重视青藏铁路建设过程中的生产安全管理，提出了明确的生产安全管理目标，采取了有效的生产安全管理措施，控制了生产安全事故风险。

（一）总体目标

根据青藏铁路安全管理面临的形势，青藏铁路公司、青藏总指提出了明确的安全管理目标，即"四个杜绝、两个防止"。

四个杜绝：杜绝职工因工重大责任死亡事故；杜绝交通运输死亡事故；杜绝工程运输

线施工危及行车安全事故；杜绝锅炉及压力容器（氧气瓶、制氧机）爆炸死亡事故。

两个防止：防止火灾、爆炸、中毒及挖断光、电缆及输油管线事故；防止职工非因工责任死亡事故。

（二）安全生产管理措施

1. 建立健全规章制度

认真贯彻实施《中华人民共和国安全生产法》、《建设工程安全生产管理条例》等国家有关安全生产法律法规，结合青藏铁路建设的实际情况，青藏总指制定并下发了一系列安全管理规章制度，并严格落实。青藏总指要求各参建单位结合本单位实际，建立和完善安全生产责任体系，为员工提供符合国家标准的安全劳动保护用品，并通过了OHSAS 18000的认证工作。对青藏铁路全线重点难点工程和可能出现的特大安全事故的生产活动，如大件运输、轨梁铺架、公路交通、铁路运输等，督促各有关单位制定和完善事故应急救援预案，加强预案的演练和应急救援物资储备的核查。

2. 重视安全培训

各参建单位根据现场条件，采取短期培训、岗位培训、指导自学等形式，对新工人进行安全生产教育，对老工人进行新操作法和新工作岗位教育，对特殊工种的工人进行专门安全操作技术训练，经过考试合格后方可上岗。各参建单位严格执行青藏总指关于劳务分包管理的各项规定，并对分包过程中劳务协作队伍的安全生产实行监督检查和管理，同时承担安全管理责任。

3. 强化设备管理

青藏铁路高寒缺氧，施工机械设备安全可靠性受到高原的严峻考验，施工单位采取多种形式加强设备管理，确保设备安全。具体做法有：根据高原环境特点，选用高性能、适合高原环境的设备，或者对既有的设备进行改造，提高设备的效能和安全性能，确保安全生产；建立健全安全操作挂牌制、交接班制、岗位责任制、设备验收制等管理制度，对所有机械设备、电气设备实行定机定人包管使用，操作人员必须经培训合格后持证上岗；建立健全设备的管理台账和安全技术档案，强化设备隐患台账的管理，做到台账与现场设备状况相符，并加强设备隐患的治理；认真开展设备安全检查活动，包括机械本身的故障和安全装置的检查和机械安全施工生产检查。

4. 营造安全生产良好氛围

青藏总指制定并下发了《青藏铁路安全标准化工地建设标准》，开展安全标准工地建设，狠抓文明施工；各施工单位重视安全投入，配置施工安全防护设施，做到有多层作业工序同时操作施工的工程有安全帽，高空作业加携安全绳和设置安全网，变电站、吊车下等处有安全警告标志，从防护用品设施上做好"预防"准备，保证施工顺利进行。

5. 加强安全综合管理

坚持在每年的年度工作会议上部署安全工作，明确年度生产安全管理的重点、目标和主要措施；开展安全风险管理，施工单位根据工程项目工艺流程，通过对各工序危险因素逐项进行专门辨识，实施风险评价，制定详细的管理方案和应急预案；开展"安全生产月"、"安全生产黄金周"和安全大检查活动，并针对检查中发现的问题，检查组在现场向其单位负责人发出限期整改通知，防止出现重大安全事故；重视安全监理，对施工作业过程中不符合安全操作规程的行为坚决不放过；重视道路交通安全管理，健全内部机动车辆安全管理监控机制；重视铺架及工程列车运输安全管理，加强危爆物品、防火、用电安全管理和输油管线及光缆保护；重视事故报告调查处理和事故隐患整改；严格实行安全考核和安全奖惩制度。

三、职业健康管理

青藏铁路地处高原，自然环境具有低气压、低氧、低温、干燥、风大、强紫外线辐射等特点，不少地段缺乏可饮用水，又处于鼠疫自然疫源地。在这被称为"地球第三极"和"生命禁区"的地方施工、生活，对人体机能造成很大影响，青藏高原恶劣的自然环境要求青藏铁路建设必须高度重视职业健康管理，认真做好医疗卫生和生活后勤保障工作，确保全体参建人员的身体健康。

（一）总体目标

原铁道部为青藏铁路职业健康管理确立的原则和宗旨分别是："以人为本，卫生保障先行"和"按照始终代表最广大人民根本利益的要求，坚持以人为本，关心、改善职工生活，切实搞好卫生保障，确保青藏铁路建设的顺利进行"。根据上述原则和宗旨，青藏铁路公司、青藏总指为青藏铁路职业健康管理确立了总体目标：实现高原病零死亡，防止非典型肺炎传人，杜绝鼠疫病的发生和流行，有效地确保建设者生命安全和身体健康。

（二）职业健康管理措施

1. 建立健全职业健康保障机构

为了加强对青藏铁路职业健康管理工作的领导，青藏总指专门设立了医疗卫生部，负责全线医疗卫生保障工作的领导和检查落实。各参建单位成立了以主要领导为组长、现场指挥长为副组长的"青藏铁路卫生保障领导小组"、"卫生防病领导小组"、"生活保障领导小组"等机构，为做好青藏铁路职业健康管理工作提供了坚强的组织保证。

2. 建立健全三级医疗保障体系

青藏铁路在开工建设之初即建立了三级医疗保障体系，并随着工程建设的进展逐步完善。三级医疗保障体系是指：各项目部设立一级医疗机构——卫生所，负责本工区员工的医疗、预防、保健和早期抢救工作，保证职工伤病在1小时内得到有效救治。各工程单位设立二级医疗机构——工地医院，负责本标段范围内伤病员的抢救、住院治疗和医疗后送，保证伤病员在2小时内得到有效抢救。青藏总指与青藏两省区协议建立三级医疗机构，委托兰州铁路局和西藏军区总医院在格尔木、五道梁、沱沱河、安多、那曲等地设立高原病救治站。承担伤病员急诊、住院治疗任务。

3. 建立健全职业健康规章制度

鉴于青藏高原恶劣的自然环境，为保障全体参建人员的身体健康，2001年，原铁道部、卫生部联合下发了《青藏铁路卫生保障若干规定》，原铁道部下发了《青藏铁路卫生保障措施》，青藏总指制定了《青藏铁路建设卫生保障实施办法》和《青藏铁路建设病人后送规定》、《食品卫生安全管理办法》、《医用高压氧舱安全使用管理规则》，编印了《青藏铁路建设健康教育手册》和《青藏铁路健康教育和防病知识手册》，发放给每位参建人员，从而为做好青藏铁路职业健康管理工作提供了制度保证。

4. 制定和落实高原病、鼠疫和非典预防措施

制定和落实高原病预防措施可以概括为"四个坚持，一个加强"：坚持定期体检、坚持习服和轮换、坚持吸氧、坚持巡诊和查辅、加强劳动保护和后勤保障。

制定和落实施工现场鼠疫防控措施，包括推行《青藏铁路鼠疫防治工作技术方案》和《青藏铁路建设鼠疫防治方案》；建立并执行三报（报告自然病死鼠獭、报告疑似鼠疫病人、报告不明原因的高热和急死病人）和三不（不私自捕猎旱獭，不剥食旱獭、不私自携带疫源动物及其产品出疫区）制度。

制定和落实"非典"预防措施，包括及时召开预防非典电视电话会议，布置防"非典"工作；制定并执行《青藏铁路建设非典型性肺炎防治预案》和《青藏铁路建设突发公共卫生事件应急预案》；各单位24小时值班，实行行人和车辆出入登记消毒制度；改善生活环境，切断传染源，定期消毒；严防死守，封闭管理，严控人员流动；加强人员体温和健康状况监控。

5. 开展食品卫生安全工作大检查

为切实加强食品卫生安全工作，青藏总指抽调由医疗、公安、疾病控制及食品卫生专业人员组成检查组，经常对参建单位及三级医疗机构、食堂、宿舍等进行食品卫生安全工作大检查。主要以查找问题为主，采取事先不打招呼、查阅原始记录和实地察看等方式，对发现的问题就地提出限期整改要求，保证了食品卫生安全。

6. 明确对参建单位的卫生保障要求

青藏总指依据《青藏铁路卫生保障指导意见及保障措施》，在工程招标中对投标单位提出明确要求：建立劳动卫生保障工作及医疗保障工作系统，由专人负责，并制定相应的保障措施；配备必要的高原医疗抢救设备、药品；认真做好高原劳动卫生知识宣传工作，对参建人员进行高原疾病预防、自我保健知识等方面的教育培训，加强预防高原疾病的意识。

7. 重视职业健康宣传、教育和培训

各参建单位认真贯彻落实原铁道部印发的《青藏铁路卫生保障措施（暂行）》和《青藏铁路卫生保障若干规定》文件精神，重视通过宣传教育提高全员医疗卫生保障意识。

四、环境管理

生态脆弱是青藏铁路建设面临的严峻挑战，在青藏铁路建设过程中，全体建设者把建设生态环保型铁路当作造福当代、惠及千秋的大事来抓。严格执行国家各项有关法律法规，创新环境保护管理模式，狠抓各项环保措施的落实，有效保护了青藏铁路沿线的生态环境。

（一）总体目标

不以牺牲青藏高原的生态环境为代价，切实解决青藏铁路建设面临的一系列环保难题，是建设世界一流高原铁路的重要内容。青藏总指将环境保护作为一项重要的建设目标纳入目标体系进行一体化管理，并确定青藏铁路环境保护的总体目标：认真贯彻落实环境保护有关法律、法规和要求，坚持"预防为主、保护优先"，严格执行环境影响评价和环境保护"三同时"（同时设计、同时施工、同时投入使用）制度，做到依法环保、科技环保、全员环保，有效保护高原高寒植被、野生动物迁徙条件、湿地生态系统、多年冻土环境、江河源水质和铁路两侧的自然景观，实现工程建设与自然环境的和谐，努力建设具有高原特色生态环保型铁路。

（二）环境管理措施

1. 依法环保

（1）依法做好环境保护规划

环境保护是我国的一项基本国策。在青藏铁路建设全过程中，认真贯彻《环境保护法》、《水土保持法》、《野生动物保护法》等环境保护法律法规。

（2）制定并严格落实环保制度

为使环境保护管理工作有法可依、有章可循、有据可查，青藏总指制定了《青藏铁路建设施工期环境保护管理办法》，建立起包括环保工作记录制度、环保措施审查制度、临时工程核对优化制度、环境监理制度和环保奖惩制度等一整套较为完善、规范的环境保护管理制度体系。

（3）切实加强环保监督检查

把环保监督检查工作融入青藏铁路建设全过程，为建设高原生态环保型铁路提供了有力保障。定期对工程设计质量和生态环保工作方案进行评估，在全线公布举报电话，公开环保信息，随时受理环保投诉，接受各方面环保监督；各施工单位进行环保自检自查，已完工地段组织开展内部环保验收工作，保证环保措施落到实处。

2. 科技环保

（1）开展环保科技攻关

为破解环保难题，青藏铁路公司、青藏总指组织国内各方面环保科技力量，与建设、设计、施工单位一起开展环保科技攻关和环保工艺创新，总结推广路基边坡、水沟和取土场植草等先进工艺工法。这些科技成果在攻克"生态脆弱"难题中起到了重大作用。

（2）完善环保工程设计

在保护多年冻土环境方面，针对沿线不同类型冻土，开展研究试验，按照主动降温的设计思想，采用了片石气冷路基、碎石护坡、片石护道、热棒路基等保护冻土环境的工程措施。在保护野生动物方面，开展优化线路设计，尽量避开野生动物栖息、活动的重点区域，优化野生动物通道设计等。

（3）解决环保技术难题

1）自然保护区保护：为减少和消除工程对保护区及保护区与周边生态环境间连续性的影响，青藏铁路全线设置了很多桥梁，在通过自然保护区的实验区时，增加了以桥代路工程的设计和建设，并增加了保护区与实验区之间的廊道数量。

2）野生动物保护：依据不同的生态系统类型、地形地貌，考虑野生动物的种类、数量、分布规律、生活习性，充分利用铁路通过区域的地形、地貌，将通道设置在野生动物迁徙、饮水、觅食活动所经过的路段或附近。

3）植被和自然景观保护：对临时设施的设置进行严格控制；开展高寒草原、草甸地区草种直播、草皮移植、植被自然演替恢复等人工再造与恢复试验研究等。

4）江湖水源保护：施工单位在桥梁桩基施工中采取了旋挖钻干法作业或设置了泥浆沉淀池等措施减少泥浆对江河水源的污染；施工营地生活污水经沉淀处理，分离后用于喷洒场地、道路或绿化；对生活垃圾进行分类处理，不可降解的集中运往市政垃圾场进行处理；建立污水处理设施等。

5）多年冻土环境保护：针对沿线不同的冻土环境，采取片石气冷路基、热棒路基、通风管路基、片石护道和碎石护坡路基、以桥代路、排水隔水措施、拼装式涵洞基础等一系列措施，将工程建设对冻土环境的影响降至最低程度。

6）水土保持：本着"因地制宜、宜草则草、宜荒则荒"的原则，在严格控制破土面积的前提下，对不具备植草条件的荒漠地带、高寒草原地带的铁路路基边坡采取了干砌片石、混凝土骨架或挂网喷射混凝土护坡等工程防护措施；宜于植草的安多以南地带，采取人工种草和移植草皮护坡措施。

3. 全员环保

（1）增强全员环保意识

在青藏铁路建设中，把增强全员环保意识作为重要工作来抓，不断强化全员环保教育，确立可持续发展思想，使全体参建人员自觉保护生态环境。

（2）提高环保工作技能

为提高参建人员的环保工作技能，确保环保工作质量，工程开工前，青藏总指聘请有关专家分别组织了两期施工单位管理人员和技术人员环保知识培训，各施工单位对施工人员进行环保专业技术培训。

五、职业健康安全与环境管理主要成效

（一）生产安全与职业健康主要成效

青藏铁路建设过程中采取了多种行之有效的生产安全与职业健康管理措施，保障了广大参建人员的职业健康与生命安全，实现了生产安全与职业健康管理目标，保证了青藏铁路建设的顺利进行，得到了国内外生产安全与职业健康专家和国内外舆论的广泛赞誉。青藏铁路生产安全与职业健康管理的成效主要体现在以下三个方面：

1. 探索和把握了高原铁路建设生产安全与职业健康管理的规律

青藏铁路探索和把握了高原铁路建设生产安全与职业健康管理的规律，为青藏铁路运营期间和青藏高原上其他工程建设的生产安全与职业健康管理提供了宝贵经验。这些规律可以概括为以下六条：一是必须牢固树立科学发展观，坚持以人为本；二是必须加强组织领导，实行建设单位主导、施工单位负责、全体人员共同参与的职业健康与生产安全管理体系和运行机制；三是必须保证资金投入；四是必须注重科技成果运用；五是必须狠抓工作落实；六是参建单位必须建立与运行 OHSAS 18000 职业健康安全管理体系，全面落实安全生产责任制。

2. 保障了参建人员的健康

由于原铁道部、卫生部，青藏铁路公司、青藏总指和广大参建单位制定和落实了科学的卫生保障规章制度，建立和运行了有效的高原病预防救治体系，提出和落实了预防鼠疫疫情发生的有效对策，提出和落实了阻止"非典"传人和蔓延的得力措施，在青藏铁路建设的 5 年时间内，全线累计接诊病人 562300 人次，治疗肺水肿 945 例、脑水肿 473 例，全部治愈，同时有效防止了鼠疫发生和非典传染，创造了"高原病零死亡、鼠疫零传播、非典零发生"的奇迹。

3. 保证了青藏铁路的提前建成和投入运营

青藏铁路建设期间，各项工程有序推进，实现了 2001 年首战告捷，2002 年重点突破，2003 年全面攻坚，2004 年整体推进，2005 年决战决胜，2006 年胜利通车运营，建设工期比原计划压缩一年。青藏铁路能够提前一年建成和投入运营，科学的施工组织设计和进度管理、广大参建人员在发扬"挑战极限，勇创一流"的青藏铁路精神的同时，采取强有力的生产安全和职业健康管理措施为青藏铁路的提前建成和投入运营提供了重要的人力资源保障。

（二）环境管理主要成效

青藏铁路建设严格依法组织了工程的环境影响评价，提出了工程建设环境保护总体目标，制定了对策措施，落实了环保工程设计，创新管理体制，加强监督检查，依靠科技攻关，加强宣传教育，保护了珍稀野生动物和高原植被，防止了江河源头污染，保护了湿地和冻土环境，控制了水土流失，实现了大规模工程建设和生态环境保护的和谐统一，出色完成了各项环境保护任务，为建设高原生态环保型铁路做出了有益探索。

1. 生态环境保护效果明显

一是有效保护了高寒植被生态系统；二是野生动物栖息环境完整；三是多年冻土环境稳定；四是生态功能区功能完好；五是保持了高原景观完整；六是水土保持效果显著；七是环境污染得到有效控制。

2. 青藏铁路建设环保工作得到社会各界认可

2005 年 7 月 29 日至 8 月 3 日，全国人大环资委组织调研组，对青藏铁路建设中的生态环境保护情况进行了实地考察。调研组高度评价青藏铁路环保工作是"落实科学发展观的具体体现；构建人与自然和谐的重要典范；依法保护环境的先进典型"。

3. 为大型建设项目环保管理提供了宝贵经验

青藏铁路建设理念的突破和所创建的一整套行之有效的建设项目生态环保管理方法，对国内开发建设项目具有重大的示范意义和很强的借鉴推广价值，为我国铁路和国家重点工程建设环境保护工作提供了宝贵经验，是我国重大建设项目工程建设与环境保护协调开展的一个典范。

习　题

1. 工程项目职业健康安全管理体系与环境管理体系分别有哪些标准，两个管理体系有哪些异同点？

2. 工程项目职业健康安全与环境管理体系建立包括哪些基本内容？

3. 工程项目职业健康安全与环境管理体系运行包括哪些基本内容？

4. 安全生产管理的制度有哪些？

5. 安全教育包括哪些基本内容？

6. 安全生产检查的类型有哪些？

7. 简述生产安全事故应急预案体系的内涵。

8. 职业健康安全管理的主要内容是什么？其管理的措施有哪些？

9. 建设工程项目环境保护措施有哪些？

10. 职业伤害事故是如何分类的？

附录　复利系数表

3%的复利系数表

年份	一次支付		等额支付系列				等差支付系列	
	终值系数	现值系数	终值系数	偿债基金系数	现值系数	资金回收系数	年值系数	现值系数
n	$F/P,i,n$	$P/F,i,n$	$F/A,i,n$	$A/F,i,n$	$P/A,i,n$	$A/P,i,n$	$A/G,i,n$	$P/G,i,n$
1	1.0300	0.9709	1.0000	1.0000	0.9709	1.0300	0.0000	0.0000
2	1.0609	0.9426	2.0300	0.4926	1.9135	0.5226	0.4926	0.9426
3	1.0927	0.9151	3.0909	0.3235	2.8286	0.3535	0.9803	2.7729
4	1.1255	0.8885	4.1836	0.2390	3.7171	0.2690	1.4631	5.4383
5	1.1593	0.8626	5.3091	0.1884	4.5797	0.2184	1.9409	8.8888
6	1.1941	0.8375	6.4684	0.1546	5.4172	0.1846	2.4138	13.0762
7	1.2299	0.8131	7.6625	0.1305	6.2303	0.1605	2.8819	17.9547
8	1.2668	0.7894	8.8923	0.1125	7.0197	0.1425	3.3450	23.4806
9	1.3048	0.7664	10.1591	0.0984	7.7861	0.1284	3.8032	29.6119
10	1.3439	0.7441	11.4639	0.0872	8.5302	0.1172	4.2565	36.3088
11	1.3842	0.7224	12.8078	0.0781	9.2526	0.1081	4.7049	43.5330
12	1.4258	0.7014	14.1920	0.0705	9.9540	0.1005	5.1485	51.2482
13	1.4685	0.6810	15.6178	0.0640	10.6350	0.0940	5.5872	59.4196
14	1.5126	0.6611	17.0863	0.0585	11.2961	0.0885	6.0210	68.0141
15	1.5580	0.6419	18.5989	0.0538	11.9379	0.0838	6.4500	77.0002
16	1.6047	0.6232	20.1569	0.0496	12.5611	0.0796	6.8742	86.3477
17	1.6528	0.6050	21.7616	0.0460	13.1661	0.0760	7.2936	96.0280
18	1.7024	0.5874	23.4144	0.0427	13.7535	0.0727	7.7081	106.0137
19	1.7535	0.5703	25.1169	0.0398	14.3238	0.0698	8.1179	116.2788
20	1.8061	0.5537	26.8704	0.0372	14.8775	0.0672	8.5229	126.7987
21	1.8603	0.5375	28.6765	0.0349	15.4150	0.0649	8.9231	137.5496
22	1.9161	0.5219	30.5368	0.0327	15.9369	0.0627	9.3186	148.5094
23	1.9736	0.5067	32.4529	0.0308	16.4436	0.0608	9.7093	159.6566
24	2.0328	0.4919	34.4265	0.0290	16.9355	0.0590	10.0954	170.9711
25	2.0938	0.4776	36.4593	0.0274	17.4131	0.0574	10.4768	182.4336
26	2.1566	0.4637	38.5530	0.0259	17.8768	0.0559	10.8535	194.0260
27	2.2213	0.4502	40.7096	0.0246	18.3270	0.0546	11.2255	205.7309
28	2.2879	0.4371	42.9309	0.0233	18.7641	0.0533	11.5930	217.5320
29	2.3566	0.4243	45.2189	0.0221	19.1885	0.0521	11.9558	229.4137
30	2.4273	0.4120	47.5754	0.0210	19.6004	0.0510	12.3141	241.3613

4%的复利系数表

年份	一次支付		等额支付系列				等差支付系列	
	终值系数	现值系数	终值系数	偿债基金系数	现值系数	资金回收系数	年值系数	现值系数
n	$F/P,i,n$	$P/F,i,n$	$F/A,i,n$	$A/F,i,n$	$P/A,i,n$	$A/P,i,n$	$A/G,i,n$	$P/G,i,n$
1	1.0400	0.9615	1.0000	1.0000	0.9615	1.0400	0.0000	0.0000
2	1.0816	0.9246	2.0400	0.4902	1.8861	0.5302	0.4902	0.9246
3	1.1249	0.8890	3.1216	0.3203	2.7751	0.3603	0.9739	2.7025

年份	一次支付		等额支付系列				等差支付系列	
	终值系数	现值系数	终值系数	偿债基金系数	现值系数	资金回收系数	年值系数	现值系数
n	$F/P,i,n$	$P/F,i,n$	$F/A,i,n$	$A/F,i,n$	$P/A,i,n$	$A/P,i,n$	$A/G,i,n$	$P/G,i,n$
4	1.1699	0.8548	4.2465	0.2355	3.6299	0.2755	1.4510	5.2670
5	1.2167	0.8219	5.4163	0.1846	4.4518	0.2246	1.9216	8.5547
6	1.2653	0.7903	6.6330	0.1508	5.2421	0.1908	2.3857	12.5062
7	1.3159	0.7599	7.8983	0.1266	6.0021	0.1666	2.8433	17.0657
8	1.3686	0.7307	9.2142	0.1085	6.7327	0.1485	3.2944	22.1806
9	1.4233	0.7026	10.5828	0.0945	7.4353	0.1345	3.7391	27.8013
10	1.4802	0.6756	12.0061	0.0833	8.1109	0.1233	4.1773	33.8814
11	1.5395	0.6496	13.4864	0.0741	8.7605	0.1141	4.6090	40.3772
12	1.6010	0.6246	15.0258	0.0666	9.3851	0.1066	5.0343	47.2477
13	1.6651	0.6006	16.6268	0.0601	9.9856	0.1001	5.4533	54.4546
14	1.7317	0.5775	18.2919	0.0547	10.5631	0.0947	5.8659	61.9618
15	1.8009	0.5553	20.0236	0.0499	11.1184	0.0899	6.2721	69.7355
16	1.8730	0.5339	21.8245	0.0458	11.6523	0.0858	6.6720	77.7441
17	1.9479	0.5134	23.6975	0.0422	12.1657	0.0822	7.0656	85.9581
18	2.0258	0.4936	25.6454	0.0390	12.6593	0.0790	7.4530	94.3498
19	2.1068	0.4746	27.6712	0.0361	13.1339	0.0761	7.8342	102.8933
20	2.1911	0.4564	29.7781	0.0336	13.5903	0.0736	8.2091	111.5647
21	2.2788	0.4388	31.9692	0.0313	14.0292	0.0713	8.5779	120.3414
22	2.3699	0.4220	34.2480	0.0292	14.4511	0.0692	8.9407	129.2024
23	2.4647	0.4057	36.6179	0.0273	14.8568	0.0673	9.2973	138.1284
24	2.5633	0.3901	39.0826	0.0256	15.2470	0.0656	9.6479	147.1012
25	2.6658	0.3751	41.6459	0.0240	15.6221	0.0640	9.9925	156.1040
26	2.7725	0.3607	44.3117	0.0226	15.9828	0.0626	10.3312	165.1212
27	2.8834	0.3468	47.0842	0.0212	16.3296	0.0612	10.6640	174.1385
28	2.9987	0.3335	49.9676	0.0200	16.6631	0.0600	10.9909	183.1424
29	3.1187	0.3207	52.9663	0.0189	16.9837	0.0589	11.3120	192.1206
30	3.2434	0.3083	56.0849	0.0178	17.2920	0.0578	11.6274	201.0618

5%的复利系数表

年份	一次支付		等额支付系列				等差支付系列	
	终值系数	现值系数	终值系数	偿债基金系数	现值系数	资金回收系数	年值系数	现值系数
n	$F/P,i,n$	$P/F,i,n$	$F/A,i,n$	$A/F,i,n$	$P/A,i,n$	$A/P,i,n$	$A/G,i,n$	$P/G,i,n$
1	1.0500	0.9524	1.0000	1.0000	0.9524	1.0500	0.0000	0.0000
2	1.1025	0.9070	2.0500	0.4878	1.8594	0.5378	0.4878	0.9070
3	1.1576	0.8638	3.1525	0.3172	2.7232	0.3672	0.9675	2.6347
4	1.2155	0.8227	4.3101	0.2320	3.5460	0.2820	1.4391	5.1028
5	1.2763	0.7835	5.5256	0.1810	4.3295	0.2310	1.9025	8.2369
6	1.3401	0.7462	6.8019	0.1470	5.0757	0.1970	2.3579	11.9680
7	1.4071	0.7107	8.1420	0.1228	5.7864	0.1728	2.8052	16.2321
8	1.4775	0.6768	9.5491	0.1047	6.4632	0.1547	3.2445	20.9700
9	1.5513	0.6446	11.0266	0.0907	7.1078	0.1407	3.6758	26.1268
10	1.6289	0.6139	12.5779	0.0795	7.7217	0.1295	4.0991	31.6520
11	1.7103	0.5847	14.2068	0.0704	8.3064	0.1204	4.5144	37.4988
12	1.7959	0.5568	15.9171	0.0628	8.8633	0.1128	4.9219	43.6241

续表

年份	一次支付		等额支付系列				等差支付系列	
	终值系数	现值系数	终值系数	偿债基金系数	现值系数	资金回收系数	年值系数	现值系数
n	$F/P,i,n$	$P/F,i,n$	$F/A,i,n$	$A/F,i,n$	$P/A,i,n$	$A/P,i,n$	$A/G,i,n$	$P/G,i,n$
13	1.8856	0.5303	17.7130	0.0565	9.3936	0.1065	5.3215	49.9879
14	1.9799	0.5051	19.5986	0.0510	9.8986	0.1010	5.7133	56.5538
15	2.0789	0.4810	21.5786	0.0463	10.3797	0.0963	6.0973	63.2880
16	2.1829	0.4581	23.6575	0.0423	10.8378	0.0923	6.4736	70.1597
17	2.2920	0.4363	25.8404	0.0387	11.2741	0.0887	6.8423	77.1405
18	2.4066	0.4155	28.1324	0.0355	11.6896	0.0855	7.2034	84.2043
19	2.5270	0.3957	30.5390	0.0327	12.0853	0.0827	7.5569	91.3275
20	2.6533	0.3769	33.0660	0.0302	12.4622	0.0802	7.9030	98.4884
21	2.7860	0.3589	35.7193	0.0280	12.8212	0.0780	8.2416	105.6673
22	2.9253	0.3418	38.5052	0.0260	13.1630	0.0760	8.5730	112.8461
23	3.0715	0.3256	41.4305	0.0241	13.4886	0.0741	8.8971	120.0087
24	3.2251	0.3101	44.5020	0.0225	13.7986	0.0725	9.2140	127.1402
25	3.3864	0.2953	47.7271	0.0210	14.0939	0.0710	9.5238	134.2275
26	3.5557	0.2812	51.1135	0.0196	14.3752	0.0696	9.8266	141.2585
27	3.7335	0.2678	54.6691	0.0183	14.6430	0.0683	10.1224	148.2226
28	3.9201	0.2551	58.4026	0.0171	14.8981	0.0671	10.4114	155.1101
29	4.1161	0.2429	62.3227	0.0160	15.1411	0.0660	10.6936	161.9126
30	4.3219	0.2314	66.4388	0.0151	15.3725	0.0651	10.9691	168.6226

6%的复利系数表 附表4

年份	一次支付		等额支付系列				等差支付系列	
	终值系数	现值系数	终值系数	偿债基金系数	现值系数	资金回收系数	年值系数	现值系数
n	$F/P,i,n$	$P/F,i,n$	$F/A,i,n$	$A/F,i,n$	$P/A,i,n$	$A/P,i,n$	$A/G,i,n$	$P/G,i,n$
1	1.0600	0.9434	1.0000	1.0000	0.9434	1.0600	0.0000	0.0000
2	1.1236	0.8900	2.0600	0.4854	1.8334	0.5454	0.4854	0.8900
3	1.1910	0.8396	3.1836	0.3141	2.6730	0.3741	0.9612	2.5692
4	1.2625	0.7921	4.3746	0.2286	3.4651	0.2886	1.4272	4.9455
5	1.3382	0.7473	5.6371	0.1774	4.2124	0.2374	1.8836	7.9345
6	1.4185	0.7050	6.9753	0.1434	4.9173	0.2034	2.3304	11.4594
7	1.5036	0.6651	8.3938	0.1191	5.5824	0.1791	2.7676	15.4497
8	1.5938	0.6274	9.8975	0.1010	6.2098	0.1610	3.1952	19.8416
9	1.6895	0.5919	11.4913	0.0870	6.8017	0.1470	3.6133	24.5768
10	1.7908	0.5584	13.1808	0.0759	7.3601	0.1359	4.0220	29.6023
11	1.8983	0.5268	14.9716	0.0668	7.8869	0.1268	4.4213	34.8702
12	2.0122	0.4970	16.8699	0.0593	8.3838	0.1193	4.8113	40.3369
13	2.1329	0.4688	18.8821	0.0530	8.8527	0.1130	5.1920	45.9629
14	2.2609	0.4423	21.0151	0.0476	9.2950	0.1076	5.5635	51.7128
15	2.3966	0.4173	23.2760	0.0430	9.7122	0.1030	5.9260	57.5546
16	2.5404	0.3936	25.6725	0.0390	10.1059	0.0990	6.2794	63.4592
17	2.6928	0.3714	28.2129	0.0354	10.4773	0.0954	6.6240	69.4011
18	2.8543	0.3503	30.9057	0.0324	10.8276	0.0924	6.9597	75.3569
19	3.0256	0.3305	33.7600	0.0296	11.1581	0.0896	7.2867	81.3062
20	3.2071	0.3118	36.7856	0.0272	11.4699	0.0872	7.6051	87.2304
21	3.3996	0.2942	39.9927	0.0250	11.7641	0.0850	7.9151	93.1136

年份	一次支付		等额支付系列				等差支付系列	
	终值系数	现值系数	终值系数	偿债基金系数	现值系数	资金回收系数	年值系数	现值系数
n	$F/P,i,n$	$P/F,i,n$	$F/A,i,n$	$A/F,i,n$	$P/A,i,n$	$A/P,i,n$	$A/G,i,n$	$P/G,i,n$
22	3.6035	0.2775	43.3923	0.0230	12.0416	0.0830	8.2166	98.9412
23	3.8197	0.2618	46.9958	0.0213	12.3034	0.0813	8.5099	104.7007
24	4.0489	0.2470	50.8156	0.0197	12.5504	0.0797	8.7951	110.3812
25	4.2919	0.2330	54.8645	0.0182	12.7834	0.0782	9.0722	115.9732
26	4.5494	0.2198	59.1564	0.0169	13.0032	0.0769	9.3414	121.4684
27	4.8223	0.2074	63.7058	0.0157	13.2105	0.0757	9.6029	126.8600
28	5.1117	0.1956	68.5281	0.0146	13.4062	0.0746	9.8568	132.1420
29	5.4184	0.1846	73.6398	0.0136	13.5907	0.0736	10.1032	137.3096
30	5.7435	0.1741	79.0582	0.0126	13.7648	0.0726	10.3422	142.3588

8%的复利系数表

年份	一次支付		等额支付系列				等差支付系列	
	终值系数	现值系数	终值系数	偿债基金系数	现值系数	资金回收系数	年值系数	现值系数
n	$F/P,i,n$	$P/F,i,n$	$F/A,i,n$	$A/F,i,n$	$P/A,i,n$	$A/P,i,n$	$A/G,i,n$	$P/G,i,n$
1	1.0800	0.9259	1.0000	1.0000	0.9259	1.0800	0.0000	0.0000
2	1.1664	0.8573	2.0800	0.4808	1.7833	0.5608	0.4808	0.8573
3	1.2597	0.7938	3.2464	0.3080	2.5771	0.3880	0.9487	2.4450
4	1.3605	0.7350	4.5061	0.2219	3.3121	0.3019	1.4040	4.6501
5	1.4693	0.6806	5.8666	0.1705	3.9927	0.2505	1.8465	7.3724
6	1.5869	0.6302	7.3359	0.1363	4.6229	0.2163	2.2763	10.5233
7	1.7138	0.5835	8.9228	0.1121	5.2064	0.1921	2.6937	14.0242
8	1.8509	0.5403	10.6366	0.0940	5.7466	0.1740	3.0985	17.8061
9	1.9990	0.5002	12.4876	0.0801	6.2469	0.1601	3.4910	21.8081
10	2.1589	0.4632	14.4866	0.0690	6.7101	0.1490	3.8713	25.9768
11	2.3316	0.4289	16.6455	0.0601	7.1390	0.1401	4.2395	30.2657
12	2.5182	0.3971	18.9771	0.0527	7.5361	0.1327	4.5957	34.6339
13	2.7196	0.3677	21.4953	0.0465	7.9038	0.1265	4.9402	39.0463
14	2.9372	0.3405	24.2149	0.0413	8.2442	0.1213	5.2731	43.4723
15	3.1722	0.3152	27.1521	0.0368	8.5595	0.1168	5.5945	47.8857
16	3.4259	0.2919	30.3243	0.0330	8.8514	0.1130	5.9046	52.2640
17	3.7000	0.2703	33.7502	0.0296	9.1216	0.1096	6.2037	56.5883
18	3.9960	0.2502	37.4502	0.0267	9.3719	0.1067	6.4920	60.8426
19	4.3157	0.2317	41.4463	0.0241	9.6036	0.1041	6.7697	65.0134
20	4.6610	0.2145	45.7620	0.0219	9.8181	0.1019	7.0369	69.0898
21	5.0338	0.1987	50.4229	0.0198	10.0168	0.0998	7.2940	73.0629
22	5.4365	0.1839	55.4568	0.0180	10.2007	0.0980	7.5412	76.9257
23	5.8715	0.1703	60.8933	0.0164	10.3711	0.0964	7.7786	80.6726
24	6.3412	0.1577	66.7648	0.0150	10.5288	0.0950	8.0066	84.2997
25	6.8485	0.1460	73.1059	0.0137	10.6748	0.0937	8.2254	87.8041
26	7.3964	0.1352	79.9544	0.0125	10.8100	0.0925	8.4352	91.1842
27	7.9881	0.1252	87.3508	0.0114	10.9352	0.0914	8.6363	94.4390
28	8.6271	0.1159	95.3388	0.0105	11.0511	0.0905	8.8289	97.5687
29	9.3173	0.1073	103.9659	0.0096	11.1584	0.0896	9.0133	100.5738
30	10.0627	0.0994	113.2832	0.0088	11.2578	0.0888	9.1897	103.4558

年份	一次支付		等额支付系列				等差支付系列	
	终值系数	现值系数	终值系数	偿债基金系数	现值系数	资金回收系数	年值系数	现值系数
n	$F/P,i,n$	$P/F,i,n$	$F/A,i,n$	$A/F,i,n$	$P/A,i,n$	$A/P,i,n$	$A/G,i,n$	$P/G,i,n$
1	1.1000	0.9091	1.0000	1.0000	0.9091	1.1000	0.0000	0.0000
2	1.2100	0.8264	2.1000	0.4762	1.7355	0.5762	0.4762	0.8264
3	1.3310	0.7513	3.3100	0.3021	2.4869	0.4021	0.9366	2.3291
4	1.4641	0.6830	4.6410	0.2155	3.1699	0.3155	1.3812	4.3781
5	1.6105	0.6209	6.1051	0.1638	3.7908	0.2638	1.8101	6.8618
6	1.7716	0.5645	7.7156	0.1296	4.3553	0.2296	2.2236	9.6842
7	1.9487	0.5132	9.4872	0.1054	4.8684	0.2054	2.6216	12.7631
8	2.1436	0.4665	11.4359	0.0874	5.3349	0.1874	3.0045	16.0287
9	2.3579	0.4241	13.5795	0.0736	5.7590	0.1736	3.3724	19.4215
10	2.5937	0.3855	15.9374	0.0627	6.1446	0.1627	3.7255	22.8913
11	2.8531	0.3505	18.5312	0.0540	6.4951	0.1540	4.0641	26.3963
12	3.1384	0.3186	21.3843	0.0468	6.8137	0.1468	4.3884	29.9012
13	3.4523	0.2897	24.5227	0.0408	7.1034	0.1408	4.6988	33.3772
14	3.7975	0.2633	27.9750	0.0357	7.3667	0.1357	4.9955	36.8005
15	4.1772	0.2394	31.7725	0.0315	7.6061	0.1315	5.2789	40.1520
16	4.5950	0.2176	35.9497	0.0278	7.8237	0.1278	5.5493	43.4164
17	5.0545	0.1978	40.5447	0.0247	8.0216	0.1247	5.8071	46.5819
18	5.5599	0.1799	45.5992	0.0219	8.2014	0.1219	6.0526	49.6395
19	6.1159	0.1635	51.1591	0.0195	8.3649	0.1195	6.2861	52.5827
20	6.7275	0.1486	57.2750	0.0175	8.5136	0.1175	6.5081	55.4069
21	7.4002	0.1351	64.0025	0.0156	8.6487	0.1156	6.7189	58.1095
22	8.1403	0.1228	71.4027	0.0140	8.7715	0.1140	6.9189	60.6893
23	8.9543	0.1117	79.5430	0.0126	8.8832	0.1126	7.1085	63.1462
24	9.8497	0.1015	88.4973	0.0113	8.9847	0.1113	7.2881	65.4813
25	10.8347	0.0923	98.3471	0.0102	9.0770	0.1102	7.4580	67.6964
26	11.9182	0.0839	109.1818	0.0092	9.1609	0.1092	7.6186	69.7940
27	13.1100	0.0763	121.0999	0.0083	9.2372	0.1083	7.7704	71.7773
28	14.4210	0.0693	134.2099	0.0075	9.3066	0.1075	7.9137	73.6495
29	15.8631	0.0630	148.6309	0.0067	9.3696	0.1067	8.0489	75.4146
30	17.4494	0.0573	164.4940	0.0061	9.4269	0.1061	8.1762	77.0766

年份	一次支付		等额支付系列				等差支付系列	
	终值系数	现值系数	终值系数	偿债基金系数	现值系数	资金回收系数	年值系数	现值系数
n	$F/P,i,n$	$P/F,i,n$	$F/A,i,n$	$A/F,i,n$	$P/A,i,n$	$A/P,i,n$	$A/G,i,n$	$P/G,i,n$
1	1.1200	0.8929	1.0000	1.0000	0.8929	1.1200	0.0000	0.0000
2	1.2544	0.7972	2.1200	0.4717	1.6901	0.5917	0.4717	0.7972
3	1.4049	0.7118	3.3744	0.2963	2.4018	0.4163	0.9246	2.2208
4	1.5735	0.6355	4.7793	0.2092	3.0373	0.3292	1.3589	4.1273
5	1.7623	0.5674	6.3528	0.1574	3.6048	0.2774	1.7746	6.3970
6	1.9738	0.5066	8.1152	0.1232	4.1114	0.2432	2.1720	8.9302
7	2.2107	0.4523	10.0890	0.0991	4.5638	0.2191	2.5515	11.6443
8	2.4760	0.4039	12.2997	0.0813	4.9676	0.2013	2.9131	14.4714
9	2.7731	0.3606	14.7757	0.0677	5.3282	0.1877	3.2574	17.3563

年份	一次支付		等额支付系列				等差支付系列	
	终值系数	现值系数	终值系数	偿债基金系数	现值系数	资金回收系数	年值系数	现值系数
n	$F/P,i,n$	$P/F,i,n$	$F/A,i,n$	$A/F,i,n$	$P/A,i,n$	$A/P,i,n$	$A/G,i,n$	$P/G,i,n$
10	3.1058	0.3220	17.5487	0.0570	5.6502	0.1770	3.5847	20.2541
11	3.4785	0.2875	20.6546	0.0484	5.9377	0.1684	3.8953	23.1288
12	3.8960	0.2567	24.1331	0.0414	6.1944	0.1614	4.1897	25.9523
13	4.3635	0.2292	28.0291	0.0357	6.4235	0.1557	4.4683	28.7024
14	4.8871	0.2046	32.3926	0.0309	6.6282	0.1509	4.7317	31.3624
15	5.4736	0.1827	37.2797	0.0268	6.8109	0.1468	4.9803	33.9202
16	6.1304	0.1631	42.7533	0.0234	6.9740	0.1434	5.2147	36.3670
17	6.8660	0.1456	48.8837	0.0205	7.1196	0.1405	5.4353	38.6973
18	7.6900	0.1300	55.7497	0.0179	7.2497	0.1379	5.6427	40.9080
19	8.6128	0.1161	63.4397	0.0158	7.3658	0.1358	5.8375	42.9979
20	9.6463	0.1037	72.0524	0.0139	7.4694	0.1339	6.0202	44.9676
21	10.8038	0.0926	81.6987	0.0122	7.5620	0.1322	6.1913	46.8188
22	12.1003	0.0826	92.5026	0.0108	7.6446	0.1308	6.3514	48.5543
23	13.5523	0.0738	104.6029	0.0096	7.7184	0.1296	6.5010	50.1776
24	15.1786	0.0659	118.1552	0.0085	7.7843	0.1285	6.6406	51.6929
25	17.0001	0.0588	133.3339	0.0075	7.8431	0.1275	6.7708	53.1046
26	19.0401	0.0525	150.3339	0.0067	7.8957	0.1267	6.8921	54.4177
27	21.3249	0.0469	169.3740	0.0059	7.9426	0.1259	7.0049	55.6369
28	23.8839	0.0419	190.6989	0.0052	7.9844	0.1252	7.1098	56.7674
29	26.7499	0.0374	214.5828	0.0047	8.0218	0.1247	7.2071	57.8141
30	29.9599	0.0334	241.3327	0.0041	8.0552	0.1241	7.2974	58.7821

15%的复利系数表　　　　　　　　　　　　附表8

年份	一次支付		等额支付系列				等差支付系列	
	终值系数	现值系数	终值系数	偿债基金系数	现值系数	资金回收系数	年值系数	现值系数
n	$F/P,i,n$	$P/F,i,n$	$F/A,i,n$	$A/F,i,n$	$P/A,i,n$	$A/P,i,n$	$A/G,i,n$	$P/G,i,n$
1	1.1500	0.8696	1.0000	1.0000	0.8696	1.1500	0.0000	0.0000
2	1.3225	0.7561	2.1500	0.4651	1.6257	0.6151	0.4651	0.7561
3	1.5209	0.6575	3.4725	0.2880	2.2832	0.4380	0.9071	2.0712
4	1.7490	0.5718	4.9934	0.2003	2.8550	0.3503	1.3263	3.7864
5	2.0114	0.4972	6.7424	0.1483	3.3522	0.2983	1.7228	5.7751
6	2.3131	0.4323	8.7537	0.1142	3.7845	0.2642	2.0972	7.9368
7	2.6600	0.3759	11.0668	0.0904	4.1604	0.2404	2.4498	10.1924
8	3.0590	0.3269	13.7268	0.0729	4.4873	0.2229	2.7813	12.4807
9	3.5179	0.2843	16.7858	0.0596	4.7716	0.2096	3.0922	14.7548
10	4.0456	0.2472	20.3037	0.0493	5.0188	0.1993	3.3832	16.9795
11	4.6524	0.2149	24.3493	0.0411	5.2337	0.1911	3.6549	19.1289
12	5.3503	0.1869	29.0017	0.0345	5.4206	0.1845	3.9082	21.1849
13	6.1528	0.1625	34.3519	0.0291	5.5831	0.1791	4.1438	23.1352
14	7.0757	0.1413	40.5047	0.0247	5.7245	0.1747	4.3624	24.9725
15	8.1371	0.1229	47.5804	0.0210	5.8474	0.1710	4.5650	26.6930
16	9.3576	0.1069	55.7175	0.0179	5.9542	0.1679	4.7522	28.2960
17	10.7613	0.0929	65.0751	0.0154	6.0472	0.1654	4.9251	29.7828
18	12.3755	0.0808	75.8364	0.0132	6.1280	0.1632	5.0843	31.1565

年份	一次支付		等额支付系列				等差支付系列	
	终值系数	现值系数	终值系数	偿债基金系数	现值系数	资金回收系数	年值系数	现值系数
n	$F/P,i,n$	$P/F,i,n$	$F/A,i,n$	$A/F,i,n$	$P/A,i,n$	$A/P,i,n$	$A/G,i,n$	$P/G,i,n$
19	14.2318	0.0703	88.2118	0.0113	6.1982	0.1613	5.2307	32.4213
20	16.3665	0.0611	102.4436	0.0098	6.2593	0.1598	5.3651	33.5822
21	18.8215	0.0531	118.8101	0.0084	6.3125	0.1584	5.4883	34.6448
22	21.6447	0.0462	137.6316	0.0073	6.3587	0.1573	5.6010	35.6150
23	24.8915	0.0402	159.2764	0.0063	6.3988	0.1563	5.7040	36.4988
24	28.6252	0.0349	184.1678	0.0054	6.4338	0.1554	5.7979	37.3023
25	32.9190	0.0304	212.7930	0.0047	6.4641	0.1547	5.8834	38.0314
26	37.8568	0.0264	245.7120	0.0041	6.4906	0.1541	5.9612	38.6918
27	43.5353	0.0230	283.5688	0.0035	6.5135	0.1535	6.0319	39.2890
28	50.0656	0.0200	327.1041	0.0031	6.5335	0.1531	6.0960	39.8283
29	57.5755	0.0174	377.1697	0.0027	6.5509	0.1527	6.1541	40.3146
30	66.2118	0.0151	434.7451	0.0023	6.5660	0.1523	6.2066	40.7526

参 考 文 献

[1] 刘晓君. 工程经济学（第三版）[M]. 北京：中国建筑工业出版社，2015.

[2] 傅家骥，仝允恒. 工业技术经济学（第三版）[M]. 北京：清华大学出版社，1996.

[3] 钱·S·帕克（ChanS. Park）. 工程经济学（第五版）[M]. 邵颖红，译. 北京：中国人民大学出版社，2012.

[4] 邵颖红，黄渝祥，邢爱芳，等. 工程经济学（第五版）[M]. 上海：同济大学出版社，2015.

[5] 陈汉利. 工程经济学 [M]. 长沙：中南大学出版社，2016.

[6] 杜葵. 工程经济学（第三版）[M]. 重庆：重庆大学出版社，2011.

[7] 夏静，卜华龙. 居民购房贷款还款方式的比较分析 [J]. 赤峰学院学报（自然科学版），2017，33（11）：121-122.

[8] 冯为民，付晓灵. 工程经济学 [M]. 北京：北京大学出版社，2006.

[9] 谭大路，赵世强. 工程经济学 [M]. 湖北：武汉理工大学出版社，2008.

[10] 刘新梅. 工程经济分析 [M]. 北京：北京大学出版社，2014.

[11] 黄有亮，徐向阳，谈飞，等. 工程经济学（第3版）[M]. 江苏：东南大学出版社，2015.

[12] 张彦春，王孟均，周卉，等. PPP项目运作·评价·案例 [M]. 北京：中国建筑工业出版社，2016.

[13] 丁士昭. 工程项目管理 [M]. 北京：中国建筑工业出版社，2006.

[14] 戎贤，杨静，章慧蓉. 工程建设项目管理（第2版）[M]. 北京：中国人民交通出版社，2014.

[15] 全国一级建造师执业资格考试用书编写委员会. 建设工程项目管理 [M]. 北京：中国建筑工业出版社，2017.

[16] 全国咨询工程师（投资）职业资格考试参考教材编写委员会. 项目决策分析与评价（2017年版）[M]. 北京：中国计划出版社，2017.

[17] 成虎，陈群. 工程项目管理（第四版）[M]. 北京：中国建筑工业出版社，2015.

[18] 金信. 建设项目管理（第3版）[M]. 北京：高等教育出版社，2017.

[19] 乐云，李永奎. 工程项目前期策划 [M]. 北京：中国建筑工业出版社，2011.

[20] 王洪，陈健. 建设项目管理（第三版）[M]. 北京：机械工业出版社，2015.

[21] 石振武，宋建民，赖应良，等. 建设项目管理（第二版）[M]. 北京：科学出版社，2015.

[22] 乐云. 工程项目管理 [M]. 武汉：武汉理工大学出版社，2008.

[23] 青藏铁路编写委员会. 青藏铁路（综合卷）[M]. 北京：中国铁道出版社，2012.

[24] 建设部标准定额研究所. 建设项目经济评价案例 [M]. 北京：中国计划出版社，2006.

[25] 国家发展改革委，建设部. 建设项目经济评价方法与参数（第三版）[M]. 北京：中国计划出版社，2006.

[26] 李洪梅，李童. 建设工程项目管理（第2版）[M]. 北京：清华大学出版社，2016.

[27] 李君. 建设工程总承包项目管理实务 [M]. 北京：中国电力出版社，2017.

[28] 王艳艳，黄伟典. 工程招投标与合同管理 [M]. 北京：中国建筑工业出版社，2014.

[29] 李志生. 建筑工程招投标实务与案例分析 [M]. 北京：机械工业出版社，2014.

[30] 王秀燕，李艳. 工程招投标与合同管理 [M]. 北京：机械工程出版社，2014.

[31] 王潇洲. 工程招投标与合同管理 [M]. 长沙：中南大学出版社，2015.

[32] 刘霓虹. 工程招投标与合同管理 [M]. 北京：机械工业出版社，2015.

[33] 唐广庆. 工程建设项目招投标与合同管理实践1000问 [M]. 北京：机械工业出版社，2010.

[34] 崔东红，肖萌. 建筑工程招投标与合同管理实务 [M]. 北京：北京大学出版社，2014.

[35] 丁士昭. 建设工程施工管理 [M]. 北京：中国建筑工业出版社，2016.

[36] 中华人民共和国住房和城乡建设部. JGJ/T 121—2015工程网络计划技术规程 [S]. 北京：中国建筑工业出版社，2015.

[37] 徐伟，吴加云，邹建文. 土木工程项目管理 [M]. 上海：同济大学出版社，2010.

[38] 陈海霞. 建筑工程项目经理使用手册 [M]. 天津：天津大学出版社，2009.

[39] 李岚. 工程项目进度优化管理 [M]. 大连：大连理工大学出版社，2009.

[40] 李慧民. 土木工程项目管理 [M]. 北京：科学出版社，2009.

[41] 刘伊生. 工程项目进度计划与控制 [M]. 北京：中国建筑工业出版社，2008.

[42] 曾赛星. 项目管理 [M]. 北京：北京师范大学出版社，2007.

[43] 余群舟，刘元珍. 建筑工程施工组织与管理 [M]. 北京：北京大学出版社，2006.

[44] 董巧婷. 施工招投标与合同管理 [M]. 北京：中国铁道出版社，2015.

[45] 王雪青，杨秋波. 工程项目管理 [M]. 北京：高等教育出版社，2011.

[46] 《青藏铁道》编写委员会编. 青藏铁路工程管理卷 [M]. 北京：中国铁道出版社，2012.

[47] 唐晖. QB 高速铁路工程项目质量管理研究 [D]. 四川：西南交通大学，2011.

[48] 孙礼源. 基于精益模式的工程项目管理 [D]. 天津：天津大学，2014.

[49] 苏文锋. 建筑工程项目质量管理研究 [D]. 天津：天津大学，2015.

[50] 许锋. 论建设工程技术标准的法律定位 [D]. 上海：上海交通大学，2011.

[51] 吕凯. 市政工程项目设计质量评价研究 [D]. 山东：山东大学，2014.

[52] 顾强. 政府代建制项目治理结构研究 [D]. 大连：大连理工大学，2012.

[53] 王小群. 建设工程招投标研究与评标对策 [D]. 广西：广西大学，2016.

[54] 朱凤珍. 工程项目招投标与合同管理系统的设计与实现 [D]. 四川：电子科技大学，2014.

[55] 陶颖. 建设工程领域招投标管理制度研究 [D]. 上海：华东政法大学，2013.

[56] 高峰. 我国建设工程招投标的合同管理制度研究 [D]. 山西：山西财经大学，2011.

[57] 朱礼龙. 现金流相关型方案比选现行评价方法的缺陷及完善 [J]. 河北科技师范学院学报（社会科学版），2004，（02）：19-21.

[58] 彭志刚. 论工程项目质量管理特点分析与控制 [J]. 科技与企业，2012，（15）：27.

[59] 曹玉生. 论工程项目设计质量控制与设计监理 [J]. 内蒙古工业大学学报（社会科学版），2000，（02）：31-33.

[60] 窦以松. 当代工程建设技术法规与技术标准管理探讨 [J]. 水利技术监督，2001，（03）：16-21.

[61] 陈勇强，汪智慧，冯淑静，等. 项目管理承包模式在工程项目管理中的应用 [J]. 油气储运，2006，（05）：45-48.

[62] 朱艳花，王纯. 建设项目总承包及管理模式分析 [J]. 建筑知识，2017，（07）：253-255.

[63] 赵竟成. 浅谈国际工程项目管理发展新趋势 [J]. 科技创新与应用，2017，（14）：264.

[64] 陈艳. 关于工程招投标与合同管理的研究思考 [J]. 财经界（学术版），2017，（08）：136.

[65] 魏捷. 新形势下工程招投标与合同管理存在的问题及措施 [J]. 企业改革与管理，2017，（01）：41-52.

[66] 赵艳. 浅谈新形势下的工程招投标与合同管理 [J]. 门窗，2016，（11）：212-214.

[67] 韩晓玉. 谈工程建设项目招投标阶段的合同管理 [J]. 山西建筑，2016，42，（22）：234-235.

[68] 易玲. 关于建筑工程招投标与合同管理探讨 [J]. 安徽建筑，2014，21，（06）：184-185.

[69] 全国环境管理标准化技术委员会. GB/T 24001—2016 环境管理体系要求及使用指南 [S]. 北京：中国标准出版社，2016.

[70] 中国国家标准化研究院. GB/T 28001—2011 职业健康安全管理体系要求 [S]. 北京：中国标准出版社，2011.

[71] 中国石油天然气集团 HSE 指导委员会. Q/SY 1002.1—2013 健康、安全与环境管理体系 [S]. 北京：石油工业出版社，2013.

[72] 全国质量管理和质量保证标准化技术委员会. GB/T 19001—2016 质量管理体系要求 [S]. 北京：中国标准出版社，2015.

[73] 中国国家标准化管理委员会. ISO 9000：2015 质量管理体系基础和术语 [S]. 北京：中国标准出版社，2015.

[74] 中国建筑科学研究院. GB 50300—2013 建筑工程施工质量验收统一标准 [S]. 北京：中国建筑工业出版社，2014.

[75] 泰州市质量技术监督局. 2015 版 ISO 9001 七项质量管理原则解读 [EB/OL]. http://www.tzzj.gov.cn/art/2016/6/21/art_16807_596343.html，2016-06-21.

[76] 侯圣嘉. 刍议建筑工程中招投标工作的发展趋势 [J/OL]. 建筑知识，[2017-07-11]. http://kns.cnki.net/kcms/dtail/11.1243.TU.20170711.1139.002.html.

[77] 卢伟. 建筑工程设计质量控制研究 [J]. 内燃机与配件，2017，（2）：102-103.

[78] 刘体乐. 建筑工程中土建施工的质量控制要点分析 [J]. 经济·管理·综述，2017，（42）：87-89.

[79] 陆佑楣. 三峡工程的决策和实践 [J]. 中国工程科学，2003，5 (06)：01-06.

[80] 中华人民共和国住房和城乡建设部. GB 50500—2013 建设工程工程量清单计价规范 [S]. 北京：中国计划出版社，2013.

[81] 曲娜，陈顺良. 工程项目投资控制 [M]. 北京：北京大学出版社，2013.

[82] 中国建设监理协会. 建设工程投资控制（2017 全国监理工程师培训考试教材）[M]. 北京：中国建筑工业出版社，2017.

[83] 吴光祥. 中央三代领导人与"三峡工程"决策 [J]. 党史纵横，2009，(11)：5-9.

[84] 陈丽华. 三峡工程决策的科学性与民主性 [J]. 党政干部学刊，1998，(01)：44.

[85] 佚名. 三峡工程建设大事记 [J]. 红岩春秋，2011，(1)：27-30.

[86] 张广宇. 建筑施工安全检查标准（JGJ 59—2011）内容解读 [J]. 建筑技术，2013，44 (09)：821-823.

[87] 张宜松. 建筑工程经济与管理（第 2 版）[M]. 北京：化学工业出版社，2016.

[88] 全国造价工程师执业资格考试培训教材编审委员会. 建设工程计价（2013 年版全国造价工程师执业资格考试培训教材）[M]. 中国计划出版社，2013.

[89] 陈剑峰. 建筑施工中安全技术措施的编制及现场安全技术交底 [J]. 城市建设与商业网点，2009，(22).

[90] 严敏，张亚娟，严玲. 项目治理视角下 BT 项目投资控制关键问题研究：以某地铁项目为例 [J]. 土木工程学报，2015，48 (08)：118-128.

[91] 严敏，张亚娟，邓娇娇. 城市轨道交通工程 BT 模式下投资控制关键问题研究——以深圳地铁 M 号线为例 [J]. 科技管理研究，2014，(16)：223-228.

[92] 杜亚灵，唐海荣. 合同治理对 BT 项目投资控制的案例研究 [J]. 北京理工大学学报（社会科学版），2012，14 (05)：71-77.

[93] 胡锟频，高崇博，田靖民. 重大工程项目投资控制机制构建与评价 [J]. 统计与决策，2011，(17)：78-80.

[94] 尹贻林，姜敬波. BT 模式下工程建设前期投资控制研究 [J]. 北京理工大学学报（社会科学版），2011，13 (02)：1-5.

[95] 尹贻林，杜亚灵. 基于控制权的政府投资项目投资控制系统研究——以企业型代建项目为例 [J]. 科技进步与对策，2010，27 (19)：103-108.